U0940824

中国儒学年鉴

2001创刊号

陈光林　主编

商務印書館

圖片

孔子研究院，占地9.5公顷，建筑面积36000平方米，将成为现代化综合性资料中心、孔子及儒学研究中心、人才培训中心，学术研究中心，展览教育中心。图为孔子研究院全貌。

1999年10月7日，纪念孔子诞辰2550周年国际学术讨论会在北京人民大会堂举行，中共中央政治局委员、国务委员罗干等出席了开幕式。图为大会开幕式现场。

1999年10月15日至18日，中国孔子基金会在济南成功地召开了第三届理事大会，选出了新一届领导机构。图为大会现场。

2000年5月15日，孔子文化大学成立。图为中国山东省政协主席、中国孔子基金会会长韩喜凯，中共山东省省委常委、宣传部部长、中国孔子基金会常务副会长陈光林为孔子文化大学揭牌。

1999年10月17日，中共中央政治局委员、山东省委书记吴官正接见中国孔子基金会第三届理事会新当选的领导班子成员。

1998年9月5日，“牟宗三与当代新儒学国际学术会议”在山东济南舜耕山庄召开。图为大会会场。

传统文化与现代企业管理学术讨论会大会会场。

2000年10月13日，朱熹逝世800周年祭奠活动在福建建阳隆重举行。

1998年5月11日至15日，中国孔子基金会在山东济南召开了《中国孔子基金会文库》作品第一次审稿会。会上评审出6部专著和一批论文，合编《儒家道德重建》专辑，作为《文库》的第一批系列著作，由中国孔子基金会负责组织出版。图为审稿会会场。

郭店楚简与历史文化研究学术座谈会代表合影。

第十六届退溪学国际学术会议代表合影。

2000年9月23日，孔历2551年孔圣诞环球庆祝大典在香港隆重召开。

纪念朱子诞辰870周年国际学术讨论会大会现场。

百年易学研究回顾与前瞻国际学术研讨会代表合影。

中国孔子基金会第三届理事会合影。

郭店楚简国际学术研讨会 1999.10.15. 中国．武汉．珞珈山

郭店楚简国际学术研讨会代表合影。

2000年6月10日首届海峡两岸青年易学论文发表会，在台湾省台北市召开。

2000年5月20日中国孔子基金会在山东济南召开《中国孔子基金会文库》作品第二次审稿会，图为审稿会人员合影。

朱子诞辰870周年国际学术讨论会代表合影。

序

韩喜凯

首卷《中国儒学年鉴》(2001 年卷)经过专家学者的共同努力，今天正式与广大读者见面了，这是一件可喜可贺的事情。

出版《中国儒学年鉴》是落实中国孔子基金会宗旨的需要，也是广大海内外儒学爱好者和研究者的迫切要求。中国孔子基金会的主要宗旨是：积极推动孔子、儒学和中国传统文化的学术研究，为建设有中国特色的社会主义服务，为促进海内外文化、学术交流服务。毫无疑问，出版《中国儒学年鉴》是进一步具体落实这一宗旨的重大举措，必将为儒学研究的深入发展，为弘扬中国优秀文化传统发挥重要作用。近年来，国内儒学研究界的同仁不断来访、来信，对我们的工作给予了充分的肯定，也提出了一些好的意见和建议，其中比较集中的一点就是建议编写出版《中国儒学年鉴》。为此，1999 年10 月中国孔子基金会第三届理事大会决定，从2000 年度开始编写出版《中国儒学年鉴》并坚持下去，一年一卷。主要内容是：对当年度海内外儒学研究的现状、进展、动态、公开发表的专著和论文，以及儒学研究机构、开展各项活动等，按照客观、全面、准确的原则，进行实事求是的介绍，编者一般不再另作评述，尽量做到一卷在手，儒学概况一览无余。

编纂《中国儒学年鉴》，在一定意义上，具有填补学术出版空白的意义。但第一卷毕竟是开山之作，疏漏和不足在所难免。我衷心希望广大读者和我们一道，共同扶植它、培育它、完善它，使它充分发挥新著导读、成果荟萃、动态反映、活动记述、资料交流的作用。

新千年的钟声已经敲响，我们豪情满怀送走20 世纪，昂首阔步迎来21 世纪。新世纪是属于世界的，也是属于中国的。这是一个大发展的新世纪，充满希望的新世纪。当我们回眸上一个世纪的儒学研究时不胜感慨万千，儒学在时代潮流的激荡下，时隐时现，时兴时衰。到本世纪后期，中国在经历了“文化大革命”的灾难之后，随着“解放思想、实事求是”思想路线的重新确定，学术与科学的春天到来了。对孔子和儒学的再评价遂成为80 年代中国思想文化研究领域的热门话题。进入

序

90年代，儒学研究的热潮一发而不可收，成果量的增长，研究领域的拓展以及学术水平的提高，标志着中国大陆儒学研究进入了一个繁荣时期。就研究领域和内容而言，除开辟了诸如儒学与少数民族、儒学与区域文化、儒家管理哲学等新的领域外，更多的则是围绕儒学道德资源在当代社会的价值、儒学与现代化、儒家与后现代、儒学与马克思主义、儒家与宗教的关系等重大问题而展开的。对于儒学的评价和当代儒学研究的方向、原则、方法和目的，江泽民同志在接见出席"孔子诞辰2540周年纪念与学术讨论会"的部分海外知名人士和学者时的重要讲话中曾指出：孔子是中国古代伟大的思想家，他的思想是我国的珍贵的文化遗产。对于孔子思想中一切好的东西，我们都要很好地继承学习，但是，由于时代局限，孔子思想中也有一些不合时宜的东西。总之，对孔子思想，我们要取其精华，去其糟粕，教育我们的后代很好地发扬民族的优良传统。江泽民同志的讲话对于当代儒学研究极具重要的指导意义。儒学是中国传统思想文化的基础和主干，对儒学的研究，既不能片面夸大其现代意义而全盘继承，也不能丢掉老祖宗的优良传统而全盘否定。须知，经过上千年拓展、嬗变而成为历代封建统治阶级的主体意识的儒学，其本身就是一个矛盾的存在，具有鲜明的两面性。一方面保留着中华文化优秀的人文精神、民族精神，另方面又渗透着浓重的封建主义色彩。我们必须坚持以马列主义、毛泽东思想和邓小平理论为指导，采取批判继承、综合创新的科学方法，对其进行挖掘、整理、总结、研究，吸取精华，剔除糟粕，真正做到古为今用。我想，只要大家都本着这样的原则和方法去潜心研究，不赶时髦，不图虚名，那么，21世纪的儒学研究将是大有可为、大有作为的。

研究儒学也要贯彻"百花齐放、百家争鸣"的方针。我们要在马克思主义理论的指导下，提倡用辩证唯物主义与历史唯物主义的科学方法进行学术研究。但也不排除用其它方法得出的有价值的研究成果。只有这样，我们才能与世界范围的学者交流合作，共同推动儒学研究向前发展。

借《中国儒学年鉴》(2001年卷)首卷出版的机会，说了上面些话。是为序。

目录

儒学学术动态

学术会议

考古发现

2000年新建学术机构和学术团体

儒学论著选介

儒学论文选介

儒学著作选介

儒学研究机构、团体简介

儒学论著索引

附录

附录一：儒学研究在港、澳、台及国外

附录二：博士论文摘要

专论

东西文化的互补关系

季羡林

羡林按:这篇文章虽然署着我的名,但是它可以说是我写的,又可以说不是我写的。它的"作者"应该说是蔡德贵教授。文中的思想内容全是我的,甚至造词遣句,也都出于我的笔下。可是并不出于一篇文章,而是出于许多篇写出时间不同、写出环境也不相同的文章。德贵用的方法是中国旧日诗人作诗填词时有时使用的"集句"的方式。所不同者只是旧日诗人"集句",是集许多人之句,而德贵则是集季羡林一人之句。"集句"而能集到天衣无缝、浑然一体的水平,实在难能可贵,德贵可以说是有"集句"的天才。

我在这里想补充一点,就是恩格斯的几句话:"我们不能过分陶醉于我们对自然界的胜利,对于每一次这样的胜利,自然界都报复了我们。"一百多年前的这几句话真无愧是天才的预见。"自然界"就是我所说的"天"。到了今天,恩格斯的话完全证实了。

我还想说明一点。"三十年河东,三十年河西",我引的这两句话最受人诟病,然而我至今仍认为,这是真理,是诟病不掉的。试看宇宙间万事万物,哪一样是违反了这两句话的根本精神的?还有的人一听是东方文化或文明,他们那"贾桂思想"就恶性发作,连鼻子都笑歪了。对于这样的人,我欲无言。

最近一些年来,我一改过去不喜欢义理的习惯,开始喜欢起义理来。我先后发表了一些理论文章,阐述我对中国和东方传统文化的态度。这些文章的中心主题是"三十年河东,三十年河西",认为以分析思维见长的西方文化已经走到穷途末路,现在需要改弦更张,吸收东方文化的优点;东方文化在近代以来落后了,但因为它采取的是以综合思维见长的思维方式,正可以弥补西方文化之不足,可以挽救西方因对大自然穷追猛打而造成的环境污染、生态失衡、臭氧空洞等危机。此论一出,支持者有之,反对者亦有之。反对者中有人把我归入新文化保守主义。反对者实际上是对此论误解所致。为了避免误解,现在我来换个说法,叫做"东西文化互补论"。

一、立论的基础

"三十年河东,三十年河西"论和"东西文化互补论",是我对东西方文化的一种论断。我立论的基础是文化交流论。

所谓文化就是包括人类通过自己的劳动,这劳动包括脑力劳动和体力劳动所创造的一切精神的和物质的有积极意义的东西。或者说，凡人类在历史上所创造的精神、物质两个方面，并对人类有用的东西，就叫"文化"。文化与文明既有相同的一面，又有不同的一面。文明指的是从一个野蛮状态，随着社会的进步往前发展，人类的智慧增加了，这叫"文明"。文化就是人类力量的往前进一步发展，人类社会中的艺术、科学等的智力的发展。文明是对野蛮而言，文化是对愚昧而言。这两个词，有时候能通用，如"东方文化史"也可以叫"东方文明史"；但有时候不能通用，如"文明礼貌"不能说"文化礼貌"；"学文化"不能说"学文明"。"文明"的对立面是"野蛮"，"文化"的对立面是"愚昧"。但"野蛮"和"愚昧"又有联系，"野蛮"中"愚昧"成分居多，也有不愚昧的"野蛮"。学文化是因为过去没有文化，学了文化把"愚昧"去掉了。讲文明礼貌是过去不文明，有一些野蛮。提倡文明礼貌，把"野蛮"的成分去掉了。

庞朴先生在《文化结构与近代中国》一文中提出了一个观点，即认为文化可以包括人的一切生活方式和为满足这些方式所创造的事事物物，以及基于这些方式所形成的心理和行为，它包括着物的部分，心、物结合的部分和心的部分。我认为是搔着了文化的"痒处"。

应该特别注意文化的起源和交流问题。文化、文明的起源是多元的，不能说世界上的文化是一个民族创造的，文化的产生不是一元的，不能说一个地方产生文化。否定文化一元论，并不是否定文化体系的存在。所谓文化体系是指文化必须具备的"有特色、能独立、影响大"这三个基本条件。从这一前提出发，世界文化共分为四个大的文化体系：中国文化、印度文化、伊斯兰阿拉伯文化、希腊文化。希伯莱文化很难成体系，不是属于伊斯兰文化的先驱归入伊斯兰文化，就是和希腊文化合在一起，所以不是独立的文化体系。这四个文化圈内各有一个占主导地位的影响大的文化，同时各文化圈内各个国家和民族之间又都是互相学习的，各大文化圈之间也有一个互相学习的关系。承认文化的产生是多元的和承认有文化体系是不矛盾的。

文化一旦产生，其交流就是必然的。没有文化交流，就没有文化发展。交流是不可避免的，无论谁都挡不住。从古代到现在，在世界上还找不到一种文化是不受外来影响的。交流也有坏的，但坏的对人类没有益处，不能叫文化。对人类有好处的、有用的、物质、精神两方面的东西交流，才叫"文化交流"。一种文化既有其民族性，又有时代性。一个民族自己创造文化，并不断发展，成为传统文化，这是文化的民族性。一个民族创造了文化，同时在发展过程中它又必然接受别的民族的文化，要进行文化交流，这就是文化的时代性。民族性与时代性有矛盾，但又统一，缺一不可。继承传统文化，就是保持文化的民族性；吸收外国文化，进行文化交流，就是保持文化的时代性。所以文化的民族性与时代性这个问题是会贯彻始终的。

为了保持文化的时代性，自20世纪以来，出现了一种提倡"全盘西化"的观点。"全盘西化"和文化交流有联系，"西化"要化，不"化"不行，创新、引进就是"化"。但"全盘"不行，不能只有经线，没有纬线。"全盘西化"在理论上讲不通，在事实上办不到。

对中国与外国的文化交流，我的基本观点是"拿来"与"送去"。就目前来说，要更重视"拿来"，就是把外国的好东西"拿来"。这里涉及到上述有关文化的三个方面，都要拿。"物"的部分，当然要拿，咖啡、沙发、啤酒、牛仔裤、喇叭裤，这一系列东西，只要是好的，都拿。心、物结合的部分比方说制度，也可以学习。最重要的还是心的部分，要拿价值观念、民族性格。因为我们的价值观念、思想方式，不能马马虎虎，得把弱点克服，要不克服的话，我们的生产力就发展不了。

二、东方文化将再现辉煌

从宏观上来看,希腊文化延续发展为西方文化,欧美都属于西方文化的范畴。而中国文化、印度文化、阿拉伯伊斯兰文化构成了东方文化。“东方”在这里既是地理概念,又是政治概念,即所谓第三世界。东方文化和西方文化这两大文化体系之间也是互相学习的,但是在一个相当长的时间内,可能有一方占主导地位。就目前来看,占主导地位的是西方文化。但从历史上来看,东方文化和西方文化二者的关系是“三十年河东,三十年河西”。因为文化不是一成不变的,每一种文化都有一个诞生、成长、兴盛、衰微、消逝的过程,东方文化到了衰微和消逝的阶段,代之而起的必是西方文化;等西方文化濒临衰微和消逝的阶段时,代之而起的必是东方文化。

西方文化从文艺复兴以来,昌盛了几百年,把社会生产力提高到了空前的水平,促使人类社会进步也达到了空前的速度,光辉灿烂,远迈前古,世界人民无不蒙受其利。但它同世界上所有的文化一样,也是决不能永世长存的,迟早也会消逝的。20世纪20年代前后,西方的有些学者已经看出西方文化衰落的端倪,如德国施宾格勒在1917年开始写作的《西方的没落》一书,预言当时如日中天的西方文化也会没落。此书一出版,马上洛阳纸贵,产生了巨大的影响,英国著名历史学家汤因比受其影响,也反对西方中心论。他们的观点是值得肯定的,因为,西方文化同世界上所有的文化一样,也是决不能永世长存的,迟早也会消逝的。在今天,它已逐渐呈现出强弩之末的样子,大有难以为继之势了。具体表现是西方文化产生了一些威胁人类生存的弊端,其荦荦大者,就有生态平衡的破坏、酸雨横行、淡水资源匮乏、臭氧层破坏、森林砍伐、江河湖海污染、动植物物种不断灭绝、新疾病出现等等,都威胁着人类的发展甚至生存。

西方文化产生这些弊端的原因,是植根于西方的基本思维模式。因为思维模式是一切文化的基础,思维模式的不同,是不同文化体系的根本不同。简而言之,我认为,东方的思维模式是综合的,它照顾了事物的整体,有整体概念,讲普遍联系,接近唯物辩证法。用一句通俗的话来说就是,既见树木,又见森林,而不是只注意个别枝节。中国“天人合一”的思想,印度的“梵我一体”的思想,是典型的东方思想。而西方的思维模式则是分析的。它抓住一个东西,特别是物质的东西,分析下去,分析下去,分析到极其细微的程度。可是往往忽视了整体联系,这在医学上表现得最为清楚。西医是头痛医头,脚痛医脚,完全把人体分割开来。用一句现成的话来说就是,只见树木,不见森林。而中医则往往是头痛治脚,脚痛治头,把人体当做一个整体来看待。两者的对立,十分明确。但是不能否认,世界上没有绝对纯的东西,东西方都是既有综合思维,也有分析思维。然而,从宏观上来看,这两种思维模式还是有地域区别的:东方以综合思维模式为主导,西方则是以分析思维为主导。这个区别表现在各个方面,具体来说,东方哲学中的“天人合一”思想,就是以综合思维为基础的。西方则是征服自然,对大自然穷追猛打。表面看来,他们在一段时间内是成功的,大自然被迫满足了他们的物质生活需求,日子越过越红火,但是久而久之,却产生了以上种种危及人类生存的种种弊端。这是因为,大自然虽既非人格,亦非神格,却是能惩罚、善报复的,诸弊端就是报复与惩罚的结果。

有的学者认为要解决这些弊端，比如环境污染，只有发展科学，发展技术，发展经济，才有可能最后解决环境问题。我不同意这种看法。为了保护环境决不能抑制科学的发展、技术的发展和经济的发展，这个大前提是绝对正确的。不这样做是笨伯，是傻瓜。但是处理这个问题，脑筋里必须先有一根弦，先有一个必不可缺的指导思想，而这个指导思想只能是东方的“天人合一”思想。否则就会像是被剪掉了触角的蚂蚁，不知道往哪里走。从发展的最初一刻起，就应当在这种思想的指引下，念念不忘过去的惨痛教训，想方设法，挖空心思，尽上最大的努力，对弊害加以抑制，决不允许空喊：“发展！发展！发展！”高枕无忧，掉以轻心，梦想有朝一日科学会自己找出办法，挫败弊害。常言道：“道高一尺，魔高一丈。”到了那时，魔已经无法控制，而人类前途危矣。中国旧小说中常讲到龙虎山张天师打开魔罐，放出群魔，到了后来，群魔乱舞，张天师也束手无策了。最聪明最有远见的办法是向观音菩萨学习，放手让本领通天的孙悟空去帮助唐僧取经，但是同时又把一个箍套在猴子头上，把紧箍咒教给唐僧。这样可以两全其美，真无愧是大慈大悲的观世音。正是由于这个原因，我主张“三十年河东，三十年河西”，21世纪是东方文化的世纪，东方文化将取代西方文化在世界上占统治地位。而取代不是消灭。全面一点的观点是：西方形而上学的分析已快走到尽头，而东方文化寻求综合的思维方式必将取而代之。以分析为基础的西方文化也将随之衰微，代之而起的必然是以综合为基础的东方文化。这种代之而起，是在过去几百年来西方文化所达到的水平的基础上，用东方的整体着眼和普遍联系的综合思维方式，以东方文化为主导，吸收西方文化中的精华，把人类文化的发展推向一个更高的阶段。这种“取代”，在21世纪可见分晓。所以结论是：21世纪是东方文化的时代，这是不以人们的主观愿望为转移的客观规律。用东方“天人合一”的思想和行动，济西方“征服自然”之穷，就可以称之为“东西文化互补论”。东方的“天人合一”是带有普遍性的一种思想，中国、印度都有。即以中国儒家为例，《易经》中有“大人者与天地合其德，与日月合其明，与四时合其序，与鬼神合其吉凶。先天而天弗违，后天而奉天时”。《中庸》有“能尽人之性，则能尽物之性；能尽物之性，则可以赞天地之化育，则可以与天地参矣”。《孟子》有“莫之为而为者，天也；莫之致而致者，命也”。“尽其心者，知其性也；知其性，则知天也”。董仲舒的“天人之际，合而为一”。张载的“民吾同胞，物吾与也”更是典型的“天人合一”思想。这些都是综合思维方式的典型例子。

三、中国的民族性

中国的国民性，鲁迅先生早有批判。这种批判现在仍有意义。这是因为，其一，中国的封建思想包袱最重。因此，应该下大力气批判中国的封建思想。中国文化有精华，搞现代化要发扬这些精华，但眼前主要是反封建糟粕。我们虽是社会主义国家，但包袱很重，最重的是封建思想包袱。譬如官僚主义、一个人说了算、高干子弟的特权问题、走后门、不尊重时间等等，都与封建思想有关。中国这样一个大民族，对世界文化有过极大贡献，把中国的传统文化丢掉，对不起子孙后代。应该强调的是，那些妨碍生产力和思想进步的封建主义东西，应有胆量讲出来，大家来改，这才是拨乱反正。现在，大家最不满意的是“不正之风”，“服务态度不好”、“高干子弟怎么怎么了”、“一个人说了算怎么样了”，又是民主不怎么样了……不尊重人才，不尊重知识，不讲效率，不重视时间，这种弊病多极了。只有克服了这些封建主义的弊病，中国的生产力才能得到真正的发展。

其二，我们的民族性出了问题。我们眼前面对着的社会，其中的“危机”，也包括文化危机在内，比任何“危机”都更“危机”——我们的民族性出了问题。我们的民族性里面当然也积淀了一些好东西；但是不好的、有害的东西，其数量不少，其危害极大。犯罪的情况是任何时代任何社会都有的。有一点，用不着大惊小怪。但是，像中国现在这样，大规模地制造假农药、假种子、假化肥，一旦使用，将流毒千百万亩耕地，影响千百万人民的生命，这却决非小事了。至于偷窃农村的变压器，割掉电线，其影响农业生产，决不是小规模的。还有集体地、明目张胆地砍伐山上的树林，使长江变成黄河。这不但流毒眼前，而且影响后世子孙。所以，听说王元化先生主张彻底批判旧文化，我是赞成的。而从社会风气来说，也存在不少问题。有的人争名于朝，争利于市，急功近利，浮躁不安，只问目的，不择手段；小偷小摸，所在皆是。即以宴会一项而论，政府三令五申，禁止浪费；但是令不行，禁不止，哪一个宴会不浪费呢？贿赂虽不能说公行，但变相的花样却繁多隐秘。出门必然会遇到吵架的。在公共汽车上，谁碰谁一下，谁踩谁一脚，这是难以避免的事，只须说上一句“对不起！”就可以化干戈为玉帛；然而，“对不起！”“谢谢！”这样的词儿，我们大多数人都不会说了，必须在报纸上大力提倡。中国民族性中的这些缺点，不自改革开放始，也不自建国始，更不自鲁迅时代始，恐怕是古已有之了。难道我们真要“礼失而求诸野”吗？这是我们每一个中国人所面临的而又必须认真反省的问题。

鉴于上述理由，我认为，在处理外国文化与中国文化的关系时，应该注意大胆“拿来”，把一切外国的好东西统统拿来，物质的好东西要拿来，精神的好东西也要拿来。应该特别强调，我们要拿来的是第三个层次里的东西，属于心的东西。我们要改变我们的一些心理素质、价值观念、思想方法等等。所谓“心”的东西，指的是价值观念、思维方式、审美趣味、道德情操、宗教情绪、民族性格等等。从长期的历史研究中，我得出一个非常可贵的经验：在我们国力兴盛、文化昌明、经济繁荣、科技先进的时期，比如汉唐兴盛时期，我们就大胆吸收外来文化，从而促进了我们文化的发展和生产力的提高。到了见到外国东西就害怕，这也不敢吸收，那也不敢接受，这往往是我们国势衰微、文化低落的时代。

四、对儒学应该取什么态度

谈东方文化必然要涉及到中国传统文化的核心儒学的问题。作为中国传统文化的主体，儒学中也有糟粕，这是肯定无疑的。对其中的糟粕，一定要抛弃，要批判，如上文说到的对封建主义的批判，是必要的。但是，批判坏东西，不能把好东西也一块丢掉，如同泼洗澡水把澡盆中的小孩也泼掉一样。我们东方文化中确实有些好东西，如《论语》中的一句话：“己所不欲，勿施于人”。能做到这八个字，到共产主义也不过这个水平。类似这么精辟的话多得很。宋太祖时赵普曾说过以半部《论语》治天下的话，现在有人说是胡说八道，我看实际上用不了半部《论语》，有几句话就能治天下。再如《论语》中又说“小不忍则乱大谋。”容忍是中华美德之一。我们的往圣先贤，大都教导我们要容忍。民间谚语中，也有不少容忍的内容，教人忍让。有的说法，看似消极，实有积极意义，比如“忍辱负重”，韩信就是一个有名的例子。《唐书》记载，张公艺九世同居，唐高宗问他睦族之道。公艺提笔写了 100 多个“忍”字递

给皇帝。从那以后，姓张的多自命为“百忍家声”。

当然，类似“己所不欲，勿施于人”这样的话，最好是演变成道德金律，才会起更大的作用。可惜的是，儒家学说还没有变成道德金律，因为儒学不是宗教。宗教要有四个条件：一要有神；二要有戒约；三要有机构或组织；四要信徒崇拜信仰。拿这四个条件来衡量一下孔子和他开创的儒学，则必然会发现，在孔子还活着的时候以及他死后相当长的一段时间，只能称之为“儒学”，没有任何宗教色彩。《论语》中就说“子不语怪力乱神”。孔子自己说：“天何言哉！”这个“天”也不是有“神格”的“天老爷”。孔子从不以神自居，他的弟子以及弟子的弟子，也不以神视之。“儒学”非学说而何？不知道从什么时候起，孔子被神化了。到了唐代，儒、释、道三家就并称三教。到了建圣庙，举行祭祀，则儒家已完全成为一个宗教。因此，从“儒学”到“儒教”是一个历史演变的过程。讨论“儒学”或“儒教”，必须有一个发展的观点，不能执着于一端。

对儒学中的精华与糟粕要分清楚，这是用不着证明的。但是，究竟什么叫做“精华”，什么又叫做“糟粕”呢？这两个表面看上去像是对立面的东西，不但不是泾渭分明，而是界限不清；尤有甚者，在一定的条件下，双方可以相互向对立面转化。如孔子和儒学，在“五四”运动时期，肯定被认为是糟粕，不然的话，何能喊出了“打倒孔家店”的口号？然而，时移世迁，到了今天，中国正在建设社会主义初级阶段的社会，还有什么人能说孔子和儒学中没有精华呢？再如“三纲”一般被认为是糟粕，但是陈寅恪先生在《悼王国维先生挽词并序》中说过一句话“中国文化之定义，具于《白虎通》三纲六纪之说。”陈寅恪先生在这里讲的实际上是处理九个方面的关系：国家与人民、父子、夫妇、父亲的兄弟、族人、自己的兄弟、母亲的兄弟、师长和朋友。这些关系处理好，国家自然会安定团结。纲纪学说，如果运用得法，可能调节社会秩序，可以加强安定团结。国际上何独不然？在中国的传统道德中，伦理道德有很重要的位置，伦理就是解决人与人之间关系的，儒家讲的“三纲六纪”就是规定了君臣父子夫妇兄弟朋友之间关系的准则。这里有糟粕的地方，因为人与人之间应该是平等的，不应该谁是谁的纲。儒家强调要处理好人的各方面关系还有许多值得批判吸收的东西。我国传统的伦理道德应批判继承，精华留下，糟粕去掉。对外国好的东西，也可以学习，不要排斥。在古代，几乎在所有国家中，传承文化的责任都落在知识分子的肩上。中国古代文化的传承者是“士”，传承地方是太学、国子监和官办以及私人创办的书院。在世界各国文化传承者中，中国的“士”有其鲜明的特点。早在先秦，《论语》中就说过：“士不可以不弘毅，任重而道远。”士们俨然以天下为己任，天下安危系于一身。在几千年的历史上，中国知识分子的这个传统一直没变，后来发展成为“天下兴亡，匹夫有责”。后来又继续发展，一直到了现在，始终未变。现在，《中国儒学年鉴》的出版，也是为了传承中国的传统文化，是接续士们的传统，所以是一件大好事。

这就算是我的“东西文化互补论”，以此作为《中国儒学年鉴》的专文。

一个新的世纪已经来临了。我虔诚希望，人类能聪明起来，能认真考虑“拿来”与“送去”的问题，认真考虑我这个外行、我这个一向不注重义理的人所提出的“东西文化互补论”。

以德治国与先进政治文化建设

张岱年

当前，我国正在进行社会主义现代化建设，也正在进行先进的政治制度和先进的政治文化建设。“十五大”提出“依法治国”，最近，江泽民总书记又提出了“以德治国”的治国方略，把“依法治国”和“以德治国”结合起来，法制建设和道德建设结合起来，这是完全正确、非常深刻的，为我国的先进政治制度建设和先进政治文化建设指明了方向。

“德治”是我国古代政治文化的优秀传统，由来已久。早在西周初年，大政治家周公接受殷鉴，提出了“敬德保民”的思想，并按此要求，“制礼作乐”进行典章制度建设，形成了孔子所赞扬的“郁郁乎文哉”那样的局面。王国维先生曾经说过：“周之制度典礼，实皆为道德而设”，又说“周之制度典礼乃道德之器械”（见《殷周制度论》）。以道德为指归，以典章制度为落实道德之工具，这正是“德治”的基本要求。

周代到了厉幽时期，违背了“德治”的传统，西周就没落了。到了春秋时代，孔子明确表示“吾从周”，他“从周”的重要内容之一，就是继承和发扬有周以来的“德治”传统，形成了儒家的德治主义政治价值观，使这一优秀传统得以延续后世。

在政治思想上，孔子提出德治主义，是儒家的一大历史贡献。对于德治，孔子做过很多论述，举其荦荦大者：

1. 要求执政者加强自身道德修养，率先垂范，以身作则。他说：“政者，正也。子帅以正，孰敢不正。”“其身正，不令而行；其身不正，虽令不从。”

2. 为政之道应该主要是“道之以德，齐之以礼，”而不全靠“道之以政，齐之以刑”，也就是主张对民众进行德、礼教化，多一些道德引导和礼义约束，少一些政令和刑法的整治，使官与民知耻自律。

3. 提倡仁德。从“爱人”与“泛爱众”出发，宽惠待民，既能“富之”又能“教之”，“因民之利而利之”，“使民以时”，“敛从其薄”，“博施于民而能济众”，以达致“天下为公，选贤与能”的德治主义的最高境界。

孔子提出的这些思想主张，正是古代“德治”理念的基本内涵。后来的儒家学者论“德治”，无论是孟子谈论的“仁政”，荀子追求的“礼治”，还是董仲舒阐明的“王道”，都大致不出以上范围，只是在某些细节上有所补充和发展而已。

在治国方略上，孔子所代表的儒家提出了“德治”的模式，此外，法家提出了“法治”的模式，道家提出了“无为而治”的模式。这是中国传统政治文化中围绕治国方略问题而形成的三种基本模式。在历史上,“无为而治”的作用和影响要小一些,“德治”与“法治”的作用和影响比较持久深远。

可是,“德治”和“法治”往往为人们所偏执,又往往不适当地夸大了它们之间的差异和对立,认为实行“德治”的是“王道”,实行“法治”的是“霸道”;王道讲仁义,以德服人,霸道讲功利,以力服人;甚至认为“恃德者昌,恃力者亡”,完全将二者对立起来。实际上并不如此。“德治”和“法治”是有差异,但二者不是绝对的相互排斥。这是治理社会的两个不可偏废的、各具特殊功能的范畴。儒家讲“德治”,不是不要“法治”,而是主张“明德慎罚”;在通常情况下,坚持以“德治”为主,以“法治”为辅。同样,法家讲“法治”,也不是完全不要道德,法家大力倡导的忠君、爱民、公正、公而无私等等,仍然属于道德的范畴。法家刻意反对的是形式道德。

事实上,就秦汉以后历代的治国经验来看,也是“德治”与“法治”兼采并用、相辅相成的。既倡德,又务法。有时任德多一些,有时任法多一些,与时变动。汉宣帝有一段名言,说:“汉家自有制度,本以霸王道杂之。奈何纯任德教,用周政乎?”其实,不仅汉代如此,汉以后历代基本上都是“义利双行,王霸并用”的。当然,由于儒学居于正宗地位,仍以“德治”为统率,以“法治”为辅助。

既讲“德治”,又讲“法治”,既倡导自律,又不放弃他律,这是中国古代高超的政治智慧。在中国历史上,大凡国家昌盛、政治清明的时代,都是既讲“德治”又讲“法治”的。

在今天,无论“德治”还是“法治”,无疑都具有现代价值和全新的意蕴,它和传统意义上的“德治”和“法治”有本质的不同,不可望文生义,古今不分,混为一谈。传统意义上的“法治”,是为君主统治服务的,是专制主义的“利器”;而我们今天所说的“法治”,是为民主政治服务的,本质上是人民自治的内在要求。推行“德治”也是一样,必须摒弃儒家“德治”中突出的“人治”偏颇,及其维护宗法制、等级制和“礼教”的政治内涵。我们今天所讲的“德治”,主要是指加强对行政管理和政府行为的伦理要求和道德监控,加强对广大公务员的道德教育、道德约束,大力提高依法施政、以德行政的政治素质,不会再出现“人治”的偏颇。可见,历史上的“德治”和“法治”,是我们建设先进政治文化的宝贵资源,但必须经过一番扬弃,经过一系列创造性的转换,才能推陈出新。

我过去曾经讲过“综合创新”的问题。在传统政治文化上做“综合创新”的工作,就是要根据现在的国情,一方面继承和发扬固有的“德治”和“法治”的优良传统,一方面又要充分吸收外来政治文化的一切优秀成果,经过我们自己的融会贯通,创造出新的体系,形成与完善具有中国特色的社会主义先进的政治文化,以达到国家长治久安的目的,适应时代潮流的进步。

文选

中庸与三分

庞　朴

其实所谓的中，就是第三者；承认二分又承认中庸，也就在事实上承认了一分为三。这是最简单不过的道理。当然要把这一事实挑明，还得分析和解说。

一

天网恢恢，宇宙本是一面硕大无朋的网。任一事物都是这面网上的一个点，这个点，是由上下左右前后古今粗细软硬等等相互牵连着的绳络结织而成。就是说，事事物物，都与它事它物处于千丝万缕的联系之中。孤立的事物是不存在的，正如无牵连的结点是不可能的一样。

"有象斯有对"。事物的诸多联系中，最主要最本质的联系，便是此一事物与正相对立的彼一事物间的联系，那是一种既相反又相成的联系。白天不是黑夜且必赶走黑夜；但是没有黑夜，也就无所谓白天。"天下皆知美之为美，斯恶矣"；恶固非美，但天下皆必借恶而知美，无恶亦无所谓美。如此等等。

对于事物之对立的联系，人类在很早时候便已注意到了。古希腊的毕泰戈拉学派就曾罗列过十大对立，后来有人将它归纳成三种形态：殊异、相反、相关；亚里士多德进一步分对立为四种：相关、相反、有和缺失、肯定和否定，有时更加上一个第五种——两端。和他们大体同时的中国哲人所倡之"物生有两、有三、有五、有陪贰"之说，矛盾之说，环流之说等等，也都是对对立的种种认识。认识到了对立，混沌世界的内在本质方始逐步向人们敞开。

有对斯有中。所谓事物的对立，通常指的是质的对立。即使像一与多、冷与热这样的对立，也不是说这个比那个少几个、多几度的意思，而是说二者存在着质上的反对。但是，话还得说回来，这种质上的不同，以及一切正相对立事物的质上的不同，都是由量的积散程度促成；量的增减到达一定界限，便能引起质的变化，构成事物的质的对立。因此，正相对立的事物之间，当其显现为质的对立的同时，也还存在着量的可比性，存在着一条由此达彼的逐步递增或递减的某种量的连线。譬如，鲁莽和怯懦，是行为举止方面的一对对立，二者有着质上的不同。但二者也可归结为自信的不同程度：自信程度低迷，不敢说不敢动，到了自馁，则成为怯懦；自信程度超高，天不怕地不怕，到了自负，便流于鲁莽。于是，鲁莽与怯懦之间，便有着一条由此及彼的自信程度的连线。既然是量的连线，很自然，便有一个可测量的中点或中间阶段，便有一个相对于两端而言的中。

这个相对于两端而言的中，从上述的推知过程看，仿佛首先表现为一定的量。但是，这个量，由于它相对于两端而为中，也就是说，由于它脱出了两端的范围，不属于两端的任一端，它便由之自成一种质，一种新的质，一种相对于两端而存在的质。这种质，一般谓之曰中。拿上述例证说，那处于鲁莽和怯懦的中，自负和自馁的中；如果需要给它一个名字，可以叫做勇敢。

从上述的推知过程还可看到，仿佛是先有了两端，然后定出一个中来的。就好像先有了卖主与买主，卖主索价两元、买主还价一元，然后逼出一个中间价来而成交的那样。必须声明，上述推论过程只是一种叙述方式；其实反过来说也可以：是市场行情一元五在先，卖主比照行情试图多要一点，买主也了解行情而故意少还一点，于是有了三分的架势。孔子和亚里士多德在谈德性时，正就是这样看的。他们都认为只有中道才是德性，而将两端分别称为过度和不及；那无异于说，是首先有了中间，相对于中间然后方有两端之名。

事实是，世界本来便是三分的。中间和两端，本是相比较而存在，经指认而得名的。人们在认识上，会有一个先后的次序，事物的存在，也常有隐显的不同，但一分为三的事实，则是客观的无处不在的。

但是，由于二分法的先入为主，人们习惯于称"中"为"中介"，仅仅视之为两极之间起联系作用的居间环节，或者是事物变化过程的中间阶段；喜欢强调一切差异都在居间环节融合，一切对立都经中间阶段而互相过渡；等等。就是说，"中"的存在，仿佛只是为了两极，"中"的地位和作用，全在于它的能"介"，而无视其所以能介的根据，无视其存在的自性。因而，他们否认三分的真实性。殊不知，中之为中，与左右之为左右完全一样，自其关系视之，固是相对的；自其存在视之，则具绝对性。中之能介，中之能融，便正是它独立于左右之外、独立发挥作用的表现；而绝非其附属于左右之下、仰赖左右鼻息的结果。

也是由于二分法的先入为主，人们还习惯于相信中介环节是暂时的，必将向两极分化而最终归结为二元的天下。熟知的说法如小资产阶级大量地、不断地、每日每时地向资产阶级和无产阶级分化之论，便最为经典。这一见解很可宝贵，因为它能从运动变化来观察世界，指出三分的界限不是僵死的，而是变动的，无疑十分正确；只是它忘记了，中间、两端之间的流动，决不可能只是单向的。既然能有中介向两极的分化，也就必然会有两极向中间的聚拢；小资产阶级固然在每日每时分化为资产阶级和无产阶级，资产阶级和无产阶级未尝不每日每时分泌出小资产阶级来；其动因完全是共同的。要知道，由于运动变化，中间状态作为中间状态，必与两端处于此涨彼消此消彼涨的相对关系中，共同组成一个三段的整体；如果某一段不见了，那便意味着整体已发生彻底变化而不复存在，任何一段单独先自退出的情况，是不可能发生的。

更有一种从二分出发的观点，指中间为恶，务必除之而后快者。那就是政治学说中的中间派最危险论，和文学上的反中间人物论。这是标准的左派幼稚病。我们知道，幼儿能够分辨简单的好和坏，是他的认识从混沌向有序的可喜进步，但幼儿还无力识别好坏之间的居间环节；尽管在多数情况下，中间常是多数的。从幼儿到成人，需要经历艰苦的成长过程。肯于承认两派之间的中间派之存在的合理性，也是需要过程的。

二

相比较而存在的中间和两端，以其所在系统为存在之限；越出此一系统进入另一系统，原来的中间也许会变成了一端，原来的一端也许却变成了中间。不管具体事物怎样变，中间总是两端的中间，总是与两端同时对立着，这样的逻辑关系是不变的。因而，中间总是要凭借两端而说明，而且是同时凭借两端方得说明，这样的认识方法也是不变的。

凭借两端认识中间，在逻辑上，可得四种形式——A 而 B，A 而不 A′，亦 A 亦 B，不 A 不 B。这里的 A 和 B 代表对立的两端。第一式 A 而 B，如"温而厉"、绵里藏针，是立足于 A 兼及于 B，以 B 来补 A 的不足。第二式 A 而不 A′，如"威而不猛"、"乐而不淫"，明里是就 A 防 A 的过度，暗中却以 B 为参照来扯住 A，是 A 而 B 式的反面说法。第三式亦 A 亦 B，如能文能武，亦庄亦谐，平等包有 AB，是 A 而 B 式的扩展。第四式不 A 不 B，如不卑不亢、"无偏无颇"，超出 AB 而上之，是第三式的否定说法。

凭借两端认识中间，进而组合两端表述中间，以"A 而 B"、"不 A 不 B"等等来表示中间，不求为中间另立名目，此中饱含着深刻的辩证思想。这是认识到中间与两端互不可分、三者共成一体的积极表现，而非愚蠢到不知另用一个符号来表示第三者的地步。相反，如果平铺直叙地用 ABC 来分别表示三者，那倒也许反而是未曾深思的结果,因为它未能将三者的关系表达出来;而关系,在这里是比实体更为重要的。

亚里士多德在他的伦理学著作中,以中道为德性,以过度与不及为恶,曾试图为情感和行为的种种德性、过度、不及都找出相应的名字。鲁莽与怯懦之间是勇敢,挥霍与吝啬之间是慷慨,奉承与慢待之间是好客,等等,反映出了他对人情事理的高度关怀和深度洞察。但是,他也常常因此而陷入困境,屡屡为某种中道之没有名称而尴尬。他说:

在人群的共同生活中,在言谈和行为中,一些人是随和的,他们赞同一切,从不反对什么;他们认为不应该给同伴们带来痛苦。另一些人则恰恰相反,他们反对一切,对所带来的任何痛苦都不在乎,被称为难以相处的人。……它们的中间品质才受欢迎,……然而,却难以给它一个名称,也许称为友谊最为合适。……由于中间品质没有名称,对立就表现为两极端自身的对立。

我们看得出,称这里的中间品质为友谊,并不合适,因为它太过宽泛;所以最终还得承认这种中间品质没有名称。这就是亚氏的尴尬,是执意要为中间独立命名的苦涩。而他之所以要为中间独立命名,源于他要强调中间与两端的对立;而他之所以要强调中间与两端的对立,又只是由于,他只看到了中间与两端的对立!他曾说:过度、不及与中道,"每一种都以某种方式和另外两种相反对。两个极端与中间相反对,而它们之间又相互反对,中间也和两极端相反对"。可见,他虽注意到了中间和两端为三,但他所注意的只是三者的互相对立的一面,所以他必须给这些对立者安上各自独立的名字,方可显现其对立。一旦"中间品质没有名称",无法表示一善对两恶的对立,对立只剩下"表现为两极端自身的对立",在亚氏看来,实在是一大憾事。

在这方面,中国人另有自己的思维方法。中国人也谈过度与不及,但是并不认为过度与不及之间只是对立而已;因而也就并不简单认为,只有独立于过度不及两端,始得中道。因为在这些对立之中,与这些对立同时,还有同一的关系存在;而且正是同一使对立得以成立,也正是对立为同一提供了条件。拿上述亚氏例证来说,在赞同一切与反对一切的两种待人态度之间,当然有一种中道。亚氏只从对立来考虑,想着一举远离两者,故而找不到一个既与赞同一切对立又与反对一切对立的名目。其实只要换个思路,也从同一角度想想,相信赞同一切者之"赞同"本来无过,过在"一切",便能得出A而不A′式的中道"和而不流"或"曲而不屈"来矫枉之;反对一切者之"反对"本亦无错,错在"一切",也便能得出A而不A′式(或曰B而不B′式)的中道"刚而无虐"或"直而不倨"来纠正之。而这两者,和而不流与刚而无虐或曲而不屈与直而不倨之间,又以互补的亦A亦B式的关系,组合为赞同一切与反对一切之间的完整的中道——既和而不流又刚而无虐,或既曲而不屈又直而不倨。于是,中道不仅有了名称(当然是与两端相依的名称),而且它同过度、不及间的对立,也充分表现出来了。

三

不过这样一来,从过度经中道到不及,仿佛出现了四分的局面:赞同一切、和而不流、刚而无虐、反对一切!许多否认一分为三的想法,正是从诸如此类的例证中导出的。最通俗最常见的例证,莫过于年分四季,材生五行,天张六合,色呈七彩,卦成八象,学裂九流,人有十等。因此,他们主张一分为多;如果有谁打算对一分为二作任何改善的话。

其实三就是多,多必归于三;如果你是在哲学地思索宇宙奥秘的话。请以四季为例。

按照北半球人的习惯,年以冬至始。冬至是白昼最短的一天,也是白昼渐长的开始;所谓的"冬至——阳生"。此后白昼渐长,黑夜渐短,阳生阴消,暑来寒往,至春分而昼夜平、阴阳等、寒暑均。如此再进,至于夏至,白昼极长黑夜极短,阳气极盛阴气极衰,于是物极必反,出现所谓的"夏至——阴生",一切皆与此前相反而行;经秋分,返冬至,是为一年。

这里的一年之平分为四个季度,只是一种现象。现象的背后,主宰着的是地球和太阳的关系;这种关系,分别为太阳直射南半地球、直射北半地球两端,以及,处于两端之间的状态

——太阳直射赤道(虽然射了两次)。这是一个很典型的一分为四、四归于三的例子。其所以必归于三,乃因为,一切事物,都以与其对立者相联系的方式存在(在这里是南射与北射的对立与联系;如果只是一味南射或一直北射,也就无所谓南射北射了);而既有对立,便有中间(这里是直射)。中间可以因对立两端的不同深度而延伸为一长系列,呈现为七彩八象,九流十等,但终究仍是中间;就其与两端的关系来说,终究仍是中间。有两端,有中间,于是便归于三。

中国古有"数始于一,终于十,成于三"之说。说始于一而不说始于零,因为对零作为一个数的认识,是很晚的事;而终于十,当然是十进制决定了的。最有意思也最值得注意的是成于三。为什么会成于三?又怎么样成于三?

所谓数成于三,是说无论客观世界的事物本身还是主观世界对事物的认识,起先都是从一开始,或者叫从混沌开始。然后显露出对立两端,或者是认识上的首先注意到两端,斯为二。进而因两端而有中间而知中间,事物演化完成或被完全认知,此之谓成于三。抽象为数,便是由一而二而三,到了三,告一段落。老子曰:"道生一,一生二,二生三,三生万物",也是这个意思。三生万物者,"三"体现为"万物","万物"皆是一个"三"也。

四

说到万物皆是三,不由得使我们想起了黑格尔的"某物是否定之否定",或者弗洛伊德的人是自我(Ego)、本我(Id)、超我(Superego)的统一之类命题,以及人人都能随手举出来的一些别的事实。可是若要对种种三分的事实进行形态上的归类和划分,却并不是随手便能办到的事。譬如我们上面说到的中庸四式,只要再加上两端的A和B,便成了似乎是四种不同的三分。可是仔细推敲几下则可看出,它们都只不过还是发生在一条直线上的四种形式,都宜归类于一维状态。

如果某个第三者不和两端处在一条线上,而是高于两端之上,形成三角形的顶端,此时的三分,便属于二维状态。《易传》曰"太极生两仪",曰"一阴一阳之谓道"者便是。这里的太极与两仪,或道与阴阳,构成了三角形的三个角:太极或道高踞顶端,它非阴非阳,但能生阴生阳,综两仪而统之;两仪则平列于底边的两端,并生并存;其中,阴与阳或两仪是相对的,道或太极独立而无对,是绝对的。

中国古代哲学家喜欢用"一"作为道或太极的代数,用"两"或"二"来代表阴阳。他们相信,绝对者既曾存在于相对者之前,又正存在于相对者之中。这叫做"一物两体"或"一在二中",叫做"两不立则一不可见,一不可见则两之用息"。张载曾把这种看法缩写成以"极"字为顶、以"两""两"二字为底端的三角形,是很有意趣也很有见地的。

顺便说一句,在分别开或对比着运用时,极和端的语义是各不相同的。端是终点,是末;极的原意则是房屋中间最高处,引申为准则、绝对。在上述的三角形中,顶角(极)的地位和价值,和底角(端)是大不一样的。当然,其为三分,不受影响。

让我们引个实例来看看。庄子曾说过:"莛与楹,厉与西施,恢诡谲怪,道通为一。"莛与楹,是细粗不同的木棒,厉与西施,是媸妍有别的女人;它们各自互相对立着。两既立了,一则可见。这个一,粗看是木棒或是女人,极而言之,则是道;它正统摄乎莛与楹或厉与西施之上,也可看做是潜存于二者之中。不见这个一,则不知二者的本质,二者的出现也就了无意义;此所谓一不可见则两之用息。这里的一是绝对的,二是相对的。这样的一个绝对君临两个相对的关系,刚好组成一个三角形,成为二维式三分法的典型形态。

要能看出这类三角形的存在,并非易事。庄子说"道通为一",是说"道"把二者通为一的;也可说需得具备"道"的眼光,方可看出二者通一(所谓"唯达者知通为一"),进而看出三角存在。所以,当人们仅仅看出莛与楹细粗不等、厉与西施是两个女人,而盛赞矛盾无处不在,却又否认一分为三的时候,他不曾料到,他所看到的矛和盾中,正寓有一个他不曾看到也看不到的"绝对"存焉;这个绝对和相对构成一个三角形态。事物本是一分为三的,不管你认识与否,承认与否。

在另外一些情况下，三角形也有三足鼎立、无分绝对相对者。儒家哲学谓天地人为三才，亦称三极，便是如此。其所谓的天，并不比它二者高超，所谓的人，也不比它二者卑微；天地人三极，分别表现了宇宙的气、形、德。从功能上说，天之用为化，地之用为育；人之用，叫做赞，即发挥其主观能动作用，赞助天地的化育，以此遂得与天地参，即与天地鼎立而三；三者的地位，于是遂成平等。当然，三者有主观客观、能动与否之别，在儒家，似乎更钟情于三者中的“人”之一极，那多半属于严以律己的意思，绝无拔高的企图。即使像宋儒们所标榜的圣人能为天地立心那样的高调，也还没有超出天地人三足鼎立的范围。

三足鼎立的另一说法叫三位一体，无论是基督教的圣父圣子圣灵，佛教的佛法僧，道教的精气神，都属于二维三极、三角平等式的三分形态，是一分为三、合三为一的特殊例证。尽管它们都是虚幻不真的，但作为一种思维方式，它们却是很认真的，而且有其无处不在的客观依据。

三角的三极还有一种互克的形态。石头、剪刀、布的循环相克便是。这种形态很早便被人们发现了，其见诸文字者，有《关尹子·三极》篇所记的“蝍蛆食蛇，蛇食蛙，蛙食蝍蛆，互相食也”之说。蝍蛆(蟋蟀？蜈蚣？)能否食蛇，我们不得而知；但是我们知道，任何事物都是宇宙之网上的一个结点，都有自己的强项与弱项，并以之而与它物结成动态的平衡关系。于是自然界便无绝对强者，一切都在互相联系中互相制约着，而最本质的联系和制约，则是对立；对立的否定再否定，遂形成循环的三极。

循环也有由“彼是莫得其偶”即对立自身之变动不居而形成的时候，如庄子在《齐物论》中所云。他说，彼是(是即此。“彼是”在此代表一切对立)本是“方生”的，即相并相依而生的；有此才有所谓彼，有彼才有所谓此，本无孤立的绝对的此与彼。于是，曾经谓之此的，亦可谓之彼；正在谓之彼的，将可谓之此。有鉴于此，人们不禁要问：“果且有彼是乎哉？”意思是说，如此说来便没有彼此之别了。可是，如说没有彼此之别，又与人们的感觉不符，所以庄子又问：“果且无彼是乎哉？”意思是还得肯定彼此的存在。这样反复诘难，遂构成了彼此之首尾相逐、莫得其偶的循环圈。庄子主张，人们不必去追逐那些无穷的相对的变化，不妨站到循环圈的中间来，这里叫做“道枢”，这里始可“得其环中”，这里方能“以应无穷”。这个枢和这个圈，也是一种二维的三分。

老子也有“反者道之动”和“万物并作，吾以观复”之说。反者向对立转化之谓，复者回复到原来的出发点。老子所谓的动和作，只是这种两端间的反复运动。他所谓的反复者和观复者，也就是庄子的环中和道枢，也是一种二维的三分。在他们看来，整个世界无非如此，无非是环流着的客观事物，和静观着的主观人类。老庄的这一说法，从局部的短暂的过程来说，或不无道理。只不过，现实中的循环往复，除去简单的机械运动外，绝对重复原来轨迹的事是不多的。一般说来，由于内外条件的作用，循环常呈螺旋式的变化向前进展。于是，便有了一种三维的三分形态。

五

三维三分的典型形态是螺旋，而其简单样式则是每一个立体的“一”，即任一个体。

中国古有“太极元气，函三为一”之说。其实岂止太极元气而已矣，任何事物都是函三为一的；例如我们的朋友张三。当我们向别人介绍说：此人是张三，或：这位叫张三时，事实上是在说：个别性(此)+普遍性(人)=特殊性(张三)；张三于是就函三为一了。当然，你不介绍他，他也函三为一，因为他本来便是函三的一，他是一位有个性的人。“一切事物都是将普遍与个别结合起来的特殊”，是一个立体的三分形。

李白有诗曰：“花间一壶酒，独酌无相亲。举杯邀明月，对影成三人。”独酌无亲的李白，是一；举杯邀了明月，便有了对饮者，或者叫有了对立面，成为二；明月反照回来，李白多出一个随身的影子，不再是原来的一了，成了函三的一。

这里的李白与上面张三的不同之处在于，这里显示出了发展，上面没有。黑格尔说的某物是否定之否定，也是从发展立意的。肯定、否定、否定之否定，对事物的认识以及事物本身的发展，都是如此，都是历经了三个阶段的一。

作者单位：中国社会科学院

（摘自《文史哲》2000 年第 4 期）

苏格拉底与孔子的言说方式比较

邓晓芒

我在《论中国哲学中的反语言学倾向》一文①中曾说过："中国哲学对语言的追索可以说是一开始就自觉到了的，但也是一开始就采取了蔑视语言本身或使语言为政治服务的态度，从未把语言当做人与世界本体之间的必经中介，更谈不上将语言本身及其逻辑当做本体和客观规律了。"为了进一步展开这一观点并说明其意义，我想在此以孔子的《论语》为例，将它与古希腊苏格拉底的言说方式作一对比。苏格拉底常被誉为"西方的孔子"，而且与孔子一样，也没有留下自己亲自撰写的著作，而只有由弟子们所记述的言论；在孔子，这是由于他"述而不作"，在苏格拉底则是由于，他认为自己的使命是通过谈话启发人们去关心和思考真理，追求智慧；两人都以口头对话的形式阐述了自己的思想，且都把关注的重点集中于伦理道德问题，但他们不论是在伦理道德的内容还是在对话的方式上都有极大的区别。

一、言说的标准问题

任何言说，如果要人有所获的话，都必须要有标准。孔子和苏格拉底可说是中西方传统言说标准的确立者。然而，苏格拉底把言说的标准最终确立于言说本身，孔子则把言说标准放在言说之外，从而最终取消了言说的标准。

拿苏格拉底的一篇著名的讨论美德的对话《美诺篇》来说，苏格拉底在与美诺的讨论中总结出了这样一条规则："一条原则如果有某种正确性，它不应该只是此刻，而应该永远是站得稳的"②。如何才能"永远站得稳"呢？苏格拉底主张，应当抛弃"任何一个用未经解释或未经承认的名词来说明的答案"③。例如"美德"，如果我们要谈论它，首先要解决的一个问题就是："什么是美德？"而不是"美德是否可教？"（或"美德是如何样的？"）因为，"当我对任何东西，不知道它是'什么'时，如何能知道它的'如何'呢？如果我对美诺什么都不知道，那么我怎么能说他是漂亮的还是不漂亮的，是富有的而且高贵的，还是不富有不高贵的呢？"④也就是说，苏格拉底非常注重言说本身的逻辑层次，在言说中所使用的任何概念都必须建立在这概念的明确和严格的"定义"之上，否则一切描述都无以生根。这种要求是言说本身的要求，而与所言说的对象或内容无关。就是说，即使你言说的内容再好，如果不遵守这一原则，只会连自己也不知道自己说出来的是什么，或者是陷入自相矛盾，这正是美诺在与苏格拉底讨论时语无伦次、处处被动的原因。苏格拉底提出的这一原则，也是后来亚里士多德建立形式逻辑的同一律和不矛盾律、并将“实体”作为最基本的“是”本身(即“作为有的有”)置于言说的首要地位的根据。在亚里士多德那里，这一形式逻辑的原则同时也是本体论的原则，或者说，言说的原则就是存在的原则，什么东西是最基本的存在，什么东西就是最根本的言说：苏格拉底虽未进到这一层，但他为言说规则的“本体论化”即客观化提供了前提，在他那里，言说的规则是不以人的好恶为转移的客观规则，不是人说语言，而是语言说人。

所以，当美诺回答苏格拉底“什么是美德”的问题说，美德就是男人懂得治理国家、女人善于管理家务等等时，苏格拉底讽刺他说：“当我只问你一种美德时，你就把你所留着的一窝美德都给端出来了”，并开导他道：美德“不论它们有多少种，而且如何不同，它们都有一种使它们成为美德的共同本性；而要回答什么是美德这一问题的人，最好是着眼于这种共同本性”⑤。这就意味着，在回答“什么是美德”这个问题时，必须提出一个具有普遍性的本质定义，也就是这个“什么”必须是一个适用于美德的一切场合的概念，而不仅仅是美德的一个实例(“部分的美德”)。这样，苏格拉底引导着美诺一步步推导，先是撇开感性经验的具体例子，然后剔除了那些仅仅构成美德概念的一部分的概念(正义、勇敢等等)，直到推出美德是一种“知识”，即美德的“种”(本质)。“知识”的概念是一个不在“美德”概念之下，而是在它之上，因而可以用来给美德归类、使之得到更高的规定和理解的概念。当然，后来亚里士多德把定义的规则规定为“种加属差”，即不但要知道美德是“一种”知识，还要知道它是一种“什么”知识，而且这个“什么”还必须是最近的属差，所以“定义”就是“正位”；苏格拉底还未意识到这一点，他所做到的只是使思想摆脱具体经验的束缚而上升到逻辑的(合乎理性的)言说，但这正是最困难的一步。由此就形成了西方思维对任何一个概念寻根究底进行追溯的理性传统。

现在我们来看看《论语》。孔子在《论语》中与弟子们讨论的最重要的一个问题就是“仁”的问题，“仁”也是孔子思想的核心。然而，这些讨论全都是建立在未给“仁”下一个明确定义的前提下的。谈话中，弟子们向孔子“问仁”共有七次，每次都各不相同。

比如，颜渊问仁⑥。可以看出，《论语》中凡“问仁”、“问政”、“问君子”等等的意思，都不限于问“什么是仁”、“什么是政”、“什么是君子”，而是笼统地“问关于仁、政、君子等方面的事”，这样我们才能理解孔子对这些提问的回答为什么那么多种多样，且把不同层次的事情放在一起。孔子对颜渊的回答有三句话，代表三个不同的层次。1)“克己复礼为仁”。2)“一日克己复礼，天下归仁焉”。3)“为仁由己，而由人乎哉?”上述三个层次就像一个德高望重的老者对年轻人说：你们要克己复礼啊，克己复礼做到了，人家都会说你们是仁厚之人呢！只要你们想做，这是不难的啊！换言之，如果连贯起来看，这些话后面包含的意思是劝说，而不是证明。劝说也是有一个内在的标准的，但它不体现在言说本身上，而是包藏在一问一答的意思中，这就是：想要做到仁，或想成为一个仁人。“问仁”本身就意味着：想要仁，而问怎么做？没有这个前提，对话根本就形成不起来。孔子的教导只对于那些想要成为一个“仁人”(君子)的人才有意义，对那些甘做“小人”的人则不存在对话的基础。不过，虽然“想要仁”是一切对话的潜在的标准，它却不可能成为讨论的对象⑦。言说的标准是有的，但它不进入言说之中，而是在言说之外；它不受言说的检验，而是言说的前提；它是每个谈话的人预先默认的，并在谈话中时刻认可的。

再比如，司马牛问仁⑧。回答只有一句话：“仁者，其言也讱”。司马牛正当地发问道：“其言也讱，斯谓之仁已乎?”也就是说，难道只要言语迟钝就可以说是仁了吗？意思是对这一命题的周延性提出疑问。孔子的回答则是答非所问：“为之难，言之得无讱乎?”人家问的是：难道凡是言语迟钝的人都是仁人吗？孔子却答道，做起来不容易，言语当然就迟钝了。撇开这种驴唇不对马嘴不谈，孔子这句话本身也是经不起推敲的，说时容易做时难、或做起来并不难但说不清楚的事太多了。注者说孔子这是针对司马牛多嘴的缺点而说的，但人家问的是“仁”，而不是什么别的小事情，怎么能把“多嘴”随意上纲到如此高度？可见这里表面上是一种对话，实质上是一番教训，是很不容分说的。

又比如，子张问仁[9]。答以“恭宽信敏惠”，“能行五者于天下为仁矣”。他还解释说，恭则不受侮辱，宽则得人拥护，信则被人任用，敏则有功劳，惠则能够使唤人。这些当然都是些好东西，但子张问的是“仁”，而不是什么是好东西，这些解释使人感觉离题万里。如果是“仁”定义为“有用的品质”，这些说法自毫无疑问。可惜并没有这样的定义，更何况孔子决不会赞同这种与“利”结合得太紧的定义。孔子真正所想的也许并不是这些好品质的实际效果，而是把子张看作“言必信，行必果”的“小人”了，因此才以小人能理解的语言来引导他。但这样随着他人的需要和具体的情况不同而随时改变“仁”的言说的做法，不是太无标准了吗？孔子的标准始终在他自己的内心，一切说出来的标准都是相对的，不确定的，不可依靠的，也许只有当时面对面的两个对话者（“我”与“你”）能够领会，一旦当事人去世，就只好由后人任意解释了。中国古代哲学文献中，这种情况几乎成为通例。

当然，《论语》中也有说得比较明确的话，其中最重要的有两句，一是《雍也》中说的：“夫仁者，己欲立而立人，己欲达而达人”，一是《学而》中有子概括的：“孝弟也者，其为仁之本欤！”前者有人认为是孔子所定仁之“界说”（即定义）；后者亦被人称为仁的“基础”和“标准”。前者是以己所欲而立人达人，是“己所不欲勿施于人”的相反说法，但究其根据，无非是“爱人”；但爱人有差等，所以又要以“孝弟”为标准，可见前一句话最终要本于后一句话，即亲亲之爱、孝弟才是真正的“为仁之本”。离开了孝弟，则并不是什么人都该爱，什么人都该立和达的。然而，是否一旦孝弟了，“爱人”或立人达人就自然成立了呢？未必。孔子主张即使父亲偷了别人的羊，也得“父为子隐，子为父隐”；可是，一旦在这种情况下为尽孝道而和别人打将起来，如何还谈得上“爱人”？有子的孝弟为本是针对着消除“犯上作乱”而言的，并没有把它当做一个普遍适用的“爱人”原则，这算是比较明智的。但这样一来，孔子所理解的“仁”从根本上就不是一个普遍的人性标准，而是一个引起家族纷争的相对原则，也就昭然若揭了；它在实际的社会生活中必然导致对一个最高家长即专制君主的绝对需要，在言说方式中则导致话语权威，即以一己之欲强以立人达人，而这一己之欲的相对的话语标准却始终隐没在话语背后，这就使整个言说从语言本身的角度来看显得无章可循，毫无标准了。

二、对话的性质问题

苏格拉底的言论大都以对话的形式流传下来，孔子的《论语》中也有不少的对话。但究其实质而言，只有苏格拉底的对话才真正具有对话的性质，孔子的对话其实并不是真正的对话，而是类似于“教义问答”的权威话语和独白，问者所起的作用只是提起话头和等待教导。与孔子在对话中的“诲人不倦”的“答疑解惑者”形象不同，苏格拉底在对话中多半是以提问者的身分出现，他的对手才是问题的解释者和回答者；但全部对话的灵魂恰好是提问者而不是回答者，是针对回答的提问才使问题变得更清楚了。然而，苏格拉底并不以全知者自居，他说：“我知道我是没有智慧的，不论大小都没有。”[10]这不是过分自谦，而是他的真实想法。因此他有一种开放的心态，即他只提问，让对方自由地回答。所以在对话中并没有任何预设的前提，双方都是自由的，一个问题将引出什么样的回答并不是预先策划好的，而是临场发挥的，只有话语本身的逻辑在把言谈导向某个越来越清晰的方向，因而虽然自由交谈，却也不是随意散漫的。苏格拉底相信，话语有其自身的标准（逻各斯），但这标准不是他所独有的，而是人人固有的理性，这理性即使是他自己一个人所发现和自觉到的，也要由别人嘴里说出的话语来证实其普遍性。所以苏格拉底从来不强迫人家相信自己的判断，而总是诱导别人自己自愿地说出他所想说而暂时不说的话；这种暂时不说并不是预设的前提，而是对自己想说的话的存疑和对别人自由的等待，只有当别人自由地说出了他所想说的话，这话语的普遍性能才得到确立；反之，若把别人置于不自由的、被动受教的地位，即算别人承认你说得对，这话语的普遍性也是永远得不到证实的。苏格拉底把自己的这种方法称之为精神的“助产术”，正是这个意思。助产婆只能帮助孕妇生孩子，而不能代替她生孩子。

与此相反，孔子虽然并不认为自己“生而知之”，而是“学而知之”，但在对话中，他是以“学成者”的身分高居于他人之上的，尽管还要“学而时习之”，但总的来讲那已是过去的事了，所以他自述“吾十有五而志于学，三十而立，四十而不惑，五十而知天命，六十而耳顺，七十而从心所欲，不逾矩”。[11]面对学生，凡是需要知道的他全知，凡是他不知道的则是不必知道的。他许多次说自己“不知”，但这要么是一种回避作答的方式（如《八佾》中对“或问禘之说”答以“不知也”），要么只不过是否定态度的一种委婉（巧滑）的表达，实际上早已下了断语（如《公冶长》中对冉雍、子路、冉求、公西赤、陈子文等人判为“不知其仁”，或“未知，焉得仁？”）。他教导学生说：“诲女知之乎！知之为知之，不知为不知，是知也”[12]，但至少他认为自己所知的那一点是不可怀疑的，必须“笃信好学，守死善道”，却从未考虑过是否会有自以为知其实却并不知的情况，后面这种情况正是苏格拉底对自己的知和那些号称有知识的人（“智者”）的知都抱怀疑态度的根本原因；所以孔子的“知其不知”与苏格拉底的“自知其无知”本质上是完全不同的，后者是对自己已有的知的一种反思态度，它导致把对话当做双方一起探求真知识的过程，前者则把对话看作传授已知知识的场所。孔子对自己也不知的东西的确是坦然承认的，但那只是因为他不认为这些知识是必须的。他说：“吾有知乎哉？无知也。有鄙夫问于我，空空如也，我叩其两端而竭焉。”[13]一般“鄙夫”之知是不用学的，只须从君子的立场“叩其两端”即可穷尽其理。例如，樊迟请学稼、学为圃，孔子说自己不如老农老圃，然后说：“小人哉，樊须也！上好礼，则民莫敢不敬；上好义，则民莫敢不服；上好信，则民莫敢不用情。夫如是，则四方之民襁负其子而至矣，焉用稼！”[14]这就叫“叩其两端”（即“上”“下”两端）。

所以，苏格拉底在谈话中专门找那些自以为有知识的人提问，揭示其矛盾，打破他们的自满自足，启发他们意识到自己的无知和肤浅，从而致力于知识的进一步深化；反之，孔子则是“不愤不启，不悱不发”，即不到学生想求明白而不得的时候，不去开导他；不到他想说而说不出的时候，不去启发他。人家有疑问来请教，这正是占领话语制高点的好机会，所以朱熹注云“待其诚至而后告之”。常听人说到一个悖论：没有诚心是进入不了中国传统文化的，但有了诚心又跳不出中国传统文化，结论是中国传统文化不可认知（只可信奉）。想必这一悖论自孔子已经开始了，他是绝对说服不了像美诺和智者派那样的一些自以为是、既不“愤”也不“悱”的聪明人的，只能成为那些脑子不太开窍的人的精神领袖。而一旦成为精神领袖，则可以对他任意褒贬评点，成为类似于上帝那样的“知人心者”，所以“唯仁者能好人，能恶人”。所有弟子的优点缺点均在他一人掌握之中，谁将来能做什么、不能做什么也都被他所预见。这就是为什么孔子虽然极其谦虚，但他的对话总使人感到一种不平等，一种精神上的居高临下，即使有些话毫无逻辑性也不容辩驳的原因。

三、讨论的效果问题

苏格拉底在对话中，虽然执着于一个明确的目的，这就是要找到一个事物的“定义”，但他也知道这不是那么容易的事，他自己心中预先并无定数（所以才“自知其无知”），惟有依靠自己的理性和“辩证法”去不断地有所发现。例如在《大希庇阿斯篇》中讨论“美是什么”的问题，最后的结论竟然是“美是难的”。不过讨论并没有白费，虽然还不知道美是什么，但毕竟知道了美“不是什么”，思维层次有了很大的提高，而这正是苏格拉底真正想要达到的。又如在《普罗塔哥拉篇》中关于美德是否可教的问题，双方在讨论中都从自己本来所持的立场不知不觉地转向了持对方的立场，颇具喜剧性，最后也没有结论，苏格拉底说对这个问题还需要进一步研讨。但毫无疑问，在这种开放式的讨论中，不但讨论双方的思维水平已不是讨论前的水平了，而且所讨论的问题的内在复杂性、微妙性也暴露出来了，这就给后人沿着思维已指出的方向继续深入提供了极宝贵的启发。

相比之下，孔子的对话看重的只是结论，而完全不重视反复的辩难，一般是一问一答为一小节，少有两个以上来回的，即使有，也不是针对同一个问题，更不是贯穿一条思路。孔子说"温故而知新"，"学而不思则罔，思而不学则殆"，又说"吾道一以贯之"；但他是如何由故而"知"新的，他的"思"的思路究竟如何，他又是怎样用他的"道"来贯穿他所有那些论点的，却从来不曾交待。我们只能认为，他的"知"、"思"和"道"都只不过是一种内心的体会，所能说出来的只是结论，而不是过程。

所以，《论语》是中国传统官样文章中泛滥成灾的"要字句"的始作俑者。所谓"要字句"，用今天的话来说，就是"我们要……"的句式，有时不一定包含"我们"，常常连"要"字也省掉了，但意思每个中国人都懂。但西方人就不一定懂了，他们只可能将它看作"无人称句"，但西文无人称句不含"要"的意思，因此他们往往抱怨这种句子没有主语。随便举一例："见贤思齐焉，见不贤而内自省也"⑮，前面加上"我们要"三字(或只加"要"字)，亦通。又如"先行其言而后从之⑯，"志于道，据于德，依于仁，游于艺"⑰等等，不胜枚举。在"要字句"中，"为什么要"是不能问的，一问你就成了异端，"攻乎异端，斯害也已"⑱，因此这是一种权力话语。

那么，一介儒生，权力从何而来？来自道德上的制高点，而道德制高点又是基于自己情感上的自信，即相信自己的情感合乎自然情理(天道)。如宰我(予)对孔子说守三年父母之丧太久了，许多该做的事都荒废了，孔子问他："食夫稻，衣夫锦，于女安乎？"答曰："安。"孔子就冒火了："女安，则为之！夫君子之居丧，食旨不甘，闻乐不乐，居处不安，故不为也。今女安，则为之！"宰我走后，孔子骂他"不仁"，说"子生三年，然后免于父母之怀。夫三年之丧，天下之通丧也，予也有三年之爱于其父母乎！"父母抱大他到3岁，所以父母死后就要守3年之丧，如果当做一种定量化的推理来看这的确是很可笑的，哪里有什么道理；但能够想到这个类比并说出来的人显然表明了他的情感的深切笃实，自然就有资格训人了。幸好没有人来和孔子竞争说父母养你到18岁，因此要守丧18年，因为这毕竟只是一种权力话语，而不是真正的权力。不过，一旦和真正的权力挂上钩，就难说会出现什么荒唐事了(如文革中大家竞相表"忠心")。所以，对话中对权力话语的争夺实质上是一场情感的表白和比赛，其结果就是写有"忠孝"二字的大奖杯。

因此，从历史上看，苏格拉底和孔子的两种不同的对话其效应也是极不相同的。前者造成了西方哲学史上从自然哲学向精神哲学的大转折，刺激了后来柏拉图、亚里士多德等人超越苏格拉底而建立起庞大的唯心主义体系；后者则树立了无人能够超越的"大成至圣先师"，只能为后人"仰止"和不断地体会、学习。中国传统思维方式和言说方式从此便进入到了一个自我循环、原地转圈的框架之中，尽管内容上还有所发展和充实，形式上却两千多年一仍旧制，几无变化，直到"五四"新文化运动才开始有了初步的松动。

---

① 载《中州学刊》1992年第2期。

②③④⑤⑦《古希腊罗马哲学》，商务印书馆1982年版，第167、162、152、153页。

⑥⑧ 见《论语·颜渊》。

⑨ 见《论语·阳货》。

⑩《古希腊罗马哲学》，第145－146页。

⑪⑫ 见《论语·为政》。

⑬ 见《论语·子罕》。

⑭ 见《论语·子路》。

⑮ 见《论语·里仁》。

⑯⑱ 见《论语·为政》。

⑰ 见《论语·述而》。

论儒学的人文精神及其现代意义

洪修平

本文拟就儒学人文精神的形成、发展及其特点等作一初步的分析，以探讨儒学在20世纪大起大落的原因及其在现代社会的意义与价值。

一、儒学人文精神的形成及其特点

中国传统思想文化本质上是一种关于“人”的学问，重视现实的人与人生问题是其最根本的特质。作为中国文化之主流的儒学，更是注重探讨人之所以为人的本质、人性、人的价值、人的理想(理想人格)、理想人格的实现以及人的生死与自由等等。儒学正是在对这些问题的探讨中形成了其富有特色的关注现世现生的人文精神。

儒学内部也流派纷呈，观点各异。例如在人性论上，有性善论，有性恶论，两者观点似乎根本相反。其实，性善论主要强调了圣人教化及自我道德修养的可能性，而性恶论则主要强调了圣人教化及个人道德修养的必要性，其目标都是要确立伦理—礼法制度，建立人与社会的理想模式。在天人关系上，儒学中有既“大天而思之，孰与物畜而制之，从天而颂之，孰与制天命而用之”(《荀子·天论》)的豪语，也有“人副天数”、“天人感应”的对天的敬畏。前者固然体现了“人定胜天”的信心，而后者又何尝不是期望承天意以实现美好的社会与人生？

从历史上看，儒家对人的重视，在孔子“问人不问马”的态度中就已得到了体现，“天地之性人为贵”(《孝经·圣治》)一向为儒家所普遍坚持，而陆九渊的“天、地、人之才等耳，人岂可轻！人字又岂可轻！”(《象山先生全集》卷三十五)则更是表达了儒家对“人”的自我价值的尊重和对人的地位的充分肯定。这里所说的“人”，既是指群体的人，也是指每一个个体的人。儒家是在中国封建社会这样一个特定的社会历史条件下通过迂回曲折的途径而对人的本性、人的价值、人的实现等问题作出了探索并提出了自己的解答。

从总体上看，宗法伦理是儒家理论的主干，而“人”则是其全部理论的出发点与核心，对人的重视与对人伦关系的强调，是儒家人生哲学的两重性格，它构成了儒家学说本身在封建社会难以摆脱的困境，也是解开儒家文化之迷、发掘儒家人文精神现代价值与意义的关键。

儒家人生哲学的两重性，在先秦孔孟那里就奠定了基本框架。儒学的创始人孔子生活在社会大变革的春秋末期，他在总结前人思想的基础上提出的仁与礼，第一次明确肯定了“人”的本质与价值，探讨了人之本质与价值的实现，奠定了儒学人文精神的基本特色。“仁者人也”，从“人”从“二”的“仁”规定了人之所以为人的本质，肯定了每一个人存在的价值，并揭示了人的本质的社会性意义，“仁者爱人”，“克己复礼为仁”等，则强调了从人与人的关系中来把握人的本质，并在人与人、人与社会的关系中完善人，实现人的必要性。如果人人都能自觉地以“礼”的社会道德规范来约束自己，从而实现“归仁”，那么“天下归仁焉”。所谓“己所不欲，勿施于人”,“己欲立而立人,己欲达而达人”,都表明孔子是在尊重每个人人格的前提下把协调人际关系视为自我完善、自我实现的一种手段或途径的。正因为如此,所以孔子才从人伦关系最后又落脚于个人的道德修养,乃至后来儒家强调“自天子以至于庶人,壹是皆以修身为本”(《礼记·大学》),也正因为如此,所以孔子才说“为仁由己”——在人际关系中完善自己,实现自己的主动权全在自己!孟子以后的“性善论”进一步将社会伦理赋予人的本性,则不仅从人的本质上揭示了人与动物的根本差别,而且从道德论上肯定了每一个主体为善去恶的理性自觉和自由选择,赋予了每个在社会关系中实现自我的能动自主权及其内在根据。人是社会的人,人都是生活在现实的社会关系中并在这种关系中表现了他的本质与价值,人只有通过现实的社会活动才有可能实现他自身的价值,不协调好各种社会关系,人就无法真正完善自己并最终实现自己。儒家在群体的伦理中来关照人的个体生命的本质、价值及其实现,在肯定人的基础上以仁爱、义礼来规范人的行为,并把它提高到实现人的本质的高度来强调,这对于提升每个人的品格、保障社会的良性运转,从而最终对社会中的每一个人的实现,都是有意义的。这同时也为儒家的入世精神提供了人本主义的价值基础。

孔子提出“克己复礼为仁”,以“礼”作为人们共同遵奉的行为准则和道德规范以保证“仁”的实现。由于孔子的着眼点并不是社会政治,他孜孜以求的是人的实现,他主要是从实现“仁”的角度提出“复礼”主张的,这就使得他的“礼”有着不同于“周礼”的新内容和新意义,正因为此,孔子在强调“礼”的同时又提出了“礼”要有所损益的观点,并以“仁”来规定甚至取舍“礼”。孟子正是循此出发,进一步以仁心、仁政冲破了“周礼”的束缚。至于孔子“人学”中关于“礼”的思想和重人伦的倾向具有被异化为束缚人和阻碍人之实现的外在权威的可能性,以及这种可能性随着封建专制集权的加强而成为现实性,这是另一回事,而这正是孔子儒学的悲剧。

二、儒学人文精神的曲折发展

孔子所创的儒学本身所包含的对人的重视和对人伦关系的强调这两重性格,使儒学的发展始终在这两者之间呈现一种动态的摇摆,导致这种摇摆的既有儒学人文精神自身发展的内在要求,也有社会变迁、时代思潮及其他各种思想学说的外在冲击。

儒学从一开始就强调在人与人的关系中实现人的必要性。当协调社会上下左右各种人际关系的伦理规范不但被说成是人的本性,而且被强化为“三纲五常”的道德戒条而与专制集权统治结下了不解之缘以后,儒家关于人的实现的理想便成为一种纸上谈兵了。

从汉代始,儒学对人的重视就逐渐被淹没在具有浓重政治色彩的人伦关系之中。但是,当董仲舒为代表的汉代儒学为了适应大一统的文化需要,从“天人合一”的思想出发而强调“王道之三纲,可求于天”(《春秋繁露·基义》),从而将儒家伦理神圣化,并为君权神授作论证的时候,仍然有几点值得注意。其一,从当时维护新兴的国家的稳定发展而言,为其寻找神学理论依据,有其一定的历史合理性。其二,这种理论既论证了君权神授,同时也有限制君权无限膨胀的意味,所谓“王者承天意以从事”(《春秋繁露·尧舜汤武》),至上的“天”成为王权的一种制约,因而灾异谴告主要地并不是针对百姓,而是针对帝王的。其三,赋予天道以道德属性,使儒家的仁爱精神具有了无上的权威性和普遍性。将这几点结合起来,我们不难看出董仲舒神学化的儒学中透露出的要求君王实行儒家的道德理想,期望借助帝王推行儒家仁政以有助于人的实现这样一种向往。统治者要利用儒学,儒学也期望借助政治,这就是汉代儒学的现实基础。这从一个侧面反映了儒学的两重性格在一定时空下演化的复杂性。

汉末,随着统一的中央集权的专制国家发生分裂,汉代官方儒学的地位也发生了动摇。两汉经学逐渐向魏晋玄学过渡。魏晋玄学在一定意义上是以道家哲学来对两汉儒学的发展加以纠偏,其哲学精神与道家相通而伦理精神却体现了儒家的理想。玄学思潮的核心是名教与自然之辨，其实质是破除不合人性自然的名教而又为合理(合道)的名教提供本体论依据。延续近百年的“名教与自然之辨”，都体现了玄学名士依老庄自然之道立论，希望建构一种既无违于伦理名教，又能使每个人的自然本性得到充分伸展的理想模式。其中透露的正是儒家在现实的人与人、人与社会的关系中实现每一个人的人文精神，只是儒家以人伦来谈个人的实现，玄学从人的自然之性来关照伦理原则，两者思维路向有所不同而已。

隋唐时期，中国思想文化进入了佛学鼎盛的时期。佛教本是主张出世的，强调从人生苦海中解脱出来的必要性和可能性。但同时，佛教又以“缘起”、“无我”来否定神意而倡导在解脱面前的人人平等，并通过业报轮回说而将人们引向为善去恶的道德实践，以追求永超苦海的极乐。这种消极的人生哲学中显然又包含着某种深刻的对“人”的肯定和对人的内外自由的一种向往，透露出了期望依靠自己的努力来实现人的永恒价值的积极意义。只是这种积极的意义在印度佛学的思想体系中始终被压抑、被窒息着。但它在中国思想文化的氛围中却得到了新的拓展，获得了新的生命力。其重要的原因即在于外来的佛教在中土经历了一个中国化的过程，而儒学化则是其中国化的最重要的内容。佛教的儒学化有助于我们加深理解儒学的人文精神。外来佛教正是在儒家重人事、重人伦、重心性和重视主体及其修养的影响下，将抽象的佛性与具体的人心结合在一起，极大地发展了中国化的佛性论和心性学说，并通过对主体自我的肯定而一步步走向了对人的生活的肯定，走向了对儒家伦理的认同，由此而确立了中国佛教“出世不离入世”的基本特色。追求出世的佛教之所以在中国最终转向了“入世”而面向人生，与儒学的影响是分不开的。

当然，思想的影响总是互相的。当外来佛教儒学化时，儒学也在佛教化。宋代复兴的儒学，正是循着魏晋玄学本体论的思维途径，同时吸收隋唐佛教的心性佛性学说，将董仲舒以来的三纲五常本于天的观点进一步发展，提出了“理”这个根本范畴，并赋予它以本体的意义，使儒家的伦理道德和封建的纲常名教，都被说成是“天理”而在本体论上得到了确认，推动了传统儒学成熟的理论形态的出现。

无论是主张“性即是理”的程朱，还是强调“心即理”的陆王，其理论重心都是要强调儒学伦理与人的本性的一致性，突出人的内在价值，并将之提升到宇宙本体的高度。以儒学的两重性观之，程朱理学显然发展了重群体和重人伦的倾向，而陆王心学则更多地发展了强调主体意识和个体自我的倾向，当然，这种发展都是就心性本体论的理论形式而言的。正因为朱熹为代表的理论在客观上更适合于宋代以后强化封建人伦关系和社会秩序的政治需要，故而其被奉为社会意识形态之正宗也就是很自然的了。

当作为天理之流行的“三纲五常”发展为一种“吃人的礼教”时，儒学对每个人的关注也就湮没在其对人伦关系的强调之中了。强化纲常名教导致的对人的束缚和对人性的摧残，名教伦理的异化，成为晚明李贽自然人性论的抬头、王学倡导的主体精神的泛滥、明清启蒙思潮以及清代戴震等人批判理学是“以理杀人”的重要原因，并一直影响到了20世纪初的社会文化思潮。

三、儒学人文精神的现代意义

儒学从探讨人的价值、追求人在人伦关系中的实现出发，经过在封建社会中上千年的理论演化，最后却成了封建社会的意识形态，其主张的亲疏长幼有别、上下尊卑有序的人伦关系被强化为道德教条，并成为一种与政治结合的统治术时，不仅导致了其人文精神的失落，更使它成为统治者伪善面目的遮羞布，成为统治者维护专制、扼杀人性的帮凶。

这样，进入20世纪之后，中国人民在进行反帝反封建的斗争时，矛头很自然地就指向了代表封建意识形态的儒学，希望通过对儒学的全面清算来表达对传统旧政治和旧道德的否定和批判。而妄图维护旧秩序、旧文化者，当然也就会时时祭起孔子儒学的大旗。同时，一些看到儒学中有合理因素的思想家，在新旧社会交替的过程中，也希望能发展儒学以适应新时代的文化需求。这样，在思想文化的舞台上，尊孔、批孔、守旧、创新,围绕着儒学的争论就热闹起来,并呈现出极其错综复杂的局面。儒学在20世纪的大起大落,既是社会政治的发展对儒学的冲击所致,也与人们对儒学性格两重性的理解密切相关。

康有为在19世纪末到20世纪初,出于维新变法的政治需要,大力提倡孔学,希望借助"托古改制"的形式,来宣扬西方近代平等、自由和博爱等思想。康有为对儒学的改制,招致章太炎的激烈反对,由此掀开了20世纪儒学起落的序幕。

辛亥革命以后,袁世凯想复辟当皇帝,又玩起了尊儒祭孔的闹剧,康有为等也主张尊孔读经,甚至成立所谓的"孔教会",提出要"定孔教为国教"。这些倒行逆施,导致了五四新文化运动的蓬勃兴起。五四运动以反帝反封建为旗帜,引进西学,提倡"科学"与"民主",喊出了"打倒孔家店"的口号,极大地冲击了儒家的政治和伦理学说。但五四的"打倒孔家店"是因为孔子儒学在当时已成为社会进步的阻力,已不适合现代社会的需要,特别是已成为复辟倒退的工具,而并非是对儒学全部价值的彻底否定。当然,五四对儒学的正面抨击,毕竟给了儒学以沉重的打击,随着胡适、吴虞、鲁迅等一大批人对封建旧礼教的痛斥,儒学的地位更是日趋低落。

然而,有着悠久历史的儒学作为中国传统文化的主流,毕竟包含着对人类有价值的东西。因此,从20世纪20年代开始,就有人不断地援引西学来重构儒学,或希望通过"创造性的阐释"来发掘儒学在现代社会的意义和价值,从儒学中开出适合现代社会发展的新意,从而肇始了现代新儒学思潮。

60年代"文化大革命"兴起,孔子及其儒家学说又一次遭遇厄运,儒学在大陆的声誉一度降至冰点。"文革"结束后,人们在反思"十年浩劫"寻求重建新文化之路时,不由得把目光又一次回视到了传统文化上。而在这个时期,国际社会由于复杂的原因,也正在兴起一股"儒学热"。受此影响,在国内80年代的"文化热"中,作为传统文化之主流的儒学也就再一次引起人们的关注。

儒学在20世纪的起落变化,其实与人们对儒学两重性的不同关注及利用有很大的关系。封建卫道士看重并要利用的实际上是儒学对人伦关系的强调,实质是已经异化为专制集权统治工具的"吃人的礼教",这也正是五四"打倒孔家店"的矛头所指。而新儒学看重并要开发的主要是儒学对人的内在生命的重视和自我良知的确立,即所谓"身心性命之学",其虽也注意到了社会人伦关系在人的实现中的重要性,但却期望直接从内圣开出新外王,即从儒学中开出现代的民主政治之道。而事实上,新外王并不能简单地由内圣开出,要将道德理想转化为现实政治,必须通过社会实践活动以改变社会环境。这就需要发扬儒家的人文"精神",而不是对儒家理论学说的简单继承,需要从社会关系和个人价值之间寻求动态的平衡,不仅开发儒学中有关个人安身立命之本的文化资源,更要结合科学民主法治来清除封建专制残余,从而使儒学的理想不再是纸上谈兵而成为真正的现实。

儒学在20世纪的大起大落现象也表明,儒学中所蕴含的人文精神仍然具有顽强的生命力和现代意义,因而其虽然在百年的历史中曾多次遭到大规模的批判,最终却"野火烧不尽,春风吹又生"。问题是,如何认识儒学的生命力并为实现其现代价值而努力?

我们认为,首先,人是社会的人,人不同于动物就在于他有理性,有道德,有社会规范,因而人既要提升自我的道德修养和内在精神,又要完善社会伦理和社会秩序。在这方面,儒学有丰厚的人文资源可供发掘。

其次,儒学自身也应在吸取其他文明成果的基础上不断地发展。在当前,儒学的人文精神特别需要与现代的科学、民主和法制精神相结合。

第三,儒学人文精神的生命力与现代价值也有待于我们的挖掘、改造和创新活动。只有彻底打破封建桎梏,才能真正结束儒学的历史悲剧,救出儒学中对现代社会和人生有意义、有价值的东西。

第四,对儒学的分析研究和继承发展始终不能脱离特定的社会历史条件,若脱离或超越社会现实来谈人的实现,提出来的只能是空想。

最后,儒学从天人一体的关系中来观照人的生存与人的实现,在今天也有积极意义。在历史上，无论是敬天、畏天、天人感应还是制天命而用之，也无论是天人不相预还是天人交相胜，都体现了儒家从天人一体的整体结构中对人的价值、人的实现等问题作出的探讨。这对现代社会人们改善人与自然的关系以更好地实现人之自我无疑具有重要的启示。

儒学在全球多元文化格局中的定位问题

景海峰

面对21世纪的挑战，儒学需要审时度势，重新定位。在全球化的大趋势下，世界经济一体化、政治单一多极化、文化多元化，以及各文明形态跳跃、纠葛其间所构成的既相互交叉重叠又充满断裂与脱节的复杂秩序，为儒学的重新倡扬和走向国际舞台提供了前所未有的机遇。

一、后冷战时代的视野

随着冷战时代的结束，意识形态的坚固壁垒迅速破解，社会理想的诉求和社会制度的认同逐渐被现实的民族—国家利益追寻所取代，民族主义情绪普遍高涨。在新一轮的世界秩序重构和各自角色认定的过程之中，依附于文明形态的民族文化起到了十分重要的作用。90年代全球性的认同危机和令人眼花缭乱的分化重组过程当中，我们真切地感受到了文化亲缘性的杠杆作用，一切价值判断、行动准则及其正义性，莫不以文明形态的亲疏远近为依归，这差不多成了当代国际关系中人人心知肚明的原则。在此情形下，中国在当代国际社会中的身份和识别色也悄悄发生了改变。从冷战时代的“社会主义中国”到今天的“儒教中国”，中国在国际社会中的身份已被彻底置换了，在相当普遍的认知当中，儒教已成为中国新的阵营标签。

这一变化的发生，并非是回顾历史的结果，而是面对现实的一种回应。从70年代开始，继日本成功地实现了现代化之后，亚洲四小龙接踵而行，随后东盟诸国、中国、越南也开始了这一经济腾飞的进程。到90年代中，“亚洲的崛起”已成不争的事实，东亚现代化成为西方文明最强有力的挑战者。随着经济的强盛，价值的抒发和文化的伸张日显急迫，也成为一种现实的可能，所以逐渐形成了所谓“亚洲的声音”。在东亚社会复杂的政治结构和意识形态的背后，华人经济和华人文化是人们最容易把握的共性。除了日本和韩国之外，东亚经济基本上是华人经济。“东亚的经济越来越以中国为中心，以华人为主导”。[①]正是在这样一种客观的情形之下，自觉区别于西方文明的亚洲价值便与中华文化联系在了一起，儒教也就自然成为一种区域文明的标识。

从表面上看，将东亚现代化与儒家捆绑在一起，似乎只是某种历史的联想，至多不过是求援于传统的策略。但实质上，这一论域的出现代表了现代性反思最前沿的动向，是建构的传统，而非简单地回到传统。正像哈贝马斯所说的，“作为对席卷一切的现代化大潮的反应，传统主义本身表现为一场彻底的现代革新运动”。[②]90年代的儒学话语已经开始了新的身份建构(the construction of identity)，它的语境已不是对西方中心的倾慕、拜服和反观自省，而是试图重置中心与边缘，将东亚价值的普遍性放在西方价值的普遍性之上。萨义德指出：身份的建构与社会中的权力运作联系在一起，身份建构决不是一种纯学术的随想。随着东亚现代化的成功，西方价值的中心地位遭到挑战，蕴含着优越性、先进性的“西方”观念开始动摇；而长期臣服于西方霸权的“东方”急于寻找自我伸张的方式，重新设定自己和“他者”的身份。“每一时代和社会都重新创造自己和‘他者’。因此，自我身份或‘他者’身份决非静止的东西，而在很大程度上是一种人为建构的历史、社会、学术和政治过程，就像是一场牵涉到各个社会的不同个体和机构的竞赛”。③正是在这样的背景下，儒学话题重又浮现，并且在新的身份建构中找到了当下的根源性。这一阐释图景，既是我们理解儒学当代价值的出发点，也是我们对其重新定位的基本依据。

二、走出历史主义的阴影

要想对儒学做出新的定位，首先碰到的困难是历史主义(historicism)的缠绕。儒学的现代形象设计是在进化论、科学主义、唯物论等批判性话语铺天盖地的击打之下完成的。这其中，历史主义的还原方法承担了最主要的学术塑造工作，同时也开辟了现代儒学话题的最大道场。在20世纪初，随着经学的解体和西学的播撒，人们对儒学的认知与定位发生了根本的改变，由原来内在的自我身份的认同变成了外在的客观描述与研究，儒学的神圣性不复存在，反倒成为检讨与批判的对象。在日盛一日“激而诋孔”的气氛之下，儒学仅被看做是过去历史的陈迹，被化作一堆史料，然后用号称“科学”而未必科学的方法来清理。在儒学的现代定位当中，历史学的研究方式占了绝对的主导地位，有影响的“原儒”手笔皆出自史家，并成为儒学造型的主流。

从晚清国粹派开始，非经学的儒学定位正式登场。文学定位的焦点是在有关儒的起源问题上，欲究根刨底，必有赖于相关的史料。而现代疑古思潮泛滥，与儒的起源问题关系最为密切的文献却大多被怀疑不用，这就逼使研究者另寻门径，作为史学定位之附属品的文字学定位便应运而生了。史家纷纷求助于文字考证，着眼于甲骨等地下资料，以为搞清楚了“儒”字的本意，也就揭示出了儒的内涵，从而将史学定位更加引向了极端化。

史学的定位着眼于孔子以前的儒，实际上所研究的只是“前儒学”，与儒学的真正内涵已隔山夹沟，颇有些避重就轻、靴外搔痒的感觉。而文字学的考订更是郢书燕说、远离主旨，根本不可能解答“什么是儒学”的问题。所以，近代以来以史学为主导的儒学定位从根本上说来是一种话语的歧出，它至多只能从外缘上说明一下儒的来由，而无法切入其内涵，更不能真正揭示出儒学的本质。

20世纪以史学为主导的儒学评判是回溯式的，其指向在于儒学的过去，特别是它的源头。而当代的儒学定位必须要打破向后看的惯习，努力走出历史主义的阴影，用前瞻性的视野，追寻儒学的现代性联想，重新发现它的当代意义。传统的线性历史观，是一维单向的，“昔物自在昔，不从今以至昔；今物自在今，不从昔以至今”(借用僧肇《物不迁论》语)。按此理解，儒学只能属于过去，无法超越时间的格限，不可能与现代性发生联系。而我们认为，“什么是儒学”的追问并不是简单的历史学问题，尤其不是线性历史的命题；它本身就含蕴着现代性的意义，既是历史的也是超越历史的。按照吉登斯的描述，现代性的动力因素主要有三个：一是存有形式中的“时空分离”，即时间与空间的“虚拟化”。将具体事实的场景实施时间与空间的抽离而给以重新组合，跨越时空的限定性、一维性和力学性，由此创造出一系列的普遍化观念和不可思议的超时空距离组合形式。二是“社会制度的抽离化”。三是“内在反思性”，即现代性在实质上是一种后传统秩序，具有反事实的品质，对理性的不断质疑和知识确定性的阶段性突破，使之趋向于非理性主义。其反本质的颠覆性和修正的敏感性，使得科学时代的许多信念遭到瓦解，科学主义已成明日黄花。④从现代性的复杂蕴含来看儒学，我们不应再用绝对历史还原的时空定格方式来评说它，而应该注重它的流淌性、转活性，以及作为文化存有形式的时空分离特征和抽离化机制的可能度。儒学既是一种历史积累,也是一种即在形式,是传统性与当下性的复杂交织。如果说儒学确实还有某种当代意义,不管它是“游魂”、“积淀”也好,还是“珍藏的影子”、“遥远的回响”也好,它总是还关联着当下的境况,此“当下”在一定意义上就是可以创造转化为现代性的源泉和资粮。

三、摆脱民族主义的狭限

和时间坐标的前瞻性相呼应,当代儒学定位的空间尺度也亟须放大。虽说20世纪连绵不断的儒学批判大多是在中西参比的情况下进行的,但儒学定位却是极端本土化的,完全被民族主义的观念所狭限。在西方中心主义的强大压力下,儒学不但被逐出了现实生活的空间,而且逐渐从历史的光环中收缩和退隐,以至于没有多少人再注意到它曾拥有超越民族和国界的过去,儒学的普遍主义品质成为久被遗忘的话题。实际上,早在700年前,儒学就已渐次成为东亚文明的主流形式,它不仅是中国文化的象征,也是日本文化、韩国文化、越南文化的重要组成部分。一直到今天,“儒教文化圈”还是一个世界地缘政治的摹状词,不管它如何有欠精确,但仍能激起普遍的历史联想和有效的现实回应。由此我们要说,儒学不但是中国的,也是世界的,尤其是东亚的。只有把儒学放在世界文明的大视野、大格局中,才能真正认识到它的重要性,其现实意义也才能够充分地显现出来。

随着中国经济的快速增长和国力的日渐强盛,一个普遍主义的中国观念不仅仅是历史的回眸,而且日益成为我们今天所面对的现实,经济上的“大中华”概念和意义更为广阔的“文化中国”概念准确无误地透露出了这方面的消息。正像亨廷顿所指出的,中国正逐步成为中华文化的倡导者,成为吸引其他所有华人社会的文明的核心国家,成为区域文明的象征性代表。“‘大中华’不仅仅是一个抽象的概念,它是一个迅速发展的文化和经济的现实,并开始变为一个政治的现实”。⑤与经济视角的“大中华”观念相比,“文化中国”论域的出现则蕴含了更多的阐释儒家文化普遍性的因素。在这个广阔的空间里,儒学的普遍主义品质被高度提升了,并试图化约成为一种“共法”,成为全球范围内引人关注和可能被普遍接受的东西。

除了中华文化跃跃欲试的自我伸张之外,我们今天所处的这个全球化浪潮翻滚的时代也不允许我们再将儒学自限其小、以地方知识的形式来安处。随着全球化进程的加快,儒学话语必将越来越多地冲越民族和地域的藩篱而走向世界。也只有在全球化的浪潮中搏击风雨、经受挑战,儒学才有望崭露头角、成为全球多元文化中的一种声音。吉登斯描述了地方性与全球性的交互辩证影响在当代社会重构过程中的复杂情景,指出:“全球化使在场和缺场纠缠在一起,让远距离的社会事件和社会关系与地方性场景交织在一起”。⑥这样,就使得离开全球化来谈本土化,离开世界的普遍价值观念来谈民族区域文化的即在意义,几乎成为不可能。在这样一种前所未有的普遍关联的场景之中,要想对儒学的价值和意义有所说明,要想对儒学的当代身份作出验定,那就必须要有新的空间观念和全球化的意识。

四、面向文明对话的新纪元

在全球化的过程中,儒学是追求和显扬一种价值的普遍性,还是寻获和依存于文化多元主义(multiculturalism)所强调的特殊性,这将是一个两难的选择。近代以来的西方中心主义所设定的话语场,弥漫着西方价值普遍的优越感,以至于对儒学所展开的论说——不管是愤怒的批判还是怜悯的辩护,大都暗含着这一普遍主义的前提。西方的价值观和独特体制,以及由此所生长出的现代性,在全球范围内迅速扩张,并且成为其他社会追寻的目标。全球化所隐含的趋同性可能演变成一场西方式的大扫荡、大吞噬。在此普遍主义的情形之下,德里克认为当代儒学的话语不可能摆脱西方普遍性的强力笼罩,而只能在全球资本主义的体系内做些调和的努力。“东亚儒教复兴之所以可能,不是因为它拿出一套有别于欧美的文化价值,而是因为它把本土文化与一种资本主义叙事结合起来”。⑦随着资本主义体系的崩溃,有关儒学的论题也将走向最终的消歇。西方价值普遍性的思维定式也影响了当代试图重构东西方文化格局的某些人的论说策略,极端的“亚洲价值”论的奉行者(如马哈蒂尔)和保守的新儒家都在积极推行一种整体的置换术——用东方的普遍性来代替西方的普遍性。在他们看来，未来的世界仍将在普遍价值的轨道上滑行。

整体置换的虚妄性是显而易见的，东方不一定非要走入惟一价值的殿堂，“三十年河东，三十年河西”的企盼语只能表达一种素朴的轮回观念，而并不能说明未来世界“中心—边缘”的复杂格局。西方中心主义既已成为明日黄花，那么东方中心主义最好是永不升起的太阳。当代儒学的生存空间和伸展的可能性在于文化的多元和价值的多样，而急于寻求充当普遍性的角色只能是自戕生机。共存性应当是当代儒学的第一寻求，文化多元主义之“承认”的智慧，正合乎儒家的“和而不同”之旨。多元共存，“济其不及，以泄其过”(《左传》)，方能求得自身的存在和发展。儒学当代的自我定位应该清醒意识到多元主义的重要性，兼容并包的气度和友好共处的心量更是谋求发展的前提。

由此，当代儒学应该以积极的姿态寻求文明对话，促进文明之间的相互理解和宽容。对话，既是应对全球化浪潮、打破系统封闭与自我格限、走向世界的最佳方式与途径，也是深刻自我反省、重新进行“身份建构”、坚固茧栗之本的大好机缘。正像杜维明所说的，“我们需要广结善缘，以宽宏大量的心胸，参与全球伦理和世界哲学如何可能的人文事业”；只有这样，才能“期待具有全球和普世意义的地方知识及本土智慧在文化中国勃然涌现”。⑧自亨廷顿的文明冲突论问世以来，冲突抑或融合，对抗还是对话，已成为全球文化论说的焦点。一系列的反响和事件说明，冲突论和者盖寡，对抗论更是不得人心，遭到了几乎是异口同声的谴责。这说明多元文明的共处与对话是何等的重要，也是何等的势不可遏。

文明对话中的儒学有很多机遇，同时也面临着许多挑战，对话者身份的交融与互渗，甚至是置换，增添了定位的难度和话语展开的复杂性，这些都是我们在对当代儒学进行反思时要充分考虑的。

---

① 亨廷顿：《文明的冲突与世界秩序的重建》，周琪等译，新华出版社 1998 年版，第 183 页。

② 哈贝马斯：《民主法治国家的承认斗争》，载《文化与公共性》，汪晖晖等编，三联书店 1998 年版，第 360 页。

③ 萨义德：《东方学》，王宇根译，三联书店 1999 年版，第 426—427 页。

④ 参阅吉登斯的《现代性与自我认同》，赵旭东等译，三联书店 1998 年版，第 17—23 页。

⑤ 亨廷顿：《文明的冲突与世界秩序的重建》，周琪等泽，新华出版社 1998 年版，第 183 页。

⑥ 吉登斯：《现代性与自我认同》第 23 页。

⑦ 德里克：《后殖民气息：全球资本主义时代的第三世界批评》，载《文化与公共性》，第 468 页。

⑧ 杜维明：《百年中国哲学经典》序，海天出版社 1998 年版。

从西方儒学研究的新趋向前瞻 21 世纪的儒学

彭国翔

当我们讨论儒学时，或许还难免不自觉地仅以之为一种中国的本土文化。但事实上，至少自宋明以来，儒学便已扩展成为东亚经验的一种了。而如今随着科技发展所带来的全球一体化,儒学更是开始进入西方的直接经验领域。因此,在了解西方儒学研究的基础上前瞻21世纪的儒学,是一个很有意义的问题。

一

西方对儒学的正式研究,最早属于汉学(Sinology)的范畴。但这种 Sinology 的范围相当广泛,决不仅限于儒学,与中国有关的各种文化现象,几乎均是其研究领域。并且,和埃及学(Egyptology)相似,Sinology 一个最重要的特点就是将研究对象视为已死的文化。该文化已然静态地被封存于历史之中,不再作为一种鲜活的传统可被经验。汉学研究或许可以称之为“古董研究”,汉学家也类似于古董收藏或鉴赏家。尽管不乏对中国文化情有独钟者,但许多汉学家对中国文化的兴趣只是出于一种对“异类”(the other)的猎奇心理,他们并不关心中国文化当下的现实生命。

西方传统的汉学研究,显然与殖民主义有关。因此,随着全球反殖民主义的兴起、世界格局的变化,战后西方汉学研究的重心不仅从欧洲移到了美国,其性质与内容也随之而变。目前,Sinology 一词至少在美国已渐呈被弃不用之势,取而代之的是 Chinese Studies。而 Chinese Studies 从50年代至今,其内容也在不断丰富。约略而言,五、六十年代,Chinese Studies 主要以费正清(Fairbank)和芮沃寿(Arthur Wright)所主持的研究为代表。较之传统的汉学研究,这种研究有两个特点:一,对儒学研究在时段上的侧重由古代转换到近现代;二,不再将儒学视为一种已逝的历史遗迹,而是将其看做一种仍在运作的意识形态和观念系统。60年代以后,在陈荣捷(Wing-Tsit Chan)和狄百瑞(Wm. T. de Bary)等人的推动下,儒学研究开始重视儒学内部的哲学性课题以及儒者的人格世界。而七、八十年代迄今,则又出现了一种新的趋向,即不仅视儒学为一种仍在支配人们行为的观念系统,而且将其理解为一种宗教性的传统。在此趋向内部,又可分为两种类型:一是从宗教性传统的角度对儒学本身所作的专门研究;一是在视儒学为一种宗教传统的前提下,对儒学和基督教等其它宗教传统所作的比较研究。当然,这两种类型有时又并非泾渭分明,而是常常交织在一起。

对于这种新趋向,有一系列的著作可以作为代表。如1972年芬格莱特(Fingaratte)的《孔子:即凡俗而神圣》(*Confucius: The Secular as Sacred*),1977年秦家懿(Julia Ching)的《儒与耶:一个比较研究》(*Confucianism and Christianity: A Comparative Study*)(当然,秦家懿是在加拿大的多伦多,但鉴于美加的密切联系,此书亦可作为这一系列著作的其中之一),1982年南乐山(Robert C. Neville)的《道与魔》(*Tao and Daimon*),1989年杜维明的《论中庸》(*Centrality and Commonality: An Essay on Chung-yung*),1990年泰勒(Rodney Taylor)的《儒家思想的宗教向度》(*The Religion of Confucianism*),以及1994年白诗朗(John Berthrong)的《普天之下》(*All Under Heaven: Transforming Paradigms in Confucian-Christian Dialogue*)等等。欧洲也有一些同类的著作和研究成果,但不如美国的集中,这里就不一一列举了。

当然,这一新趋向的出现,并不意味着对以往研究范式的取代,而毋宁说是在整个 Chinese Studies 领域内又一种研究范式和类型的开拓。甚至在 Chinese Studids 取代了 Sinology 的用法之后,传统 Sinology 的研究也未尝绝迹,而仍有其自身发展的空间。以上从 Sinology 到 Chinese Studies 的转变,以及 Chinese Studies 内部儒学宗教性研究新趋向的出现,也只是对西方儒学研究变化极为粗略的概括,自不足以把握整个西方儒学研究的全貌。需要指出的是,从宗教性的角度理解儒学成为晚近西方儒学研究的一个新趋向,并非偶然。儒学自身在现代的经验,在经历了被全面解构之后的综合创新,无疑是背后最为根本的决定因素。尽管当代儒学的经验仍在继续,创造性的转化尚未完成,但已有的成果或许已可以让我们对儒学在将来的发展方向略窥一斑。

二

就像作为一种东亚意识的儒学仍得以中国

本土的儒学为基源和母体一样，上述西方儒学研究的新趋向，在相当程度上更是以儒学在中国的本土经验为背景。而现代儒学的本土经验，又显然和新儒学运动密切相关。

对于现代新儒学，有人认为不过是宋明理学在现代的回响。诚然，前者的确以后者为自己主要的思想资源，在精神方向上与之一脉相承。但前者所面临的变局，却远非昔日宋明时代可比。较之后者之消化和吸收佛教，前者对西方的回应和融汇，也实在因问题意识的极大丰富，而涉及到了经验领域的方方面面。况且，即便从梁漱溟、熊十力那一代算起，现代新儒学发展到目前也已有四代。如果根据希尔斯(Edward Shils)传承两代即形成传统的说法，[①]现代新儒学甚至已形成自己的传统。然而，无论现代新儒学与宋明理学的关联如何，现代新儒学兴起至今，却是一个在解构之中重建的过程。这和宋明理学的发展过程有着极为重要的区别。

现代新儒学的兴起，以传统儒学被全面解构为背景。并且，不仅与顽固守旧的国粹派难以相提并论，现代新儒学本身便是解构传统儒学的一支力量。只不过与激进的全盘性反传统思潮相较，现代新儒学对儒学的解构可谓一种积极的解构，因为解构中有建构，而并非对传统只破不立，流于民族虚无主义。在对儒学解构与重建的过程中，现代新儒学所作的一项重要工作，就是厘清传统儒学不同的层面和形态。尽管用语可能不同，但目前较为一致的看法是认为儒学大致有三个层面和形态：(一)精神性的儒学，即可以超越特定社会历史情境的作为一种价值信仰系统的儒学；(二)政治化的儒学，即传统社会中被统治集团意识形态化的那套观念系统。它虽然和儒家的政治思想不无关联，但显然绝非孔孟以来儒家政治理念的纯正和直接表达；(三)大众或民间化的儒学，即在民间大众的实际生活中发挥指导作用的儒学价值观念。尽管这种儒学很可能混杂了其他的东西而有世俗化的倾向，但它始终以精神性的儒学为自身的源头活水。历史上民间的蒙学读物和相关的各种善书，均可对此提供经验的支持。这种对儒学的厘清和解析，西方学者亦有类似的结论。[②]

在此基础上，现代新儒学认为，尽管儒学传统在不同的时空条件下有各种现实形态，但儒学之为儒学，或者说儒学之所以能在历史的因革损益中保持其连续性，关键在于儒学的内核是一套精神性的价值信仰系统，可以为人们提供一种安身立命的一贯之道。如果我们能自觉地不以西方一神论和组织化的型态来理解宗教的涵义，则儒学未尝不可以说是一种宗教传统。以往对儒学是否宗教的讨论之所以莫衷一是，相当程度上在于持论者们在判定儒学是否宗教之前对何为宗教往往并无明确的反省，缺乏进一步讨论的共同基础。显然，如果我们以一神论和组织化为背景来理解宗教，则儒学自不同于基督教、犹太教和伊斯兰教的形态而可被称为宗教。但如果宗教确如田立克(Paul Tillich)所言，是一种终极关怀(ultimate concern)，或者如希克(John Hick)所言，可以被理解为一种对超越者的回应方式(Response to the Transcendent)(不论超越者在不同的文化背景中被冠以何种名称)，[③]且这种回应方式塑造了人们的日常生活并使人们的存在意义获得一种终极性的转化，则儒学又足以称得上是一种宗教。事实上，随着我们对东西方文化了解的深入，我们越来越可以看到，虽然作为宗教的儒学和基督教、犹太教、伊斯兰教等具有完全不同的模式，但儒学在传统中国社会所发挥的"正人心、齐风俗"的作用，在西方正是基督教等宗教传统而非其它观念系统所承担的功能。说各大世界性宗教传统在中国文化中的对应物是儒学，或许并不为过。

将儒学作为一种精神性或宗教性传统，并非只是一种理论建构的结果，它既有历史经验的坚强支持，是整个儒学本土经验的如实反映，又在战后整个东亚范围的意识领域中获得了再次突显。儒学的价值观念仍然深深植根于"文化中国"范围内许多人的心中，对他们的现代生活继续发挥影响。对于儒学与东亚经济增长之间关系的复杂性，如今的研究已渐能超越非此即彼的简单认识。[④]本文在此无意介入这一课题的讨论，只是须指出，儒学价值观念在东亚仍广泛存在并发挥作用，与东亚经济的增长并行不悖，至少说明儒学如今的命运并未像列文森

(Levenson)当初担心的那样。而儒学能在世易时移的过程中“随缘不变”,迄今作为一种有生命力的传统影响人们的生活,恰恰由于精神性、宗教性的儒学传统有其能够超越特定意识形态、政治社会结构和经济模式的品格。

西方从宗教角度理解儒学的新趋向,既与其宗教多元论和宗教对话理论的兴起密切相关,又无疑受到了诸如陈荣捷、唐君毅、牟宗三、杜维明、刘述先、蔡仁厚等现代儒家学者的巨大影响。在这一新趋向中,许多人对儒学的理解,相当程度上来自这些儒家学者。而在与作为一种宗教传统的儒学的对话中,西方学者也往往以这些儒家学者作为儒学传统的现代代言人。正如白诗朗所言:“儒学在其漫长的历史发展中,是由那些自觉的儒者们自己对儒学的言说来规定的。虽然儒学传统之外的学者们均有权说现代的定义与过去的有所偏差,而我却相信,那些内在于儒学传统的人具有界定儒家传统当前轮廓的优先权。”⑤显然,西方儒学研究这种新趋向的出现,最终根源在于作为一种价值信仰系统的儒学在当今所显示的顽强生命力。而现代新儒学运动,则是这种生命力在学界的一个重要表现。

三

儒学在现代所经历的结构,使得当代儒学至少在目前已无法像传统儒学那样全面安排人间的各种秩序。但恰恰是这种看似对儒学不利的解构过程,反而使儒学作为一种价值信仰系统的超越向度得以突显。现代新儒学对儒学的重建,正是主要集中在这一向度。对于现代儒学,余英时先生曾有“游魂”的比喻,误解者认为“游魂”说的前提是把儒学和历史上儒学发生与成长的政治结构、社会组织及经济制度等看做是不可分割的必然关系,以至余先生不得不澄清说,将现代儒学比作“游魂”,恰恰是首先要承认它可以离开传统的历史情境而独立存在。⑥而这种不必然附着于某种特定历史型态的儒学之“魂”,只能是作为一种价值信仰系统或宗教性传统的儒学。

由此可见,现代儒学在解构中的重建,使得儒学越来越显明地将自身界划为一种具有超越品格的宗教性传统。前文所述西方儒学研究的新趋向,也说明儒学正以一种宗教传统的身份开始被西方重新认识,并加入了全球范围内的多元宗教对话。⑦尽管这还只是个开端,我们却已可以想见,在21世纪,儒学虽然未必不会有多方面的展开,但作为一种宗教性传统发挥作用,无疑将是一个基本的主题。并且,其它方面的发展,也无法不与此密切相关。

需要说明的是,儒学作为一种宗教传统发挥作用,不必意味着只能退居于个人修养的“私领域”。不满现代儒学拙于事功而谋求所谓“政治儒学”的开拓,既未能体察孔子“施于有政,是亦为政”(《论语·为政》)的深意,也没有充分顾及儒学被专制主义利用的历史前鉴。其济世情怀虽亦是儒学精神的体现,但恐难免“气魄承当”,不能为深长久远之计。事实上,“公”、“私”领域虽各有所属,“外王”亦不必由“内圣”开出,但“公”、“私”、“内”、“外”却非毫无关涉,在“私领域”中不同的信守,以及在“内圣”方面不同的寄托,毕竟会使人们在“公领域”和“外王”方面有颇为不同的表现,进而对“公领域”和“外王”本身产生不同的影响。正如高度理性化的政治体制虽不会产生“人存政举,人亡政息”的局面,但不同品质的政治领导人仍然会在同样的政治组织结构下导致不同的政治结果。所谓“徒法不足以自行”,任何制度均离不开人的运作。而作为价值信仰或宗教传统的儒学,其功能恰恰在于德性与智慧的培养。虽然德性与智慧的培养并不仅仅有赖于儒学传统。由此我们应当看到,即便儒学在将来主要体现为一种价值信仰系统或宗教性传统,儒学同样可以曲折地在政治、社会和经济等公共生活中作出贡献。并且,经由心灵的间接方式,较之以往直接进入政治等公共领域,儒学或许能避免异化而更好地发挥作用。

对于儒学的将来,一种较有代表性的关注是:儒学是否只能作为一种专业学院化的东西存在于少数知识分子群体之中。诚然,现代儒学在回应西学的情势下,对儒学传统的重建采取了更为学院化的表达方式。但在这种形式之下,跃动的仍然是儒学一贯的精神气质,无视于此,不免误荃蹄为鱼兔。现代儒学近百年的发展，绝非仅仅意味着一种知识产品的传承，服膺儒学的现代学者，对此皆可谓“莫逆于心”、“不言而喻”。并且，所谓“四民异业而同道”，儒学作为一种安身立命之道，从来都不是知识分子的专利，它可以为各类人士接受而奉为人生准则。尤其当儒学作为一种宗教性传统发生作用时，这一点表现得尤为鲜明。儒学走向生活世界，在人伦日用的实际生活中发挥影响，恰恰需要以确立儒学的宗教性或超越品格为前提。王阳明“不离日用常行内，直造先天未画前”的诗句，正是儒学超越性与内在性(人间性)相融无碍的表达。而中晚明以泰州学派为代表的儒学发展的重要特征之一，就是宗教性与民间化、生活化的统一。因此，儒学作为一种宗教性传统在将来的发展方向愈明显，儒学融入生活世界，成为各行各业人士行为准则的可能性就越大。对此，晚明以来的儒商现象早已提供了经验支持，而随着社会分工的日趋多样化，出现以儒学为自己人生信守的各类从业人士，即“儒×”、“儒×”，也是顺理成章的。

此外，由西方儒学研究的新趋向可见，儒学作为价值信仰的一种类型，已进入全球意识。它不仅可以为中国、东亚地区的人士提供安身立命之道，亦有可能成为西方人士信仰方式的一种选择。波士顿大学神学院院长南乐山便曾批评那种认为西方学者“只能研究儒学，不能成为儒家”的看法。并且，他自己便以儒家自许。⑧尽管杜维明先生表示“波士顿儒家”的说法还只是个善意的玩笑，但南乐山此举却值得正视并作进一步的思考。正如白诗朗所言：“儒学实际上已成为国际性的运动”，它“将在太平洋和北大西洋世界找到新的听众”，也“将变成欧洲思想自我意识的一个方面”。⑨

当然，这更多的只是白诗朗等西方学者对未来远景的勾画与希望，我们则不应过于乐观。儒学研究目前在西方还远未成为显学，作为宗教传统的儒学要真正成为西方自我意识的组成部分，成为一种西方人可能选择的信仰方式，还有漫长的路程要走。并且，其结果如何，仍然首先有赖于她在中国和东亚的本土经验。我们一定要看到以儒学为代表的中国文化对西方文化确有补偏救弊之益，但如果认为西方文明已完全丧失了自我更新的机制和能力，身处绝境而有待儒学的拯救，则不免将极为复杂的问题简单化了。在21世纪，我们或许可见的是：儒学作为一种价值信仰系统或宗教性传统的自我界定将益发明确。在此基础上，儒学将逐渐参与全球范围内伦理—宗教传统的对话和互动，有可能成为世界各个民族而不仅仅是中国、东亚人士可以践行的生存方式之一。至少，较之世界其它各大宗教传统，儒学最为突出的兼容性特征，能够对不同宗教之间的和平共处以及多元宗教参与(multiple religious participation)的问题提供一笔丰厚的资源。

---

① 参见希尔斯：《论传统》，傅铿、吕乐译，上海人民出版社，1991年版。

② 如普林斯顿大学的罗兹曼(Gilbert Rozman)便认为有五种不同的儒学：皇权儒学(Imperial Confucianism)、改良儒学(Reform Confucianism)、知识分子儒学(Intellectual Confucianism)、商人儒学(Merchant House Confucianism)以及大众儒学(Folk Confucianism)。

③ 参见希克：《宗教之解释——人类对超越者的回应》，王志成译，四川人民出版社，1998年9月版。

④ 这方面最近的讨论可参阅 Tu Wei-ming, eds, *Confucian Trditions in East Asian Modernity: Moral Education and Economic Culture in Japan and the Four Mini-Dragons*, Harvard University Press, 1996。

⑤ John Berthrong, *All under Heaven: Transforming Paradigms in Confucian-Christian Dialogue*. Albany, N. Y.: State University of New York Press, 1994, p190。

⑥ 参阅余英时：《现代儒学论》“序”，上海人民出版社，1998年11月版，第5页。

⑦ 迄今为止，在香港柏克利已分别召开过三次儒学和基督教对话的国际学术会议。

⑧ 参见其 *Confucianism as a World Philosophy* 一文。

⑨ 参见其 *Transmitting The Tao: The Case of Boston Confucianism* 一文。

儒学研究状况与进展

先秦儒学研究

正如有的学者所指出的那样，在相当长的一段时期内，先秦儒学都将是儒学研究的重点和热点，本年度的儒学研究也充分显示了这一特征。学者们围绕着先秦儒家思想的各个方面进行了深入研究，相比较而言，学者们还是对孔子的思想给予了更多的关注，成果也比较集中。本年度先秦儒学研究的另一大热点，便是学者们利用郭店竹简所提供的新资料，扩大了先秦儒学研究的视野①。寻找儒学与现实的契合点，依然是本年度的热门话题。

一、孔子研究

孔子研究的成果比较丰富，全方位、多视角是本年度孔子研究的显著特征。主要有以下几个方面：

（一）孔子思想与"全球伦理"研究

自1993年世界宗教会议通过《走向全球伦理宣言》，提出"全球伦理"的口号，这一问题，很快为世界各国学者所重视，并在世界各地召开了多次有关问题的会议。1997年中国学者在北京召开了"中国传统伦理与世界伦理讨论会"，并发表了《纪要》作为对《走向全球伦理宣言》的回应。1998年夏联合国教科文组织和中国社会科学院又在北京召开了有关"全球伦理"国际讨论会，把"全球伦理"问题的研究推向深入发展，希望藉此为人类社会找到走出精神危机的途径。本年度不少学者也就上述问题作了深入探讨。汤一介在《孔子思想与"全球伦理"问题》（《中国哲学史》2000年第4期）一文中指出，孔子思想对于建立"全球伦理"可以提供极有意义的资源。如"己所不欲，勿施于人"是可以为不同文化传统的民族和国家所共同接受的伦理准则；"和而不同"应是寻求"全球伦理"的原则。现在的任务就是要在对孔子思想进行现代诠释的条件下，使之落实于可操作的层面。蒙培元在《从仁的四个层面看普遍伦理的可能性》（《中国哲学史》2000年第4期）中指出，仁有四个不同的层面，这些不同层面的内容可以同西方伦理进行广泛的比较与对话，亦可以互相补充，为普遍伦理的建设提供重要的理论基础。

学者们普遍认为，在现代化的今天，儒学面临着极为严峻的挑战，但儒学的真精神是超越时空的，并具有普世意义。国际文化出版公司出版了由国际儒学联合会编辑的《纪念孔子诞辰2550周年国际学术讨论会论文集》，集中体现了学界的这一共识。如沈清松在《儒家思想与可普遍化伦理》一文中指出，在科技快速发展、举世进入全球化的历程中，正确认清各文化本有的传统，致力于建构可普遍化的伦理，借以理清伦理教育之功能并明白其哲学基础，是十分紧要的事情。由于人的可普遍性的存在，是可普遍化的伦理思想的人性论基础。从儒家伦理所蕴涵的奠基历程与显发历程来看，这种伦理教育终究会使人类成为科技之主人。林素英在《礼与普遍伦理的关系》一文中指出，基于人性的普遍需要，借以维系人伦义理的伦理，其实与"礼"的涵义最为相近。伦理可与礼乐相通相谐，且以拥有德行为依归。"礼"可以概括"礼乐"之义而兼之，"礼"与普遍伦理的关系是非常紧密的。另外还有的学者对儒家的"孝"、"忠恕"等具体的德目进行了阐发。

(二)孔子民本思想研究

孔子的民本思想是孔子政治、经济思想的精华所在,学者们从各个不同的角度进行了研究。

胡显中的《孔子学说中的民本主义精华》(《中国文化研究》2000年春之卷)认为,孔子的学说之所以能够永葆青春活力,根本的原因就在于孔子的学说具有深刻的真理性和人民性。民本精神是孔子思想的主要成分,孔子正是靠这种强烈的民本精神,在中国历史上竖起了一座丰碑。徐波的《孔子人权精神之哲学根蒂及其关于人民生存权、生命权的思想》(《山西大学学报》2000年第1期)指出,孔子的人权思想是中华人文精神重要之一源,孔子人权观之哲学根蒂和理论基石,发端于对人的"类"属性的发挥与认同。孔子关于人民生存权思想的两大要义,就是调整君民关系、重视民众约束君主;保障人民的基本生活条件、富而且教,提高生存质量。而否定暴君苛政,反对残害生命,强调足食足兵以抵抗外来侵略,保障国民集体安全,则是孔子关于民众生命权思想的三大主张。朱代湘的《"以田赋"及孔子的道德考量》(《孔子研究》2000年第1期)认为,过去学者把孔子反对季孙"以田赋"视之为其站在奴隶主势力反对封建势力的例证之一,其实是不正确的。季孙执行"以田赋"有其时代背景,即连年征战。孔子坚决反对"以田赋",只从道德角度考量,而未从鲁国所面临的具体问题出发,同其是否维护奴隶制毫无关系。

孔子的仁、礼思想一直是学界关注和争论的焦点所在。

邹元江的《从孔子"生平的开端"看其"仁学"思想的实践本质》(《孔子研究》2000年第5期),从孔子卑贱的少年身世和自学"六艺"的艰辛为出发点,得出了孔子的"仁学"思想必然与他的人生遭遇相一致的结论并阐明了"仁学"思想的实践本质:仁者必有勇、仁者定无忧、仁者践履成、仁者从先进、仁者非天纵、仁者无成名、仁者显全德。在孔子的思想体系中,仁与礼各自的地位和价值及其相互关系,一直是众人注目的问题。杨春梅在《试论孔子的仁礼相成思想及人性观》(《烟台大学学报》2000年第4期)一文指出,仁是礼的内在根据,仁心外化而成礼,依礼而行即成仁,这两个方面相辅相成,适成辩证统一的关系。仁之作为潜在的德性和礼之作为外在的规范,各有其不可取代的地位和价值。由仁作为动态的范畴这一特点推断,人性美善而又非纯美纯善便是孔子未曾明言的人性观。张增田的《孔子仁与礼的管理学诠释》(《孔子研究》2000年第4期)认为,仁与礼是孔子重构有序合理的社会管理体系而确定的两种管理控制手段和两个阶段性目标。仁着眼于内在精神价值的提升,对管理人加以激励;礼则强调外部组织原则对管理人的规范制约作用;"天下有道"这一总目标的实现,必须经过仁治和礼治两个重要阶段。尽管仁与礼是不同历史时期产生的范畴,但被孔子纳入其思想体系后,二者便相互制约和转化,并在特定的条件下相等一,从而构成内外互动、辅成统一的管理控制机制,共同对管理人在多方面提出了相应的具体要求。王国良在《孔子仁学的主体性》(《社会科学战线》2000年第6期)中指出,孔门儒学的核心内容是仁学,仁学的精髓是体现于其中的主体精神。"仁"的精神可归纳为三个层次,即:平等爱人的原则、行动哲学、刚健宏毅的进取精神等。

(三)孔子美学思想研究

孔子美学思想的研究相对来说是一个比较新的领域,本年度受到较大的关注。

在《孔子的美学思想》(《学术月刊》2000年第6期)一文中,对孔子的美学思想给予了较高的评价,认为"礼乐思想"是孔子开始提出来的,他的美学思想也是以礼乐为中心,涵盖着文学艺术的内容。李旭以《文野之辨——孔子关于文艺的基本思想辨正》(《孔子研究》2000年第1期)为题,对孔子的文艺思想进行了重新评价和定位。指出,"文"不止是与"质"相对的范畴,也不止是"内容—形式"系统中的形式。它的涵义要在文野之分的意义上才能得到正确理解。"文"是人从动物性、野蛮性、粗鄙性中升华提高所达到的文明、文雅和美的存在。这是孔子及其儒家思想体系被称为"文教"的根源。因此,"礼乐"成为孔儒文教体系的主要方式。这就决定了其文艺、美学思想"人—文—美"一体共生的性质。首先是人生的美化和艺术化，艺术的审美功能与此紧密相联，所以要求艺术文质彬彬、乐而不淫、健康和谐。邓承奇、高伟杰的《多元统一 中和之美——谈孔子的审美标准》（《齐鲁学刊》2000 年的第 1 期）一文认为，以往学界把“思无邪”作为孔子的审美标准，事实上是不准确的。全面、准确地考究孔子的审美标准，这个标准应该是“中和之美”。孔子继承和发展了前人“尚中”、“尚和”的思想，提出了“中庸”的原则。经过长期的积累与拓展，这已经成为孔子认识问题和处理问题的原则和方法。中庸之美在美学上就是中和之美，不论自然美、社会美、艺术美均如此。孔子的中和之美具有普遍性和代表性，对后世产生了重要影响。邓承奇同时还发表了《孔子美学的潜体系》（《孔子研究》2000 年第 1 期）一文，认为孔子的美学思想是相当丰富的，有一定的研究对象，有一以贯之的中心思想，性质鲜明独特，各部分互相联系，相互制约，形成了一个潜在的体系。孔子美学是儒家美学的基础，对中国古代美学的建构起了重要作用。鞠荣祥对于孔子诗学思想的研究，是以此为突破口，从而揭示儒家“天人合一”的内在矛盾。在《孔子诗学思想探源——兼及“天人合一”的内在矛盾性》（《齐鲁学刊》2000 年第 1 期）中指出，殷周之际的文化转型在宗教意义上表现为由殷文化“尊神”传统向周文化“尊礼”传统的历史转换。孔子的文化选择及其相应的诗学思想是在“吾从周”的历史原则的具体引导下完成的。在宗教意义上，孔子的诗学思想是中国古代“尊神”文化向以“尊礼”文化为实践理性目标的儒家文化传统转化的过渡性的思想标志。孔子诗学思想对古代宗教、神话的彻底的时间理性态度决定了“天人合一”观念的内在矛盾性。

（四）对孔子的评价和对孔子研究的评价

本年度给予孔子最高评价的当是杜维明，在《道·学·政——论儒家知识分子》（上海人民出版社 2000 年 10 月版）一书中，“儒家圣人：为己之学的典范”一文指出，儒家坚信德性可以学到，德性的最高范例圣人可以获致，而孔子便是具有典范意义的圣人。孔子力图将日常生活中的事情作为伦理说教之基础，这就使儒家之学本质上成为一种道德活动，其核心是致力于发展对于自身的确切知识。孔子是楷模，他把对自己的了解应用于教学，大致上也是照此方法进行学习，而且是按照从“小学”到“大学”的次序。孔子所展现出来的为己之学，可以成为激励所有人的源泉。王毅在《“述而不作”之于孔子》（《孔子研究》2000 年第 5 期）一文中，从阐释学的角度对孔子对待精神遗产的基本观点进行了评价，认为孔子非常重视“述”，但实质上孔子并没有把“述”和“作”视为冲突。孔子的“述而不作”实质上是“述”中有“作”，因为孔子是十分强调主体积极介入的。中国的“托古改制”的思想方式，其渊源可以追溯到孔子的这种“述而不作”的论述。李冬君则在《先秦诸子论孔子与孔子的圣化》（《南开学报》2000 年第 1 期）一文中，对孔子的被圣化的问题重新进行了分析。指出，以往学者对于儒学兼收诸子，言之凿凿，而对于诸 子之认同孔子，则视而不见。诸子之对孔子的认同，是孔子被圣化的关键。非由此，不能构建独尊儒术之全貌，也不能了解孔子被圣化之根底。李景明、林存光的《孔子：一个诠释的神话》（《齐鲁学刊》2000 年第 4 期）一文指出，人们关于孔子与孔学的种种论述、评议或谈论所涉及到的不外是三个层面的问题：实在的孔子、历史的孔子、符号的孔子。其中后两者、特别是“符号的孔子”层面的问题最为复杂。只有在具体的语境中，廓清人们谈论的层面及所涉及的问题的性质，才能真正把握人们所谈问题的实质，并进入谈论者生存意识的核心地带。有的学者还对孔子评价中的一些问题提出了看法。降大任在《孔子“五罪”质疑》（《社会科学战线》2000 年第 2 期）一文中，对“五四”以来以至于“文革”时期加之孔子的五条罪状进行了剖析，认为“克己复礼”、“父子相隐”、“民不可使知之”、“唯上智与下愚不移”、“女子与小人为难养”，这些都是孔子以仁政化天下的一片苦心，是值得尊敬的，而不可诬为罪。张颂之在《孔子：一个神话学的个案研究》（《齐鲁学刊》2000 年第 6 期）一文中指出，孔子是中国的文化伟人，神话的幽灵一直纠缠着孔子。孔子生前，有关他的神话已经不少；孔子死后，种种神话更是层出不穷，从而使孔子成为中国古代文化中最

大的神话。近代以来，儒学官学地位的消失并未阻止孔子继续被神话的历史惯性，时至今日，孔子依然是一个神话。

(五) 孔子思想与其他思想的比较研究

比较研究一直是儒学研究领域里的一个比较薄弱的环节，这种情况在本年度已引起了学者的注意。

美国斯坦福大学胡佛研究所的墨子刻，在《乌托邦主义与孔子思想的精神价值》(《华东师范大学学报》2000年第2期)中指出，孔子赞颂三代而强调“为政以德”的可行性的时候，是把从历史归纳出来的后验性知识同一种对人性的先验性信仰混同在一起而形成的假设。孔子的乌托邦主义是根源于他最基本的看法，即以为自我很纯粹的道德源头是有潜能把世界完全道德化的。还有的学者运用比较研究的方法，对孔子进行研究。邓晓芒的《苏格拉底与孔子的言说方式比较》(《开放时代》2000年第3期)一文，通过对古希腊苏格拉底的对话与孔子的《论语》在言说方式上的比较，证明苏格拉底的对话把言说标准确立于言说本身，具有向对话双方自由开放的性质，孔子则把言说标准放在言说之外的个人情感体验之中，是一种任意独断的权力话语，由此而形成了中西两千多年传统思维方式和言说方式的根本区别。蒋晓飞的《孔墨伦理思想发展的逻辑比较》(《西南师范大学学报》2000年第2期)认为，墨子继承发展并超越了孔子的伦理思想：在道德起源的问题上，同孔子注重先天道德论的倾向不同，墨子更注重后天形成说；在理想人格的问题上，较之孔子的“圣人”，墨子的“兼士”具有更多的现实性与合理性；在义与利、人与我、志与功的人生矛盾上，孔墨的思想虽然存在巨大的差异，但其根本精神并无二致。刘笑敢《孔子之仁与老子之自然——关于儒道关系的一个新考察》(《中国哲学史》2000年第1期)，通过对孔子之仁与老子之自然的观念的比较研究，认为儒道两家在精神上有相通之处。道家强调自然，实质上儒家的道德实践上也是承认自然高于人为。而且老子也不是一概反对儒家伦理，只是反对强制和虚伪的道德表现。道家的自然原则为儒家的道德原则提供了一个实践的标准，为儒家道德原则的社会实践提供了润滑剂。

(六) 其他专题研究

这里既有对以往研究课题的继续研究，也有新的研究课题的提出。张祥荣《从孔夫子到现象学》(商务印书馆2000年版)一书，主要探讨了两大问题，1.相比西方古典哲学，现代西方哲学发生了什么样的重大变化，这种变化提供了怎样的方法论视野；2.这种新的视野对我们重新理解自己的传统文化有什么关系？本书以孔子为重点，对诸多中西哲学思想进行了探讨，提出了许多比较新的观点。周正舒著《天下归仁——孔子谋略纵横》(蓝天出版社2000年4月版)一书，认为孔子还是中国历史上的一位卓越的谋略家。他的治国之道几乎是百世不衰，他倡导的人生目标及为人处世方略，不仅显示了一个巨人完美的人格，并让后人学到许多学问和做人道理，从孔子的施政、人世、修身、治学的思想内容方面阐述了孔子丰富的谋略思想。薛永武在《试论孔子的情商思想》(《孔子研究》2000年第4期)一文中指出，孔子是思维科学发展史上第一位情商理论家，孔子的思想体系博大精深，蕴涵着丰富的情商思想。其情商思想主要包括五个方面：自我认知能力、自我调控能力、自我激励能力、移情能力、社会交往能力等等。与西方90年代流行的情商理论相比，孔子的情商理论既有广度又有深度，其本质内涵是学会做人。这一理论在今天仍具有重要的现实意义。裴蓉从社会网络的角度对孔子群体进行了分析研究，撰写了《孔子网络的基本特征及其资源效应》(《孔子研究》2000年第5期)一文，把孔子网络作为中国人人际网络、尤其是中国知识分子人际网络的原型进行了研究，认为孔子群体是一个非正式组织，孔子网络的类型主要是业缘网络，而不是亲缘网络或地缘网络。它具有业缘与朋缘关系相转换的功能，能够通过对网络中的资源动用，实现职业乃至社会地位的获取。晋荣东的《孔子哲学的语言之维》(《华东师范大学学报》2000年第2期)指出，语言是哲学之思的重要对象，孔子作为中国哲学史上的第一个重要哲学家，孔子对语言哲学的问题作了多方面的讨论，既对语言之为文化载体及其教化功能有所意识，又揭示了主体间对话的有效性条件,不仅提出了操作论的意义理论,而且对名言与道的关系作了最初的探讨。池昌海在《孔子的修辞观》(《浙江大学学报》2000 年第 1 期)一文中,通过对先秦文献中可信的有关孔子修辞观的言论进行搜检,将孔子的修辞观归纳为两个方面,即普通修辞观和儒学修辞观。孔子的儒学修辞观更为集中地反映了儒家思想对修辞行为的认识和界定,也决定了中国传统修辞观和修辞行为的基本走向。章沧授在《浅议孔子的隐退思想》(《中国文化研究》2000 年春之卷)一文中,对孔子的隐退思想进行了重新评价,认为孔子的隐退思想根本不同于道家的山林之隐,而是修身有为之隐,为的是独善其身,避免与乱政为谋。孔子堪称中国文人立身处世的楷模。白平的《孔子生辰揭谜质疑》(《山西大学学报》2000 年第 3 期)一文认为,过去有学者认为孔子生于公元前 552 年 10 月 9 日的论断,忽略了古书记载中存在的校勘问题。《公羊传》中记载孔子生辰的"庚子"之说极有可能是"庚午"之讹。孔子的生年极有可能是在鲁襄公 21 年的庚午日。

二、孟子研究

本年度的孟子研究,大体可分为两个方面。

(一) 孟子仁政思想研究

孟子的仁政学说是一个常谈常新的话题,始终受到学术界的关注。唐志龙著《内圣外王——孟子谋略纵横》(蓝天出版社 2000 年 4 月版)一书,对孟子丰富多彩的谋略思想进行分类归纳,围绕孟子仁政学说这个中心内容,从治政之策、保民之谋、修养之道、教育之方等方面阐释了孟子的谋略思想。李会钦的《试论孟子的修身学说及其现实价值》(《江西社会科学》2000 年第 2 期)一文全面论述了孟子关于人性修养的学说,从孟子的修养目标、修养范式、修养方法等方面进行了论述。认为孟子提出的修养方法,对于内以从善成圣、外以齐家治国,都具有积极的意义。梅良勇、张方玉对孟子的家庭伦理思想进行了研究,在《孟子的家庭伦理思想初探》(《徐州师范大学学报》2000 年第 1 期)一文中指出,孟子继承了孔子的家庭伦理思想,建构了以孝悌为根本的家庭伦理思想体系。孟子的家庭伦理思想虽然有非科学的因素,但其合理性因素对建设有中国特色的家庭伦理思想有着重要的现实意义。

(二) 对孟子哲学及其他方面的研究

孟子的理想人格问题,也一直是学界比较关心的话题。杨海文的《"仁且智"与孟子的理想人格论》(《孔子研究》2000 年第 4 期)指出,孔子的圣人观因其固有的神秘化取向而具有一定的理论缺陷。对此孟子扬长避短,认为理想人格之于每一个道德实践主体都有着逻辑的与现实的普遍平等性,而且内在根据即是作为仁义礼智四德之浓缩与升华的"仁且智"。孟子将前期视为理想人格的哲学界定,并且特别强调智之于仁的扶持作用。孟子的这种普遍平等性,范导了中国古代儒学进程中的圣人观;更为重要的意义还体现于,他为现代人的仁智双修提供了哲学模型。邓新文在《孟子学问之道发微》(《浙江学刊》2000 年第 2 期)指出,孟子认为学问的根本宗旨在于而且仅仅在于将人的放逸外骛的散心收敛回来,这一思想主旨涵盖了古今中外学问之成败得失,意义极为深远。而其中最为重要的意义在于,孟子是从"终极关怀"的角度来关照学问的价值的,使学问始终服务于人生的终极目标,可以避免为私欲以及为学问而学问的异化倾向。光大孟子的学问之道,对于克服学问之时弊具有不可估量的现实意义。张光成的《孟子遗留的三个哲学问题》(《社会科学》2000 年第 6 期)一文,对孟子哲学所存在的三方面的问题进行了分析,对孟子哲学提出了三方面质疑:第一,反求诸己的哲学方向,是一条唯心主义的路呢?还是一条充满智慧的路?它是幽玄不经的古代形而上学呢?还是世界玄圃中的奇葩?第二,天人合一与神秘主义。本体有它的高度抽象性,不易理解,也正是由于它的不可理解,是不是说明"天人合一"作为哲学思想就更有理解上的种种复杂性?第三,孟子所讲的"浩然之气",物质与精神之间的关系问题、精神与物质之间的相互转换又是怎样的情景?精气是如何成为浩然之气,物质又是怎样具体转化为精神的?刘培桂的《孟子周游列国年代考》(《孔子研究》2000年第4期)一文,依据《孟子》记述的人物事件,参照《史记·集解》与《史记·索隐》中引证的《竹书纪年》,并参考《战国策》、《史记》等,去伪存真,相互印证,认定孟子游梁约在梁惠王后元十六年至梁襄王元年;游齐约在齐宣王二年到齐宣王八年。并推测了游宋、滕、鲁的年代,总的游历顺序为梁、齐、宋、滕、鲁。

三、荀子研究

相形之下,本年度的荀子研究就显得比较沉寂,所发表的论文、专著数量都比较少。马积高所著《荀学源流》(上海古籍出版社2000年8月版)一书,着重对荀子的天人相分学说进行了研究。该书上篇论述荀子的学术思想,重在揭示荀学、孟学之异;下篇主要论述荀学对当代及后世的影响、在曲折历史潮流中的承传与发展。沈永宏的《隆礼重法——荀子谋略纵横》(蓝天出版社2000年4月版)一书指出,荀子的政治思想、经济思想、战略思想、法制思想以及自然科学思想等,都显示了他认识的深刻性和实践的可行性。该书从治国篇、谋事篇、修身篇三个方面对荀子的丰富的谋略思想进行了阐释,以故事的形式、引人入胜的情节、深刻的道理由浅入深地介绍了荀子隆礼重法的谋略思想。朱松美在《荀子的安民观论议》(《东岳论丛》2000年第5期)中指出,荀子继承了先秦诸子的思想精华并发扬光大,形成了完整的安民思想理论体系:天道自然的本体依据,礼分而法治的政治手段,惠民裕民的经济举措等等。荀子的这一思想不仅为由分裂走向统一的中国社会指明了方向,而且对其后的中国社会产生了广泛而深远的影响。《荀子》一书,在议论之余,每每引《诗经》以为证。赵伯雄对《荀子》书中所引《诗经》进行了考察,在《〈荀子〉引〈诗〉考论》(《南开学报》2000年第2期)一文中指出,《荀子》所引《诗》与今本《毛诗》相比,文字完全相同者占大多数,也有少数同于《三家诗》而异于《毛诗》者。从《荀子》引《诗》中,可以看到荀子对诗句的理解,以及他所赋予诗句的新义。这就是荀子的《诗》学。该文还进一步指出了《荀子》引《诗》有五种类型,认为通过探寻《毛诗》、《三家诗》与荀子思想的关系,可证《毛诗》确实是出自荀子,《三家诗》中,至少《鲁诗》、《韩诗》都与荀子有一定的渊源关系。有的学者把荀子与孟子的人性论进行了比较研究。李晓春的《从"内在超越"的角度看孟子与荀子的人性论分歧》(《华东师范大学学报2000年第6期)指出,"内在超越"与"性"从"生"而"性"的演化过程息息相关。孟子继承了子思的思想,以"性"为枢纽,将"天"内化于心,又将心提升而超越地达于天。荀子则沿着告子的思路发展了"生之谓性"的思想,反对先天的道德性。他从知的角度,将以"仁义"为特征的"道"内化于人性,从而构造出与孟子不同的内在超越的另一条路径。郝明朝在《论荀子的"知能"思想》(《文史哲》2000年第6期)中指出,荀子的人性理论是个分层次、多义项的复杂系统。"性"和"伪"是该系统中相对独立又紧密联系的两个方面。在荀子所界定的"人性"中,既有"情欲"之恶性,又有非善非恶的"知能"之性。这非善非恶的知能之性,既是荀子化"情欲"之恶性为"伪"的桥梁,也是其构筑理论大厦的基石。郭晓东在《荀子思想的社会学阐释》(《复旦学报》2000年第6期)一文中指出,荀子思想在许多方面都与现代社会有契合之处,可称为儒学社会学。荀子认为,人一方面不能不过一种社会的生活,但另一方面由于人性本恶,若顺从人的自然属性,就不可避免会产生各种争端,使社会生活成为不可能。要解决这一问题,荀子提出组织社会的关键在于"分",即社会职责的分工与社会角色的定位,只有"明分"才能"使群"。而要使每个人在社会生活中各守其分,只能通过"礼"和"法"等社会规范加以保证。

四、先秦儒家综论

本年度还有的学者对先秦儒家进行了综合研究,内容涉及到先秦儒家的天人思想、消费思想、生态伦理思想、中庸思想、先秦儒家与现代精神文明建设、古典儒家的德治思想、道德理想主义以及原始儒家考述等诸多方面。

吴龙辉的《原始儒家考述》(中国社会科学出版社2000年6月版)一书,探讨了从孔子到董仲舒约400年间儒家的发展、演进，旨在考察儒学演变的历史轨迹及其内在逻辑。分析了儒家集团诞生的社会政治根源，孔子对君子人格的重新规定与儒家品格的确立，墨家对儒家的挑战与儒家的回应，自然天道思潮对儒家的冲击与荀子对儒家体系的重建，儒家在汉武帝时期从百家中的显学向官学的历史转变。杜维明在他的《道·学·政——论儒家知识分子》一书中，第一篇《古典儒学中的道·学·政》指出，道、学、政是古典儒家思想中三个互相关联的基本概念和核心观念，也是儒学的基本特征。其中，“道”所关注的问题是人类存在的终极意义，儒家有关“道”的看法与基本神学相类似；儒家的“学”所提出的问题就可与系统神学中的问题相比拟，“学”的内容包含着找回处在危机之中的人类文明的深层意义；“仁政”的观念是儒家政治学的基础，儒家知识分子是行动主义者，正视现实政治的世界，并从内部着手改造它。先秦儒学作为儒学的原初阶段，既是儒学发展的源头活水，也是儒家文化向周边地区传播的开始。何成轩的《儒学南传史》(北京大学出版社2000年版)一书，系统地论述了儒学在两广、海南及越南的传播发展历史，揭示了南传儒学的表现形态及其特征。指出，儒学是随着中原华夏文化的南传潮流而浸润传播的，这在儒学产生的初期就已经表现出来了。儒学南传主要是靠中原人士的力量，也有南方人士北上学习的功劳。春秋战国时期的儒学的南传，为秦汉以后儒学的大规模传入岭南并由岭南传往东南亚开了先路，创造了有利的条件。兰陵《孔孟学说之精华》(新华出版社2000年10月版)一书力图以马克思主义新视角，系统展示孔孟学说的精华，并溯源探流、明辨真假儒学的历史演变，进而对秦始皇的功与过作了客观纵深的论述。同时对孔孟的大同理想与社会主义、传统文化与现代化也作了探讨。王杰在《儒家文化的人学视野》(中央党校出版社2000年10月版)一书中指出，人学思想是儒家思想的价值核心。该书以殷周至春秋时期人学思想发展的萌芽阶段为铺垫，重点探讨了孔孟荀学庸易的人学思想特色。孔子的人道观即“仁”、“礼”思想，沿两条路径展开；孟子以人性善为基础，发展了孔子的“仁”的思想，形成“内圣之学”；荀子以人性恶为根基，继承了孔子“礼”的学说，形成了“外王之学”。“内圣外王之学”构成了儒家文化的基本特点。《易传》则试图寻找儒家人学的本体论基础，建构起了其天道哲学，完成了早期儒家的人学思想发展演变的逻辑进程。等等。

有关的研究论文主要可分为以下几方面：

(一)“中庸”思想研究

“中庸”是儒家思想的哲学基础。本年度学术界对于中庸思想的研究依然是比较重视的。

庞朴在《中庸与三分》(《文史哲》2000年第4期)一文中指出，中庸的所谓中，就是第三者；承认二分又承认中庸，也就是在事实上承认了一分为三。世界本来就是三分的。由于二分法的先入为主，人们总习惯于称“中”为“中介”，视之为两极之间起联系作用的居间环节，或者是事物变化过程的中间阶段；还相信中介环节是暂时的，必将向两极分化而最终归结为二元的天下。待到二分法不足以解释一切现象时，亦有人主张一分为多。其实三就是多，多必归于三。三分法有一维、二维、三维的形态。雷庆翼在《“中”“中庸”“中和”平议》(《孔子研究》2000年第3期)一文中指出，“中庸”是由“中”和“庸”二方面含义构成的。“中”是事物是核心，又是事物矛盾双方处于相对平衡与和谐的表现，它贯穿事物的发生、存在、变化乃至死亡的全过程。万事万物始于中而止于中。道从中出，中即道。“庸”为“常”，“中庸”反映了儒家对事物本质规律的认识。“中和”则是把“中”道用到处理各种实际事物中以求得和谐。“中庸”是就客观事物存在、发展、变化的基本规律而言，“中和”则主要是指人们运用“中庸”而达到的理想的和谐境界。田广清在《中庸:实现社会和谐的正确思想方法》(《孔子研究》2000年第3期)一文指出，中庸往往被人们理解为折中主义和保守主义等，这是错误的。实际上它是宇宙万物发展的基本条件和客观规律，是恰如其分地把握事物、协调矛盾的有效手段，是一种充满科学理性的正确的思想方法。王冬在《古代“中和”观及其现实意义》(《天津师大学报》2000年第2期)一文指出，“中和”一词首见于《中庸》，是儒家哲学的重要范畴。“中和”“贵和尚中”，已包含了对立统一的辩证法思想，它要求人们在处理事物对立两端的关系时，掌握一个正确的交叉点，这个交叉点就是事物存在的“度”。“中和”思想将孔子的“执中求和”的思想从方法论上升为本体论。程梅花、邹林在《论儒家“致中和”的思维方式》（《孔子研究》2000 年第 3 期）一文中指出，“致中和”是儒家思维方式的根本宗旨。儒家认为“中和”是宇宙中各种系统关系中的基本特征，也是人生和社会行为的基本准则，从家长到国君，人类社会各级各类统治者和管理者的根本任务就是建立和维护中和关系，建立和维护中和关系的思维方式就是致中和。致中和的基本方法是思维角度的双向转换，它具有系统性和具体性两大特征。由于历史条件的局限，“致中和”的思维方式在指导历史实践中有过度泛化和非竞争性的倾向。

（二）先秦儒家政治伦理思想综合研究

王易在《论先秦儒家的国家关系伦理思想》（《河北学刊》2000 年第 1 期）中指出，伦理学是人类最古老的学问之一，随着研究的不断深入和发展，伦理学的理论研究不断深入，涵盖的范围也不断扩展，逐步突破了以往的时空局限。先秦儒学中蕴涵着国家关系伦理思想的萌芽，同儒家的天下观、人伦观、正统观紧密联系在一起。通过深入研究和发掘弘扬儒家的国家关系伦理思想，可以为促进世界的和平与发展，发挥更大的作用。唐文明的《弘道崇德：孔孟儒家的两个终极伦理观念》（《北京大学学报》2000 年第 2 期）一文从生存伦理学的角度对孔孟儒家的“道”、“德”观念进行了分析，认为弘道崇德是孔孟儒家的两个终极伦理观念，最初并不具有现代汉语语境中的“道德”的含义，“道”作为终极意义上的一个形式指引，其本体论地位是后来获得的，“德”的最初含义也是终极意义上的，即指顺从天意，根本不是后世所言的“道德”之“德”。黄玉顺的《儒学的德性价值论》（《四川大学学报》2000 年第 4 期）一文指出，儒家的价值哲学，是建立在“天命之谓性，率性之谓道，修道之谓教”这一哲学基础上的。这一以人为中心的环状结构，体现出儒家的人本哲学思想。儒家的价值哲学思想集中体现在人生价值观上：形而上学基础“天命”是其终极价值源泉；作为价值尺度的“德性”是其核心；“修齐治平”是其价值实现的途径。骆祚炎的《略论先秦儒家的消费思想》（《中州学刊》2000 年第 5 期）一文认为，在先秦的经济思想的演变过程中，儒家的消费思想独树一帜，创始于孔子，后经孟子、荀子等人的发展，构成了较为完整的先秦消费经济思想。包括生产消费论、欲望论、义利论等伦理思想，儒家的消费思想既有积极的一面也有消极的因素。杨春梅的《先秦儒家仁爱学说略论》（《齐鲁学刊》2000 年第 5 期）一文认为，儒家仁爱以“亲亲”为本，讲“爱有差等”，有一定的心理和情感基础，并非悖人情而为之。而就其所及的范围而言，最高境界的仁爱“博施于民而能济众”，实在博大宽广，既不自私，也不狭隘。墨家对儒家仁爱的批评实有很大的误解，近世以来，反孔和尊孔两派亦未能有真正确当的认识。儒家仁爱学说的独特的内涵、性质和价值，实有待于重新认识。黄健的《孔孟民本主义思想差异探微》（《西南师大学报》2000 年第 4 期）一文，分析了孔孟在民本主义思想上所存在的差异，表现在：对君、民两者本质认识上的差异；君、社稷、民三者之间地位安排上的差异；君、民之间关系处理上的差异；对仁政具体实施方案上的差异。形成这两种差异的根本原因是由于两人所处的历史时代不同，所要解决的社会主要矛盾不同。杨海文在《先秦礼乐文明与孔孟道德理想主义》（《中山大学学报》2000 年第 3 期）中指出，先秦礼乐文明未必催生了春秋战国时期所有思想家的道德理想主义，但孔孟道德理想主义的必要条件却是先秦礼乐文明。正是由于对这一必要条件进行了合法化认同和创造性转换，孔孟比其他先秦诸子对中国传统的政治伦理型文化产生了更为重要的影响。

五、典籍研究与学术考辨

《周易》是古代哲学经典，本年度对于先秦儒家典籍研究的一个比较集中点在于对《周易》的研究。但《周易》中的许多内容，至今仍是比较难以解读的。陈凤高编著了《〈周易〉白话精解》（西南师范大学出版社，2000 年 4 月版），对《周易》的解说提出了许多精到的见解。部分学者对《周易》的思想进行了探讨。章关键著《周易的新义与日用》(华文出版社 2000 年 4 月版),汇集了作者在易学研究中所写的 18 篇文章,对《周易》哲学意义与现实科学的意义相联系,提出了许多新的观点及《周易》日用的要旨,对《周易》的卦象符号,精选出 12 组基本概念和范畴加以简明阐释,并且以朱熹的《周易本义》为依据,对经文逐卦通爻进行了新的注释。程石泉的《易辞新诠》(上海古籍出版社 2000 年 8 月版)一书,以文王囚于羑里为线索,诠释六十四卦爻辞,但又不把《易》指为史书,而着力恢复其形而上学之面目,并且择易学研究中的关键词,加以专题式的阐发,重点在于发挥《周易》的大旨。姜国柱在《周易思想体系探微》(《中国社会科学院研究生院学报》2000 年第 5 期)一文中指出,两千多年以来,《周易》被誉为群经之首、"大道之源"、"宇宙代数学"、"中华传统文化的源头活水"。在《周易》的"致广大,尽精微"的思想体系中,蕴涵着丰富的思想内容,对中国传统的思想文化产生了重大的影响。该文对《周易》的整体思维论、系统演化论、宇宙综合论、矛盾发展论、忧患意识论、改革变易论、治国理财论、军事谋略论、崇德广业论等九个方面进行了全面探讨。刘彬以《易简·变易·不易——易之三义哲学刍议》(《理论学刊》2000 年第 3 期)为题,通过分析《易》之大义——易简、变易、不易的性质、内涵及其关系,在哲学层面上来论证以下观点:"变易"是就宇宙论层面上讲的;"不易"则既包括宇宙论也是从价值论上讲的;"易简"是宇宙本体的性质,这三者又是互相联系着的。蒙培元的《天·地·人——谈〈易传〉的生态哲学》(《周易研究》2000 年第 1 期)认为,《易传》把天地自然界看成是有生命的存在,而人的生命正来自于这个自然界。自然界不仅是人的生命存在的根源,也是人的生命意义和价值的根源。人在获得自然所提供的一切生存条件的同时,更要"辅佐"自然界完成其生命意义,才能实现人与自然的和谐相处,达到"天人合一"的最高境界。郭彧的《序卦研究辨析》(《周易研究》2000 年第 1 期)一文,就唐宋以来对通行本《序卦》的义理与象数两个方面的研究进行了考辨。并在前人研究的基础上提出了个人的看法,指出似乎从当时的《易经》成书及变卦等方面考虑《序卦》之卦序安排,则可能会得到令人信服的结论。廖名春的《论六经并称的时代兼及疑古说的方法论问题》(《孔子研究》2000 年第 1 期)一文,通过分析《论语》、《庄子》、《礼记》《史记》和帛书易传、郭店楚简的记载,证明六经的形成,源于孔子;早在先秦时期,《周易》就已与《诗》、《书》、《礼》、《乐》《春秋》六经并列,进入儒家群经之中。过去的否认先秦时期即有六经的观点是错误的。

本年度所见有关的学术考辨的文章,主要散见于《孔子研究》各期。学者们主要是针对《论语》中历来有争论的一些词、句,进行了深入研究和重新诠释。由于篇幅的限制,不作详细介绍。

通过前面的对本年度先秦儒学研究的大致汇总,我们也明显地看到一些问题,比如研究力量分配的严重失衡、对儒家思想评价中的客观公正性等问题,其实这是在以往研究中也早已存在的问题。

(修建军)

① 有关郭店竹简与儒学研究的进展,本年鉴另有专题介绍。

汉唐儒学研究

2000年度汉唐儒学研究取得了较大的进展,发表论文约80余篇。大体可分为四个方面:儒学与汉唐制度研究、儒家思想文化研究、儒家人物研究、士风及儒学教育研究。就汉唐儒学研究的论文看,研究汉代儒学的文章居多,占半数以上,研究面也较宽阔,而研究魏晋隋唐儒学的文章较少,研究面显得相对狭窄一些。本年度在汉唐儒学研究方面的专著较为缺乏,仅有几部儒学专著对其有所涉及,如张瑞璠主编的《中国教育史》(山东教育出版社)和何成轩著的《儒学南传史》(北京大学出版社)的部分章节论述了汉唐儒家教育思想及儒学在岭南的初传、扩大情况。

一、儒学与汉唐制度研究

儒学与汉唐制度研究,主要集中在儒学与汉唐政治制度、法律制度、礼仪制度研究三个方面。具体来说,在德治、礼法结合、祭祀礼仪等问题上,学者们在继承前人研究成果的基础上,提出了不少新的见解。

(一)政治制度研究

学者们论证了孝治、礼治、科举制度与独尊儒术的互动关系。季乃礼在《论汉初的"孝治"》(《学术月刊》2000年第9期)一文中指出,汉初之所以选择"孝治",与统治者对人性的认识和对儒家的态度转变有关,汉初统治者不遗余力地对民众实行"孝"的教化,并且由"孝"过渡到"忠",使"孝治"落实于实践。汉初的"孝治"对后世产生了深远的影响,为儒家的独尊奠定了基础。汉初的"孝治",使天下人人皆向"孝悌",人人皆向儒,为儒家的独尊铺平了道路。张作理在《唐代的礼治》(《东岳论丛》2000年第2期)一文中指出,礼治是指以思想教化、文化制约、道德规诫为主要手段的统御。唐代中前期重视礼治,其礼治御官化民的主要措施有:续汉制尊儒倡道;高官吏九经举仕;倡官德诏谕劝勉;重孝义旌表门闾;尚敬让行乡饮酒礼;禁左道违礼必究。唐代的重礼治对后世也很有启示意义。朱效梅、郑国民在《科举考试与独尊儒术封建文化的互动关系》(《齐鲁学刊》2000年第3期)一文中指出,科举制度渊源并植根于独尊儒术封建文化的土壤,而科举制度的发展变化,又对独尊儒术的封建文化产生了重大的影响,同时发挥了积极和消极两方面的作用。

(二)法律制度研究

这一问题的研究集中于"春秋决狱"及礼法合一的源流、发展及影响的研究。吕志兴在《"春秋决狱"新探》(《西南师范大学学报》2000年第5期)一文中指出,"春秋决狱"所决的都是政治、司法中的疑难案件,应称为"引经决狱"才更准确。"春秋决狱"在汉武帝以前即已存在,汉武帝时开始盛行,但仅是政治、司法惯例,至魏晋南北朝时才形成法律制度。"春秋决狱"至唐时基本结束,其余绪则沿至南宋。"春秋决狱"在历史上所起的作用是积极的,应当予以肯定。周少元、汪汉卿在《〈春秋决狱〉佚文评析》(《安徽大学学报》2000年第2期)一文中,通过深入分析《春秋决狱》六篇佚文,指出以经决狱产生于特定的历史背景,针对特殊案件而实行,强调主客观条件,创造了若干司法准则,影响了中国封建法律的基本走向，促进了法律解释学的发展。《春秋决狱》在促进法律文明进程的同时，亦存在一些弊端。崔永东在《论汉代法律思想与法律制度的变革》(《孔子研究》2000年第1期)一文中指出，儒家道德思想是汉代法律思想的人文基础。汉代的法律变革主要表现为道德的法律化，这是针对法家“不道仁义”及排斥儒家道德的立法思想和汉代的“非礼之法”——《汉律》而进行的一场变革，通过“引经决狱”和据经义编撰判例法典(如《春秋决事比》)以及通过“据经解律”而编撰法律解释著作(如郑玄章句)等方式，把儒家道德精神引入司法和立法领域，从而改变了汉代法律文化的风貌。许敏、钱家先在《略论唐太宗“礼法合一，依礼制法”的法治思想》(《广西教育学院学报》2000年第2期)一文中指出，“礼法合一，依礼制法”是唐太宗法治思想的主要特点。唐太宗的法治思想以“德”、“礼”为本，但并不忽视法的作用，而是将礼法合一，依礼制刑，将儒家经义完全吸收、融汇，赋予法的形式。也就是把法律规范和道德规范统一起来，以法的强制力推行礼的规范，又以礼的精神统治力量，加强法律的镇压作用。在唐太宗礼法结合的思想指导下制定的《唐律》，保证了“贞观之治”的实现，奠定了我国封建主义刑法的规范，为以后历代封建王朝所沿袭，对日本和东南亚各国也产生了很大影响。

(三) 礼仪制度研究

学者们认为封禅、郊祀仪式的儒学化，使中国的国家祭祀寄托了社会理想，从属于正统需要。贾贵荣在《儒家文化与秦汉封禅》(《齐鲁学刊》2000年第4期)一文中指出，秦始皇、汉武帝和汉光武帝的封禅活动，使封禅礼仪由传说变成国家最高祭天大典，在此过程中，儒家文化逐渐渗透其中。正是儒家文化的宗法伦理色彩和人文情怀，将原始的封禅礼仪改造成政俗合一的御用工具，中断了它由原始宗教信仰向宗教化发展的道路，并通过秦汉帝王的实践，成就了千古独步的封禅文化。同时，儒家文化在将封禅礼仪纳入其阴阳、天地、祖宗一体化范畴的过程中，也丰富了自身的礼仪内涵。杨英在《东汉郊祀考》(《天津师范大学学报》2000年第4期)一文中指出，东汉郊祀，使祭祀场所、名目和具体祭祀仪式规范化，祭祀场所有郊兆之坛(南郊和北郊)、明堂、辟雍、灵台、太社等，神灵们区分阴阳，并与季节、方位等对应。献祭等级也有严格规定。除了祭祀之外的礼仪活动已规范化，重要的礼仪活动有封禅、巡狩、迎时气等。这一郊祀体系的实施，是在儒家思想的指导下进行的，寄托了统治者希望实现政惠民和，建立上下有序、教化敦厚的社会理想。中国古代国家祭祀始终从属于正统需要，有别于其他国家。方百寿在《唐代封禅活动特点述评》(《华侨大学学报》2000年第1期)一文中指出，封禅活动是唐代前期社会上层一项重要的社会文化生活。他通过归纳这一时期封禅活动的三方面内容，勾勒出唐代封禅的大致形貌。他认为唐代的多次请封和三次封禅实践，导致了对封禅仪注的反复讨论和不断承继，使对封禅仪注集前代之大成，逐步完善并定型下来，形成了一种制度性文献。刘惠琴在《北朝郊祀、宗庙制度的儒学化》(《西北大学学报》2000年第1期)一文中指出，北朝的郊祀、宗庙制度在北魏孝文帝之后在两个方面发生了明显变化，一是逐渐儒学化，即以儒家礼制思想为规范；二是在儒家礼制思想的具体应用上，逐渐统一采用汉代郑玄学说。这一变化，同整个北朝儒学的发展相一致，反映了北朝政权，特别是北魏政权汉化的历史进程。

赵澜在《唐代丧服改制述论》(《福建师范大学学报》2000年第1期)一文中指出，唐代总结了秦汉以来丧服礼俗的变化，根据实际的社会情况和统治需要，对丧服制度作了进一步的修改、充实和完善，并载入礼典，为后世遵行。它标志着封建宗法制度以及封建的族权、父权和夫权的成熟。改制表面上提高了一些妇女和外亲的丧服等级，但实际上未触及三纲五常的封建秩序，结果使妇女受到夫权和族权的更严密束缚。丧服制度具有很强的延续性和滞后性，对今天的社会仍有很大影响。

二、儒家思想文化研究

汉唐儒家思想文化研究的内容比较广泛，发表文章也较多，包括儒学学术研究，经学研究，儒家政治哲学伦理研究，儒学与文学、史学

关系研究等。许多文章不乏独到之处。

（一）儒学学术研究

有的学者通过考证，对汉武帝“罢黜百家，独尊儒术”这一历史定论提出新的挑战。庄春波的《汉武帝“罢黜百家，独尊儒术”说考辨》（《孔子研究》2000 年第 4 期）一文指出，虽然汉武帝“罢黜百家，独尊儒术”似成定论，但是史、汉、通鉴对武帝“罢黜百家，独尊儒术”的记载相异。董氏对策不在建元；建元尊儒发自御史大夫赵绾；《汉书》移秦“丞相绾奏”黜李斯奏议补建元元年；司马光移董策建元元年，始成此说。汉武帝尊儒未罢百家，而是“兼容并包”、“霸王道杂之”，以醇儒传经，能者为治。汉武删《今上本记》；杨恽等多人缮补《史记》；刘歆为刘氏中兴崇汉武，尊古文、神秘《周礼》，是易王绾奏议为卫绾奏议始作俑者。司马光以《通鉴》说宋神宗更化易政，反对王安石变法，是其伪造汉武“罢黜百家，独尊儒术”说的基本动机。

安作璋、刘德增在《齐鲁博士与两汉儒学》（《史学月刊》2000 年第 1 期）一文中指出，“博士”在秦汉时期是一种官称。两汉博士见于史书记载而有籍贯可考者约百余人，其中齐鲁籍的博士就占半数。齐学与鲁学是两汉儒学的主体，左右着两汉儒学发展的方向，而在其中起主导作用的正是齐鲁博士。汉武帝以后，独尊儒术，仕途几为儒家垄断。齐鲁博士及其弟子大多官至卿相牧守，在内政和外交等重大政治活动中起着举足轻重的作用。张振龙在《汉末儒学及建安七子的儒家思想》（《信阳师范学院学报》2000 年第 3 期）一文中指出，东汉末年统治者对儒学的提倡，学校教育和建安七子受儒学的影响等历史事实，决定了儒学在汉末和建安七子思想中仍据主导地位。这种儒学是以古文经学为主体的，与此前的儒学相比，表现出适应时代要求的新特点。

（二）经学研究

经学研究包括经学命运研究、礼学研究、诗学研究、孟学研究等。经学命运研究指出了经学在东汉、魏晋、盛唐等特定历史时期的不同命运。杨九诠在《东汉熹平石经平议》（《文史哲》2000 年第 1 期）一文中指出，东汉政治衰败，使太学与经学的地位降迁，造成今文经空挂官学之名的形式化命运。桓、灵之际宦官掌权，朝政污浊，士人进路堵塞。党锢之祸更使士人集团丧尽元气，免于杀戮、禁锢者群龙无首，于日暮穷途只能重又折回已经形式化的太学。这些分别是熹平石经刻立的远因和近因。汤其领在《魏晋经学探略》（《徐州师范大学学报》2000 年第 3 期）一文中指出，魏晋时期经学发展大致经历了三个时期。一是郑学小一统与王郑之争时期，王学由于得到司马氏政权的重视，风行一时。二是玄学与经学的融合、经学玄学化时期，何晏、王弼开其端，嵇康、阮籍继其后，易经玄化不断加强。三是以杜预为代表的晋代春秋学的发展时期。杜预以传配经，合经、传为一体。三个时期各具特色。与汉代相比，魏晋经师虽在人数上不及汉众，但是“以注而论，魏晋似不让汉人矣”。作者认为经学在魏晋时期并未衰颓，视魏晋经学中衰似乎有失偏颇。查屏球在《盛唐经学的窘境——论开、天文化特点与经学发展关系》（《中国文化研究》2000 年第 3 期）一文中指出，开、天时代是唐代文化发展的一个高峰期。重经尊儒是“开元之治”的一个文化口号。唐玄宗既通儒又重经学，他以帝王之尊干预经学研究，使经学简单化，汉代注疏之学的传统陷入了学术困境。玄宗重经并不是从学术层面要恢复汉儒传统，在开放、活跃的开元文化中保守的经学并没有找到自身合适的位置，它在政治上是玄宗用来装饰自己的一种文化形式，在社会中也只是士人求取功名的一个手段。玄宗越是强调依经立制，经学离现实政治越远；他越是重视经术之数，经学离士人的人生信仰越远。传统经学已走入困境，急待发展，否则它难以承当其精神支柱的支柱。从其与后期儒学的关系看，这些因素正是唐代儒学转变的一个反作用力。

礼学研究探讨了汉朝、南北朝的礼学状况，而缺乏对唐代礼学的研究。史应勇在《两部儒家礼典的不同命运——论大、小戴〈礼记〉的关系及〈大戴礼记〉的被冷落》（《学术月刊》2000 年第 4 期）一文中指出，西汉时期的戴德与其从兄之子戴圣同受于后苍；二人分别编订的两部《礼记》，都来自七十子后学所撰著的二百余篇“记”，可是它们的学术命运却大相径庭，以至于戴圣(小戴)所撰的《礼记》49篇后来由"记"变"经",自魏晋以后一直被皇家奉为礼学经典;而戴德(大戴)所传的《礼记》85篇则长期被人冷落,不知道什么时候已丢失大半,今人永远不能再窥其全貌。大、小戴礼学命运的这种不同,直接导因于他们各自在官学中所占有的地位的不同。王锷在《汉代的〈仪礼〉研究》(《西北师范大学学报》2000年第5期)一文中指出,《仪礼》是儒家的一部重要经典,对中国礼仪制度影响极大。在汉代,《仪礼》备受政府和学术界的关注,今文经《仪礼》17篇,与《礼古经》56篇相比,受到重视,从高堂生以下,传授源流较为清晰;研究《仪礼》的著作以郑玄的《仪礼注》最为有名,至今是人们研究《仪礼》和中国古代礼制的主要参考书之一。此文通过对汉代《仪礼》研究状况的总结,反映了汉代的学术发展状况。陆建华、夏当英在《南北朝礼学盛因探析》(《孔子研究》2000年第3期)一文中指出,南北朝时期是我国历史上"礼学尤明"时代。因为战乱后重新整合社会秩序,离不开礼仪的实施及礼学的教化。其间,帝王意志起了很大作用。而南北朝作为宗族社会典型期,宗族重视等级亲疏关系,也导致礼学的发达。儒学与玄学佛教的抗争,也促进南朝礼学的兴盛。文章还从经学自身的传承与发展去解释礼学兴盛的原因,认为郑玄的《三礼注》起了重要作用。

诗学研究从文学和伦理的角度,探讨了汉朝、南北朝时期的诗学特点。赵伯义在《〈毛诗诂训传〉解释重言说》(《河北师范大学学报》2000年第3期)一文中指出,《毛传》为我国最早的注疏,着力解释重言。其创发新义训,突破《尔雅》的解释;创立新术语,使释义方式日臻完美,成绩卓著。认识其解释重言的状况,既便于正确理解《诗经》的语句,也可从中汲取研究重言的经验。郜积意在《使用与阐释:先秦至汉代〈诗经〉学的理论描述》(《浙江学刊》2000年第5期)一文,从辨析赋《诗》言志体现的共同伦理开始,探讨了使用与阐释在孔子《诗经》学中的分野,最后以汉代的《诗经》学阐释的两种类型为论证,旨在说明中国经典阐释学实质上是伦理阐释学,即阐释者在解说经典大义时,通常在字面和表达义之间建立起伦理联系,建立的方法是相似性联想,应当注意相似性联想在伦理阐释中的特殊功能与作用。归青在《论南朝诗学对"吟咏情性"说的改造》(《齐鲁学刊》2000年第3期)一文中指出,"吟咏情性"是南朝诗学的核心观念,但这一命题是从汉代诗学中移用过来的。在汉代诗学中,"吟咏情性"的含义是:诗歌是抒情的,而所抒之情须是合乎礼义的,须以礼节之。到南朝诗学那里,它被作了改造。改造是在两个方面进行的:在情的问题上,在基本含义未变的情况下,抽去了礼的制约作用,因而扩大了情的范围;在性的问题上,则偷换了概念,抛弃了汉人对性的伦理学解释,注入了才的因素。于是,一个原本为政教诗学服务的传统命题就被改造成具有唯美色彩的新命题了。邹然在《六朝〈诗〉说揽胜》(《江西师范大学学报》2000年第1期)一文中指出,《诗经》批评发展至魏晋南北朝时期,逐渐呈现出不同以往的新趋势,批评者文学鉴赏和艺术审美的自觉意识得到加强,涉及内容更为广泛,探讨角度更为开阔,出现了摘句激赏、文体比较、手法甄别、源流探索等新的批评现象,形成了一些著名范畴和命题,这在《诗经》文化史上具有较大意义,开辟了从文学角度研讨"三百篇"的新途径。

孟学研究探讨了孟学在汉代的发展及其对儒学独尊的积极影响。丁原明在《两汉的孟学研究及其思想价值》(《文史哲》2000年第1期)一文中指出,两汉的孟学研究可分为三个阶段:一是西汉初,《孟子》被置为传记博士的时期。二是在昭帝主持的盐铁会议时期,孟学得以复起。三是在东汉时期,先有王充撰写《刺孟》、后有诸儒为《孟子》作注。两汉治孟的思想价值,在于它张扬了一种人道思想和理想政治精神,从而打破经学独尊和促进儒、道两家思想的整合,起着推波助澜的作用。

(三)儒家政治哲学伦理思想研究

学者们强调了汉代儒家忠君观念及政治伦理的绝对化。范学辉、项扬在《〈春秋繁露〉与儒学臣道观的形成——兼谈儒士政治的演进》(《西南师范大学学报》2000年第1期)一文中指出,《春秋繁露》的臣道观在肯定君尊臣卑的前提下,以"君道无为,臣道有为"为理论中介,摆脱了以荀子为代表的传统儒学对"圣君"的严重依赖,比较重视充分发挥臣子的主观能动性,并认为只有儒士才是充任朝廷各级官吏的合格人选，从而完成了儒学臣道的构建，也奠定了西汉中叶至两宋时期儒士政治的基本框架，对传统政治文化有较深远的影响。郝虹在《东汉儒家忠君观念的强化》（《孔子研究》2000年第3期）一文中指出，西汉崇儒，但未重视忠君问题。东汉强化忠君观念，在理论方面主要是扩充了天人感应说，用谶纬符瑞来论证刘姓王朝的合法性，深化君尊臣卑的观点来论证忠君的必然性；其次，在史学中构筑刘姓正统的意识形态，树立扬忠抑逆的历史观。在实践方面，更重视儒学的教育；选官时注意对气节的要求，完善了孝廉取士制度。东汉儒家忠君观念的强化，既表现为汉末时对其政权的执掌作用，同时，在清议的第二次变化中，出现了以反君的方式表达忠君实质的矛盾现象，标志着东汉儒家忠君观念达到了高潮。季乃礼在《论〈白虎通〉中"天"的混沌性与三纲六纪》（《齐鲁学刊》2000年第3期）一文中指出，在《白虎通》中，"天"的自然性或神性只是其混沌性的一个分支，"天"是混沌的。"天"的混沌性使人用"天"论证时，牵一发而动全身，一条证据的背后会有真实的、神秘的、想象的为它作论证。三纲六纪与"天"互为因果，互相比附，循环论证。三纲六纪被赋予了绝对性、神秘性，而"天"被赋予了伦理性，从而使混沌性的"天"变得更加扑朔迷离。

（四）儒学与文学、史学关系研究

儒学与文学关系研究，学者们仅局限在汉代，说明了儒学对汉代文人及文学创作的深刻影响。苏瑞隆在《论儒家思想与汉代辞赋》（《文史哲》2000年第5期）一文中指出，汉赋的发展与儒学的盛衰有密切的关系。西汉初期，儒学尚未兴盛，反映在汉赋上则是百家思想并存。自武帝始，儒学居于主导地位，对汉赋产生了重大影响，主要表现是：儒家批评君主过失的传统及诗教的"谲谏"原则，促成了汉大赋的"讽谏"功能；儒家向往古代圣贤及《诗经》中的"颂"，促成了汉大赋的"颂扬"功能；而东汉时期儒学与谶合流，又使汉大赋的颂扬功能更集中于对礼节仪式的发挥；儒学对汉代抒情赋中的"贤人失志之赋"与"纪行之赋"也有重大影响，使其表现出以儒家思想为本的特征。东汉末期，随着儒学的逐渐衰颓，汉赋的题材也突破大赋的京都校猎与抒情赋的言志纪行而逐渐趋于世俗化、多样化。张斌荣在《西汉经学的兴盛与西汉的散文创作》（《西北师范大学学报》2000年第5期）一文中指出，西汉时期，在各种原因的作用下，经学由原来研究儒家经典的学问演变成了国家官定的意识形态。作为一种官方意识形态，经学的兴盛对两汉时期的士人产生了巨大的影响，它改变了当时作家队伍的构成，既造成了他们精神气格的萎缩和思维的封闭，也培养了他们对政治的热情和关注、干预意识。这给此时的散文创作带来了两方面的影响：一是其时散文言事说理皆大量援引经义，形成了典雅醇厚之风和摹拟因袭之气。二是使散文创作表现出较强的现实性和批判精神。魏建、贾振勇在《礼失求诸野：东汉后齐鲁文化在文艺领域的展现》（《孔子研究》2000年第3期）一文中指出，齐鲁文化在春秋战国时代达到了高峰。两汉时，它的主体儒学上升为"官学"，其地域性开始淡化，其文化的价值指向发生分化。在朝，成为封建统治的意识形态支柱；在野，向民间寻求发展空间。东汉以后，齐鲁文化原初意义上的精神价值得以充分展现，在文人创作和民间文艺中发扬光大了它的精神旨归，主要表现为，在朝在野的齐鲁文人依然坚守古典文人精神和"德治""仁政"理想；在通俗文艺作品中，齐鲁文化非官方的正统性质转化为对"忠"、"义"思想的崇尚。

江湄在《中唐儒"道"复兴与史学观念的转变》（《河北学刊》2000年第3期）一文中指出，中唐作为中国历史进程中一个承前启后的转折时期，其文化学术思潮发生着显著而重大的转向。其时，"古文运动"兴起，"古文家"主张文章明儒"道"、兴教化，具有思想实质和现实功能；同时，一批"异儒"力求摆脱东汉以来训诂名物的古文经学传统，直接从"六经"中阐发大义，发展儒家思想以符合时代要求。中唐以来的史学批评敏感地应和着这一思潮嬗变的步伐，批判魏晋时期以纪传体为主、编录事实的史学风气，促成史学观念从重事实到重义理的转变，试图为史学发展指示新的思想方向。宋代"义理"化史学思潮实自中唐发其先声。"古文运动"和新经学思潮、新史学思潮共同构成了复兴儒"道"的思想运动，从而为宋代新儒学的诞生奠定了思想基础。

（五）儒家文化的传播

何成轩著《儒学南传史》（北京大学出版社）一书，在第四章“儒学在岭南的初传”和第五章“儒学在岭南的影响扩大”中分别概述了汉朝汉文化和儒学在岭南的初步传播情况，以及魏晋至唐时期，儒学在岭南地区影响的扩大。

三、儒家人物研究

汉唐儒家人物研究中，以研究汉代儒学大师董仲舒为主，研究面也比较广泛，涉及其哲学、政治、法律、教育等方面的思想内容。而其他的汉唐名儒研究则相对比较薄弱。

关于董仲舒研究，庆明在《董仲舒的法哲学思想》（《烟台大学学报》2000 年第 1 期）一文中指出，中国古代出现过高超的法哲学思想。董仲舒的天命论、制度论、人性论、经义论，深入探讨了法律的本源、本体和价值目标等法哲学的重大课题。天命制衡王权，理正法律；制度划定权利界限；人性论、经义论为法律确立指导原则和理想目标。曾振宇在《“法天而行”：董仲舒天论新识》（《孔子研究》2000 年第 5 期）一文中指出，汉儒领袖董仲舒的天论不是源自孔子原生儒生，而是来源于墨家思想。天是一把“双刃剑”，既对君主地位的巩固有利，又对君王权力存在着强有力的制约。如何实现对君王权力的有效制约，这是董仲舒天论的终极目的。董子天论的文化史意义主要表现于：将仁义忠孝等伦理观念纳入天人系统中；自董子以后，天人感应、天人合一思想，成为一不可移易的深层文化心理；董子天论丰富了儒学乃至整个中国传统文化的兼容精神；董子天论使大一统观念真正得以确立。同类文章还有王玉强的《浅析董仲舒的政治和文化主张》（《黑龙江教育学院学报》2000 年第 1 期），张峰屹的《董仲舒“〈诗〉无达诂”与“中和之美”说探本》（《南开学报》2000 年第 1 期），罗林的《董仲舒对儒家教育传统的承前启后作用》（《湖北民族学院学报》2000 年第 2 期）等。

黄开国在《简论伏生与〈大传〉》（《成都大学学报》2000 年第 2 期）一文中指出，伏生是汉代《尚书》学的开创者，《大传》是研究伏生思想的可信材料。《大传》以道德为核心，提出了以仁为本的德治观，并以贤人共治为其人才保障，此外还包含着重民等观念及其经学、史学的史料。

王苏凤在《刘向〈新序〉著作性质考辨》（《河北师范大学学报》2000 年第 3 期）一文中指出，关于西汉著名学者刘向《新序》的著作性质，自古以来许多学者认为其出于旧有之书，而非刘向所自造。《汉书·艺文志》著录《新序》为“刘向所序”，但从“序”的含义、刘向校书情况及其对材料的运用情况三个方面来分析、考证该书的著作性质，会得出不同的结论。

孟祥才在《儒道互补仲长统》（《烟台大学学报》2000 年第 1 期）一文中指出，仲长统是东汉末年著名思想家，撰写《昌言》一书。他猛烈抨击东汉末年外戚宦官交替擅权造成的政治黑暗、社会腐败和百姓苦难，揭露豪人之家势力膨胀带来的贫富分化与社会不公。指出限田抑兼并、减刑救贫弱，慎选举正官风，重本抑末发展经济，以及加强武备，注重教化，移风易俗等主张，展示了儒家的传统理念。由于仕途受挫，他又深感“名不常存，人生易灭”，希望“卜居清旷”，远离尘嚣，在大自然中享受生之快乐。

王德华在《试论王逸〈楚辞章句〉“经学”阐释的思想文化特征》（《中州学刊》2000 年第 3 期）一文中指出，汉代独尊儒术，“尊经”和“言必称经”就成为汉人普遍的行为和思维模式。东汉中期的王逸著《楚辞章句》，对《楚辞》进行依托“五经”的价值判断，可以说是这种思维模式的具体表现。王逸对《离骚》从文句上寻求与经学的渊源关系，其注释体例是以《离骚》为“经”，其他作品皆为“传”，他对屈原精神给予合乎经义的经学阐释。作者认为，若观汉代“经学”的变迁，从动态的眼光来重新审视汉代的思想变化，则又可见王逸《章句》只是以“经学”为旗帜，在“经学”的思维模式下寻求一种思想上的革新，反映了东汉学术思想的新变以及东汉中期文人思想的变化。

何俊在《论韩愈的道统观及宋儒对他的超越》（《孔子研究》2000 年第 2 期）一文中指出，韩愈提出的道统观，以及宋儒对此观念的消化与超越，是认识与分析宋以后中国思想演进的关键性起点。韩愈提出道统观，目的是斥佛袪邪，但手段是确立儒家之道。韩愈从整个生活方式，即广义的文化概念对儒家之道作出结构性分析，同时，又不使作为文化主体的人消失在结构中，力求个人与社会的贯通。由此，韩愈的道统观使原来所关注的抵制佛教的目的转到了如何解释固有的儒家之道，以及基于这种解释而自觉展开的儒家文化重建。宋儒在接受韩愈以后，分别从不同的方向对儒学作了推进。

寇养厚在《中唐新〈春秋〉学对柳宗元与永贞改革集团的影响》(《东岳论丛》2000 年第 2 期)一文中指出，中唐新《春秋》学是中国儒学从汉学向宋学转变过渡的关键环节，且在中唐时期产生过广泛的影响。中唐新《春秋》学及其代表人物陆贽的思想观点对柳宗元及永贞革新集团诸成员的影响尤大。柳宗元尊崇中唐新《春秋》学、尤其是陆贽的思想学说，因而不遗余力地指谪批判汉儒的章句之学；为维护唐代统一的中央集权体制，坚决否定周朝的分封制；受中唐新《春秋》学的影响，大力提倡辅时及物之道和经世致用之学。在中唐新《春秋》学思想学说的直接影响下，不仅柳宗元、陆贽积极参与了永新改革运动并成为这一运动的骨干，而且，永新改革集团的其他主要人物也都是受这一思想学说的影响而掀起永新改革运动的。

金周淳在《陶渊明诗文中的儒佛道思想》(《赣南师范学院学报》2000 年第 2 期)一文中指出，陶渊明生活在玄学、佛学盛行的时代，但其思想仍以儒学为本，同时也接受了老庄与佛教的影响，在其诗文中，可以体味到儒家的浩然正气与安贫乐道，道家的避世隐遁与生寄死归，佛家的无常空幻与无我忘物。他受儒教影响，具有严格的律己精神和浓厚的伦理观念，却又丝毫不受繁复的礼教束缚；他具有道家逍遥旷达的人生态度，但却不放荡不羁与傲慢无礼；他领悟到了佛对人生的无我解脱，却一点也不坠入空虚。他的这种独特的思想与生活态度融合了儒佛道三家思想的精华，形成了一种高尚而超脱的人生境界。

其他汉唐时期儒家人物的研究文章，还有杨嘉音的《贾谊——先秦士人的终结者》(《船山学刊》2000 年第 2 期)，徐湘霖的《“君子之辨，欲以明大道之中”：论徐干的“智行”中伦观》(《西南民族学院学报》2000 年第 1 期)，贾志的《浅谈李翱“复性说”对宋代理学形成的影响》(《贵州文史丛刊》2000 年第 3 期)等。

四、士风与教育研究

(一) 士风研究

学者们以研究汉代士风为主，对汉代士节、两汉之际的士风、汉末士风皆进行了新的探讨。陈建林在《略论汉代名士气节》(《孔子研究》2000 年第 5 期)一文中指出，仁义学是儒家学说的核心，汉代知识分子对仁义学说的勇敢实践蔚成名士气节。自此而后，名士气节被历代知识分子奉为圭臬，视为标的，成为华夏民族精神中的精华，激励了一代又一代知识分子为正义事业前赴后继，英勇斗争。王继训在《两汉之际士人与士风》(《齐鲁学刊》2000 年第 5 期)一文中指出，自汉武帝表彰六经、独尊儒术之后，朝廷设科射策，劝以官禄，而儒者阿意取容，崇尚利禄，士风因之大坏。汉末王莽改制失败，儒者借改制寄托理想的愿望落空，心灰意冷，于是纷纷隐遁，隐逸之风大盛。东汉中兴，偃武修文，儒者复出，士风又趋向利禄一途。高建立在《玄学思潮与魏晋士林风气》(《河北师范大学学报》2000 年第 3 期)一文中指出，魏晋时期是中国封建社会上升时期的一个十分特殊的大动荡、大转折时代。思想上，由于儒学的经学化和日益神学化而遭到士人的批评。玄学一方面主张“贵无论”，政治上表现为无为而治；另一方面又倡导“自然观”，主张“越名教而任自然”。这些思想主张一扫经学尘埃，为士大夫们开辟出一条玄思清朗的思想途径，从而使得传统士林风气发生了根本性转变。激情萌动的生命意识、称情任情的思想情感，坦荡豁达的行为方式，高标风流的人生理想，则是这一风气的重要表现。

(二) 教育研究

周永卫在《西汉教育的发展及其特点》(《唐都学刊》2000 年第 1 期)一文中指出，教育的繁荣是汉代成为盛世的重要原因。综观两汉的教育发展历程,可大体分为三个阶段:初步发展阶段(公元前206—前134年);繁荣阶段(公元前134—公元79年);衰落阶段(公元79—220年)。汉代教育发展有如下五个特点:封建政府的重视;崇儒好学,尊师重教风气;官学私学同步繁荣;女子教育发展迅猛;学术研究相对自由。仝晰纲在《道德教育与汉代乡治》(《学术论坛》2000年第5期)一文中指出,汉代思想家无不把乡里道德看做是治国之大务,当时乡里道德教育有乡官表率、乡里教育和彰表楷模三种途径。道德教育对造就淳厚民风和加强乡里统治起到了重要作用,并表现出明显的政治倾向。陈雁在《东汉魏晋时期颖汝、南阳地区的私学与游学》(《文史哲》2000年第1期)一文中指出,东汉魏晋时期,颖川、汝南、南阳地区的士人在经学研究和政治活动中崭露头角。东汉顺帝之前,三郡士人以私学教育和游学等学术活动为主,逐渐形成了一定的士人集团。至东汉后期,三郡的士人集团积极参与政治斗争,并成为社会的中坚,及至魏晋时期,仍然如此。三郡教育的发展和游学的兴盛促成了士人集团的形成以及士人走向政治舞台。

张瑞璠主编《中国教育史》(山东教育出版社)一书的第一卷、第二卷中分别专列"秦汉价值观的综合性发展与教育哲学思想的流变"和"魏晋玄学援道释儒以挽救名教危机"二章,叙述两汉至唐代的儒家教育哲学思想的变迁情况。

(刘厚琴)

宋元明清儒学研究

在本年度,学术界围绕宋明理学与佛学的关系、理学的总体特征、著名儒学家的思想特质进行了大量而深入的研究,并取得了大量的成果。

一、宋元明清儒学的整体性研究

宋元明清儒学的整体研究涉及的课题主要有:理学的实质、理学与韩愈思想的关系、理学与佛老的关系、理学与地方学术的关系,理学的分类和发展。

(一)理学与佛老的关系

张立文在《儒佛之辨与宋明理学》(《中国哲学史》2000年第2期)一文,通过对朱陆和湛王的儒佛之辨的考察,认为朱熹性理之学和象山心性之学皆系统汲取佛教心性之学及思辨方法。朱熹的太极(理)本论,在逻辑结构上得益于华严宗理事说和二程"天者理也"相融合,而建构为形上学本体天理(理)。以"一多相摄"、"月印万川"的"理一分殊"、"一分为二"分离规则为中介,构成一多关系网络,自上而下、自外而内地衍生推演。以阴阳二气的周流六虚、生生不息"安顿"天理,使形而上伦理价值本体"挂塔"于现实的人物之中,以呈现人人有一太极,事事有一太极。陆九渊说的"一切唯心",一切唯识所造,主张先立乎其大,发明本心,精义不二,得益于禅宗"何不从于自性顿现真如本性"。以道体不外吾心,吾心充塞宇宙,融摄佛教定慧二学,构成归一无二意境。以心知觉解,顿悟无形物体的"心即理"世界。以易简功夫,不立文字,随机发明本心,相承禅风。以艮背行庭、无我无物相融合,把佛教"诸法无我"和心性修养

理论提升为道德意境与诚明气象的圆融无碍境界。方立天在《儒、佛以心性论为中心的互动互补》(《中国哲学史》2000 年第 2 期)对儒学和佛学的心性论的关系进行了研究。作者认为，从儒、佛心性论互动的全过程看，其最基本的特色是鲜明的互动性，即双方的互相借鉴、吸收、融合和补充。向世陵在《见理见性与穷理尽性——传统儒学、佛学(华严禅)与理学》(《中国哲学史》2000 年第 2 期)一文中认为，理学是在佛学理论的刺激和熏陶中重新发掘先秦儒学的精髓而创立起来的。宋明理学的兴起，无疑是当时社会政治、经济、文化等诸方面条件综合作用的产物。但从理论来源上看，理学本体论的基本形态——道物论和性理论，都是在传统儒学的基础之上，经由对佛学(尤其是华严宗和禅宗)哲学的吸收改造而来的。周晋在《二程与佛学》(《中国哲学》第 21 辑《郭店竹简与儒学研究》，辽宁教育出版社 2000 年 1 月出版)一文中，认为二程思想中既有强烈批判佛教之部分，又有受到佛教影响之部分。二程所批判的，是佛教中具有出世色彩的思想及相关之修行方法与教礼制度，而对佛教思想中纯粹哲学方面，特别是中土佛教发明本心之心性之学，则于批判其思想本身之宗教背景与宗教内涵之同时，对其范畴概念、思维理路，有所吸取和借鉴，其中尤其对禅宗哲学，有较多的吸收。刘固盛在《论宋元老学中的儒道合流思想》(《华中师范大学学报》人文社科版 2000 年第 1 期)一文中指出，宋元时期，老学不断与儒学合流，思想界呈现出孔老同归、儒道交融的发展趋势。

(二) 理学与韩愈的关系

韩愈是我国封建社会中期一位重要的思想家，他的思想对于理学的形成产生了重大影响。杨立华在《论宋学禁欲取向的根源及其在思想史上的结果——从韩、李异同说起》(《中国哲学史》2000 年第 2 期)一文中认为，儒学复兴运动的核心是排斥佛老，在政俗两方面清除宗教迷狂与重塑儒家的身份认同，确立儒之为儒的根据。而这两点与“宋学群体”的兴起，是一个同步的历史过程。在这个历史过程中，韩愈、李翱以及北宋的新学、蜀学、洛学等都在寻求着对这一问题的最终解决。其中，由于洛学最能满足宋学的总体趋向，因此，最终成为一般思想界的普遍共识，被普遍接受为“真理”。何俊在《论韩愈的道统论及宋儒对他的超越》(《孔子研究》2000 年第 2 期)一文中认为，韩愈提出的道统论，以及宋儒对此观念的消化与超越，是认识与分析宋以后中国思想演进的关键性起点。韩愈提出道统论，目的是斥佛祛邪，但手段是确立儒家之道。宋儒在接受韩愈的思想之后，分别从不同的方向对儒学作了推进，一是从社会经济改造入手，一是从个体价值挺立入手。前者的代表是王安石、叶适，后者的代表是后来的正统理学。

(三) 理学与地方学术的关系

理学和地方学术的关系怎样？理学如何影响地方学术的发展？地方学术如何制约理学的发展？对此，粟品孝在《宋代理学名儒与四川易学》(《中华文化论坛》2000 年第 8 期)一文中认为，四川易学是蜀学的重要组成部分，同理学发展关系密切。宋代理学名家如周敦颐、邵雍、程颐、朱熹等人，在形成与发展自己的学术思想时，就曾吸收四川易学成果；同时，他们也通过各种方式，在四川传播易学，丰富了四川易学的内容，推动了四川易学的进步。陈国灿在《论宋代“浙学”与理学关系的演变》(《孔子研究》2000 年第 2 期)一文中系统地考察了两宋时期浙学与理学诸流派之间关系的发展和演变过程，分析了其不同时期所呈现出来的具体形态和特点。何俊在《王学、洛学之消长与南宋理学的开始》(《浙江社会科学》2000 年第 6 期)一文中认为，思想的理论意义与历史价值最终决定于自身的内容，但思想与现实的关系却决定着思想的沉浮。作者通过考察王学、洛学的消长与南宋理学发展的关系，力求展示理学演变的真相，凸显思想与现实环境的互动关系。

(四) 理学的人性论

理学人性论的内容是什么？彭永捷在《论理学人性论的两个方向——以朱子和象山为中心》(《东方论坛》2000 年第 4 期)一文中认为，朱熹与陆象山在与人性有关的许多问题上的看法极其相似。二者都主张性善论，二者都认为“性”来自于“天”，二者的人性论皆源于孟子的性善说。既然人性本善，为什么有的人作恶多端？对于这一问题，朱熹认为是由于人形成时禀气不同所致，陆象山则认为是由于人受物欲的蒙蔽所致。尽管二者对这一问题的回答有所不同，但二人都把“欲”作为“恶”的本质内容，这反映出理学中道学和心学两派在禁欲立场上的一致性。林乐昌在《张载对儒家人性论的重构》(《哲学研究》2000 年第 5 期)一文中认为，在张载哲学中，天道与人性之间具有双向作用。一方面，人性以天道本体为其终极依据；另一方面，天道是成性功夫的目标。经张载重构的人性理论，将道德价值的超越本体与人性的现实层面统一起来，大大拓展了对人性的解释空间，成为儒学史上人性理论的主流。张载的独特贡献在于，为儒家人性论提供了深层的天道依据，明确地以天人相贯通的视域阐释人性问题，从而使儒家的人性论更为深刻和完备。

(五) 理学的特点及类型

过去许多学者认为宋明理学空言性理，近乎虚妄。朱汉民在《理学之术的“实学”精神》(《湖南大学学报》哲社版 2000 年第 2 期)一文中认为，宋明理学是宋明时期主流的儒家学说，它是在新的历史条件下对儒家文化的复兴和发展，同样保持着儒学以“实”立“学”的传统，其抽象的、庞大的思想体系无不起源于社会现实，同时又回归于生活实践。宋明理学不仅复兴了儒道、儒学，也复兴了儒术。宋明理学之术主要是治术和心术，突出地反映出理学的“实学”特点。另外，肖永明在《北宋理学诸子的经世追求》(《湖湘论坛》2000 年第 2 期)一文中也对理学家的经世思想进行了研究。蔡德贵在《宋元明清儒家学派的类型》(《孔子研究》2000 年第 4 期)一文中指出，就宋元明清四朝而言，儒家思想仍然是封建社会的指导思想，但儒家内部的分野是相当明显的。从学术派别的归属上看，四朝的儒家学派大致可分为：独尊儒术型、儒道互补型、三教合一型、四教会通型。四朝儒家之所以有这么多的种类，是由于作为中国传统文化主流的儒家学派不断吸收外来文化以丰富自己所致。

(六) 金元理学

金元时期，在少数民族的统治下，理学的命运如何？魏崇武在《金代理学发展初探》(《历史研究》2000 年第 3 期)一文中一反金代无理学的传统看法，提出新的论断：金代理学在北宋理学的基础上有所发展，为元代理学的发展奠定了基础。常大群在《元初东平府学的兴盛及其原因》(《齐鲁学刊》2000 年第 6 期)一文中对元代初年东平府学的复兴和兴盛的过程以及原因进行了研究。

二、周敦颐、邵雍研究

(一) 周敦颐研究

对于程朱理学的奠基人周敦颐，林忠军在《周敦颐〈太极图〉易学发微》(《孔子研究》2000 年第 1 期)一文中进行了研究。作者首先揭示了《太极图》的易学含义，即阐发了《系辞》太极生八卦说，提出《太极图》属象数易中的象学。其次，在周敦颐《太极图》来源问题上，历来有改造道家修炼图而成和周敦颐自作两种意见。林文认为，就其图式而言，周氏的确是抄袭了道家的修炼图。而就宏观言之，他将道教修炼图置于儒家文化中，以恢复易学精神为旨归，变逆则成丹之法为顺则生人的图式，阐发了《系辞》“太极”生“两仪”、生“四象”、生“八卦”之大义，这又是他的创造和心得，也是他的《太极图》与道教修炼图的本质区别。作者认为，周敦颐成功地把道教的修炼图改造成儒家的图式，其意义不仅在于以新的形式说《易》，复兴了象数易学；而且注重义理之阐发，开一代之新风。徐洪兴在《周敦颐〈通书〉、〈太极图说〉关系考》(《中国哲学史》2000 年第 4 期)一文中认为，周敦颐首先在北宋理学家中尝试从本体论维度思考宇宙的本源问题，这是对中国本土哲学作的一个重大的推进。周敦颐的贡献就在于，他从《周易》阴阳哲学立论，汲取道教关于太极元气为世界万物生成演化的本源和动力的思想，肯定宇宙的本源为实有，试图为发源于先秦的儒家学说建立起一个新的、足以与当时外来思想文化佛教

相抗衡的宇宙论的理论框架结构，为重新确立中国传统文化的价值观奠定了基础。另外，周敦颐通过一番论述，把宇宙本体落实到心性论的层面，人与宇宙被贯通起来，从而儒家核心思想与天道的一致性得到了确定，使得儒家的心性论不仅与佛教的心性论，而且也与道家和道教的心性论区别开来。

（二）邵雍研究

王竟芬在《天人统一于一心——论邵雍儒道兼综的哲学境界》（《孔子研究》2000 年第 6 期）一文中认为，邵雍学究天人，建构易学思想体系，利用易之体用关系将儒道两家思想涵摄其中，在人性问题上也力图融合儒道两家，并提出观物思想将儒家的人学与道家的天学融为一体。在天人关系问题上，他找到一个联结天与人的可靠枢纽：心。天人统于一心，从而成功地把儒家的性命之学与道家的天道问题贯通起来，完成儒家的人学本体论与道家宇宙本体论的统一，形成自己独特的境界哲学。

三、张载研究

本年度的张载研究，涉及的问题主要有：张载研究的视角与方法，张载的实学思想，张载与易学的关系，张载的人性思想等。

（一）张载研究的方法问题

关于张载哲学历来就存在着不同的诠释。这种不同，表现于古代，就存在于程朱与二王（王廷相，王夫之）之间；表现于当代，则存在于大陆与港台之间。丁为祥在《张载研究的视角与方法》（《陕西师范大学学报》哲社版 2000 年第 2 期）一文中认为，从理学崛起的思潮背景与张载探索的问题意识出发，重新解读张载的造道视角，从而认为天人、体用以及本然与实然的双向统一是张载的理论建构原则，也是我们准确把握张载哲学的基本出发点。另外，赵吉惠在《张载关学与实学研究的新视角、新拓展》（《人文杂志》2000 年第 1 期）一文中就张载思想的研究方法也提出了自己的构想。

（二）张载的实学思想

张载的实学思想是本年度张载研究者较为关注的问题。向世陵在《张载气学的实学精神》（《河北学刊》2000 年第 2 期）一文中认为：张载气学——实学的应时而起，最根本的一点，就是站在了虚与实、抽象与具体的融合统一上。张载批判佛教的基本武器和他的理论的逻辑力量，就在于体（虚）用（实）的统一不二。张载实学不仅表现在论证气本体的实在性上，也表现在他对实事的关注中。他对佛教虚空论的批判，既有确立太虚——气本体论的理论的需要，又出于讲求实事实效以有补国计民生的实践所需。以是否亲身实践来判断其知识的实在性，是张载实学的一个显著特征。张载实学理论最大的特点，就是将体用的合一贯彻到底。宁新昌在《张载关学之实学意义》（《北京社会科学》2000 年第 4 期）一文中首先辨析了实学的本意，接着分析了张载关学的实学特征，最后对张载关学的实学性做出诠释。汤勤福在《太虚非气：张载“太虚”与“气”之关系新说》（《南开学报》2000 年第 3 期）一文中认为：太虚涵含气，但太虚本身不是气；太虚与气分属两个层次，太虚是最高层次的概念，而气则是次一层次的概念，气能化生万物；从太虚的内涵与特点来分析，太虚是万物的本原但不能直接化生万物，太虚无形又离不开气，太虚是实有并是永恒的存在。另外，张践在《张载的实学思想及其宗教观》（《江汉论坛》2000 年第 1 期）中就张载实学思想的特色提出了自己的看法。

（三）张载思想与易学之关系

关于张载与易学的关系，高建立、李之鉴在《张载〈易说〉简论》（《齐鲁学刊》2000 年第 1 期）一文中认为，张载所著《易说》，继承了《周易》的传统，将“太极”的观念视作他宇宙发生论的根本范畴，不仅丰富和发展了“太极”的观念，而且唯物主义地改造“太极”为“太虚”，使常道真正建立在物质的基础之上。同时，张载非常重视发展，认为客观世界的任何事物都是合乎规律地发生、发展、变化与衰亡。并以卦爻形式，形象地提供给人们一个具体因时、顺时、及时与俟时的根本方法，教人有原则地体一爻之用、体一卦之用，而不与时逆，亦不与世逆，对人生处世，有着重要的方法论意义。

（四）张载思想的特征

蔡德贵在《关学的独尊儒术特征》（《陕西师范大学学报》哲社版2000年第2期）一文中认为，以张载为代表的关学，既独尊儒术，又不囿于儒家成说，提出了“万物一源”论和“民胞物与”说，对儒家有所创新和发展。张载的学说，既有鲜明的理论特色，又有深厚的儒学底蕴。这种特点和风格的形成，既与关中地区传统长期影响有关，又是张载本人长期选择的结果。

四、王安石新学研究

肖永明在《荆公新学的两个发展阶段及其理论特点》（《湖南大学学报》哲社版2000年第1期）一文中对王安石新学进行了研究。作者认为，荆公新学可以分为早期与晚期两个理论特点非常鲜明的发展阶段。王安石早期的理论探索主要是围绕重振儒家纲常、挽救价值失落的主题进行；因而，早期新学以道德性命之学为主题。但是，随着时间的推移，宋初社会的各种危机更加深重，新的社会改革已经势在必行；所以，王安石的理论兴趣发生了转移，他主要围绕如何解除北宋政府所面临的现实危机进行理论探索，因而，后期新学的主题是重新解释和复兴儒学，为现实社会的改革提供理论指导与理论依据。漆侠在《王雱——一个早慧的才华四溢的思想家》（《中国史研究》2000年第4期）一文中认为，王安石之子王雱在宋代思想史的发展中占有重要地位，这主要表现在：王雱协助王安石训释《书》、《诗》和《周礼》，完成《三经新义》，同时王雱还致力于佛道两家思想的探索，在辩证法哲学等许多方面获得了不少新的见解。

五、朱熹研究

2000年朱子学研究涉及的课题主要有：朱熹的方法论、朱熹思想与佛道的关系，以及朱熹的生态伦理思想等。

（一）朱熹的方法论

朱熹的解经方法论是一个值得研究的问题。周光庆在《朱熹心理解释方法论》（《华中师范大学学报》哲社版2000年第2期）一文中指出，心理解释方法论的革新与创建，是朱熹重新解释儒家经典，发展中国传统哲学并使之进入一个新的境界的重要凭借。作者从学术渊源与期待视界、理论内涵与运作程序和解释效果的历史评价三个方面具体论述了这种心理解释方法论的内涵、性质与功用。作者还在另一篇论文（《朱熹〈四书〉解释方法论》，《孔子研究》2000年第6期）中认为，朱熹通过重新解释《四书》，不仅成功地阐发了新的本体论、心性论哲学，而且在一定程度上建构了南宋理宗以后六百年里中国社会的主导思想。而他所创立的《四书》解释方法论，不仅是他研究儒学的方法论，而且还是他认识世界、穷究“天地之理”的方法论。郭齐在《朱熹〈四书〉次序考论》（《四川大学学报》哲社版2000年第6期）一文中指出，朱熹晚年曾对《四书》（《大学》、《中庸》、《论语》、《孟子》）内部的先后次序做过两种不同性质的规定，充分反映了他的治学观点和“道统”思想。李申在《朱熹与周易本义》（《光明日报》2000年4月18日）一文中指出，易学，就是儒教学者不断对《周易》进行的释经之学。朱熹不满意于以往的易学，所以，他一改前人之说，去探求《周易》的本义。由于朱熹认为自己对《周易》的见解才是圣人的本义，因而，他把自己对《周易》经传的解释定名为《周易本义》。其实，朱熹所说的本义，未必就是本义。不过，朱熹的学术实践为我们树立了一个榜样：解《易》应该首先弄清《易》的本义。

（二）朱子学与佛道的关系

孔令宏在《朱熹思想对道教的影响》（《孔子研究》2000年第5期）一文中认为，道教与中医学有密切的内在联系。在道教产生以前，儒学的发展已经受到中医学的影响。这为儒学在道教产生以后接受道教的影响铺平了道路。朱熹对中医药和道教均有研究，其思想受二者影响，尤其受道教影响比较大。正因为朱熹思想与道教思想有相同相似之处，所以，他的人格和学识得到道教人士的推崇，其思想得到道教学者的高度评价，并广泛而深刻地影响了宋末之后道教思想的各个方面。朱熹思想吸收道教思想而又超越于其上并在宋末之后逐步成为官方意识形态，是后期道教逐步趋于衰落的原因之一。另外，郭齐在《道教对朱熹思想的深刻影响》(《中国道教》2000年第1期)一文中也对道教与朱熹思想的关系进行了探讨。龚颖在《林罗山和朱熹的排佛论比较》(《哲学研究》2000年第9期)一文中不仅对林罗山和朱熹二人排佛论的两大内容(对佛教学理的批判和对佛教的社会危害性的批判)的异同进行了研究，而且还分析了二者思想差异产生的原因。

此外，本年度朱子学研究涉及的其他课题还有：朱熹的生态伦理思想，朱熹的经济思想，以及程朱理学衰亡的原因。

六、陈白沙、湛若水研究

陈白沙(献章)是明代著名的思想家。方国根在《论陈白沙心学思想的理论意蕴和特色》(《孔子研究》2000年第2期)一文中认为，陈白沙心学思想的理论意蕴及特色可概括为：一、主张以“静坐”方式来涵养心体，体认“善端”，强调在心体上作工夫，明显具有将为学工夫心学化的倾向；二、为学宗旨是“以自然为宗”，表现出一种对于超越道德的精神的追求，与陆九渊心学相比，具有一种将道德伦理色彩淡化和消解的特点；三、“宇宙在我”，则是突显主体之心的知觉功能作用，以主体之“觉”来体验自我与宇宙的同一，从本体意义上克服和消解了朱陆从不同方向来膨胀“道”(理)与“心”的偏颇，兼容了朱陆对立的道学与心学。陈白沙心学思想的形成，标志着明代心学思潮的真正开始。

方国根在《湛若水心学思想的理论特色——兼论湛若水与陈白沙、王阳明心学的异同》(《哲学研究》2000年第10期)一文中认为，湛若水的“随处体认天理”说，不仅是对陈白沙“体认天理说”的开拓和深化，而且在一定程度上吸取和兼容了程朱道学与陆王心学对“格物”的理解，具有调和的学术倾向。“随处体认天理”既是湛若水心学思想的一个核心，又是他道德修养和为学的宗旨。另外，作者还对湛若水思想和王阳明思想的异同进行了论述。

七、王阳明心学研究

本年度的王阳明研究，涉及的内容主要有：心学的特征，王阳明的圣人观、良知说、王阳明对社会的影响、王阳明思想材料的新发现等。

(一) 王阳明的心物论

王阳明“心外无物”的观点，一向被认为是“主观唯心主义”的命题，近年已有研究者对此提出异议。何善蒙在《意义世界的非理性主义建构——浅论王阳明的“心外无物”》(《社会科学》2000年第5期)一文中对此作了进一步探讨，认为王阳明的“心外无物”乃是对意义世界的一种非理性主义的建构，而且，这种建构的最终目的是通过“知行合一”来指向道德实践本身的，这样，这个意义世界也就完满地被建构起来了。在王阳明那里，“物”不是指客观的存在物，不能被规定为自在之物，而是与人的意识紧密联系在一起的事，是与心相联系的行为，这种“物”实际上由客观存在物与人的意识共同构成的意义之“物”。就存在而言，它有别于本然意义上的存在，是一种为人的存在，对人显示某种现实意义的存在。因此，王阳明并没有否定客观事物的存在，也并没有以“心”去构造外物的本然存在，而所谓的“心外无物”，所强调的是“心”对外部客观世界的赋义的那么一种行为。

(二) 王阳明的圣人观

潜心修炼，超凡入圣，是中国传统文化的一个重要命题。方旭东在《为圣人祛魅——王阳明圣人阐释的“非神话化”特征》(《中国哲学史》2000年第9期)一文中认为，广义的圣人观包括三方面内容：1.何谓圣人？2.人能否成圣？3.如何成圣？在王阳明以前，中国古代学者一般比较关注后两个问题，并将之规约为：“内圣之境何以可能？”王阳明经过早年成圣实践的失败，开始反思“何谓圣人？”的问题。他将圣人本质规定为纯德性方面，剔除了宋儒(如朱熹)所尤为强调的智性因素。由此，他还对有关圣人观念做了澄清，这种努力的结果是，在中国圣人观的逻辑发展上完成了“为圣人祛魅”的重要一环。作者在另一篇论文《以良知为圣——心学视野中的圣人》(《孔子研究》2000年第2期)中对王阳明确立的心学圣人观做了分析批判，认为建立在良知基础上的心学圣人观，对于“成圣何以可能”提出了一种新的解决思路。从“心之良知是谓圣”的命题出发，推到“人胸中各有个圣人”以及“个个人心有仲尼”这样合乎逻辑的结论，王阳明使“圣人”成为一个内在的观念，从而也使它的通俗化变得可能。随后出现的“满街都是圣人”的说法又将这种通俗的趋势推向极端，反过来却构成对王阳明“致良知”说的否定。

(三) 王阳明的“良知说”

“致良知”是王阳明思想的重要内容。杨国荣在《本体与工夫：从王阳明到黄宗羲》(《浙江学刊》2000年第5期)一文中认为，在王阳明思想体系中，良知赋有本体的意义，致良知则表现为后天的工夫。本体作为普遍必然的理性原则，是先天的，但并不是超验的，惟有在后天的工夫展开过程中，先天的本体才能获得现实性的品格。但在黄宗羲看来，工夫的展开并不表现为先天本体的实现，本体即形成并体现于工夫过程，离开工夫别无本体。柴田笃在《王阳明思想中“言语”与“心”的内涵》(《浙江学刊》2000年第5期)一文中对作为王阳明思想核心的“良知”说以及“致良知”、“心即理”等言语的意义和思想内涵进行了探讨，对“良知”和“致良知”等概念给以新的定义。肖鹰在《王阳明的良知本体论》(《浙江学刊》2000年第5期)一文中集中阐释了王阳明的良知本体论的哲学观，认为王阳明以良知本体为内涵的心体观念的提出，实现了儒家道德主体的本体转向。

(四) 心学的影响

阳明心学的影响是一个值得探讨的问题。吴琦在《论晚明“异端”思想的社会化》(《华中师范大学学报》人文社科版2000年第4期)一文中认为，出自王学的以泰州学派及其后学为主干的晚明“异端”思想家，建构了一个反传统的思想体系。这个思想体系影响了晚明大众的价值观念、生活方式，乃至整个晚明社会。刘毓庆在《阳明“心学”与明代〈诗经〉研究》(《齐鲁学刊》2000年第5期)一文中认为，阳明心学对明代《诗经》学发展产生了积极影响。心学的影响不仅使明代涌现出大量的新《诗》著、新见解、新流派，而且促成了《诗经》学由经学向文学的转变。王路平在《论王阳明与贵州少数民族》(《孔子研究》2000年第6期)一文中对王阳明与贵州少数民族的关系进行了探讨。作者认为，王阳明谪居贵州三年，与少数民族友好往来，大力传播儒家文化，宣传心学思想，提高了贵州少数民族的文化素质，促进了民族的团结和进步，对贵州民族地区的文化学术和教育事业的发展产生了巨大的影响。

何俊在《论东林对阳明学的纠弹》(《浙江大学学报》人文社科版2000年第4期)一文中指出，晚明阳明学与禅学合流，学术思想与社会意识发生迷离与衰颓，致使学者们在思想上进行纠弹，其代表是东林党人。东林领袖顾宪成的学术渊源出之于阳明学，但他能洞察到王学的弊端，进而超越阳明之学。顾宪成的超越阳明学，在形式上，表现为复兴朱熹思想，但因他的思想是直面于现实的产物，故不宜以为只是简单地返归朱学。

(五) 有关王阳明的新资料

张立文在《王阳明思想资料的新发现》(《中国哲学史》2000年第3期)一文中指出，有关王阳明思想的资料遗失很多，但近年来发现关于王阳明思想的新资料值得重视，比如，王阳明所作《陈氏大成宗谱序》，对于研究王阳明的“良知”说很有参考价值。

八、吕楠、刘宗周、孙奇逢研究

(一) 吕楠研究

朱晓红在《吕楠与理学》(《西北大学学报》哲社版2000年第2期)一文中对明朝后期的思想家吕楠进行了研究。作者认为，吕桶秉承、改造张载思想，以“气本论”为基础，避开“性与天道”的玄妙、高远的探讨，重视客观的人事天理，为“理”找到外在的历史根据和内在的心性根据，打破“天理”凌驾一切的框架。又坚持“格物即穷理”的思想，提出认识论中的许多观点。吕楠大力提倡并身体力行理学的道德践履精神，力图挽救理学支离空疏的学风，体现出关学的鲜明特色。

（二）刘宗周研究

陈寒鸣在《刘宗周与晚明儒学》（《中华文化论坛》2000 年第 3 期）一文中对刘宗周与心学的关系、刘宗周与泰州学派的关系、刘宗周与东林党人的关系进行了研究。姚才刚在《论刘蕺山对王学的修正》（《武汉大学学报》人文社科版 2000 年第 6 期）一文中认为，刘宗周顺应当时对王学修正的潮流，对王学作了很多补偏救弊的工作，这主要表现在：刘宗周强化道德本体所具有的普遍性与客观性，注重践履工夫，扭转王阳明对“意”的理解，驳斥“致良知”及王门“四句教”。刘宗周对王学的修正既有一定的成效，又有一定的局限。傅小凡在《论刘宗周的自我观》（《厦门大学学报》哲社版 2000 年第 2 期）一文中认为，刘宗周对人的主体性的作用有独到见解。他认识到理是人的抽象思维的成果，理性思维可以超越有限达到无限，并主宰万物。但他将人的生命与人的精神直接同一，同时将“独体”作为人的意志主体，主张理智与意志相结合，以抑制主体感性存在的生命欲望，这使他的自我观表现出禁欲主义色彩。他的理想自我是做一个真正的人，然后完善自我，成圣成贤。他从本体论、价值论、认识论三个层次都得出超越生死的结论，并在现实生活中表现出自我观与内在人格的统一。王瑞昌在《论刘蕺山的无善无恶思想》（《孔子研究》2000 年第 6 期）一文中认为，在宋明儒学中，“无善无恶”之说有两义：一是对本体“知善”之诠释，一是指境界上的“虚而无执”。虽然刘宗周有不少言论批判“无善无恶”之说，但他本人却具有丰富的“无善无恶”思想。朱义禄在《论刘宗周的唯意志论》（《东方论坛》2000 年第 3 期）一文中首先论述了刘宗周的唯意志论与王阳明心学的异同，然后考察了其思想产生的社会背景，认为刘宗周不仅是一位自成体系的学者，而且是开创了一个学派的思想家。

（三）孙奇逢研究

孙聚友在《论孙奇逢的学术思想》（《齐鲁学刊》2000 年第 1 期）一文中认为，孙奇逢的思想具有两大特点：一、详加评析朱熹和王阳明及其后学的学术得失，形成宗本阳明心学兼采程朱之学说，强调治学不可拘于门户之见，而应归本孔子之道、圣人之理。二、既重视尽心知性、体认天理的心性修养，又强调躬行践履、经世致用的实用实行。孙奇逢的理学思想，力矫明末以来清谈空疏陋习，推动了清初崇实致用的学术发展。

九、顾炎武、李二曲、王夫之、黄宗羲研究

（一）顾炎武研究

蔡仲德在《从顾炎武说到王国维》（《浙江社会科学》2000 年第 1 期）认为，顾炎武所谓“天下兴亡，匹夫有责”，不是要人人挺身而出保卫国家民族，使之免于灭亡，而是要人人挺身而出保卫封建伦理纲常，使之免于沦丧。顾炎武的思想并没有越出儒家思想的藩篱，其中虽有仁政、爱民的一面，但其核心思想则是捍卫封建伦理纲常；顾炎武不是启蒙者，而是一个不折不扣的封建卫道士。魏长宝在《论顾炎武的经学思想》（《孔子研究》2000 年第 4 期）一文中认为，顾炎武倡导以经学实证理学，反对以臆说空衍义理。其经学会同古今，兼采汉宋。顾氏治经主张遵从经文，不废传注，稽古右文，平易说经，以还原儒家经典原貌，重构古代圣人本义。其治经之质，则强调通经致用。顾氏之经学，上矫宋明理学末流，下启清代朴学先路，对清代三百年的经学发展产生重大影响。林存阳在《顾炎武“明道救世”的礼学思想》（《中国社会科学院研究生院学报》2000 年第 3 期）一文中指出，顾炎武礼学

思想的形成，不仅开启一代研经治礼之风气，而且为后世学术路向奠定了基调。戚福康在《论顾炎武治学方法的儒家精神与哲学意蕴》(《社会科学战线》2000年第6期)一文中认为，顾炎武在漫长的学术生涯中形成了在博学中求多识，在多识中求独见，在学习中求创新，在实践中求验证，在治学中求致用，在博约中求结合的治学方法；而这一方法蕴藏着深厚的哲学内涵。周可真在《论顾炎武的"教化"思想》(《中国社会科学院研究生院学报》2000年第6期)一文中认为，顾炎武所提倡的"教化"有"名教"和"礼教"两种形式，但他更注重"名教"(这是一种顺应人心的教化方式)。顾氏的教化思想中虽然含有发展商品经济的内容，但其目的却不是为了提高民众生活水平，而是为了改善人伦关系。

(二) 李二曲研究

林乐昌在《李二曲的经世观念与讲学实践》(《中国哲学史》2000年第1期)一文中认为，李二曲经世观念的主要特点是：以"明体适用"为"经世实义"，坚持以体用关系作为其学理系统的基本构架，反对将经世学非本体化和完全实用化的价值趋向，并非常注重经世之实践。另外，作者还对李二曲经世观念的现代意义和讲学实践进行了探讨。谢扬举在《李二曲安身立命思想述评》(《中国哲学史》2000年第1期)一文中借鉴心理分析和心理史学派的若干方法，结合李二曲的生活经历、心理变迁，中国文化传统和中国文化人格等方面，考察了李二曲的安身立命思想。作者认为，安身立命问题是困扰李二曲一生的问题，阐扬安身立命思想是李二曲学说最具光辉的贡献。安身立命，即终极关怀，是最传统的，也是最有现代性与现实性的基础问题。李二曲的安身立命方法对现代人仍有借鉴意义。王昌伟在《李二曲调和朱子与陆王的方法》(《孔子研究》2000年第6期)一文中认为，尽管李二曲主观上想调和朱陆二者的学说，但由于朱子和陆王的思想存在本质的不同；因而，李二曲的努力是失败的，二曲学的内容是披着陆王学外衣的朱子学。朱康有在《李二曲心性实学发微》(《晋阳学刊》2000年第4期)一文中对李二曲的学术倾向进行了研究。

(三) 王夫之研究

李振纲在《17世纪中国哲学的空谷绝响——王船山哲学论要》(《河北大学学报》哲社版2000年第1期)一文中对明末清初思想家王夫之的本体论、辩证法、天人关系、理欲关系、人生论、历史论等问题进行了研究。吴怀祺在《王夫之的易学与史论》(《安徽大学学报》哲社版2000年第6期)一文中认为，王夫之把易学与史学紧密地联系在一起，以易学的通变观点，总结历史；王夫之的易学成就造就出他的史学特色。同时，王夫之重义理而不废象数，以史证易，以易理释史，又以史的眼光评析易学流变，从而为他的易学提供了历史的证明。只有把王夫之易学与史学作为一个整体把握，才能对王夫之学术有全面的认识。吴乃恭在《论王夫之"乾坤并建"的宇宙生成发展说》(《孔子研究》2000年第4期)一文中认为，王夫之提出的"乾坤并建"的宇宙生成发展学说，是对《易学》的根本改造。

(四) 黄宗羲研究

曹国庆在《王阳明与黄梨洲》(《江西社会科学》2000年第1期)指出，明清之际思想家黄宗羲，既是王(阳明)学的正宗传人，又对王学进行了修正，在阻止王学向禅宗、伪学深渊下滑之时，还汲取了朱子学说中的许多有益成分，进而将王学向自己诠释而又不违背其逻辑的方向发展。

十、戴震研究

郭全芝在《戴震与皖派经学》(《文史知识》2000年第6期)一文中认为，清代乾嘉学术以考据学为主流，又以考据学中的皖派经学影响最大。皖派经学强调从文字训诂着手通经明道。吴派治经注重实证，不空谈义理。但两派的差异也是很明显的：1.吴派尊古，皖派求真。2.吴派博而尊古，皖派博而精断。3.吴派为考据而考据，皖派考据为求义理。皖派从乾嘉直到清末,大师辈出。皖派严谨求实的学风,勇于怀疑敢于创新的精神在学术史上影响深远,该派建立的体系完善的训诂理论和方法对今日训诂学界仍有具体的指导意义。至于他们经过艰苦的考据工作疏通大量古籍更是功不可没,泽被后世。黄正泉在《中国古代人学思想的总结与终结——戴震人学思想研究》(《船山学刊》2000年第1期)中认为,戴震全面系统地批判总结了中国古代人学思想中的人类生命现象的形成与构成问题,天道、人道或人禽之辨的问题,人性的形成与构成问题,天理、人欲及义理之性与气质之性关系的问题,对宋明理学中人学思想的批判等等,这些问题是中国古代人学思想的核心内容。戴震的人学思想是中国古代人学思想的总结与终结。胡贤鑫在《"意见"与"理义"——戴震认识论中的两个重要问题》(《中国哲学史》2000年第4期)一文中认为,意见(多数人都同意的见解)和理义(一个人的见解或少数人的见解)是戴震认识论中两个很有意义的范畴。人的认识的目的是为了获得理义,但得到的却往往是意见。因此,正确分别理义和意见,分析意见得以形成的原因,对于获得理义、辨别理义十分必要。

(张祥明)

近现代儒学研究

近现代儒学处在中国社会由传统向现代的转化时期,外有西学的强烈冲击,内有社会的种种压力,它自身也面临着由传统形态向现代形态的转化。因此,近现代儒学一直是儒学研究界十分关注的研究课题。一年来学者们对近现代儒学进行了多角度、多方面的研究,研究的重点是儒学与近现代的关系,即传统与现代的关系,有关近现代儒学的研究成果对此几乎都有涉及。

一、近现代儒学的整体性研究

儒学是否为宗教,是近年来儒学研究中的热点之一。李申著《中国儒教史》(上海人民出版社上册1999年、下册2000年)上下两巨册,对儒教的历史作了说明。其中在下册的第十二章"清代后期风雨飘摇中的儒教"及第十三章"儒教余波与科学的胜利"中,分别描述了近代儒教面对西学挑战的种种反应及其终结命运。美国著名汉学家列文森著的《儒教中国及其现代命运》(郑大华、任菁译,中国社会科学出版社2000年5月)一书,是60年代问世的一部经典性汉学名著。书前有郑家栋的代译序,介绍了列文森及《儒教中国及其现代命运》的有关情况和基本内容,同时介绍了海外汉学界对此书的评价与争论。全书共分三卷,第一卷为"思想继承性问题",主要论说中国社会如果没有西方的入侵,是否能独立实现某种以科学理性为其内在精神的近代化转变,答案是否定的。第二卷为"君主制衰亡问题",主要论说近代以来儒学与君主制的终结。第三卷为"历史意义问题",以"博物馆"喻说儒学传统的死亡。此书涉及范围广阔、问题众多,焦点是传统与现代的关系问题。

在中国历史上,如何对待孔子及儒学,一直

存在着尊孔与反孔尖锐对立的两派，到近代，有关尊孔与反孔的论争更加激烈了。李洪岩在《近代的尊孔与反孔》(《文史知识》2000年第7期)一文中认为，近代的尊孔派主要有：清政府、北洋军阀、孔教会、国民党；反孔派则是：太平天国、晚清一些启蒙思想家、自由主义知识分子及大部分马克思主义学者。并以历史的线索说明了近代围绕尊孔与反孔展开的激烈论争。此外，李良玉的《一百六十年的中国思想界》(《长白学刊》2000年第1期)一文，也整体地研究了近现代儒家思想情况。

二、传统儒学的没落及其现代转化

传统儒学在近代，既有其内部生存活力的衰弱，又受到西方文化的强烈冲击，其衰落已经是必然的事了。张树武、王确在《儒家文化的历史处境》(《社会科学战线》2000年第1期)一文中讨论了儒学在近现代危机的根源，认为其危机来于三个方面，一是普遍王权的瓦解，动摇了儒学的正统地位，二是儒学重义理和人格、轻实力和成就等观念，三是伪儒学借儒学的招牌欺世盗名，坏了儒学的名声。董丛林在《传统"官学"在晚清的没落》(《河北学刊》2000年第1期)一文中认为，官学的基本特征是政学结合、学为政用，这种官学势必为官政的附庸，成为权杖的婢女。以宋学和汉学为官学的局面，至近代不可避免地趋向没落，在西学的冲击下，官学一统天下的局面已不可能。官学从"中本西末"到"中体西用"，逐步官政化并日趋没落。同时，官学内部的异化，不论是康有为以今文学为维新张本还是章太炎利用古文学为革命服务，都从不同的角度在经学内部生发异端，破坏着官学。景海峰在《清末经学的解体和儒学形态的现代转换》(《孔子研究》2000年第3期)一文中认为，当代的儒学话语是在清末经学解体以后，经过学科化知识形态的洗礼，用专业化的现代学术方式来进行表达的一种新学，它同传统的儒学在形态上已有根本的区别。此文从晚清的汉宋、今古文、经子三大争论的步步演进，来揭示出新学对经学的渐次攘夺和全面置换的学术史图景，说明了经学时代结束后儒学所面临的生存危机、转型的急迫性以及儒学多种存活可能性之探寻的复杂背景，进而指出了儒学形态向史学路向和观念史的模式发生现代转换的艰难历程。此外喻大华、王先明分别对张之洞在晚清儒学衰落中的作用进行了研究(参见人物部分张之洞的介绍)。

三、近代儒学重要观念研究

近代儒学由于面临严重的内部危机和西学的有力挑战，儒学的一些重要观念的内涵在近代就有了变化，如经世致用、中体西用、义利观等。其中"中体西用"是近代儒学面临新的世界形势所创造出的新观念。这些观念的变化既反映了近代社会的变迁，也体现了儒学自身的现代化历程。对此，学界给予了充分的关注和研究。

(一) 经世致用

经世致用是近代儒学的一大特色和重要理论，且对中国由传统向现代的转化产生了积极影响。周积明在《晚清经世实学对中国早期现代化的推动》(《天津社会科学》2000年第3期)一文中认为，在中国早期现代化的进程中，传统与现代化的关系错综复杂。一方面，传统中的陈旧因素严重阻碍着现代化的变迁，另一方面，传统中的若干成分对现代化发生直接支持或间接结合的作用。晚清经世实学便是传统文化积极作用于中国现代化的一个范例。正是立足于经世实学的基本立场，中国早期现代化的精英毅然走向变革和开放，从而揭开了中国早期现代化运动的帷幕。经世实学对中国早期现代化的积极作用：经世观念使近代文化精英为挽救国家民族危机走上自强的现代化道路；实事求是、注重实际的理念使文化精英从天朝心态中觉醒走向开放等等。王先明在《"经世学"与近代"新学"的发端》(《社会科学战线》2000年第4期)一文中认为，以儒家思想为中心的传统学术文化是一种典型的入世哲学，经世致用是其孜孜以求的人生理想。在传统中国旧学向新学的转变过程中，西学的渗透固然至关重要，但出现于道咸之际的"经世致用"学术文化思潮，却是传统学术嬗变更新的内在动因。陈双燕在《经世致用与中国近代外交观念的产生》(《学术月刊》2000 年第 1 期)一文中认为,在晚清中国近代外交观念产生的过程中,经世致用起了很大的作用,经世致用面向现实、讲求功利、注重实效的精神核心,使得先进的中国人在近代中国不断受侵凌的过程中寻求救国之方,从而渐渐地引进了西方近代外交观念。陶海洋的《经世理学与湘军集团的个性》(《益阳师专学报》2000 年第 1 期)研究了经世理学与湘军的关系。

(二) 中体西用

中体西用是传统儒学面对西学冲击而出现的新观念,朱宗震在《义和团运动与"中学为体"的终结》(《华东师范大学学报》2000 年第 3 期)一文中认为,戊戌维新时期传统的政治文化虽然受到了冲击,中体西用论也受到批判,但维新派的进步思想对下层人民的生活影响甚微,直到义和团运动前,中体西用仍是社会上盛行的主导思想。义和团运动一方面使传统的文化政治体制失去了权威,另一方面清廷利用义和团排外以失败告终,这既暴露了中国社会与西方的巨大差距,也标志着中体西用思想的终结。赵瑛在《清末陕西的中体西用思潮》(《唐都学刊》2000 年第 2 期)一文中,对清末陕西的中体西用思潮传播及其特点作了初步探讨,并分析了其影响及局限性,认为陕西的中体西用思潮与其他地区相比,既有共同点又有独特处,且与后来的陕西辛亥革命有密切联系。

(三) 义利观

传统儒学一直有重义轻利的倾向,但在近代,义利观却在新的形势下发生了变化,高瑞泉在《鱼和熊掌何以得兼——义利之辨与近代价值观变革》(《华东师范大学学报》2000 年第 5 期)一文中认为,在义利(理欲)之辨的领域中,近代中国价值观经历了一场变革,其变革轨迹是:经过对禁欲主义的批判和功利主义的高涨,中国思想家普遍相信可以以利益原则为基础,达到"义利合",后随功利主义弊病的暴露,德性论有所复归。李长莉在《晚清士风与义利观念的变动》(《河北学刊》2000 年第 1 期)一文中认为,19 世纪六七十年代后,由于士阶层膨胀和赤贫化,以及制度的腐败,士风日坏,同时对士人具有约束力的道德礼仪的舆论权威地位也大为下降。士人生存状态的恶化导致士人趋利之风盛行,士人为生存以治生为先,重利观念上升,这从根本上动摇了传统为士之道的价值基础。在洋务运动及其以后,士林中出现了求个人私利与国家富强相联系的新义利观,这对中国知识阶层的思想观念和行为方式影响深远。

四、近现代儒学与外来文化及佛教的关系

近代以来中西文化冲突十分激烈,为应对西学的挑战,儒学做出了中体西用的回应,那么西学视野下的中学如何?中西文化在冲突的同时是否也有融合?胡卫清在《中西人性论的冲突:近代来华传教士与孟子性善论》(《复旦学报》2000 年第 3 期)一文中认为,近代来华传教士以基督教教义为评判尺度,对儒学人性论尤其是孟子的性善论进行了广泛的讨论。他们认为,性善论主张人只能依靠自身进行道德完善,是一种典型的人文主义思想,这不仅排斥宗教信仰,而且容易导致对道德真理采取实用理性的态度。传教士们的批评固然是一种宗教偏见,却也展现了中西思想在此问题上的实质性歧异和冲突。至于士大夫们不回应传教士们的挑战,也颇令人回味。近代中西文化不仅有激烈的冲突,而且也有相互的渗透与交融,西方教会在中国各地开办了许多学校,固是出于传教目的,但均强调儒家经典教育,甚至将其置于西学之前。谭树林在《近代教会学校开设儒家经典原因初探》(《晋阳学刊》2000 年第 4 期)一文中认为,传教士此举既是基于儒家经典可以促进基督教传播的传统识见,又可藉此吸引中国学生就读,同时有利于教会学校毕业生参加科举考试博取功名,以提高教会学校的社会影响。教会学校开设儒家经典教育的文化策略,一方面减缓了士人对基督教的疑惧心理,另一方面有利其传播。这既促进了中西文化交流的进程,也对传统封建教育向近代教育的转变有重大意义。

儒佛关系千余年既有冲突也有交融,在近

代佛学兴盛，对儒学的现代转化影响至大。李广良在《近代儒佛关系史述略》(《学术月刊》2000 年第 2 期)一文中认为：儒佛之间在中国历史上多有交往，而近代中国社会天崩地裂般的剧烈震荡，则赋予了儒佛关系以新的特点。佛学与儒学的交涉、碰撞基本上不依靠政治权力，是由学者、思想家自由自主进行的。近代佛学在新的局势下，改变其出世倾向，成为经世佛学，近代佛学的主流是杨文会、欧阳竟无等所阐扬的人间佛教，并以佛摄儒。近代佛学的兴起对现代新儒家影响至大，梁漱溟、马浮、熊十力等深受佛学影响，自不待言，从冯友兰到牟宗三于佛学皆有精深造诣，他们在儒佛关系上是以佛释儒。近代儒佛之间的碰撞，虽仅发生于学术界，对社会没有发生大的影响，却是学人梳理近代学术不可忽视的问题。赖永海在《近现代"人生佛教"与儒家的"人本"哲学》(《江苏社会科学》2000 年第 3 期) 文中认为，人生佛教是近现代以来中国佛教的主流，其思想重点是一强调入世，一强调人生。其主要原因是深受儒家人本思想的影响，并与近现代新儒家思想的复兴息息相关。吴卫东《略论佛学思想对谭嗣同哲学思想的渗透》(《甘肃高师学报》2000 年第 1 期)则专论佛学思想对谭嗣同思想的影响。

五、五四时代的儒学及其贡献

五四新文化运动开启了中国文化的新命运，在以往人们多认为五四时代是激烈地批判儒学，并造成传统文化的断裂，近年来学界对此一认识有所反思，认为儒学在五四时代的文化转型中亦有所贡献。刘国华在《论传统儒学对五四时期先进知识分子接受马克思主义的影响》(《孔子研究》2000 年第 4 期)一文中认为，中国先进知识分子是在五四时代批判儒学，倡导民主和科学，并进而接受马克思主义，并从儒学修身的格物致知探求大本大源、济世救民的圣贤情怀、追求大同理想三个方面进行了论证。认为传统儒家人生哲学和社会理想是五四时期先进知识分子接受马克思主义的文化心理基础和认同机制。崔大华在《20 世纪中国儒学的贡献与进展》(《中州学刊》2000 年第 1 期)一文中认为，五四时代批判儒学，是民族觉醒的体现和标志，儒学作为没落的统治思想在民族觉醒进程中起了独特的作用，另一方面，儒学的伦理道德观念如对家庭、民族、国家的责任感、义务感铺垫了五四精神基础，孕育了五四爱国热情。儒学在为中华民族的觉醒和现代化进程提供精神动力的同时，也开始了自身的理论观念的现代转化，并在认同于民主和科学、儒学形上学的重建、儒学超越性的阐发等方面有空前的理论进展。

"反传统"已经构成解读五四的重要符号，无论是"全盘性反传统主义"论，还是对"反传统"做出细致分疏，都立足于中国传统在 20 世纪的失落。章清在《传统：由"知识资源"到"学术资源"——简析 20 世纪中国文化传统的失落及其成因》(《中国社会科学》2000 年第 4 期)一文中通过对《新青年》文本的分析，认为五四一代关于传统的立场，主要体现在不把传统作为政治制度合法性的知识资源，传统因此由"知识资源"向"学术资源"过渡。自五四至今，文化传统由各种经典向抽象化的象征符号过渡，意味着对传统文化的认知受到知识分子文化养成及历史境况的影响，传统也由此不断被重新界定。经典的学术资源化，表明传统作为知识资源的失落构成 20 世纪中国文化命运的实质写照。

虽然当前学界对五四时代的儒学所处的地位认识有所不同，但五四时代的激烈批孔与尊孔，总是现代儒学研究中所不能回避的问题，这也是当前有关现代儒学研究中的热点。邓文锋在《五四反传统中孔子的命运》(《河北学刊》2000 年第 1 期)一文中，对五四时代近代学人围绕着"尊孔"与"反孔"进行了描述，并认为，以康有为为首的文化保守派多出身于国学旧传统，始终坚持传统文化本位论，主张复兴孔教以振奋民族自信；而以陈独秀、胡适等代表的激进派更多地接受西方新观念，视孔子为两千年封建社会的罪魁祸首，坚决主张瓦解孔学，推陈出新，建设新国家。孔子作为封建社会文化的符号化象征，儒学又被独尊，五四时代批判孔教、打孔家店，实是挞伐封建专制政治意识。但五四人痛于传统积重难返，将学术上的孔子和政治上的孔子一起打倒，有简单化的倾向。

派三个发展阶段。

六、儒学与近代文化保守主义

儒学向以守成自居，在近现代的社会变革中，儒学的守成特点就表现得十分突出，文化保守主义几乎就成了儒学的代名词。人们出于习见总是把保守主义与落后、守旧相联系，近年来的讨论已经使人们的看法有所改变，但学人对近代文化保守思潮的认识、评价依然存有较大分歧。胡逢祥在《试论中国近代史上的文化保守主义》(《华东师范大学学报》2000 年第 1 期)一文中，分析了中国近现代史上存在两种不同性质的文化保守主义，认为 19 世纪末以前为封建文化保守主义居主流时期，他们拒斥外来文化，在文化、政治上固守一切传统和封建制度，以封建正统派、洋务运动时期的顽固派、辛亥革命后的封建遗老为代表；20 世纪后为近现代意义上文化保守主义形成发展时期，他们对传统虽有依恋却以理性的目光肯定近代化的趋向，从章太炎到五四后新儒家的文化保守主义为其代表。胡逢祥又著《社会变革与文化传统——中国近代文化保守主义思潮研究》(上海人民出版社 2000 年 9 月)一书，从整体上对近代文化保守主义作了较为全面的研究，全书共分六章，第一章为“绪论”，主要厘清了中国近代的两种文化保守主义，及文化保守思潮的流变，并讨论了保守与激进的关系；第二章为“传统的失落”，主要说明传统文化在千古未有之变局中的衰落；第三章为“近代文化保守主义的初兴”，主要讨论 20 世纪初年的国粹思潮；第四章为“东方文化，其将重振乎”，主要讨论了五四时代的文化回归思潮；第五章为“追求民族文化的永恒生命”，主要研究了现代新儒学的复兴思潮；第六章为余论。喻大华在《晚清文化保守思潮述论》(《天津社会科学》2000 年第 1 期)一文中认为，晚清的文化危机是以儒学危机为核心而展开的，由此促进了晚清文化保守思潮的形成，文化保守派与封建顽固派有根本的差异，文化保守派希望引进西学以维护中国文化的主体地位，而顽固派则维护中国文化的一统天下局面而彻底否定西学的价值。从 19 世纪 60 年代到清亡，文化保守思潮经过了体用派、孔教派、国粹派三个发展阶段。

七、近现代儒家人物研究

(一) 龚自珍研究

龚自珍是中国近代社会转型初期的重要人物，又是今文学的健者，他的思想脉搏与中国由传统向现代转型之际社会的新陈代谢息息相关，何晓明在《龚自珍论：亦“开风气”亦“为师”》(《湖北大学学报》(哲学社会科学版 2000 年第 6 期)一文中认为，在 19 世纪 40 年代，龚自珍以今文学派的《春秋公羊学》为武器，讥切时政，上书林则徐禁止鸦片；倡言改革，呼唤“山中之民”，这开启了对内变通更法的风气之先。同时他又开启了对外筹边御侮的风气之先，此后以“筹边”、御侮为主旨的边疆史地研究形成知识分子“经世”之学的一大热点。更具有学术和政治双重意义的是，他开启了知识分子依据本国传统文化研讨现实问题，喜以经术作政论的风气之先。虽然从他的诗文中找不到现代化字眼，但从其诗文中却明显地感觉到时代的新气息、新精神。此外，《江淮论坛》2000 年第 5 期李城希的《鲁迅与龚自珍情感历程比较》一文，探索了龚自珍的情感变化。

(二) 曾国藩研究

梁景和在《论曾国藩的家教术》(《孔子研究》2000 年第 2 期)一文中认为，曾国藩作为晚清一代大儒重臣，他终身注重家庭教育，他教育子弟的重点在修心、修身、修行上，格外强调“耕”和“读”作为修身养性的意义，也特别重视“三修”的首要条件，即志、恒、勤、劳在修身养性中的作用。他希望磨炼子弟以成贤人，从而使家道长久。曾国藩带有浓厚封建宗法意识的家教思想在今天已不完全适用，但其表现出的优良民族文化传统仍有强大的生命力，对今人仍有借鉴意义。孙理兴《曾国藩治家伦理思想探析》(《齐鲁学刊》2000 年第 2 期)，戴素芳《曾国藩家训伦理思想探略》(《湘潭师范学院学报》2000 年第 4 期)，也分别对曾国藩的治家伦理思想进行了研究。杨建祥在《曾国藩读〈易〉风格》

(《周易研究》2000 年第 3 期)一文中认为,曾国藩的易学精蕴,尤其以他读《易》风格显著,它贯融于读《易》致思和读《易》致用之中。曾的读《易》风格体现在以下八个方面,以读《易》为正业,朗诵《周易》得义生情,读幕僚《易》作品,与幕僚切磋探《易》,切己读《易》有点评,读《易》把握有心经,读《易》有感悟人生、人文境界之美,占卦。由此体现出曾国藩其人及其思想与《易》甚有渊源。韩立君在《简评曾国藩经世致用思想》(《辽宁师范大学学报》2000 年第 1 期)一文中认为,曾氏的经世致用思想内容极为丰富,也充满着矛盾,从积极方面看,他的经世致用思想代表了晚清学术发展的走向,在当时和其后都产生了影响,为晚清洋务运动提供了思想基础和理论准备,丰富了儒家修齐治平的内容,充实了内圣外王的内涵;从消极方面看,他经世的对象是没落的清王朝,以理学作为修齐治平的理论基础,在洋务运动中对洋人的斗争不坚决,因此曾国藩经世思想中存在的阶级、历史、文化先天的局限性,就决定了他的经世实践难以达到他的初衷。此外,黄素敏的《洪秀全的文化取向与太平天国的败亡——兼谈曾国藩的文化优势》(《社会科学》2000 年第 10 期)、郭江娟的《曾国藩人格诠释》(《洛阳师专学报》2000 年第 1 期)、马啸的《试论曾国藩的转移社会风气之道》(《贵州大学学报》2000 年第 2 期)等对曾国藩进行了不同角度的研究。

(三)张之洞研究

张之洞在晚清新旧学更替的历史进程中扮演着重要的角色。喻大华在《张之洞在晚清儒学没落进程中的卫道活动》(《南开学报》2000 年第 1 期)一文中认为,张之洞是晚清文化转型时的关键性人物,其一生以“儒臣”自诩,以卫道自任,为挽救儒学的衰亡做了不懈的努力。然而其举措恰恰加速了传统儒学的没落,如《劝学篇》独特的卫道思想实际上宣告了晚清儒学复兴活动的失败。他将保国视为卫道的前提,为此而大规模地兴办新学堂,结果客观上造成了对儒学独尊地位的极大冲击。由他主持的废除科举制度的改革则拆去了儒学的社会基础,给儒学以致命一击。他晚年对此有所反省,并力图补救,但为时已晚。儒学的没落卫道活动的失败对中国社会、文化来说未尝不是件幸事,但对张之洞来说则是一场悲剧。王先明在《张之洞与晚清“新学”》(《社会科学研究》2000 年第 4 期)一文中认为,张之洞在任湖广总督时于两湖地区建造了成体系的新学规模;在戊戌时期的新旧之争中对康梁“新学”颇多攻击;他反对旧学之无用,却在新学体制形成后力图保存旧学,弘扬国粹,成为晚清学术文化新旧形态的历史演变过程中的关键人物。无论在戊戌前后“新学制”的创立时期,还是在 20 世纪初年侧重中学为体的时期,他都把西学的引入作为创建新学制的基本内容,同时力主废除以科举为核心的旧学体制。张之洞对于新学的原则始终未变,他在“新学制”的创设和推行过程中的作用不容低估。秦进才的《〈张之洞家书〉辨伪》(《历史研究》2000 年第 2 期)对传世的《张之洞家书》进行了考辨。刘平的《张之洞传》(兰州大学出版社 2000 年 1 月)对其生平事迹、思想、学术提供了一个有益的读本。

(四)廖平研究

廖平是晚清著名的今文经学家,其学说曾经对康有为今文经学思想的形成起了重要作用。其今文经学六变,曾经受到古文经学大师章太炎“绝恢怪者”的讥评,更受到列文森“一事无成”、“平庸的一生”的谴责。后人也多以廖平六变是越变越荒诞。刘小枫在《六译圣人赞》中认为,廖平精通乾嘉功夫,是读宋五子书长大的,他从六经中追寻微言大义,而微言大义不是训诂、名物考辨所能得到的,“知圣”才是通六经的真正起点;廖平以传统经学就是哲学,反对“六经皆史”论,六艺是旧史,六经是新作;孔子删定六经,廖平紧步圣人之后翻译六经,一生学术目的在于光大中国哲学智慧。其经学六变,只有二变(彰素王说)和四变(分天人之学)最为重要,目的在于不懈地知圣,六变不过是这一知圣途中的六进。论者多以为廖平经学分天学与人学是经学的终结,这是无稽之谈;廖平分天人之学是重新确立经学尺度和品味的思的开启。(《读书》2000 年第 11 期)。此外,马增强的《廖平与晚清今文经学》对廖平与晚清今文经学的关系也进行了有益的探讨(《华夏文化》2000 年第 2 期)。

（五）康有为研究

康有为是今文经学阵营中的著名学者，也是维新变法运动的主要人物，围绕维新变法与今文经学，就成为康有为研究的重点。汤志钧在《再论康有为与今文经学》（《历史研究》2000年第6期）一文中认为，社会进化思想是戊戌维新中康有为变法理论的重要组成部分，体现康有为这一思想的"大同三世"说形成于西方达尔文主义思想输入中国之前，确切地说是在严复翻译的《天演论》正式出版之前，也就是说，康有为的社会进化思想不是导源于西方进化论，而是来自儒家今文经学；康有为受到西方进化论的影响是在戊戌政变以后，这主要反映在他所著的《大同书》中。陈江在《康有为维新变法思想的早期文本》（《学术月刊》2000年第7期）一文中认为，其早年的书法理论专著《广艺舟双楫》反映了康有为的思想文化观念，可视为其维新变法思想的早期文本。刘学照在《康有为的孔子观与今文经学的终结》（《江苏社会科学》2000年第2期）一文中认为，康有为的孔子观是他经学思想的核心与维新变法论的重要依据，其基本内核和哲理性层面是"素王—教主"论；要重新给孔子和儒学以政治性和宗教性定位；其功能性层面是意志主义、宗教主义和现代主义三大思想支柱。康有为依据《公羊》微言大义中的唯意志论思想考认孔子改制托古所具有的革新境遇，以神秘性说孔子，主张将孔教复原为基督化的儒家，并以进化论、民权说等西方思想附孔、托孔以推行现代主义。康有为光大了今文经学的孔子观并使其异化，既是今文经学的丰碑，又是今文经学乃至整个经学的终结。崔波、尚新丽的《论康有为〈大同书〉的社会构想》（《南都学坛》哲学社会科学版2000年第1期）一文分析了康有为的大同思想，认为康的大同思想是吸收了古今中外各种先进思想的养分，揉入了他的政治构想，描绘了人类社会未来发展的美好前景；《大同书》中的社会构想是资产阶级维新派从事改革、推动社会进步的最高政治纲领，对维新运动的发展起了积极的作用。汤志钧的《康有为〈上清帝第一书〉新探》（《学术月刊》2000年第7期）一文对康《上清帝第一书》的内容、背景、意义等进行了探讨。

（六）梁启超研究

梁启超是中国学术从传统走向现代的关键人物，通过梳理其学术变化，可以反映出传统学术与现代学术之间的血脉相通关系。周国栋在《论梁启超向清学正统派的复归》（《文史哲》2000年第4期）一文中认为，梁启超早年就接受了清学正统派即朴学的严格教育和训练，在经学上已是一位卓荦之士；虽然他一度信奉、鼓吹康有为的政论式今文经说，但由于治学路向的差异，东渡日本后就渐渐逸出今文经学，表露出一种向清学正统派复归的倾向，辛亥革命后，彻底走出今文学；自欧游返国后到他去世八年多，梁启超不再以思想家而以学问家的面目出现，这一时期他的研究范围和研究方法都明显地表现出清学正统派的特征。作者认为向清学正统派的回归是20世纪初年的一个普遍文化现象，从梁启超到王国维到胡适，都是以回归清学正统派的姿态建设现代学术的，这种回归不只是学术内容上的，更是精神上的回归。康有为和梁启超是近代两个著名的人物，他们师徒二人的前后关系，不仅体现出近代中国社会巨变中的紧张，也体现出他们在学术上不同。陈鹏鸣在《梁启超对康有为的师从与叛逆》（《河北学刊》2000年第6期）一文中，论说了梁启超与康有为两人之间关系的变化。认为在戊戌变法前，梁的学术思想深受康的影响，仅在一些小问题上有分歧。变法失败后，梁在日本学习西方文化，思想进步超过老师，开始有意摆脱先生的束缚，并在对革命的看法上产生根本分歧。辛亥革命后二人的矛盾愈演愈烈，在护国战争中尤其是丁巳复辟中，达到高潮，二人关系完全恶化，后经友人调解，矛盾虽有缓解，但在帝制与共和的看法上，依然存在根本的分歧。

（七）谭嗣同研究

谭嗣同在中国近代思想史上有一层革命的光环，但其革命性并不是一开始就具备。颜德如在《论谭嗣同思想的内在逻辑》（《河北学刊》2000年第5期）一文中，对其思想发展的前后逻辑脉络进行了研究，认为谭氏借用儒家思想的中心概念仁来建立自己的思想体系，以"相偶之义"为仁的基本意义来接通孔孟思想的微言大义,从而确立其思想的正统性。他不耽于名实之辨,以实用的倾向来调和孔子的经世意识,他对仁的改铸在于突破了仁的精神狭隘性与道德形上性,以传统的体用模式来统摄仁,以与儒家的内圣外王之道相贯通;谭嗣同对圣人之道的关注体现出其思想的变化轨迹,他最初从天道与人道的关系考察圣人之道,后来(《仁学》后)则甩开天道的束缚,直接表明自己复圣人之道的宏愿。现实的紧张迫使他不停地调适自己的思想,从而走上学术救国的道路,再也不能在学术探求的天地中安分了。肖娜、蒋九愚的《谭嗣同以太学说析评》(《广东社会科学》2000 年第 2 期)分析了谭的以太学说,认为谭将以太提升到世界观、价值观的层面加以认识,作为他建构新仁学思想体系的基础,并将科学观念哲学化、科学价值普遍化,表现出泛科学主义的倾向;以太浓缩式地反映了谭嗣同对近代科学的信仰与追求,他从以太出发,阐发其反对封建主义的日新说和人性论,体现出一种近代科学理性主义的倾向。李喜所的《百年谭嗣同研究的回顾与展望》(《广东社会科学》2000 年第 1 期)对百年来谭嗣同研究作了初步的回顾,认为百年来尤其是近 20 年来,大陆的谭嗣同研究成果斐然,达到了很高的水平,今后若要在前人的研究基础上有所突破,必须开拓新领域,寻求新视角。

(八)章太炎研究

章太炎是近现代儒学中的著名人物,一般被认为是从革命到晚年封建复古的代表。张昭君在《论章太炎的儒家道德观》(《学术月刊》2000 年第 11 期)一文中分析了章太炎对儒家道德的态度,认为在辛亥革命前,他主要侧重于对儒家道德阴暗面的揭露和批判,如反对愚忠、反对腐儒的仁爱说教、批判儒家的以富贵利禄为心,同时他也继承并发扬了一些儒家道德的精华。他继承的儒家道德是经过资产阶级思想改造后的儒家新道德。在辛亥革命后,章太炎则侧重于对儒家道德积极因素的继承和发扬,这既是对现代性观念反思后的选择,也不同于道学家们的道德观。他提倡儒家道德虽是对新文化运动的反动,但不能一概否定。王天根《试论章太炎伦理思想的矛盾性》(《广西师范大学学报》2000 年第 1 期)认为,章太炎的伦理思想是在中西伦理思想交流碰撞的近代社会大背景中形成的,其矛盾性表现为三个方面:革命与守成、前进与倒退、求实与虚幻。为解决中国近代伦理问题,资本主义伦理与封建道德精神在章太炎思想中形成了两重相互对立、对话的声音,这种对立对 20 世纪的中国思想界学术界有重要影响。杨国安在《惊世之论有为之言——章太炎《訄书》论学术史部分评析》(《河南大学学报》2000 年第 6 期)一文中认为,章太炎论学注重学术对于社会历史的实际意义,他的许多看法都与当时今文经学与古文经学之间、尊清保皇与排满革命之间的激烈争论有关,具有强烈的时代政治色彩。过重的门户之见和时代政治因素有时也不免影响到他学术史评论的客观公正性。王玉华在《章太炎历史观析论》(《安徽史学》2000 年第 4 期)一文中分析了章太炎的历史观,认为章的历史观经历了从价值的绝对主义走向价值的相对主义的心路历程;在前期,章氏主要根据他所掌握的西方近代自然、社会科学知识来透视人类社会历史的演化,主要是通过对历史事实的陈述来展现他的历史观的,使其历史观充满了浓厚的实证色彩。1906 年发表的《俱分进化论》标志着章氏历史观进入后期,他提出人类社会历史的演化是"双方并进"的观点,矛盾及其对立面俱演,从道德角度说是善恶俱进,从生计角度说是苦乐并进,这使其后期的历史观充满思辩色彩。文章还分析了章氏历史观变化的原因。张昭君的《章太炎的〈春秋〉、〈左传〉研究》(《史学史研究》2000 年第 1 期)一文对章太炎经学研究中最具代表性的《春秋》、《左传》研究进行了论述,认为章氏对《春秋》、《左传》的研究基本上以论述它们之间的关系为出发点,以批驳公羊学派的《左传》作伪说。从史学角度论证《春秋》为经史一体,并认为《春秋》、《左传》笔法、体例、行文各不同。

(九)严复研究

近现代之际,中国学术文化界一大批领时代风潮的人物纷纷由激烈批判传统文化,最终转而拥护传统文化,王国维、严复、章太炎等都是此一事例的典型代表,学界对此一现象一直给予深切关注。甄建均在《严复晚年思想的变迁及其归宿》(《学术研究》2000 年第 8 期)一文中认为，严复早年对中学所短的深刻批判，代表着民族精神与近现代文化相较时所做的反省和反思，对西学的译介推动了中国传统文化向近现代的转化；他对科学工具异化的警惕，使其思想的重心开始转向制约并改善这种异化现象的人心关切，转向对去恶求善的道德的期望。晚年的严复对传统中学的中枢儒家教化的持守，对孔孟真精神一再抉发，孕育了中国近现代文化思潮发展中的新文化运动和新儒家思想两大派别。张锡勤在《严复历史观散论》(《求是学刊》2000 年第 1 期)一文中认为，在近代中国，严复最早批判否定了"天不变道亦不变"的不变论，他虽然看到社会进化过程中善恶苦乐并进的现象，却并未由此陷入悲观，走向虚无；他始终否定英雄史观，并对英雄人物的历史作用作了比较科学的说明，对刚传入中国的地理环境决定论也作了比较正确的分析评价；他的渐进论虽有抵制革命的一面，但对反对速成论和重视人的近代化曾经产生了积极影响。张平海、李爱峰《严复政治思想转变的原因探析》(《河南师范大学学报》2000 年第 1 期)则分析了严复政治思想转变的原因。范启龙的《戊戌变法时期的严复》(《福建师范大学学报》哲学社会科学版 2000 年第 3 期)则对戊戌变法时期的严复思想进行了分析。

八、今古文经学之争

晚清今文经学兴盛，其中主要代表人物是廖平和康有为，有关今文经学的研究情况在人物研究部分中已作了介绍。晚清经学今古文之间论争激烈，对于孔子之后的孟学与荀学，在历史上就存在着争议，在近代尤其是戊戌时代，对孟、荀的态度在经学今古文之间存有截然不同的态度。陈曼娜在《清末今古文论争中的孟荀之争》(《孔孟月刊》第 39 卷第 9 期)一文中认为，发生于戊戌时期的孟荀之争，与当时的民族危机和维新思潮是因缘共生的，"绌荀申孟"论者多是维新派中人，如康有为、梁启超、夏曾佑、谭嗣同。他们肯定孟学的民本思想借以提倡近代的民主主义，否定荀子的帝王学说和纲常伦理观念，借以批判封建君主专制制度。出于经学今古文两派的对立，以章太炎为首的古文学者，包括宋恕、孙诒让等则"尊荀抑孟"。这场论争由于学派的门户之见，冲淡了对孟荀两学本身学理内容的探索。时过境迁，两派均承认孟荀同为儒家大师，对各自偏激的认识有所纠正。

九、儒学对现代中国文化的影响

儒学对中国现代文化影响深远，晚清儒学尤其是今文经学对中国现代学术影响颇大。赵利栋在《胡适与康有为：学术联系的一个初步探讨》(《学术研究》2000 年第 1 期)一文中认为：胡适的《中国哲学史大纲》中的一些基本观点来自康有为的《新学伪经考》和《孔子改制考》。在学术取向上，民国初年由经古文学转向经今文学，胡适的《大纲》、顾颉刚古史辨都与康有为有千丝万缕的联系，可以看做是晚清今文学的继续与终结。在治学方法上，胡适的"历史的方法"、"大胆的假设，小心的求证"实际上也受到康有为治经方法的很大影响。

胡适是现代中国开风气之先的著名学者，他既不是传统的儒者，也不是现代新儒家中的人物，但是，他的儒学研究对儒学的现代转化有一定影响。因此，对胡适的儒学研究，也成为现代学人研究的对象，如宋志明的《胡适的儒学观》(《天中学刊》2000 年第 1 期)，宝成关、颜德如的《胡适对儒学的现代阐释及其价值》(《江苏社会科学》2000 年第 1 期)等。

还有学者对儒学与中国现代文化的关系进行了研究，如罗成琰、阎真《儒家文化与 20 世纪中国文学》(《文学评论》2000 年第 1 期)，王确《儒文化与中国现代文学的精神方向》(《东北师范大学学报》2000 年第 1 期)，张树武、王确《儒家传统与赵树理的民众观》(《长春师范学院学报》2000 年第 1 期)等。

(张颂之)

儒学与现代化研究

儒学与现代化的关系问题一直是备受学术界关注的热门话题之一。20 世纪 60 年代以来,学术界对这一问题的研究大致形成了三种观点,有些学者认为儒学与现代化是根本冲突的,提出“儒学是实现现代化的阻力”,主张彻底反儒;也有学者提出“儒学复兴论”,并以东亚国家经济腾飞为例,论证儒学足以开出现代文明之花;更多的学者则坚持“批判继承说”,肯定儒学经过自身的现代转换是能够促进现代化文明进程的。1997 年亚洲金融危机爆发以后,儒学与现代化的关系问题又一次引发了学界的讨论热潮。在世纪之交全球多元文化并存共荣的大背景下,2000 年学者们对儒学与现代化的关系问题继续展开广泛而热烈的讨论。4 月,香港国际儒商联合会、国际儒学联合会、中华孔子学会、湖南省社科联等单位联合举办了“儒商精神与 21 世纪中国及东南亚经济的发展”国际学术讨论会。6 月,由国际儒学联合会主编的《纪念孔子诞辰 2550 周年国际学术讨论会论文集》(国际文化出版公司)出版,这是去年在北京召开的国际学术讨论会的成果汇编。8 月,中国孔子基金会、山东省历史学会等单位共同召开了“传统文化与现代企业管理”学术研讨会。

总起来看,多年的辩驳与争论使大多数学者逐渐达成一个共识,即儒学与现代化并非不兼容,儒学适应现代化的方面将继续发挥其积极作用。关键的问题在于,儒学如何实现自身的现代转换以服务于现代化建设,儒学究竟在那些方面能够促进现代化的文明进程。关于这些问题,2000 年的儒学与现代化研究在探讨重点、理论方法上均有所突破,较之以往更为深入,取得了新的进展和成果。讨论的热点主要集中在:儒学与现代经济发展的关系、儒学与道德文明建设的关系、儒学与现代政治、儒学与文化建设、儒学与可持续发展等几个方面。

一、儒学与现代经济发展问题研究

(一)儒家伦理与市场经济的关系

儒家伦理与现代经济关系如何,是儒家学说能否向现代转型的难点之一。唐凯麟、罗能生《冲突、契合、互补优化——论儒家伦理与现代市场经济》(《孔子研究》2000 年第 2 期)一文认为,儒家伦理与市场经济的关系是双重的。一方面,二者由于异质相互冲突,这在价值观念、精神倾向、理性方式、约束机制上都是如此。另一方面,二者又存在着一些同构契合的因素。儒家的互动交往思想、规范有序意识、自强自律精神、诚信为本原则等,可以融于市场法则之中,对市场经济的发展发挥积极作用;同时,儒家伦理还可以在一定条件下与市场价值形成一种异质互补关系,这对于促进市场经济以至整个社会运行机制的完善和发展同样不可忽视。夏振坤、张艳国《儒家经济伦理与中国的现代化》(《学术月刊》2000 年第 10 期)一文指出,对于儒家经济伦理所发生的现实作用,不能笼统地、简单地定性为推动或阻碍,而应贯注“历史与现实”的辩证方法,历史是现实的前提和基础,现实是对历史的扬弃与发展。因此,儒家经济伦理可以对现代化产生动力,但要通过“转化”。刘增合《儒教经济伦理观念“差序格局”界论》(《孔子研究》2000 年第 2 期)一文,将经济伦理问题放置在近代社会转型之前的儒教社会环境中进行分析，着力揭示其最基本的格局形态——梯级差序性排列方式和对社会经济强劲的调控特征；基于中世纪时期儒教人文观念对东亚等周边地区的深远影响，该文又采用文化人类学的某些分析范式，专门就日本早期文明中的儒教化特征进行了个案性研究，进一步阐释了传统的经济伦理差序格局在儒教文化区域中的扩散性和渗透力。唐昌黎在《知识经济与儒家文化》（《齐鲁学刊》2000 年第 6 期）一文指出，知识经济是继农业经济、工业经济之后的一种新经济形态，是生产力发展的一个新阶段。儒家文化作为知识文化，适合农业社会，不适合工业社会，但特别适合知识社会。在从农业社会向工业社会转变时，儒家文化曾衰落了一个时期，而当工业社会向知识社会转变时，儒家文化则会再度复兴。儒家文化的复兴反过来又推动知识经济的发展。

关于儒学在东亚现代化中的作用，特别是儒学与亚洲金融危机的关系，学术界也作了深入探讨。姜林祥、唐明贵《儒学与亚洲金融危机》（《纪念孔子诞辰 2550 周年国际学术讨论会论文集》，国际文化出版公司 2000 年 6 月出版）一文认为，儒学传统价值在东亚经济起飞中的重要作用不容抹杀，同样，在亚洲金融危机中的负面影响也不容忽视。“东亚奇迹”的背后确实存在着一个“亚洲价值观”。刘照蓉、邓华新在《东亚伦理精神与社会现代化研究》（《兰州学刊》2000 年第 4 期）一文中指出，东亚伦理精神发源于中华儒家文明且始终以之为主流，东亚现代企业管理模式及其经济的高速增长，并迅速向现代化迈进，表明儒家文化可以提供一种新的方法，赋予现代化一种新的内涵。儒家的生命力不仅属于中国、东亚，也是属于世界的。但也有学者表示不同意见，陆玉林在《东亚金融危机之后反思“儒教假说”》（《中国青年政治学院学报》2000 年第 4 期）中指出，那些认为以儒家为代表的文化传统对东亚的经济发展及现代化起到推动作用的“儒教假说”，是典型的文化论派。这种视儒家伦理为东亚现代化的价值观基础，认为东亚有自己的实现现代化的方式，在貌似符合逻辑又有事实支撑的论断中，实质上将不同性质的问题混淆了，将不同层次的问题化约了，陷入了价值迷、事实盲的境地。从知识学的角度看，“儒教假说”除了为维护“特别历史国情”提供不够系统、坚实的证据之外，并没有多少实际价值。它实际上是一种新的东方中心论，无助于东亚的现代化，对“儒教假说”话语的批判与诘难或许更符合东亚现实的发展需要。刘林平《从个人、企业、社会层面看儒家文化对东亚经济发展的影响》（《岭南学刊》2000 年第 2 期）一文指出，儒家文化精神塑造了基本理性的个人和企业，但它所影响形成的经济环境却并非理性。一个理性的、自由的市场经济体制的建立和完善，要经过人们的长期博弈才有可能。在这一过程中，克服儒家文化传统的负面影响是题中应有之义。

关于儒学与科技发展的关系问题，不少人认为儒家是反科技的，由于儒家思想高踞统治地位，故其反科技的思想自然会影响到整个社会，使整个社会形成对科技发展的巨大阻力，严重阻碍中国古代科技的发展。但黄世瑞在《儒家文化与科学技术》（《孔子研究》2000 年第 6 期）一文中，则从不同的角度探讨了儒家文化与科技的关系，探讨了孔孟朱熹对科技的态度，并以张衡、祖冲之、沈括、徐光启、李时珍为例，说明这些人都是儒家文化培养出来的科学家，儒学并没有阻碍科学发展或者屠杀科技发明者。因此，作者提出不宜全盘否定儒家对中国古代科技发展的影响，应充分占有材料，潜心进行艰苦的探索，全面地看问题，弄清事实真相，以唯物主义的观点，评判儒家对中国古代科技发展的千秋功罪。刘文英的《儒家文明论纲》（《孔子研究》2000 年第 4 期）也指出，尽管儒家没有近代、现代科技概念，并对自然物理知识和技能的价值估计不足，但儒家并非必定阻碍科技发展。中国古代科技长期居于世界前列，儒家经典及其文献中也包含着不少科技知识，“格物致知”完全可以同现代科技相沟通。而有机论的世界图式与阴阳互补的思维方式，亦可对现代科学理念的完善与思维方式的优化，提供特别的启示。

（二）儒学与现代企业管理

葛荣晋在《儒家柔性管理与东亚经济发展》（《中国文化研究》2000 年第 3 期）一文中指出，

儒家柔性管理是一种以道德为导向的科学管理思想，他认为儒家提倡的柔性管理主要有三个方面的内容：在管理内涵上，主张“为政以德”而不是“以法制民”；在管理模式上，主张“正己正人”的内在控制，强调管理者的率先垂范作用；在管理手段上，主张“德主刑辅”，即主张“刚柔相济”而以“导之以德”为主，注重“人情味管理”、“寓管于乐”和“人格化管理”。作者认为儒家柔性管理是用以针砭西方管理模式之弊病的一味良药，也是东亚经济发展强大的思想动力。李文辉、卢喜辉《儒学人本理念在管理中的应用》（《辽宁师大学报》2000年第6期）一文认为，“以人为本”已成为管理现代化的标志之一。对我国儒家学者“人本理念”的整理、继承、发展和应用将对我国的管理现代化进程起到积极的推动作用。王赞源的《儒家思想与现代企业管理》（《烟台大学学报》2000年第1期）也论述了儒家思想在企业管理中的作用。

（三）儒学与企业文化建设

李小琴、温珍奎《儒学精华与现代企业文化建设》（《江西社会科学》2000年第5期）一文提出，儒家学说博大精深，其义利观、德政、“齐家”、治国、“仁爱”及美学思想，对现代企业的价值导向、领导方式、组织形式、人际关系、文化环境等方面有着十分宝贵的借鉴价值。剔除其封建性的糟粕后，其精华部分将成为我国企业文化建设的宝贵财富，将为我国及世界各国的企业文化建设作出积极贡献。段淳林《和谐伦理思想与企业文化创新》（《广西大学学报》2000年第4期）一文认为，和谐伦理思想倡导的是一种人与事物、人与人和谐相处的理想状态，是新生事物产生的内在动力。企业文化创新的关键是树立和谐竞争的新理念，因此，和谐伦理思想应成为企业文化建设和创新的核心。崔晓文《儒家哲学与现代企业经营管理理念的建构》（《北京科技大学学报》2000年第5期）一文指出，现代企业之间的竞争不仅表现为产品的竞争，更表现为企业理念的竞争。中外优秀企业的发展史充分证明，儒家哲学对于构建现代企业理念、提高企业竞争力具有十分重要的价值。儒家哲学中的“以人为贵”的人本思想，“义以为上”的义利观，“以和为贵”的处世观，对于经营现代企业来说，都是不可或缺的财富。

（四）儒商与儒商精神

近年来，在对儒商与现代经济发展的关系的讨论中，提出了儒商问题。但对“儒商”概念的界定，学术界有不同看法。成中英《创造二十一世纪的人类命运：全球化经济发展与儒学及儒商的定位》（《孔子研究》2000年第2期）一文基于对儒家经济伦理及其全球化定位的理解，提出要区别两种意义上的儒商。第一种意义上的儒商服膺与实践儒家的社会伦理与经济伦理；第二种意义上的儒商则只在经济事务上着眼儒家的社会伦理与经济伦理，并将其转化为管理之用。作为参与全球经济化发展的儒家文化的代表者，无论是第一义或第二义的儒商，都将在21世纪发挥巨大的经济推动、社会演进与文化融合的作用。儒家与儒学既提供了一套经济伦理的价值，又提供了一套社会伦理的基石，不但有平衡经济与伦理的作用，也有促进经济导向人类社会与人类文化和谐发展的力量，更能带动人之为人的品质上的提升。儒家与儒学在经济伦理、社会伦理、文化伦理上的发展，正是21世纪的人类所急迫需要的。王兴国《深入探讨儒商精神，促进现代经济发展》（《中国文化研究》2000年第3期）一文则主张，“儒商”这一概念可以作广义和狭义两方面理解。广义而言，儒商就是“知识分子商人”；狭义的儒商是专指”怀抱儒家理念和价值观的商人或企业家”。他必须具有较高的知识文化水平、高尚的品德和儒家的关怀意识等三个基本条件。此种狭义上的儒商所具备的品格就是“儒商精神”。作者进而指出，研究儒商精神的实质，也就是要探讨儒学与现代经济发展的关系。他认为儒家学说的丰富合理思想为全球化经济的有序发展提供了最具有普及性的社会伦理与文化价值。因此，儒学对于世界经济的发展和社会主义市场经济体系的建立，都将发挥重要作用。汤恩佳《论儒商——在儒商与21世纪国际学术研讨会上的发言》（《洛阳大学学报》2000年第1期）一文也对儒商的形成问题进行了探讨。

关于儒商精神中的义利观。栗志刚《儒家义利观与市场经济伦理》（《广西大学学报》2000年第3期）一文系统分析了儒家不同时期的代

表人物孔子、孟子、董仲舒、朱熹有关义利关系的论述，认为儒家关于义利统一的思想对当前市场经济伦理的建设有重要的作用，并从历史和现实的角度揭示了儒家义利观在我国经济发展中已经产生的和可能产生的积极影响。高晨阳《"理性经济人"机制的缺失与儒学道德理性在经济活动中的作用》(《理论学刊》2000 年第 1 期)一文认为，现代经济学"理性经济人"的假定，凸现的是一种"技术理性"或"工具理性"精神，它拒斥"价值理性"，把道德置于视界之外，不可避免地造成了经济活动中的一系列问题。经济活动的健康发展呼唤"道德经济人"，中国以儒学为代表的传统文化具有鲜明的重义轻利、以利为义、以义统利的思想倾向，它要求以义规范、制约人的行为，这一重德的价值取向可以为"道德经济人"的建构提供丰富的文化资源。杨达荣《儒墨义利观的社会效应》(《江西社会科学》2000 年第 4 期)一文指出，儒墨义利观的现实作用和现实意义主要表现在以下几个方面：强调公利的整体精神，培养出中华民族的群体意识，产生了强大的社会凝聚力；儒墨道德的利他原则，培养出不畏艰苦与强暴的精神和见义勇为、舍己为人的高尚风格；墨家的"兼爱"，儒家的"恕道"和"推恩"思想，有利于平等互助等优良品德的养成；儒墨都重视道德实践，重视培养理想人格，可以为我们今天培养"四有"新人作借鉴。

二、儒学与道德文明建设研究

(一) 儒家"孝"文化与现代家庭伦理建设

肖群忠在《孝与中国国民性》(《哲学研究》2000 年第 7 期)一文中提出，孝作为中国文化(特别是儒家伦理文化)的原发性、综合性观念，对中国国民性的形成确实发生了根源性、本质性的影响。其积极影响表现为：它促使中国人形成了仁爱敦厚、忠恕利群、守礼温顺、爱好和平的优良品质。其消极影响表现为：其崇古取向导致了国民的因循守旧、保守落后的性格；其片面义务价值取向导致了国人的权利意识淡薄、忍耐不争的人格特质。这种双重作用，是由孝本身所具有的人民性与封建性的双重性决定的。丁原明《儒家孝文化的现代诠释》(《山东大学学报》2000 年第 3 期)一文梳理了儒家孝文化的意义，指出儒家之孝有三层意义，一是敬养父母，二是扩为家庭伦理，三是流变为政治社会伦理。他认为，儒家孝文化的生命力并没有终结，它对消解人类在当前所遇到的家庭和社会的矛盾，尚有不可替代的功能，人类有家庭存在就需要孝文化。开掘儒家孝文化的精华，有助于在新世纪建设一个真善美的家庭、社会与世界。张彬《中国传统家庭伦理的现代转换》(《南京政治学院》2000 年第 2 期)一文指出，中国传统家庭伦理因其与社会结构和制度的匹配有效运作了两千多年，不仅维护了家庭的稳定，而且强化了既定的社会程序。现代化进程使传统家庭伦理失去了权威性、统一性，同时迫切要求以家庭关系变革和家庭伦理建设为基础，实现传统家庭伦理的现代转换。

(二) 儒家人生价值观与道德修养

张德强在《继承发扬儒家修身治平的思想促进个人修养和家庭美德建设》(《兰州学刊》2000 年第 4 期)一文中强调，"修身、齐家、治国、平天下"的思想是我国传统文化中儒家学说的高度智慧和珍贵思想。吸收修身与齐家、治国的关系的原理，对于建设符合社会生活的新兴家庭伦理，提高社会的治安程度和社会的精神文明水平仍然具有重要作用。程志华《儒家自省思想管窥》(《河北大学学报》2000 年第 5 期)一文认为，自省思想是儒家理论体系中的重要组成部分，善于自省是"圣人"和"君子"的美德之一。其内容包括德性和学识两方面，其目的在于塑造理想的人格。李会钦《试论孟子的修身学说及其现实价值》(《江西社会科学》2000 年第 2 期)一文认为，儒学即仁学、人学，在一定意义上可以说是关于"人性修养"的学说，孟子的循序渐进、从平易处做起、克欲律己、取人之善的修养方法，对内以从善成圣、对外以齐家治国都具有重要意义。时至今日，仍具有积极的借鉴价值和启迪作用。邓文平、李丕洋《"孔颜真乐"与"曾点之志"——谈谈儒家人生修养的思想和境界》(《江西社会科学》2000 年第 2 期)一文揭示了儒家先哲在人生修养上的深刻认识和崇高境界，并阐释了这种思想对当代社会人们精神世界重构的指导意义。

（三）儒家价值观与社会关系

郭齐勇在《东亚儒学核心价值观及其现代意义》（《孔子研究》2000 年第 4 期）一文详细考察了中韩日儒家精英大致认同的核心价值观念、普遍性伦理或中心范畴，认为东亚儒学的价值理念既有共性，又有个性。所谓共性，是指仁爱、敬诚、忠恕、孝悌、信义等基本观念的主要内涵是普遍的、稳定的，是东亚各儒学大师的精神追求和信念、信仰，在不同时空环境中对社会文化具有价值导向功能。而个性指的是儒教伦理在中、日、韩、越各国的不同时代具有不同的表现。东亚儒学的中心价值系统是仁爱、敬诚、忠恕、孝悌、信义。在人生的安立、精神的归属方面，在社群伦理乃至全球伦理、环境伦理的建设方面，仁义礼智信等核心价值观仍是我们重要的精神资源。传统伦理经过现代转化、洗汰与我们自觉的批判继承，完全可以成为新的东亚伦理或全球伦理的基石。

（四）儒家和谐思想与精神文明建设

周道华《儒学的和谐思想与现代精神文明建设》（《理论学刊》2000 年第 1 期）一文认为，实现普遍和谐即人与自然和谐、人与人和谐、人与社会和谐、人的身心和谐，是儒家所追求的理想。在人与人、人与社会的关系上，儒家要求人们“和为贵”，互相容忍，互相尊敬，和谐相处；在人与自然的关系上，儒家文化表现为“天人合一”、“天人相分”思想；在人之身与心两方面，儒家重视对精神境界的追求，要求人们重视生命与道德、物质追求与精神追求的和谐统一。儒家的这些思想、精神无疑对缓解和解决当代人与人、人与社会、人与自然以及物质文明与精神文明之间的失衡和矛盾提供了智慧的源泉。田广清《中庸：实现社会和谐的正确方法》（《孔子研究》2000 年第 3 期）一文对“中庸”的涵义进行了全新的阐释，认为正确得当是人认识和处理问题的根本要求。作者指出，这一命题的基本依据、涵盖范围和应用价值可归纳为：中庸是宇宙万物运动发展的基本条件和客观规律；中庸是恰如其分地把握事物、协调矛盾的正确思想方法；中庸是对人的基本道德要求和最高的道德境界。因而中庸是一种包含科学理性和辩证色彩的正确思想方法。做到中庸的方法要领为：因事取中、因时求中、权变得中、礼义达中、以节制中。同时，作者也指出了儒家中庸的不足。党明德《儒家的社会稳定和社会发展思想》（《济南大学学报》2000 年第 1 期）一文认为，儒家主张创造一个和谐的环境，在此环境中，以德、智、勤、公平竞争取胜，这个思想构成了东方文化的灵魂。健康的心理与竞争的公平维护了和谐的环境，构成了一个稳定的结构，从而保证了小农经济社会的稳定发展。但是，这个结构是封闭的、非开放性的，因此，其发展速度是缓慢的，难以发生质的飞跃。

陈国庆、蔡礼强的《传统文化与精神文明建设》（《西北大学学报》2000 年第 1 期）一文从物质文明与精神文明的协调发展、现代新伦理的构建、道德与法制的互相促进、人文精神与科技理性的互补互动等四个方面，对当前精神文明建设中存在的问题及解决途径提出了自己的看法。

三、儒学与现代民主法制建设研究

儒学与现代民主的关系在儒学与现代化关系问题中最具实质性的意义。宋志明、刘成有《儒学与民主建设》（《甘肃社会科学》2000 年第 4 期）一文指出，在社会主义现代化建设中，社会主义民主建设是一项十分重要的任务，而要完成这一重任，我们应当对儒学与现代化的关系、儒学与社会主义民主建设的关系有比较明确的认识。儒学所具有的随时代而不断发展的活力和优越性，使它可以为社会主义现代化事业中的民主法制建设提供有价值的资源；其“民本思想”，亦可换成“民主在民”的民主观念。但同时，作者也指出，儒学与民主的关系十分复杂。陈寒鸣《儒学与现代民主》（《国际儒学研究》第 10 辑，国际文化出版公司 2000 年 6 月版）则认为，虽然儒学有“民本”思想传统，但决无现代民主思想。近现代中国社会的民主政治、民主思想也不是由儒学自发地“转出”的，而是通过对传统儒学的突破、超越以至否定性的批判才逐渐形成和发展起来的。儒学只有经过西方思想冲击和本国知识者批判的洗礼，才能对现代民主有所贡献。王巧玲《“为政以德”精义及现代价值》(《四川大学学报》2000年第5期)一文从对“德”的内涵及外延的解析和“德”与“法”的比较中，透析在政治领域中“为政以德”利弊的本性根源。以期在新的时代背景下发挥“为政以德”的合理因素，倡导勤政廉政的风气，达到匡正政风的目的。白奚《儒家礼治思想的合理因素与现代价值》(《哲学研究》2000年第2期)一文着重论析了儒家“为国以礼”的礼治思想如何通过道德教化的内在机制实现其稳定社会秩序的功用，并通过对此机制的分析，提出儒家的礼制思想可以进行现代转换，其合理因素同现代社会中以法治国不但可以并行不悖，而且可以互相促进、互相保障。墨子刻(ThomasA. Metzger)《乌托邦主义与孔子思想的精神价值》(《华东师范大学学报》2000年第2期)一文认为，孔子的政治思想过于乐观，对于政治进步的困难与复杂性考虑得不够，而有乌托邦主义的偏向。当代中国的知识分子可能更应该考虑到孔子政治思想的不可取之处，而不要误以为孔子的“中和”政治精神足够完整。既想放弃乌托邦主义又想在孔子思想中找到政治智慧的基础是难以协调的。

四、儒学与文化建设研究

当今人类出现了科技文化、物质文化与人文精神严重失衡的危机，急需一种新的人文主义精神来加以引导，并对上述危机予以回应。而重新发掘、创造性地转化儒家传统的人文资源，不仅可以促进我国现代化的健康发展，也是民族文化建设的重要工作之一。

(一) 儒家人文精神的内涵

张立文《儒学的人文精神》(《光明日报》2000年2月22日)一文指出，儒学的人文精神主要表现为忧患精神、乐道精神、和合精神、人本精神和笃行精神五个方面。洪修平《论儒学的人文精神及其现代意义》(《中国社会科学》2000年第6期)一文认为，从总体上看，宗法伦理是儒学伦理的主干，而人则是其出发点与核心，对人的重视与对人伦关系的强调是儒学人生哲学的两重性格；随着封建国家专制集权的加强，儒家伦理异化为束缚人并阻碍人之实现的外在权威，本质上成为统治者的意志，这是孔子儒学的悲剧。但从汉代儒学、隋唐儒学和宋明理学的分析中仍可看到儒家人文精神的顽强表现；通过对20世纪儒学起落的关照，说明只有打破封建桎梏，才能真正结束儒学的悲剧，使其人文精神在现代社会发挥积极作用，而儒学的人文精神在当前也特别需要与科学、民主、法治精神相结合。杜维明在《儒家人文精神的宗教涵义》(《哲学动态》2000年第5期)一文中强调，把儒家规定为人生哲学(引申为社会伦理)而非宗教信仰在文化中国的学术界早已形成共识，而西方一些哲学家则认为，正确对待儒家传统应是宗教学能否成为当代学术界人文学组成部分的试金石。他说，在比较文明的格局之中，强调儒家人文精神的宗教性无非是要阐明儒家的人生哲学虽然入世但有向往天道的维度。

(二) 儒家人文精神的现代价值及其建构

关于儒家人文精神的价值问题，余秉颐、卢找律在《传统儒学与当代全球文明——访杜维明先生》(《学术月刊》2000年第6期)一文中，介绍了杜维明近年关于传统儒学与全球当代文明问题的若干思考。首先，“文明冲突论”这一学说对文化的理解是非常片面的。文明之间的对话历来是人类文明创造和谐条件的一个重要机制，是全球文明发展的重要机制。其次，儒家的人文主义精神和20世纪下半期以来出现的“新人文主义”思想在价值取向上是十分契合的。再次，现代性具有多种模式。西方人所理解的现代性一般具有三个基本特征：市场经济、民主政治、个人主义。但是不同国家和地区的市场经济、民主政治是有区别的，我们的任务就是尽可能地发挥儒家思想中正确、健康、催人奋发、有益于社会进步的一面，避免文化传统的消极作用，并不断地促使它发生现代转化，使之适应当今社会的需要。王春林《天人合一：中国传统文化的人文精神及其当代价值》(《广西师院学报》2000年第3期)一文指出,"天人合一"是中国民族传统文化的重要命题,它蕴涵于儒家、道家、释家等思想体系之中,体现了中国传统文化的内在精神,是中国传统人文精神的核心。在世纪之交,继承和发扬"天人合一"的人文精神对21世纪人的健康发展、人与环境的和谐具有重要的现实意义。

就儒家人文精神的当代建构问题,赵行良《现代化、全球化与中国人文精神的当代建构》(《广东社会科学》2000年第4期)一文试图在现代化的大背景下,从全球文化战略的高度,运用文化与社会变迁的理论,来审视中国人文精神的当代建构。他指出,中国传统文化是一种"人文"文化,其对世界文化最重要的影响在于它的人文精神,儒家代表的是一种涵盖性很强的人文精神,主要体现为一种"忧患意识"。中国人文精神的当代建构必须牢牢构筑起人们的信仰之根,以此作为重建和传衍人文传统的起点;同时,光大人文精神特有的社会批判精神,以此作为构建当代人文精神的新的生长点。杜艳华《从"新民"到"四有新人"之塑造看儒学在中国文化重构中的作用》(《吉林大学社会科学学报》2000年第2期)一文认为,儒学在中国文化重构中表现出超越时代、开放吸纳、不断走向未来的潜能及斩不断的强大生命力。文化重构实质上是人格或人的价值观念重构,文化变革的关键在于调整和改变人格,即塑造"新民"或"新人"。儒学"新民"思想表明,儒学将随中国文化的变革而发生转化。

(三)儒学与马克思主义的关系

刘文英在《儒家文明论纲》(《孔子研究》2000年第4期)一文中指出,儒学与马克思主义是两个时代不同、性质不同的思想体系,在建设中国现代文明的过程中,儒学根本不可能取代马克思主义的地位。把两者简单地对立起来,也是不恰当的和有害的。如果说西方马克思主义者主要继承了西方文明的优良传统,那么中国马克思主义者则应当以继承儒家文明优良传统作为自己义不容辞的历史责任。这不但是马克思主义中国化的必然要求,也是中华文明再次复兴的必然要求。张腾霄、张宪中合著《马克思主义与儒学》(中国人民大学出版社2000年4月版)一书认为,在中国的悠久历史中,儒学具有重要的地位。儒学中确有许多落后的陈旧的内容,如尊君思想、等级观念、保守意识等等,必须加以批判;但是儒学中也有一些深湛的观念,对于中华民族的兴盛与持续发展起到了一定的重要作用。因此,对于儒学必须加以分析,运用马克思主义来看待儒学。李鹏程《中国马克思主义哲学中的中西文化关系》(《哲学动态》2000年第9期)一文强调,那些认为中国现代社会发展的突飞猛进是因为用马克思主义哲学取代了传统儒学的说法,是对本土历史和文化的主观忽略态度,也是一种以僵化的"道不变"方式对待马克思主义的态度。张岱年在《运用马克思主义来看待儒学》(《光明日报》2000年7月11日)一文中说,在建设有中国特色的社会主义新文化中,必须吸取西方近代文化的先进成就,同时也必须弘扬中国文化的优秀传统。一个民族,必须有民族的自尊心与自信心,才能保持民族的独立。而民族自尊心与自信心的基础是对于本民族文化的优秀传统有所了解。应该承认,中国文化的优秀传统是有中国特色的社会主义文化建设的一个重要的思想基础。

(四)儒家教育思想与现代教育

刘炳范在《终身教育理念的拥有与人文关怀的亟需——孔子及儒家教育思想的现代价值论》(《孔子研究》2000年第6期)一文中指出,孔子及儒家教育思想博大精深,深刻地揭示了教育科学中的普适性、超时代性的一般规律,在个人接受教育与毕生发展的关系问题上,在尊重个人的个性和独立选择,强调自主自发的学习以及教育不应局限在学校,而应扩大到家庭、友邻、社团组织等与人们实际生活有关的环境之中等方面,与现代终身教育理论具有相通相融的科学理念。但由于缺乏对普通民众的真挚的人文关怀情感,缺少符合现代文明社会的民主平等自由理念,缺少普通民众认识社会与历史发展的立场,孔子及儒家的教育思想在高速发展的现代社会和教育面前遇到了困境。然而,由于终身教育理论和实践在现代社会发展中仍存在不可弥补的缺陷,而孔子及儒家教育思想则包含着许多克服现代危机的合理理念,因此更显得具有当代价值。易连云《儒家文化与世纪之交的学校道德教育改革定位》(《西南师范大学学报》2000年第1期)一文从宏观的层面出发,在中国传统儒家文化的主要特征与西方文化特点的比较中,对我国学校道德教育改革定位作出如下构想:解构形而上学的道德传统,还道德以科学的基础;正确认识传统道德与现代精神的辩证关系,树立以超越传统道德为基础的新世纪的新道德教育观,以学校道德教育为基础,加强审美教育。张良才《中国传统礼仪教育及其现代价值》(《齐鲁学刊》2000年第4期)一文认为,礼仪体现着统治阶级的意志,代表着国家的整体利益,在塑造完美人格、协调社会矛盾、安定社会秩序等方面具有重要作用,因而礼仪教育受到历代当政者和教育家的重视。中国传统礼仪教育的成功经验对于改进和加强当代青少年的文明礼貌教育具有重要的意义。

五、儒学与可持续发展问题研究

儒家学说对可持续发展的伦理价值产生重大影响。蒙培元在《"天人合一论"对人类未来发展的意义》(《齐鲁学刊》2000年第1期)一文中指出:"人类中心论"的科学技术"范式"使人类成为自然界的主宰者,造成了人与自然之间的紧张和严重的生态破坏,已经和正在给人类生存带来严重危机。而"天人合一论"则重在强调天人相依的内在关系,它在本质上是价值观问题,包括生态伦理。作者通过对"天人合一论"与"人类中心论"的比较,最终表达了这样一种观点:今天的人们应当从"天人合一论"中领会人类生存发展的精神源泉,认真反思人类"进步"的观念。胡伟希《儒家生态学基本观念的现代阐释》(《孔子研究》2000年第1期)一文将"天人合一"从人与自然的关系上加以理解,为传统儒学如何现代化提供了一个新的维度和前景。他认为,作为哲学人类意义上的儒家生态学,其"人与自然之关系"的思想由五个基本观念组成:"天人合一"的本体论,指出人与自然关系的"固然之理";"赞天地之化育"的价值论,谈的是如何将"天人合一"的"固然之理"转化为现实生活中的"实然";"德性之知"的认识论,强调要从"生存意义"方面对人与自然的关系做通观地了解;"民胞物与"的义务论,认为人类要以平等之心去看待自然万物,这是人的义务和"特权";"执两用中"的方法论,提出人类在与自然打交道时,既要考虑人类的利益与价值,也要顾及到自然的利益与价值,要在二者之间达成一种平衡,其最终目标是实现"太和"。

也有学者对当前学界流行的儒家"天人合一"即"天人和谐"的观点提出了异议。刘学智《"天人合一"即"天人和谐"——解读儒家"天人合一"观念的一个误区》(《陕西师大学报》2000年第2期)一文认为,"天人合一"有形而上和形而下的双重意义,儒家"天人合一",其主流精神是指建立在道德心性论基础上的主、客未分的"天人一体",而非以自然为本和表现为主、客分立关系模式的"天人和谐"。它所体现的主要是一种道德性命之学,其旨趣在于为人的生命存在确立形而上的根据。"一体"论与"形而下"的"和谐"论不仅有着明显的区别,且其分野亦标示着能否对中国哲学基本特征和其表征的哲学理路作出正确的把握。

六、儒学面临的挑战与机遇

崔少元《后现代主义·多元文化·中国新儒学热》(《中国文化研究》2000年第3期)一文提出,只有站在当代全球多元文化的大背景下通过分析儒学内部和外部的文化环境、后现代主义、后殖民主义和多元文化热,才能正确看待和预测眼下的中国新儒学热。新儒学热的兴起表明儒家思想是可以与现代化协调的,儒家伦理对实现现代化是具有积极推动作用的。关于中国儒学的未来走向,作者以为21世纪将是多元文化并茂的世纪,儒家文化不会是全球的主宰文化,也不会是中国惟一主流的文化。唐凯麟、曹刚在《儒学的再生是否可能——论儒学的当代命运》(《社会科学辑刊》2000年第1期)一文中表述了近代以来的思想家们对儒学的当代命运的三种判定:或生,或死,或置于死地而后生。该文通过追溯儒学的历史命运,批判分析西化论、新儒家的观点,认为儒学的再生重建具有四个方面的可能性,但儒学的再生不是新儒家所谓的"返本开新"的过程,而是一个在中国现代社会改革实践中先破后立的过程。蒋国保《儒学世俗化的现代意义》(《孔子研究》2000年第1期)一文分四个方面探讨了儒学世俗化的现代意义:首先,儒学在现代所遭遇的最严重的困境,当是现代民众在"情感上拒斥儒学";其次,儒学被冷落的自身原因,只能归咎于儒学后来的精神发展在价值取向上坚持"贵族化"倾向,越来越背离原始儒学重"世俗"的精神倾向;再次,现代新儒家以现代理性的方式,把原始儒学变成了只有少数知识分子才能体悟的"绝学"。最后,就如何实现儒学世俗化提出三点意见:改变立场,由重"士"转向重"民";改变观念,由不能容忍世俗价值转向重视民众的世俗要求;改变导向,由专注正面指导人生转向积极关注人生的负面。景海峰《儒学在全球多元格局中的定位问题》(《文化研究》2000年第2期)一文讨论了当代儒学定位的基础和主要依据,对20世纪80年代以来东亚的崛起和随之而产生的文化伸张之要求做了简要的论述,指出以和平与发展为基调的后冷战时代,儒学的境遇和所面对的问题都已发生了改变。当代儒学的定位,应该摆脱近代以来的民族主义观念的狭限,重新显扬儒学的普遍性意义,在全球性和地方性的交融互动之中,使儒学真正走向世界。在多元文化的格局之下,以更加积极的姿态参加到文明对话的行列当中,通过对话,消除歧见,增进理解与宽容,达致和平共存。

崔大华《儒学面临的挑战》(《孔子研究》2000年第1期)一文指出,现代处境下的中国儒学面临着来自现代社会生活与现代观念的严峻挑战。从儒学固有的理论结构的三个层面观察,这一挑战中最为突出而根本的就是:作为儒学理论基石的性善论在现代实验心理学这里受到来自深层心理分析和行为分析的质疑和否定;作为儒家伦理道德实践起点的传统家庭在现代化进程中渐趋解体;儒学的形上追求与现代哲学观念存在着明显的冲突。但是,儒学还是具有回应这些挑战的能力,儒学于精神根底处仍在支撑着作为一种历史悠久的文化类型的儒家文化的存在和作为一种独立的生活方式的中华民族的存在。儒学致力于唤醒人的道德自觉,唤起对自然有伦理感情内涵的责任感,这对于正受到道德衰颓和生态破坏两大危机困扰的现代人类,也是有价值的。郭学治《面对西方挑战的儒家文化》(《学术论坛》2000年第1期)一文认为,重新研究儒学不仅是中国知识分子所担负的文化使命,而且也是东西方文化交汇的必然发展。实际上,现代儒学的命运很大程度上取决于它是否能面对和接受西方的挑战。当代儒学能否完成民族文化现代建构的历史使命,取决于它是否能够在继承传统文化的基础上吸收、融合西方文化,进而促进中华民族走向现代化。

关于儒学的未来命运,有的学者持悲观态度,此种看法可以美国学者列文森为代表。其著作《儒教中国及其现代命运》(中国社会科学出版社2000年5月版)主要回答的中心问题是:中国17、18世纪就涌现出了一批唯物主义思想家,这是否意味着如果没有以工业化为背景的西方文化的入侵,中国也能实现以科学理性为内在精神的现代化?作为著名的"中国研究"专家,作者通过对儒教与中国文化精神的分析,得出了否定的答案,并以著名的博物馆的比喻,说明儒学传统的死亡。

但更多的学者则认为儒学在新世纪可以有更大发展。汤恩佳《儒学的回顾与展望》(《中国文化研究》2000年第3期)一文指出,儒学不仅是中国传统文化的主要构成,蕴含着中华民族的伟大精神,而且是东亚地区的文化传统和文化精神,在世界思想史和世界诸大文明中占有十分重要的地位。展望儒学的未来发展,作者认为,在21世纪里,机会与挑战并存,和平发展仍是世界的两大主题。儒学将把人类带入一个和平、稳定、进步、繁荣和文明的21世纪。刘宗贤在《21世纪:儒学的地位及儒学研究的发展》(《中国文化研究》2000年第3期)一文中也指出,儒学是包含着中国人生命气质的一种世界性文化资源。其作为一种文化资料的实质是在当今世界多元文化共存发展的背景中突显出来的,所以儒学研究应该走出中国,走向东方,走到世界的大文化氛围之中。要面向全人类共同需要解决的问题,应打破自我中心的状态,要重视与其他文明系统的交流和对话。当今,儒学研究的发展、儒学的生命力在于普及和传播。

还有的学者从西方儒学研究的新趋向探讨了儒学的未来发展。彭国翔《从西方儒学研究的新趋向前瞻二十一世纪的儒学》(《孔子研究》2000年第3期)一文认为,自70年代迄今,在以美国为代表的西方儒学研究中,出现了一种视儒学为一种宗教性、精神性传统的新趋向,该趋向固然与西方晚近兴起的宗教多元论和宗教对话有关,但在相当程度上是受到了现代新儒学运动的影响。现代儒学的发展,是传统儒学被全面解构过程中对儒学的重建,这种重建使得儒学所蕴涵的各个层面得以厘清,尤其使儒学益发将自身界划为一种具有超越品格的宗教性传统。而儒学若要作为一种价值信仰系统融入生活世界,恰恰需要以确立其宗教性或超越的品格为前提。在21世纪,儒学会有多方面的开展,但将主要是作为一种宗教性传统发挥作用;并且由西方儒学研究的新趋向,尤其是"波士顿儒学"的现象可见,虽然在西方仍非显学,但儒学作为价值信仰的一种类型,如今已开始进入全球意识。

(吴雪玲 周海生)

新儒学研究

新儒家是20世纪20年代以来所产生的以接续儒家道统为己任,力图恢复儒家思想的主导地位,重建儒家的价值系统,并以此为基础来吸纳、融合、会通西学,谋求中国文化和社会现代化的一个学术思想流派,到现在有三代人薪火相传。对新儒学的研究,大陆学者比较集中地采取了同情理解、客观评价、批判超越的态度。与1999年相比,2000年度国内在本领域出版的研究专著较少,有关新儒家研究的论题不很集中,但仍然发表了一些较有分量的论文。由于世纪之交的迫近,许多学者对新儒学产生以来的研究状况进行了全面的总结和评价,发表了一些综述性的回顾文章。

一、新儒学整体研究

对新儒学进行整体研究的内容主要涉及到儒学形上学的重建、儒学在20世纪的形态转化、现代儒学如何应对西方的挑战、新儒家的文化观、孝道观以及儒家伦理与市场伦理的关系等几个方面。

(一)新儒家形上学的重建

儒学以伦理道德思想为其核心,所以追寻、阐释伦理道德最终的、超越性的根源,也就成为儒学形上学的主要内容。崔大华在《20世纪中国儒学的贡献与进展》(《中州学刊》2000年第1期)一文中认为,20世纪西方思想大量涌入中国,在社会生活的各个领域和不同层面上,均发生了深浅不等的影响。就中国儒学而论,最深刻的影响和后果表现为:援藉西方哲学的理论观念或方法,儒学伦理道德的形上根源有了新解,儒学形上学获得了重建。该文以冯友兰的"新理学"和牟宗三的"道德的形上学"为代表进行了分析,指出"新理学"运用分析方法,从事物存在这一唯一的经验事实出发,逻辑地分析综合出"理"、"气"、"道体"、"大全"四个观念,并在此基础上重新解释了程朱理学的主要观念、主要论题。"新理学"将宋明理学中的两个基本观念转换为可从最基始的经验事实中逻辑分析出的实在。牟宗三的"道德的形上学"对宋明理学的现代诠释所带来的儒家传统观念更新,表现在儒学形上学和儒学方法论两个方面。"新理学"和"道德的形上学"在重建儒学形上学过程中共同表现一种可贵的理论品格,即浸润于现代西方哲学思潮中,在准确理解和有选择地吸纳西方哲学的理论观念的同时,顽强地保持着中国哲学特性。

在21世纪的中国,儒学仍然不会失去其生命力。但是,未来儒学将以何种形态生存发展,却是一个尚待深入思考、探讨的重要问题。李维武在《儒学生存形态的历史形成与未来转化》(《中国哲学史》2000年第4期)一文中认为,现代新儒家对儒学的重建没有停留在文化儒学上,而是将它提升到形而上学的高度,着力于形上儒学的重建。作者从哲学现状、哲学资源、切身环境三个方面分析了现代新儒家重视形上儒学重建的原因,还指出了现代新儒家的形上儒学与古代儒者形上儒学的不同在于:古代儒者的形上儒学有强有力的人生儒学作为根基,同中国人的生活世界有着密切的联系,而现代新儒家的形上儒学则没有强有力的人生儒学作为根基,因而同中国人的生活世界难以有密切的联系。所以说,现代新儒家在20世纪所进行的儒学形态的转化工作,贡献与局限、成就与困境是交织在一起的。形上儒学作为20世纪儒学的最主要的生存形态,其影响作用、意义都不可能在21世纪的中国消失。选择儒学在未来的生存形态,对于儒学自身以及中国文化都是十分重要的。

(二)新儒学与西方文化

郭学治在《面对西方挑战的儒家文化》(《学术论坛》2000年第1期)一文中认为,重新研究儒学不仅是中国知识分子所担负的文化使命,而且是东西方文化交汇的必然发展。现代儒学的命运很大程度上取决于它是否能面对和接受西方的挑战。20世纪初由五四运动的中西之争而进行的一系列反思,就是由于西方现代文化与中国传统文化碰撞所促发的。现代新儒家掀起的重建儒学的文化哲学思潮也是由回应西方的挑战而产生的。当代儒学能否完成民族文化现代建构的历史使命取决于它是否能够在继承传统文化的基础上吸收、融合西方文化,进而促进中华民族走向现代化。

陈鹏在《回应西方:现代新儒学的境界之思》(《首都师范大学学报》2000年第2期)一文中认为,现代新儒学以传统批评西方,回应西方。这种回应体现为两种典型的路向:一是"收缩的"路向,境界被解释成个人心性、个人心性的自得,而无须通过向外的实践来完成自身,并依次定位中国文化的价值;一是"扩张的"路向,即主张生命境界的完成最终需展开为全幅文化之用,而试图以自家生命之"体"收摄西方文化之用。

彭国翔在《从西方儒学研究的新趋向前瞻二十一世纪的儒学》(《孔子研究》2000年第3期)一文中认为,自70年代迄今在以美国为代表的西方儒学研究中,出现了一种视儒学为一种宗教性、精神性传统的新趋向,该趋向固然与西方晚近兴起的宗教多元论和宗教对话理论有关,但相当程度上是受到了现代新儒学运动的影响。现代儒学的发展,是传统儒学被全面解构过程中对儒学的重建,这种重建使得儒学所蕴涵的各个层面得以厘清,尤其使儒学益发将自身界划为一种具有超越品格的宗教性传统。而儒学若要作为一种价值信仰系统融入生活世界,恰恰需要以确立其宗教性或超越的品格为前提。在21世纪,儒学会有多方面的开展,但将主要是作为一种宗教性传统发挥作用。儒学作为价值信仰的一种类型,如今已开始进入全球意识。

(三)新儒家文化观研究

在当代,有两种文化观影响着人们对科学与人文精神及其相互关系的理解,这就是现代西方人本主义的文化观和现代新儒家的文化观。在对新儒家文化观的研究上,有学者提出现代新儒家的文化观对科学与人文精神的理解是相当偏颇的。孟建伟在《以人文涵盖科学——现代新儒家文化观及其偏颇》(《自然辩证法研究》2000年第7期)一文中对现代新儒家的文化观做了批判性的考察和分析,他认为现代新儒家的文化观有两个显著的特征:一是反科学主义;二是泛道德主义。其偏颇之处在于:一方面,把科学狭隘地理解为"实证主义"和"功利主义";另一方面,又将人文精神片面地归结为儒家的"道德精神",并强调以人文涵盖科学,其结果是人为地加剧了所谓的科学(事实)世界和

人文(价值)世界的分离和对立。同类文章还有张宝明的《新儒家:化解紧张之后的紧张——从梁漱溟、钱穆、牟宗三的文化开本说起》(《东方》2000年第8期)。

(四)新儒家道德化儒学与市场伦理关系研究

在大多数学者对儒家思想与当今社会大有裨益的赞扬声中,有的学者的见解则独树一帜。章建刚的《儒家伦理、市场伦理和普遍伦理》(《哲学研究》2000年第2期)一文指出,儒家伦理与市场伦理是完全不同的两种伦理,儒家伦理无法成为支持现代市场制度的基本伦理。新儒家的思路有着双重的缺陷。希望以儒家道德而不是市场伦理,通过内心修养而不是制度建设,在一个幅员辽阔的民族国家范围内实现经济的可持续增长是不现实的,更不要说这种经济增长是否会给所有人带来因此增长的幸福。儒家伦理与市场的吻合度与普遍伦理相比较要低很多,因为儒家伦理中没有阐发出具有普遍性的人的观念和权利观念。强调以等差之爱和单方面义务以及个人修养的道德化儒学的思路是无法满足今日中国市场化的改革的基本需要的。必须正视的是另外的伦理要求。

(五)新儒家的孝道研究

肖群忠在《论现代新儒家对孝道的弘扬发展》(《齐鲁学刊》2000年第4期)一文中认为,新儒家三个不同时期的代表人物(梁漱溟、马一浮、冯友兰;唐君毅、谢幼伟;杜维明、成中英等)对孝道精神均有阐发,且各有其不同特点。但由于他们所处的时代背景不同,面对的挑战不同,个人思考重点的不同,因而使他们的思想深度以及个人的理论贡献存在着一定差异。第一代新儒家所做的只是简单的回应与辩护,第二代则不仅考虑孝在儒家文化中的意义,对古代社会的影响,而且还论及了孝道对现代社会的价值。第三代新儒家则以西方文化为背景,从更高的形上意义上,阐发了孝道是自我实现的方式和途径,以及孝道的主体性、自觉性。三代都肯定了孝在伦理中的首德和始德地位,视孝为中国文化的特点和核心,阐发了孝对中国文化与中国社会产生的重要而深远的影响,而且结合当代现实与西方"权责伦理"的背景,对孝予以现代性的创造发展。

(六)新儒家与道家的比较研究

曹智频在《解心释神:从现代新儒家看庄子的功夫论》(《安徽大学学报》2000年第3期)一文中探讨了新儒家的功夫论与庄子功夫论的关系,认为庄子的"心斋"功夫与熊十力的"证会"功夫在深层都以人的关注为目的。庄子的"悬解"功夫与杜维明的"神会"说都是一种"外话功夫",着眼探讨终极本体境界。庄子的"坐忘"功夫与牟宗三的"坎陷"说都以方法论为中心,都是一个实现过程。但是,现代新儒家与庄子在对人伦的取向上差别很大。进而指出现代新儒家与庄子在进路上有相似点,庄子虽讲"天而不人",但却做到了以天彰人;而现代新儒家则更明确提出主体功夫的意义。二者在功夫境界上都达到了自我的实现。

(七)新儒家与后现代主义的比较研究

后现代主义是一种具有丰富、复杂的思想和理论内涵,在当代西方有重大影响的哲学文化思潮。就其外在的表现形态而言,后现代主义明显不同于新儒家,但由于宗教、哲学与科学在后现代主义中也受到了广泛的关注,从这一角度与新儒家进行比较就有了可能性。李翔海在《寻求宗教、哲学与科学精神的统一——论现代新儒学的内在向度》(《纪念孔子诞辰2550周年国际学术讨论会论文集》,国际文化出版公司2000年6月出版)一文中认为,将宗教精神、哲学精神与科学精神统一于心性之"一本"成为现代新儒家基本的义理归趋。由于现代新儒家的有关理论努力存在着理论基础不稳固、价值取向具有鲜明的后顾性、科学理性精神遭到扭曲等问题,因而很难说是真正实现了宗教精神、哲学精神与科学精神的内在统一。但由于谋求三者的统一代表了儒学作为中国文化的主流传统在现代发展中所应有的内在向度,因而它直接关涉到了当代人类生存发展所面临的重大问题。文章通过将新儒家与西方后现代主义的比较,认为二者代表了面对一个相对主义盛行的时代所可能有的两种正相反对的基本选择。他们都以特定的方式关涉到了人类的未来,有可能为人类寻求更健康、合理的存在方式提供某种有益的借鉴。

除上述几个专题外，还有学者对"新儒家"的外延进行了界定。宋志明在《略论儒家解释学》(《北京大学学报》2000年第2期)一文中认为，"现代新儒学"的外延应当包括两个组成部分：一部分可以称为"现代新儒家"，指那些明确的表示以接续儒家道统为己任的学者，他们表现出鲜明的文化保守主义学术立场；另一部分可以称为"儒家解释学"，指那些不标榜道统的儒家研究者所阐发的观点，他们站在各自的学术立场上，对儒家思想作出同情的理解与诠释，以彰显儒学的正面价值。作者认为，熊十力试图对儒学作同情的了解，挖掘新中国所需要的时代精神，试图证明儒学与社会主义制度的相容性。他对儒学大道学作了理想化的理解，其动机就是要求建立与社会主义制度相适应的新儒学，他的这种探索应该说是有积极意义的，但缺点也是显而易见的。他所得出的结论，在理论上表现出很强的随意性、武断性，故而很难被人们普遍接受。杜维明在全球文化大背景下考察儒学的发展前景，对儒学的现代性作了充分肯定。传统的儒家思想将进入"第三期发展"。杜维明指出，现代思潮的主题是如何建立"哲学的人学"，对此儒家是可以有所作为的。因为儒家可以提供这样的信念：人是由各种不同的关系网络组织而成的，但又可以内在于这些关系网络而转化之；人可以在不断扩展的人际关系中实现自我超越，最终达到天人合一的境界。此种超越而内在的观念更能体现新人文主义的基本精神。另外还有范希春的《现代新儒学的转向省察》(《山东大学学报》2000年第6期)。

二、第一代新儒家研究

对新儒家展开专人研究，主要是对每一个新儒家人物思想的研究，从本体论、方法论、历史观、文化哲学、人生哲学等方面展开多层次、多角度的研究。

(一) 梁漱溟研究

熊吕茂在《梁漱溟的文化思想综论》(《湘潭师范学院学报》2000年第4期)一文中认为，梁漱溟的文化思想理论始创于《东西文化及其哲学》一书。梁漱溟在五四时期一片推翻传统、倡导西化的浪潮中，为了拯救民族的危亡，高扬中国儒家文化的旗帜，创造性地重新解释儒家经典，试图创造一种全新的中国文化来指导中国的社会实践，探索一条中国式的现代化道路。

黄克剑在《百年新儒林——当代新儒学八大家论略》(中国青年出版社2000年5月出版)一书中指出，梁漱溟开了当代新儒家思潮的先河，他的设想，只给了人们一种美好的向往，却并没有真实结果。但他为寻找当代中国文化出路的人们提供了又一道文化难题：在时代精神和民族精神的十字架前，应当怎样选择我们的"现代"及其"以后"？胡逢祥在《社会变革与文化传统》(上海人民出版社2000年9月出版)一书中也对梁漱溟的思想作了论述。

对于梁漱溟的研究还有肖良武的《从"出世"到"入世"——梁漱溟由佛转儒思想的嬗变》(《贵州社会科学》2000年第1期)，郑黔玉的《试论梁漱溟乡村建设的文化哲学基础》(《贵州大学学报》2000年第4期)，郑大华的《梁漱溟对儒学的认识》(《文史知识》2000年第7期)。

另外李渊庭根据听课笔记整理成的《梁漱溟谈孔孟》，《文史知识》从2000年第7期起进行了连载。

(二) 熊十力研究

郭美华在《自我的凸现与消弭——论熊十力哲学对主观与客观关系的解决》(《学术月刊》2000年第8期)一文，力图通过分析熊十力对主观与客观关系的解决来窥其哲学之一斑。他认为，从总体上看，熊十力哲学主要是一个本体论体系，由于熊十力哲学在根本上否认客观物质世界的实在性，其本体论体系也就是心本论哲学体系，其核心是本心及其实证。本心即是本体，本心的实证就是本体的达致。实证是一个具有纯粹中国哲学本土特色的术语，意义略近于程颢所说"自家体贴出来"的蕴味，而不完全是西方哲学以经验证实为主的实证。这一实证，内在关联着主观与客观的关系。

杨丹荷在《熊十力哲学人生论中的道家思想资源》(《哲学研究》2000年第1期)一文中认

为,熊十力人生观的主题就是阐明如何体认"本心",在"本心"与"习心"的"理欲交战"中存养、显发与扩充"本心",他在阐述过程中不断地以佛、道两家之人生论、心性论作为参考借鉴。杨丹荷从三个角度说明了熊十力的人生论对道家思想资源的借鉴:1."为学日益,为道日损"——逐物不返之科学与显发"本心"之哲学的区别与联系。2."知止乎其所不知"——反己实证。熊十力的反己实证了同为日损的发己之学的儒、佛、道的影响、启迪。3.全性保真——"本心"的存养与扩充。

傅伯言、赖功欧在《论熊十力的孔子观》(《江西社会科学》2000年第11期)一文中从熊十力对孔子文献考定的前提,孔子生生不息及与民同患的观念基础,敦仁之学的思想核心,内圣外王、开物成务的目标,天下大公的理想等方面,系统论述了熊十力的孔子观。另外,肖永明的《超越与僭越——熊十力新儒学:保守主义与激进主义的双重变奏》(《中华文化论坛》2000年第4期)一文对熊十力思想中的保守主义和激进主义融于一体的混合特质及其昭示的历史教训作了探讨。

黄克剑在《百年新儒林——当代新儒学八大家论略》一书中指出,熊十力的宇宙论是"体用不二",人生论是"天人不二",治化论"道器不二"是当代新儒家的外王学。胡逢祥在《社会变革与文化传统——中国近代文化保守主义思潮研究》(上海人民出版社2000年9月出版)一书中称熊十力是新儒家哲学灵魂的真正开启者。他对现代新儒学最具影响力的贡献,在于其独创性的东方式哲学构思,为这一思潮的流向及其学派的建设奠定了形上学的理论基础。

(三)张君劢研究

黄克剑在《百年新儒林——当代新儒学八大家论略》一书中指出,1920—1949年是张君劢的新儒学思想从萌动到趋于自觉的时期。这一时期的他经由现代西方思潮的刺激渐次趣归宋儒而上溯孔孟。但他着力更多的还在于"开新"意味上的现实的立宪活动。1950—1969年是张君劢新儒学思想由自觉而探幽索微的时期。这一时期,他对自己臻于成熟的新儒学理论作了系统阐述,而重心则偏于对"返本"意味上的儒家"内圣"义理的不遗余力地抉发。作者从"政治国"与"学问国"之间、"人生观"——"文化转移之枢纽"、"修正的民主政治"、"国家社会主义下之计划经济"、中国现代化与儒学复兴问题进行了论述。相关论文还有徐锦贤的《张君励政治哲学论析》(《南京社会科学》2000年第12期)。

(四)冯友兰研究

对冯友兰的研究,多数学者重点探讨其哲学思想。郁有学在《试论冯友兰的思想历程》(《中国文化研究》2000年第2期)一文中认为冯友兰的思想历程应该分为解放前后两个阶段。解放之前,是冯友兰作为现代中国哲学史家和哲学家之学术地位的确立阶段;解放之后,是冯友兰通过把某些新理学观点与某些马克思主义哲学观点相结合形成新的哲学观,并以之为指导重新研究中国哲学史的阶段。不能把冯友兰哲学观的转变直接看做是向马克思主义哲学观的转变,他的新哲学观对于哲学本身的看法主要有四项内容:一是哲学是人类精神的反思;二是哲学的方法是理论思维以及直观和体认;三是哲学的作用是既锻炼、发展人的理论思维,又丰富、提高人的精神境界;四是哲学的派别主要有唯物主义和唯心主义、辩证法和形而上学。由此可见,冯友兰的新哲学观对于哲学本身的看法,既不是纯粹的马克思主义哲学,也不是原来意义上的新理学,而是马克思主义哲学与新理学的结合。

王路在《从冯友兰的哲学观看中国哲学史研究》(《哲学研究》2000年第8期)一文对冯友兰的哲学观及其哲学观形成前后的变化,和他的哲学观对其哲学史研究的影响作了探讨。

"孔颜乐处"是宋儒关于圣人境界的一种学说传统。冯友兰如何"接着"孔颜乐处开出"天地境界",也受到学者的关注。杨柱才在《孔颜乐处与天地境界——从"接着讲"看冯友兰的境界观》(《南昌大学学报》2000年第2期)一文中认为,冯友兰的天地境界说在境界的意蕴、境界之乐及得到境界的方法诸方面都与宋儒孔颜乐处有直接的承接关系,同时又有重大的改造。

蒋永青在《冯友兰先生的〈老子〉意义论》(《中国文化研究》2000年第1期)一文中认为冯

友兰强调“意义”是在这种“了解”中“生”出的，它既不是“客观”的，也不是“主观”的；而毋宁说是在“主观”与“客观”的融通处呈现出的一种“意义”之“明觉”。这种超越之域的极致，便是“与物无对”的大全境界；或者说，是在心—物“绝对”的境界形态中显现自身的“万有之有”的真实世界。

（五）贺麟研究

柴文华、马庆玲在《文化的超越与寻根——论贺麟的文化哲学体系》（《求是学刊》2000 年第 1 期）一文中从文化本体论、文化方法论、文化理想论和中国现实文化观四个方面全面展示了贺麟的文化哲学体系，并对贺麟的文化形上学以及“中体西用”论的特点等问题作了深入的阐释和新的探索。

汪子嵩在《贺麟先生的新儒家思想》（《学术月刊》2000 年第 4 期）一文中认为，贺麟和其他一些新儒家有不同的特点。他认为：“新文化运动的最大贡献在于破坏扫除儒家的僵化部分的躯壳和形式末节，及束缚个性的传统腐化部分。它并没有打倒孔孟的真精神、真意思、真学术，反而因其洗刷扫除的功夫，使得孔孟程朱的真面目更是显露出来。”在儒家思想和科学的关系问题上，贺麟认为：“欲求儒家思想的新开展，在于融会吸收西洋文化的精华和长处。西洋文化的特殊贡献是科学，但我们既不必求儒化的科学，也无须科学化儒家思想。因科学以研究自然界的法则为目的，有其独立的领域。没有基督教的科学，更不会有佛化或儒化的科学”。关于儒家思想和现代化的关系问题，贺麟指出，现在讲现代化就是实业化、工业化、行政机械现代化等，他追问，假如思想道德不现代化，单求实业、军事、政治的现代化是否可能？

余洁平在《儒家道德形而上学的建立——论贺麟的道德观》（《安徽师范大学学报》人文社会科学版 2000 年第 2 期）一文认为，贺麟从现代社会的实际出发，运用西方的正宗哲学、基督教精华和艺术，阐发和改造儒家道德，重建儒家的道德形而上学，其具体途径为将道德艺术化，从艺术中去求具体美化的道德；将道德宗教化，从宗教中去求社会化、平民化的道德；将道德学术化，从学术知识中去求开明的道德。

魏义霞在《贺麟的体用观：中国现代哲学重建之路》（《齐鲁学刊》2000 年第 1 期）一文中从贺麟的体用观探讨了中国现代哲学重建之路。她认为体用观是贺麟整个文化哲学和新儒学的理论根基。贺麟在立足于传统的基础上，深入挖掘了体用的文化学意蕴和内涵，开辟了体用观的新里程。不仅如此，依据自己的体用观，贺麟对现代中国哲学的转型与重建提出了一整套设想和主张，其中的许多看法今天看来仍不失为真知灼见。

同类文章还有吴仰湘的《贺麟对中西哲学的融贯创新及其学术建国论》（《湖南师范大学社会科学学报》2000 年第 4 期）

三、第二代新儒家研究

（一）方东美研究

杨毅在《艺术·道德·宗教：浅析方东美生命精神的三重境界》（《学术月刊》2000 年第 6 期）一文中认为，方东美的境界说，不同于冯友兰、宗白华、唐君毅，而有自己的特色。他的境界是艺术、道德、宗教三重境界的层层升华、贯通互动。方氏认为，中国思想家讨论世界或宇宙时，不可执著于自然层面立论，仅仅视其为实然状态，而是要不断加以超越、升华。超化之，成为艺术天地；超化之，成为道德宇宙；超化之，成为宗教境界。

黄克剑在《百年新儒林——当代新儒学八大家论略》（中国青年出版社 2000 年 5 月出版）一书中指出，方东美形上学的两个要点是：第一、讨论“世界”或“宇宙”时，不可执著其自然层面而立论，仅视其为实然状态，而是要不断地加以超化。第二、“个人”一词是一个极其复杂之概念，其涵义之丰富，非任何一套“一条鞭”之方法可以究诘。

（二）唐君毅研究

肖美丰、闫顺利在《文化意识宇宙的巨人——唐君毅新儒家思想》（《北方论丛》2000 年第 6 期）一文中认为，唐君毅将“人文”一词视为中国固有，非舶来品。孔子继承并发展了传统的

人文主义思想。孔子人文思想的核心是仁和礼,孟子重仁,而荀子则重礼制。魏晋儒学"轻名教而重自然",宋明以存天理去人欲而达到其超人文境界。所谓儒教,乃道德宗教或人文宗教,完全不同于其它宗教。

黄克剑在《百年新儒林——当代新儒学八大家论略》(中国青年出版社 2000 年 5 月出版)一书中指出,1. 在"人"与"文"的张力下诠释传统的"人文"概念,是唐君毅对他认同的儒家道统最具创发性的贡献,也是他自成格局的文化意识宇宙的趣新之所在。2. 在唐君毅的文化意识宇宙中,还存在着又一种张力,这是支持着"人"与"文"的张力又为这张力所引发的道德理性与认知理性的张力。3. 道德价值、认知价值、审美价值以至信仰价值,都是因"人"而称的人的价值。4. 在"人"与"文"、"道德"与"认知"、"个体"与"类"的张力下,唐君毅继梁漱溟、熊十力之后再一次把中国文化的时代课题确立为"返本开新"。

(三) 牟宗三研究

儒学是否为宗教,研究者有不同意见,在现代新儒家中也有不同看法。牟宗三是现代新儒家中的儒学宗教论者。苗润田在《牟宗三儒学宗教论研究》(《孔子研究》2000 年第 6 期)一文中认为,牟宗三把宗教看作是一种终极关怀。宗教可从事和理两方面看,从事上看,儒学不是普通的宗教,因其不具备普通宗教的仪式;但从理上看,它是全部以道德意识、道德实践贯注于其中的宗教意识、宗教精神;其教义不由神为中心而展开,而由如何体现天道以成德而展开;它给人类决定了一个终极的人生方向,尽了宗教的责任。因此它具高度的宗教性,是极圆成的宗教。牟宗三解决了儒学因缺少普通宗教所具有的外部特征而难以将其视为宗教的难题,但仅具宗教精神、宗教意识而无宗教组织、宗教仪式等一般特征能否为宗教仍是值得讨论的问题。

殷小勇在《至善与圆善——论牟宗三对康德三个公设的消解》(《复旦学报》2000 年第 4 期)一文中认为,德福一致的问题在中西哲学中的解决显示出各自不同的智慧。康德强调追求幸福是人的义务,但又把它置于实践理性的约束之下,最终引出了上帝的公设来保证"至善"的实现。牟宗三以孟子的心性本体为依据,发掘其内在而超越的特性,将德福问题消解在体用内,使物随心转、心意知物只为一事,完成圆善论。实际上,他们都还笼罩在理性主体的阴影中,从而忽视对展开状态下生活世界的关注。作者认为通向真理的道路在马克思所指出的历史与实践中。

潘德荣在《重建传统的智者牟宗三》(《北方论丛》2000 年第 5 期)一文中认为,牟宗三严格区分了政道与治道,自从"家天下"成为事实后,治道就显得特别重要。只要"民主政治成立,使政权与治权离",儒家的德化治道便能"使自由民主更为充实而美丽"。但原儒"内圣外王"的境界太高,"尊尊亲亲"与"天下为公"也显然相互抵牾;即使在独尊儒术的汉代,骨子里行的仍是法治,因此,"新外王"的核心应是科学与民主。牟宗三比较儒、释、道,认为只有儒教才表达了最高的善——真正的圆善。

黄克剑在《百年新儒林——当代新儒学八大家论略》(中国青年出版社 2000 年 5 月出版)一书中指出,牟宗三重新诠解了道家玄理的"迹本相即"和佛家圆教的"开权显实",并以此通显出"圣而不可知之"以至于"神"的儒家的道德形上学。

(四) 徐复观研究

黄克剑在《百年新儒林——当代新儒学八大家论略》一书中指出,在当代新儒家中,徐氏是惟一拒绝对儒门义理作形而上学的玄观的人。徐复观同师友们的一个根本分歧在于,他不再认同"人不天不因"所涵摄的意味,因而不再在"天人不二"或"天人合德"的儒家传统的"致知"坐标中作思考。他论说中国文学和中国艺术精神的著述,对于当代新儒家思潮在文化广度上的辐射,尤其有着特殊的价值。徐复观是当代新儒家学者中染涉政治最深却又对政治"万分痛恨"的人物。

从今年发表的文章情况看,对第三代新儒家个案人物的研究,显然不及第一和第二代,本年度的研究成果不多。

余秉颐、卢找律在《传统儒学与当代全球文

明——访杜维明先生》(《学术月刊》2000年第6期)一文中介绍了杜维明近年对传统儒学与当代全球文明问题的若干新思考。他从文明冲突与文明对话、儒学人文主义与“新人文主义”、传统与现代性方面进行了论述。认为亨廷顿提出的“文明冲突”决不是当今世界文化发展的主流。冲突不一定存在于不同的文明体系之间。不同族群、不同文明体系之间应该有更多的沟通、交流,形成一种全球性的“文明对话”。儒学文明至今仍然具有作为全球轴心文明重要组成部分的精神力量。儒家的人文主义精神与20世纪下半期的“新人文主义”思想在价值取向上十分契合,但也必须指出,尽管儒学文明对于当今人类文明建设具有启发意义,却不能单独成为世界文明发展的主导,因为人类文明的发展正在呈现出比历史上任何时期都更加明显的多元化格局。在当代任何一种文明体系都不可能单独在全球文明发展中居于主导地位。同时杜维明提出了“现代性中的传统”问题,强调“传统”与“现代性”不是两个不相容的概念,现代性具有多种模式。“传统”必然要进入“现代性”;现代性受到特定的文化传统的塑造,不存在一种从天而降的、完全脱离传统的、断裂的现代性。

(陈东霞)

郭店楚墓竹简与儒学研究

1993年10月,湖北省荆门市郭店村一处墓地中发现了一批竹简,学术界称之为“郭店楚墓竹简”。这批竹简共804枚,其中有字竹简730枚,这是建国以来简帛佚籍的重大发现。经过整理,这批竹简于1998年5月由文物出版社以《郭店楚墓竹简》为名正式出版,其中包括该墓出土全部竹简的图版、释文和注释。竹简的内容分属道家和儒家,除了道家的《老子》和一篇《太一生水》外,其余文献全部属于儒家。儒家著作可以分为两组:第一组有《缁衣》、《五行》、《成之闻之》、《尊德义》、《性自命出》和《六德》六篇;第二组有《鲁穆公问子思》、《穷达以时》二篇。此外还有《唐虞之道》、《忠信之道》二篇、《语丛》四篇。这些著作为学术研究提供了极其珍贵的资料,对儒学各个方面的研究都具有重要意义。

《郭店楚墓竹简》出版后,立即引发了海内外学术界的巨大震动,人们从不同的角度进行研讨,取得了可观的成绩。继1998年和1999年后,郭店竹简的研究继续成为2000年学术界的热点。1月份,日本东京大学郭店楚简研究会编辑出版了《郭店楚简思想史的研究》第3卷,辽宁教育出版社的《中国哲学》第21辑出版了专号《郭店楚简与儒学研究》,陕西师范大学历史系则召开了西安30余位学者参加的“郭店楚简学术座谈会”(下称“西安座谈会”),这次会议的基本情况也已经在《西北大学学报》2000年第2期和《孔子研究》2000年第5期进行了报道;5月份,武汉大学中国文化研究院编辑的《郭店楚简国际学术研讨会论文集》以《人文论丛》特辑的形式,由湖北人民出版社出版,这是去年10月中旬在武汉大学举行的学术研讨会(下称“武汉国际学术会议”)的成果汇编;8月份,由清华大学思想文化研究所廖名春编辑的《清华简帛研究》第1辑刊出,这是清华大学“出土简帛与中国思想史研究”项目的成果汇编。该项目由李学勤先生主持,清华大学相关机构的学者参加,于1999年秋季列入清华大学基础研究项

目，已经正式启动。该项目的内容包括出土简帛的整理、考释及其相关研究；定期举办简帛与文献讲读班；邀请学者至清华访问；召开学术会议；出版简帛研究丛书等方面。其中的“简帛讲读班”每两周举办一次，2000年共举办了10余次，在郭店楚简的研究方面影响较大。

尤其值得注意的是，国际儒学联合会国际简帛研究中心主办的“简帛研究”网站的建立，对推动简帛特别是郭店楚简的研究起到了推动作用。该网站设立学术争鸣、简帛档案、论著索引、网上首发、简帛论坛等等栏目，受到了郭店楚简研究者的普遍关注。

丁四新的《郭店楚墓竹简思想研究》（东方出版社2000年10月出版）是专门研究楚简的学术专著，该书是作者在个人博士学位论文基础上修订而成，对郭店楚简各篇的思想源流、学派归属、撰著作者、写作年代、哲学意蕴以及学术史上的地位等作出了自己的考订和阐释。

此外，国内不少学术期刊如《孔子研究》、《中国哲学史》、《人文杂志》以及不少高校学报刊发了学者们的文章，研究涉及到文字、文献、考古、简牍以及古代哲学、文学、历史等等许多方面，其中尤以从儒学角度的研究引人注目。

一、郭店楚简对于儒学研究的价值与意义

郭店竹简之于儒学研究的重要意义，学者们都有充分的认识。1998年5月，即《郭店楚墓竹简》出版的当月，国际儒学联合会便召集北京的一批学者就其中的早期儒家思想进行首次讨论研究。在这方面，李学勤的《先秦儒家著作的重大发现》、《郭店楚简与儒家经籍》、《荆门郭店楚简中的〈子思子〉》（均收入《中国哲学》第21辑《郭店楚简研究》专号）等文章，对于推进郭店楚简与儒学的结合研究具有重要的指导价值。

武汉大学举办的“郭店楚简国际学术研讨会”除了出版会议论文集外，多篇会议综述也在《光明日报》2000年1月14日和1月21日、《理论月刊》2000年第1、2期合刊、《中国哲学史》2000年第1期、《中国社会科学》2000年第2期、《文史哲》2000年第2期、《孔子研究》2000年第2期、《武汉大学学报》2000年第2期以及日本东京大学的《郭店楚簡の思想史的研究》和台湾的报刊上分别发表。学者们就郭店楚简对于儒学研究的意义发表了许多见解。李学勤在《透过竹简》的报告中指出，20世纪楚地简帛的大量出土与整理，使我们获得了若干可以串联起来的坐标点，从而对战国中期到秦汉间之学术思想的各个方面及其变迁过程有了信实的材料；《诗》《书》《礼》《乐》等“六经”是先秦最基本的教材或普遍知识；“经”不是一家之言，而是共有资源；儒学和孔子的地位在当时就非常高，通过七十子的传布，儒家思想分布范围极广，是列国教育、政治的核心内容；阴阳数术思想可能是传统宇宙论的源泉，在战国中晚期流行，并与各家思想相融合；先秦学术虽经焚坑打击，到汉代又峰回路转，汉代学术绝非无源之水；疑古思潮误将战国思想文化移至汉代，现在可以还其本来面目。饶宗颐则肯定三坟五典等与《左传》、《国语》的可信，认定不仅要“走出疑古”，而且还要回归三代信史之本然。萧萐父在《郭店楚简的价值与意义》中列举了历史上多次古文献出土引发学术思想震荡的例子，肯定“二重证据法”或“三重证据法”。根据郭店竹简和上海博物馆购藏的楚简，展望21世纪，认为楚简的出土对于未来的中国思想、文化建设以及学术的取向，具有重大意义。杜维明论证了郭店楚简所蕴含的中国文化的内在精神及核心价值观念，认为它推动了古文字学、先秦哲学与文化研究的再次勃兴，有助于“文化中国”之“文明对话”的开展，确信先秦哲学较之希腊哲学毫不逊色。

郭齐勇在《从‘疑古’到‘释古’》（《文汇报》2000年9月21日）中认为，本世纪出土的简帛文献使百年学术发生了极有意义的翻转，从王国维的“二重证据法”到饶宗颐的“三重证据法”，从顾颉刚等“古史辨派”到李学勤的“走出疑古时代”，经历了否定之否定的过程，今天我们可以超越“疑古”和“信古”，平心静气地“释古”了。

江林昌在《中国先秦儒道文献的重大发现与深远意义》（《烟台大学学报》2000年第4期）中谈论了郭店楚简出土的学术价值，认为它提供了大量前所未见的佚书，弥补了有关学术研究的缺环；它的有关记载为学术史上一些久悬

未决的疑案提供了答案；它提供了一些传世古籍的最早版本，对于我们认识古书的成书年代及其流传情况具有积极意义，为古籍校勘和古文字研究带来了新的契机。在武汉的国际学术会议上，陈来的论文《儒家系谱之重建与史料困境之突破》强调了郭店楚简对于先秦儒学研究的意义，其中提到竹简虽以“孔孟之间”为主，但也包括对孔子本人的新的理解的可能性。

另外，1999 年 12 月 11—12 日在北京广播学院举行了“出土文献与中国文学研究学术研讨会”，姚小鸥主编的本次会议论文集《出土文献与中国文学研究》已于 2000 年 8 月由北京广播学院出版社出版，《中州学刊》2000 年第 2 期也以笔谈的形式发表了其中的几篇文章。据说，此次会议就出土文献与中国文学研究的关系、20 世纪中国出土文献研究的历史、出土文献与 21 世纪中国文学研究的前景，以及出土文献与中国文学研究的重要个案等进行探讨，有的会议论文谈到了郭店出土的竹简，论述了出土佚书的贡献、竹简、帛书与先秦文献研究、疑古与资料审查等问题，对儒学研究同样具有重要价值。

二、郭店楚简的考古学研究

郭店楚简的考古学研究与儒学研究是密切相连的，西安座谈会上，与会者一致认为对郭店楚简墓做考古学的研究是研究郭店楚简的基础。因此，不少学者也在这一方面倾注了自己的注意力。

关于墓葬时间与墓主身份，在武汉国际学术会议上，多数学者接受了郭店一号楚墓下葬时间在战国中期偏晚，约公元前 300 年左右的论断，此即这批竹简抄写的年代下限。李学勤甚至认定这一时间的误差不会超过正负 25 年。王葆玹则推测郭店楚简的抄写与郭店楚墓的下葬都在秦将白起攻拔郢地之后，约在齐襄王末年以前，即公元前 278 至前 227 年之间。

郭店一号墓中出土的器物中有两根鸠杖，同出的漆耳杯上又铭刻有“东宫之币”字样，李学勤认为“币”应当释为“师”，从而推知墓主可能是一位年事已高的男子，他可能曾经担任楚国太子的老师，李学勤曾经幽默地称其为“老教授”。江林昌《中国先秦儒道文献的重大发现与深远意义》也说他可能是一位楚国贵族知识分子。罗运环在《论郭店一号楚墓所出漆耳杯文及墓主和竹简的年代》(《考古》2000 年第 1 期)中探讨后认为，杯文应为“东宫之师”，东宫为太子宫，东宫之师即为太子的老师，当与墓主人有关。学术界不少人接受了这一看法。在武汉国际会议上，周凤五也同意这种观点，不过，他认为墓主应当是邹齐一带思孟学派的儒者，后仕于楚，并教授太子。李零则认为，“东宫之币”应该释为“东宫之杯”，但无论杯铭释作“东宫之师”还是“东宫之杯”，对判断墓主人的身份都没有多大帮助。张正明认为以墓主为楚国太子老师的看法，证据过于单薄。

关于郭店楚墓的墓主，曾经分别有人提出是陈良、环渊的主张，李裕民在《郭店楚墓的年代与墓主新探》(《陕西师范大学学报》2000 年第 3 期)中不同意楚墓下葬年代为战国中期的看法，他认为，从器物形制特征等方面考察，应在战国晚期前段，即公元前 299 年至前 278 年之间。所以，墓主人决非陈良或者环渊，从身份、下葬年代、竹简中反映的某些思想等角度看，他很可能是楚国太子横之师慎到。

《新华文摘》2000 年第 3 期则转载了《光明日报》的两篇文章，其中高正认为屈原完全符合墓主的基本情况，而纪健生则持明确的反对态度，他从人物的年龄、身份、死因、屈原自沉的背景、屈原绝命的时间、屈原墓葬之有无等角度逐一进行了反驳。周建中在《荆门郭店一号楚墓墓主考论》(《历史研究》2000 年第 5 期)中对楚系墓葬的椁室葬品进行研究，认定墓主的身份为“下大夫”；据金文、简牍、帛书对“不”、“币”二字有不同写法，漆耳杯铭文应为“东宫之杯”；据《周礼》、《礼记》、《吕氏春秋》，“八十九十，加赐鸠杖”之礼始于汉代，而楚系墓葬中出土的各种“杖”的形制特点，可证明此墓“鸠杖”不是手杖。屈原未曾担任过太子之傅，郭店一号楚墓与屈原无关。

三、郭店儒简的简册与文字考释

郭店楚墓竹简各部分有一定的规制，根据竹简的长度、简端削修形式、编线道数、编线间距等因素先行分成若干组，以使竹简的整理更加准确，竹简的整理一般遵循这样的原则。在武汉国际会议上，周风五探讨了竹简的简册制度，他认为简长者、简端削成梯形者为经，简短者、简端平齐者为传。他还将郭店竹简的字体分为4种，认为文字字体与竹简形制一样是研究的基础。他指出，《唐虞之道》、《忠信之道》有齐文字的特色，而其它各简则为楚国当地抄手所为。李零指出，要注意“楚书秦读”、“形近混用”的书写习惯和阅读习惯。裘锡圭认为文字的考释是非常具体而细微的工作，有其自身的规律和方法。这次会议上，陈伟、林素清、王博、刘昕岚、刘钊、黄锡全、刘信芳、李天虹、刘国胜、颜世铉等学者也分别提交论文，就楚简中字词的考释和文句的理解谈了自己的看法。

清华大学举办的“简帛讲读班”上，不少学者就楚简文字的训读与解释谈了自己的见解，《清华简帛研究》(2000年第1辑)中就此进行了报道，并收录了几篇关于文字训读与编联方面的文章，其中有李学勤对《成之闻之》中两章新的缀联、释读和理解，廖名春对《性自命出》、《六德》、《成之闻之》三篇的校释，有崔永东对《成之闻之》的字义零释，王志平对《穷达以时》的简释，李天虹对《性自命出》的编联及分篇，以及赵平安、王子今文字解读的文章。

白于蓝的《郭店楚简拾遗》(《华南师范大学学报》2000年第3期)也就郭店楚简中的部分字句进行了新的解释。吴辛丑的《简帛异文的类型及其价值》(《华南师范大学学报》2000年第4期)主要谈论了简帛典籍与传世文献相异文字的特点及二者进行比较的重要性，这对于楚简研究和儒家典籍的认识都有意义。

张守中等出版了《郭店楚简文字编》(文物出版社2000年版)，颇便于文字的考释研究。关于字句篇章的释读，武汉国际学术会议上讨论热烈，个别地方存在较大分歧。鉴于此，一些学者提议整理出版《郭店楚墓竹简》的集注本或修订本，以反映该书出版以来新的研究成果，为学界提供更加全面准确的文本。

四、郭店儒简的学派性质

关于郭店楚墓儒简的学派归属，以前学者们已经发表过不少好的见解。一般认为，郭店儒简中的一部分是《子思子》，即孔子之孙子思一系的作品，有的则说其中的绝大部分儒简都属于子思学派。总起来说，很多学者都认为它与思孟学派有重要的关系。也有学者具体探讨过楚简中的篇章，认为其中有孔子著作的佚篇；有的认为个别篇章分别属于孔子弟子县成、子游、子张，属于《公孙尼子》，属于子思弟子等等。

在武汉国际学术会议上，李景林考察了《成之闻之》、《尊德义》、《性自命出》、《六德》四篇的德目形式与思想内容，认为这四篇作为郭店竹简的核心部分，均包含“性与天道”论内容，与《中庸》思想相通；至于《性自命出》中的重“乐”思想，虽与子游“乐教”主张相同，但子游与子思之间实存在思想上的承传脉络；其余诸篇或接近于孔子，当为子思绍述孔子思想之作或接近于孟子，当为与孟子相先后的子思后学所述，因此，郭店儒家简应属思孟一系的作品。他的《关于郭店简〈唐虞之道〉的学派归属问题》(《社会科学战线》2000年第3期)在考察了禅让说的理论内涵后，认定《唐虞之道》应该属于思孟一系的作品。

杨儒宾的《子思学派新探》认为郭店儒简可以分成甲乙两组，甲组如《缁衣》、《尊德义》、《语丛一》等等从思想角度来看应当属于思孟学派的作品。但《性自命出》整篇架构很像《乐记》，而《乐记》言喜怒哀乐又切近《中庸》理论。王葆玹认为郭店儒简除《唐虞之道》、《六德》篇晚出外，其他尚有8篇是《子思子》一书的资料来源，由长期延续的子思学派陆续完成。饶宗颐也认为郭店竹简中有不少应当出于子思的著作。

但也有人持不同看法，认为应当充分注意到战国早中期儒家学派的复杂性。王博说竹简也许是不同来源文献的一种汇编，主张重视儒家在南方的发展，如子张、子游等，子思与南方的关系也不疏远。儒家不仅在齐鲁，也在宋、楚发展。现有文献及考古也许只是冰山一角，不可据此匆匆作出结论。刘信芳的《郭店简〈缁衣〉解诂》认为该篇可能出于南方学者之手。美国加州大学 Jeffrey K. Riegei（王安国）对《缁衣》简是否可以归入子思学派持保留态度，这是因为他一向怀疑《礼记》中的《缁衣》、《中庸》诸篇与子思相关，只是郭店简的发现在一定程度上减轻了他的怀疑。李存山则认为，《六德》篇所构建的伦理体系，明显不同于《五行》篇，与《忠信之道》也不类；但他讲的“圣、智、仁、义、忠、信”，在内容上与《五行》和《忠信之道》等篇又有相当的联系，因此郭店儒简可能是“仲良氏之儒”的作品。

西安的座谈会上，林乐昌认为子思之学远承孔子中期仁学和晚期易学中的一部分观念，近承曾子和子游之学，并明显受《易传》的影响；《中庸》和《五行》似乎是子思前后不同时期思想演变的结果，《中庸》可能是其前期著作，《五行》则可能是其后期作品。两书的主要差异在于核心范畴不同，《中庸》是“诚”，而《五行》则是“德”。

五、郭店儒简的思想研究

关于郭店楚简思想的研究，有的学者从整体上进行论述，涉及到哲学、政治、道德的诸多方面，讨论了天人关系、心性论、礼乐思想等等；不少学者对具体的篇章进行讨论，除了《鲁穆公问子思》，学者们的研究几乎涉及到所有的篇章，认识也从而更加深刻。这是郭店楚简研究中最为突出的方面。

（一）儒家的天道观和人性论

在武汉国际学术会议上，丁四新对简书的天人观进行了论述，认为《老子》以“道法自然”把天人二者融通、连贯起来；而儒简的天人观主要包括三个方面，一是天人相通、相入的思想，二是以心性或德性为本位，加深了对天人关系的理解，三是天人相分的思想在竹简中被突显出来。庞朴认为《五行》中的“圣”、“德”等天地境界，是绝对的终极层面；而人道之善指向相对的社会道德；三伦六位指示血缘亲情关系的人伦道德。他又通过对简书天人关系的分析，提出了“天人三式说”，并认为郭店儒简特重“心”的文化。庞朴在《三重道德论》（《历史研究》2000 年第 5 期）一文中继续探讨后认为，郭店楚简中《六德》、《五行》等篇列有儒学的三重道德规范，他们组成了完整的儒家道德学说体系，那就是：人伦道德（六德）、社会道德（四行）、天地道德（五行）。这个体系始于对人自然亲情的确认、尊重和人文化，即所谓的“男女辨”、“父子亲”、“君臣义”；然后乃由“亲亲而仁民”，提升为以尊尊为标帜、以善行为指归的理性的社会道德；更后再由“仁民而爱物”超越具体的社会历史情景，复归于大自然的怀抱，民胞物与，参赞化育。郭齐勇考察了郭店简《性自命出》、《五行》等篇的身心与性情关系的论说，指出《性自命出》和《五行》等篇所揭橥的人的“喜怒哀悲之气”及“好恶”之情实即仁义天命之性，天人之间，情为枢纽，此种性情禀赋自天。《性自命出》、《五行》中的天命、性情说，是由《诗》、《书》、孔子走向孟子道德形上学的桥梁。

韩星在《郭店楚简儒家天道观述略》（《西北大学学报》2000 年第 2 期）中说，郭店楚简儒家著作继承并发展了孔子的思想，在以探讨人道为主的同时，有许多关于天道观的论述，如天命、天道、天常、天德、知天、效天等，楚简的天道观是在天人关系的互动中寻求解决社会人生问题的。

（二）儒家的礼乐思想

韩星的《郭店楚简儒家礼乐文化精义辨析》（《人文杂志》2000 年第 5 期）对郭店楚简儒家著作中有关礼乐文化的论述作了梳理和阐释，并与先秦其它儒家著作进行比较，以揭示这些思想观点的价值与意义。清华大学的“出土简帛与中国思想史研究”项目中，彭林承担了《郭店楚简与先秦礼学》的研究专题。在武汉国际会议上，彭林对《五行》、《六德》、《成之闻之》、《尊德义》以及《语丛》诸篇涉及的礼容进行了研究，指出礼容与礼法、礼器、礼义等同为古礼的四要素之一，郭店竹简关于礼容的人文意义的论述主要涉及礼容与人性、德义、治国安邦、君子修养的关系。郭店竹简把礼容的缘起、意义等问题置于道德伦理体系大背景下来认识与阐发，对于今人认识先秦礼学的思想面貌具有重要作用。邢文通过对楚简与今本《缁衣》的比较，认为孔子传《礼》，七十子后学传《记》，这是先秦礼学的基本线索。饶宗颐从郭店楚简论述了古代的乐教，他着重阐明了《五行》中有关"金声玉振"的解说，指出儒家特别提倡乐教，在儒家思想中，"乐"是兴善进德的工具，可使人浸润于天德化育之中。蔡仲德的《郭店楚简儒家乐论试探》(《孔子研究》2000年第3期)认为儒家著作的《性自命出》等篇论乐的文字不仅数量可观，而且为他书所未见，从中可见郭店竹简中的儒家乐论重视音乐的社会功用，强调音乐教德养心的作用，强调礼乐配合治人治国的作用，反映了儒家乐论共有的特性。这些乐论在儒家乐论史上占有一定的地位，就所论及的方面而言，其思想是孔孟思想的发挥和补充，但不如《中庸》、《荀子·乐论》、《乐记》那样深入。

郭店楚墓中的儒简，学术界基本认定主要属于子思一派，所以，可以通过这些竹简观察儒学在孔孟之间的演变过程。罗新慧的《从郭店楚简看孔、孟之间的儒学变迁》(《中国哲学史》2000年第2期)一文将楚简中的儒学理论与孔、孟的相关思想比较，可以看出郭店楚简中仁、圣两概念较孔子所设定的意义、内涵有所变化，且高远性有所降低；而关于"礼"的论述，则沿着孔子所提出的注重内心情感的轨迹继续发展，简文关于内省修心的阐述是思孟学派修身的基石，它突显了孔子到孟子修心理论的思想线索。但就仁学理论及理想人格的阐述看，简文似乎并不代表儒家思想的主流，儒家学说的发展在孔子之后直至孟子，实经历了一个"出于幽谷，迁于乔木"的阶段。

(三) 儒简具体篇章的思想研究

关于楚简思想的研究，学者们多是就具体的篇章进行探讨，以下我们逐篇进行介绍：

1.《缁衣》

由于竹简《缁衣》见于今本的《礼记》，这为竹简《缁衣》的文本研究提供了条件，学者们的一致意见是，简本《缁衣》的章次优于传本。武汉国际会议上，除了邢文对楚简《缁衣》与先秦礼学的关系进行了研究外，刘信芳的《郭店简〈缁衣〉解诂》和涂宗流、刘祖信的《郭店楚简(缁衣)通释》有助于《缁衣》篇思想的探讨，如刘信芳解诂《缁衣》、讨论其文章结构后，又说《缁衣》可能是当时南方学者的作品。

2.《五行》

在武汉国际学术会议上，《五行》篇是学者们较为瞩目的篇章之一。除了饶宗颐、庞朴、彭林外，郭齐勇的讨论也多涉《五行》，他指出《五行》的主题是"德之行"，而"德"的本字即"心之行"，他认为竹书《五行》尚没有发展成帛书《五行》的"仁、义、礼、智、圣"五种德气之说，是孟子有关"气"论、"体"论才使这种道德的身心观得以圆成。如此，似乎证明《孟子》介乎竹、帛《五行》之间。李存山梳理了简本《五行》、《中庸》、《孟子》、帛书《五行》的思想脉络，指出简本的特色是近乎曲折地论述了"圣智"尤其是"圣"的重要性，《中庸》中还可见"圣"之"聪明睿智"含义，到《孟子》则更强调"仁义礼智"并且突出仁义对于礼智的统率地位，帛书则有意无意削弱了圣智的重要性而提升了仁义的地位，由此可见"思孟学派"的思想变化。台湾学者郭梨华认为，《五行》中提出仁义礼智"四行"，虽然未如孟子所言乃人心之四善端，但却是谕示了四行之为善心的可能，由此开启了孟子的"心善论"。丁四新的《略论郭店楚简〈五行〉思想》(《孔子研究》2000年第3期)对该篇的内在思路进行了分析，发现简书认为仁义礼智圣五行是与心之用密不可分的，而且突出了圣智的作用，认为是仁义礼乐之本源。

3.《成之闻之》

《成之闻之》一章简文古奥，学者们已经有所注意，但仍然在缀联、释读和理解上有可以商榷之处。《清华简帛研究》(2000年第1辑)上除了廖名春的校释外，还有李学勤的《试说〈成之闻之〉两章》(又载《烟台大学学报》2000年第4期)，文章首先对圣人之性章进行了重新训释和解读，概括了此章的大意，并将其与孔子论性的话进行比较，指出这一章的性质属于性论，其目的是对孔子的性论给予进一步的阐释。文章又对天常章进行了讨论，认为这一章包括《郭店楚墓竹简》中三一至三三、三七至四〇共七支简，第四〇简系全篇之末。章文始于"天降大常"，终于“以已天常”，一气呵成，故暂称为天常章。文章依然是对其中的文字重新进行训释，如“天降大常”之“降”应释为“徵”，此句即天明大常，就是天常。天常表现为人伦，即君臣、父子、夫妇六位。小人乱天常也即违背人伦，君子治人伦也即上顺天德；“以已天常”之“已”疑读为“似”，即《说文》所说“象也”。君子慎六位，处好君臣、父子、夫妇的关系，使天常获得体现，这也就是以象天常。李学勤说，如果将上述两章与《大学》、《中庸》合读，可能会得出有兴趣的结果。如章文“民皆有性”参照《中庸》“天命之谓性”，章文“慎求之于己”参照《大学》的“慎独”，都不难窥见其间的脉络。郭店简《六德》申论六位，当在此篇之后，属同一著作。

4.《尊德义》

在武汉国际学术会议上，李景林、杨儒宾的探讨涉及到了《尊德义》一篇，李景林认为《尊德义》与《成之闻之》、《性自命出》、《六德》一样是郭店儒家简的核心部分。杨儒宾说《尊德义》中有见于《缁衣》的语句，这也是郭店简出于子思学派的证据。陈明在《民本政治的新论证》中认为，孔子、曾子、子思、孟子为主要代表的儒学主流所致力者，在于“法先王”以明道，进行理论思考与阐释，促使民本主义的理念与原则重新成为现实政治运作的基础，在这样的思想脉络中，他对《尊德义》一文进行了解读。

5.《性自命出》

在郭店楚墓儒简中，《性自命出》是十分重要的一篇，也是十分引人瞩目的一篇，李天虹的《郭店竹简〈性自命出〉研究》(中国社会科学院博士后研究工作报告)从整体上对该篇进行了深入研究。《中国哲学史》2000年第4期则设立“《性自命出》研究”专栏，发表陈伟、廖名春等学者的文章6篇，集中研究该篇。

对《性自命出》的“身以为主心”的理解及身心观问题是武汉国际学术会议讨论的焦点问题之一。刘钊、丁四新提出《性自命出》篇最后一句“君子身以为主心”的读法与意义问题引起了与会者的关注，如读为“身以心为主”则意味着以心态主身形；若是“以身为心主”则是以身形端正内心之意。庞朴与台湾大学的陈昭瑛认为应作“身主心”理解，陈昭瑛认为郭店楚简有重身倾向，这与楚人的精神特质有关。刘昕岚认为这里是说君子注重自己的仪容以正心。郭齐勇认为，按照上下文理解应偏重于后者，但此篇前文强调了以心志主身形。他还把《性自命出》与《五行》比较，认为二者的主题皆为“心术”，但二者在讨论“心”体认“道”的方法取径、养心用心之方上侧重点和层次不同，进而解释了对身心分化与身心互动的看法。在《郭店楚简〈性自命出〉的心术观》(《安徽大学学报》2000年第5期)一文中，他认为该篇是以儒家身心观为内容，以探讨“心术”、“性命”为中心的论文。

在这次会议上，探讨《性自命出》的文章还有很多。东方朔以先秦心性论为背景，探讨了《性自命出》中性、心、情诸范畴的特定内涵及其相互关系，认为该篇合情而言的性论不同于孔子兼才而言的性论，亦不同于孟、荀分别善恶而言的性论，但其“四海性一”、“闻道反己”说则与孔子“性相近”、“求诸己”的思想显然相承，其习性、养情的主张具有相当开放的性质，蕴含着开启以后诸性论的可能性。李维武的《〈性自命出〉的哲学意蕴初探》以及余治平、高华平的文章也是对《性自命出》一篇的专门探讨。欧阳祯人的文章探讨了《性自命出》的认识论，该文与后来发表的《论〈性自命出〉对儒家人学思想的转进》(《孔子研究》2000年第3期)一文，认为《性自命出》它的认识论和它的人学是糅合、互渗在一起的，突出了人的性情，弘扬了人的主体性。《性自命出》意在调和心志与性情的矛盾，解决心无定志的问题，是孔子心志之学的自然延伸，它超越了孔子“与命与仁”的理论架构，而以性情为基础，以天命为归依的“反善复始”思想，刷新了儒家心志之学的风貌，发展了儒家的仁学理论，为思孟学派的崛起奠定了坚实基础。

在西安座谈会上，赵馥洁认为《性自命出》论述的是儒家的心性说，其突出特点是高扬“情”的价值。它以“情”为核心，建构了由天—命—性—情—道的范畴系列所呈现的价值意识系统。丁为祥立足于《性自命出》，探寻了从孔子到《中庸》、《孟子》人性论的发展理路。

关于《性自命出》与儒家人性学说的思想来源，杨朝明追溯到《逸周书》的《度训》、《命训》、《常训》等篇，在《周训：儒家人性学说的重要来源——从〈逸周书·度训〉等篇到郭店楚简〈性自命出〉》(载东日本国际大学儒学文化研究所编:《21世纪儒学文化に关すき国际会议报告论文集》)一文中,作者将《周训》的观点初步归纳,找出与《性自命出》相联系的内容,认为将二者初步比较,则不难隐隐看出《性自命出》中《周训》的影子。

6.《六德》

在武汉国际学术会议上,刘乐贤认为《六德》之中"为父绝君"、"为昆弟绝妻"、"为宗族杀朋友"、"门内之治恩掩义,门外之治义斩恩"等罕见于传世文献中的文字,确实证明儒家把血缘宗族关系看得重于社会政治关系,这正是儒家由家而国、家国同构主张的体现;而该篇将父子、夫妇、君臣之间规定为生、率、使的关系的说法,当是以后三纲说的滥觞。徐少华认为《六德》中"位"、"职"、"德"皆以"六"为制并互相对应,与《易》、《书》、《诗》、《礼》等文献以及汉代子书中大量存在的以"六"为制的范畴类似,反映了先秦两汉的学术风格;《六德》中所讨论的"位"、"职"、"德"及其相互关系是先秦儒家各派出于治国平天下的目的而经常探讨的一些核心话题,其主要思想大多上承孔门而加以系统发挥,并为汉儒的有关思想和理论提供了更加完整系统的资源和依据。

7.《穷达以时》

在武汉国际学术会议上,丁四新从《穷达以时》、《唐虞之道》诸篇勾稽出郭店儒家简中天人既相同又相分、个人既顺天又自为、修养成德既系于时世又在乎德才的辩证互补思想,指出郭店儒简更加强调德性的修养,宣扬以德立命,这一思想上承孔老,下启先秦诸子天人之辨的序幕。

8.《唐虞之道》

《唐虞之道》是目前所见到的儒家论述禅让制度最为完整的文献。在西安的座谈会上,刘宝才说这篇文章属于儒家,但与孔、孟、荀思想不太相同,这与战国中期特殊的时代背景有关。这种思想作为历史的理念积淀下来,代表着人类的一种崇高理想,具有永恒价值。可以说此篇是中国政治思想史、更是儒家思想史上的珍贵文献。钱逊的《对尧舜禅让意义的认识》(国际儒学联合会编:《纪念孔子诞辰2550周年国际学术讨论会论文集》,国际文化出版公司,2000年6月版)一文也就此谈了个人的看法。

在武汉的国际会议上,彭邦本联系先秦儒家禅让思想的学术流变,对《唐虞之道》的成书年代和禅让观进行了探讨。在《儒墨举贤禅让观平议》(《四川大学学报》2000年第5期)中,他又考察了儒墨的举贤禅让思想,在揭示其相似主张及其共同历史背景的同时,重点探讨了两家思想的分歧及其流变影响。

《唐虞之道》中载有"六帝"之说,那么,"六帝"何指?子思称引"六帝"依据何在?邓建鹏在武汉国际学术会议的论文中作了考释。

9.《忠信之道》

李刚在《郭店楚简〈忠信之道〉的思想倾向》(《人文杂志》2000年 第4期)中认为,该篇总的倾向属于儒家,但却是儒家文献中比较独特的篇章,它标举忠信,重视民生,有无为而治的倾向,似有道家的影响。它为进一步理解先秦儒家思想的演变以及儒道关系提供了线索。

10.《语丛》各篇

在武汉国际学术会议上,《语丛四》受到了几位学者的关注。为了便于理解全篇的主旨,正确认识该篇的性质,台湾学者林素清重新考释了简文,并对若干疑难字加以笺注。有的学者认为《语丛四》与前三篇很不一样,并要将其从《语丛》中划出去。罗运环对郭店楚简有关君臣关系及君对臣任用原则的变化进行考察后,认为此言值得商榷。据《国语·楚语》,楚庄王时,太子教科书中有一种叫做《语》的教本,韦昭曰:"语,治国之善语",应属于格言、警句之类,楚简中的《语丛》即属此类。关于《语丛四》的学派性质,有的认为既非儒家,又非道家,而可能是法家、纵横家的思想。有的认为应为道家文献,朱喆的考察结果同意后说。

六、郭店楚简与儒家文献研究

确定了郭店楚简的年代,便可以之与其他文献比照,在这方面,儒家经书的研究条件得天独厚。如先秦时期有无"六经"?如果有,"六经"并称始于何时?一般认为先秦只有五经,并无《乐经》，邓安生的《论“六艺”与“六经”》(《南开学报》2000年第2期)仍持这种看法，认为孔子讲授礼、乐主要根据《诗》、《书》。但现在不少学者认为《乐》是与其它各经并称的，不仅如此，廖名春的《论六经并称的时代兼及疑古说的方法问题》(《孔子研究》2000年第1期)一文依据马王堆帛书《易传》和郭店楚简《六德》等篇都有《易》、《春秋》与《诗》、《书》、《礼》、《乐》并称的例子，将这些新材料与《论语》、《庄子》、《礼记》、《史记》等文献结合起来进行分析，证明“六经”的形成源于孔子。认为早在先秦时期，《周易》就与其它经书并列，进入到儒家群经当中，说孔子乃至先秦儒家与《周易》无关，否定先秦有“六经”并称的事实，是方法论的错误。廖名春的《“六经”次序探源》(国际儒学联合会编:《纪念孔子诞辰2550周年国际学术讨论会论文集》，国际文化出版公司，2000年6月版)还结合楚简就“六经”的次序进行了研究。他的《郭店楚简与〈诗经〉》(姚小鸥主编:《出土文献与中国文学研究》，北京广播学院出版社，2000年8月版)则就郭店楚简各篇引《诗》论《诗》的材料进行了探讨，认为这对于研究先秦《诗经》，研究先秦儒家的《诗》学和《诗》教都有重要意义。

郭店楚简中《缁衣》、《成之闻之》多引《尚书》，在武汉国际学术会议上，耶鲁大学的安金平认为《成之闻之》是《尚书》的传。廖名春就郭店简引《书》论《书》的文句进行了考察，认为后人的《尚书》研究在断句与理解上都存在一些误读，所谓“晚书”实属后出，先秦《尚书》有多篇今传《尚书》失收。他的《郭店楚简〈缁衣〉引〈书〉考》(《西北大学学报》2000年第1期)认为楚简《缁衣》所引《书》更接近于原本、原义，“晚书”《君牙》《君陈》当系后出，《祭公之顾命》原属先秦《尚书》，进而论及以《祭公》等为代表的《逸周书》并非“仲尼删《书》之余”，而是秦以后新编《尚书》之余；它们许多本来就是先秦《尚书》里的一部分。李学勤认为郭店楚墓竹简出土，让我们真正看见了古文经。吕绍纲在《〈郭店楚墓竹简〉辨疑两题》(国际儒学联合会编:《纪念孔子诞辰2550周年国际学术讨论会论文集》，国际文化出版公司，2000年6月版)中分析了《缁衣》征引的《咸有一德》、《君牙》、《君陈》三篇4条古文《尚书》，认为“阎若璩的结论从此不是那么板上钉钉，不可以讨论了”，“李学勤说真古文面世，意义重大，其蕴义即在于此”。

西安座谈会上，王晖也认为郭店楚简为早期儒家经学的研究提供了很重要的资料，证明“六经”之学在孟子以前就已存在，《成之闻之》显示了儒家章句之学的具体内容，西汉的今文学家攻击“古文经”不可靠，从郭店楚简所见《大禹》等篇来看，今文学家才是“抱残守缺”。

武汉国际学术会议上，刘乐贤从大、小戴《礼记》及《说苑》等文献中找出了与《六德》之“六德”等文字内容可资对照的辞例，从而肯定了这些传世文献的史料价值。邢文认为简本《缁衣》早于今本《缁衣》，他指出今本《缁衣》有引《诗》增句的现象，其篇首的“子言之曰”章并非《缁衣》之本义，《缁衣》等篇的“子曰”当系孔子曰。通过比照《服传》以传文入经，成为《礼》经文的一部分的现象，认为今本《礼记》的成书也是《缁衣》以记入经的结果。

李学勤以前有《郭店简与〈礼记〉》一文，指出郭店竹简之于《礼记》研究的意义，以后，也有人结合郭店竹简对《礼记》中的篇章进行研究，如梁涛的《〈大学〉早出新证》(《中国哲学史》2000年第3期)和《郭店楚简与〈中庸〉公案》(《台湾大学历史学报》第25卷，2000年7月)等即是。

实际上，郭店楚简的文献学价值可以发掘处尚多，李学勤的《郭店楚简〈六德〉的文献学意义》(见于武汉国际会议论文集和《清华简帛研究》2000年第1辑)认为，《六德》篇有许多地方可与传世的儒学典籍互相比较，以之为标准从而推证一些传世文献的年代，由较晚的传世文献引据《六德》，又可以印证对《六德》年代的判断。通过比较，发现《六德》和《五行》一样曾经为贾谊的《新书》所引据；《六德》与《礼记·丧服四制》等篇有直接关系，《丧服四制》之作应早于《六德》，而《大戴礼记》的《本命》只能袭用《丧服四制》，年代较晚。但其形成可能仍在先秦；《六德》又依据了《仪礼·丧服》而且是假定其读者了解《丧服》的规定。《丧服》全篇有经有记，又有传(或称《服传》),《六德》的作者肯定见过《丧服》经、记,至于是否见过《服传》,没有直接的证据。《传》不仅解经,而且解记,其最后写定可能较迟,如说乃子夏及其门徒陆续撰作改订,要更合理一些。但有一点可以肯定,《服传》至少有一部分早于《丧服四制》,也即早于《六德》。

七、郭店楚简与儒道关系

郭店楚简中儒、道文献同出一墓,引发了人们对先秦时期儒、道关系的新的思考。在武汉国际学术会议上,学者们曾就儒、道、墨是否同源的问题进行了讨论,有学者认为郭店竹简的道家文献被儒家化了,而儒家文献也被道家化了,更多的学者认为在《庄子》以前学派并未分化。

罗炽的《郭店楚墓竹简的援儒特征及断代问题》认为,从内容上看,郭店竹简反映了战国孟、荀之间,抑或庄、文之间,荆楚地区思想上援儒入道的学术思潮。从荆楚地区的特色文化而言,它恰好构成了由庄子和稷下道家到秦汉黄老道家之间的一个重要的中间环节,形成了一个不可或缺的史链。这股援儒入道的思潮,实际上已经成为秦汉之际政治变革的先导,为汉初儒表道里的思想政治路线起到了滥觞作用。刘泽亮则就郭店《老子》简中所见的儒道关系及其意义进行论述,认为先秦儒道关系并不紧张,直到简本《老子》出现并且流传的年代,老子道家的思想与孔子儒家的思想也并非势同水火,而是互有涵化、兼容并包。儒道互黜最早可以追溯到今本《老子》成书的时代,其时已经是战国中晚期。随着郭店竹简的重光,应当更新观念,深入研究儒道文献同出与相互印证现象的深层内涵。

八、郭店楚简与儒学传播

位于楚地的郭店战国墓葬发现儒学典籍十分值得注意,《郭店楚墓竹简》出版之初,李学勤就强调了这一点,在武汉国际学术会议上,李学勤认为儒学是当时列国教育、政治的核心内容。任继愈的《郭店楚简与楚文化》则重申楚文化在中国文化史上的地位,认为楚文化既有自己的个性,也有华夏文化的共性;楚墓竹简以老子学派为主导,同时也吸收了黄河流域的文化,特别是邹鲁文化。张正明也谈到楚国自成王时起就重视研究北方典籍,对各家学说敞开大门,郭店楚简的面世正好表明楚国在学术上不存在门户之见。胡治洪则认为,楚简的面世以及其中儒道两家文献并存、两家文献中都含有人们未曾见过的内容的基本史实,对于楚文化史学界形成的楚与中原文化分流对立的强势观点提出了挑战。他引述《左传》、《史记》等文献关于楚与中原文化接近或相融的记载,试图论证楚与中原文化同源异流的观点。

(杨朝明)

儒学学术动态

学术会议

海峡两岸中国经典诠释传统学术研讨会

2000年4月4日至5日，中国社会科学院历史研究所、国际儒学联合会、中国现代文化研究中心、《中国哲学》编辑部等单位与台湾太平洋基金会，共同在北京香山饭店举办了海峡两岸"中国经典诠释传统学术研讨会"。来自海峡两岸的30多名学者出席了会议，会议收到论文共29篇。这次会议旨在增进对中国原典精神以及对历史上所形成的独特的经典诠释传统的理解，以及深化对中国传统文化的研究和认识。

本次会议主要探讨了儒家经典所蕴含的文化精神及价值，如姜广辉从世界经典现象探讨了儒家经典的内在根据；黄俊杰则从道、圣人与经典的关系，指出了儒家的历史观及其所倡导的普遍理则；陈启云从文化传统与现代认知的关系出发，指出了历史主义的诠释意义；严正论述了中国传统经典诠释学确立的特点；林启屏论述了儒学诠释中的"宗教性"；吴锐从《尚书》出发，指出了中国历史从口传历史到成文历史的形成特点；张海晏从《诗经》言志这一主题出发，揭示了诠释中的"意义的诉求与表达"关系；梁涛则探讨了郭店楚简与《中庸》成书的公案之争；王启发论述了礼的属性与意义；王葆玹揭示了礼与礼经的解释系统；张践从儒家孝道观的发展，论述了《孝经》的形成过程；叶国良从诠释义理的角度论述了中国传统的名物制度之学；邢文从《易经》的卦序，指出了《易》的早期诠释及其传统；林忠军论述了郑玄《易》与两汉易学思潮的特点；谢大宁则从言与义的辩证关系，指出了先秦汉魏易经诠释的几种类型；张文修探讨了正始时期经学玄学化的本质；张广保论述了纬书对六经阐释的特点；谢保成提出中唐时期啖助、赵匡的《春秋》学，是经学发展的转折点；李纪祥论述了《近思》之"录"与《传习》之"录"的不同特点；浦卫忠论述了胡安国的《春秋传》的思想；古伟瀛探讨了明末清初耶稣会士对中国经典诠释的特点；汪学群探讨了王夫之的经学创解特点；陈居渊论述了清代经学家凌廷堪的礼学思想；王中江通过章学诚的经学思想，指出了历史与社会实践的意识在经典诠释中的关系；陈其泰论述了龚自珍与《公羊学》的诠释传统；何成轩论述了章太炎的经学思想；李明辉论述了李春生所理解的中国文化经典思想；陈昭瑛揭示了儒家诗学在日据时代台湾的诠释发展脉络；蔡振丰论述了严遵、河上公与王弼的老子学的关系；等等。

在会议的举行过程中，许多学者详细发表了各自对传统经典诠释的认识，产生了各种不同的新观点。例如，中国社科院历史所姜广辉指出，经学重训诂考据，极其烦琐，但研究中国儒学不能不关注训诂考据。对于儒家经典的研究应基于这样的认识，儒学是中国传统文化的主干和基础，经典反映了中国先民对人类所关心的重大问题的思考，具有多方面的原创性，后世许多思想都可以从中找到最初的原型，由此而形成中华民族认识世界和把握世界的思维方式。对于中国经典的研究，不是一种复现的过程，而是一种创造的过程，应当从这样几个方面入手，一是价值取向的合宜性，二是文化本源的启示性，三是思想体系的开放性，四是原典本义的演绎性,五是时代主题的超越性。

台湾大学历史系黄俊杰指出,在儒学经典中,具体性的历史事实之叙述,与抽象性的普遍理则之导出,两者之间密切结合,有其互相渗透性,故儒家经典中所见的普遍性,实系一种具体的普遍性。在儒家经典中所见的对三代或典范人格的叙述,都是以朝向提炼出普遍的道德理则或抽象命题为其目的。因此,儒家历史学实质上是一种道德学说或政治学。在这种特质之下,儒家历史叙述是一种抽象普遍理则的手段。

与会学者们认为,儒家经典及经典诠释活动所反映的中华民族的价值系统和思维方式如何支配社会各种人物的思想和行为,是需要认真地加以考虑的。在相当长的一段时间里,它维持了社会的整体性和相对的一致性,使社会化的生活方式进入一种良性循环,并培养人们应有的高尚道德和精神内涵,从而成为增强中华民族凝聚力的文化精神。其后期的发展逐渐走向僵化,束缚了人们的思想,这也是事实,应该辩证地看待,需要以现代的方法对它作科学的整理和研究,这是研究儒家思想的重要前提。

儒商精神与21世纪中国及东南亚经济发展国际学术讨论会

2000年4月15日至19日,香港国际儒商联合会、国际儒联、湖南省社会科学界联合会、湖南孔子学会等单位主办的"儒商精神与21世纪中国及东南亚经济发展国际学术讨论会",在湖南省张家界举行,来自海内外的学者70多位学者围绕着儒商的定义、现代儒商的特征、儒商精神及其与市场经济的关系等问题,进行了深入的讨论。

一、关于儒商的定义

本次会议对于儒商的定义,主要有两类观点:一是儒商的本质规定,就是具有儒家人格、价值观、道德观并用以指导商业活动的人,或者具有"以义导利"倾向,坚持"利"与"义"相统一,具有儒家思想和观念的商人。但有的学者则不同意这种观点,认为儒家与商人是两个完全不相通的概念,儒家主张农本商末,重农抑商,这与现代商人没有相通之处。如果认为只有信奉儒家学说的商人才是好的商人,将会产生不好的社会影响。二是儒商是具有中国文化特色的商人,他们具有着中国作风、中国气派,内化了中国所有的优秀文化。

二、关于现代儒商

本次会议指出,研究儒商要重点研究现代儒商,这有利于促进现代社会经济的发展。有的学者认为,现代儒商是指具有现代人文道德和社会责任感,以及现代管理能力和创新意识的企业家。现代儒商应具备的基本特点和素质,一是以德为立身之本,二是坚持利与义相统一的价值观,三是勇于竞争和善于竞争,四是实行以人为本的管理,五是具有开拓创新的意义和能力。

三、关于儒商精神

有的学者认为,儒商精神是儒商在长期的商业经营活动中形成的独特的商业文化精神。但也有人认为,从中国传统文化的整体来看,将儒商精神定为华商精神更有积极意义,这样华商精神就可以定义为吸收了中国优秀文化的商家精神。

儒商精神应包含这样的内容,一是博施济众、依群利己的经营宗旨,二是以人为本、仁民爱物的经营,三是以义取利、诚信为本的商业道德,四是以和为贵、和气生财的经营方法,五是好学重教、以智经商的经营特色,六是变化日新、自强不息的敬业精神。

关于儒商精神对现代社会经济发展的影响,形成了不同的观点。一种观点认为儒商精神对市场经济有积极作用,主要表现在这样几个方面:一是规范市场经济理论的基本原则,二是可持续发展战略的理论依据,三是知识经济发展的思想基础,四是经济领域和平发展的主要支柱,五是中华民族振兴经济的原动力,六是共同富裕价值观念形成的积极因素。

有的学者指出,研究儒商精神与市场经济的关系,应当进行辩证的分析,不能绝对地肯定,也不能绝对地否定,它具有二重性,既有积极的方面,也有局限性的方面。儒商精神积极性的发挥不是抽象的,它将受到社会经济制度的影响，受到社会法律制度的制约，受到社会文化传统的制约，受到外来文化冲突的制约。有的学者强调，儒商精神是自然经济条件下的产物，它是我国传统文化在商品生产和商品交换中的升华，但是由于它是自然经济条件下的产物，因而与现代市场经济是不相适应的。市场经济要求市场主体要有独立的人格，要有自主、自由与平等的权利，要有守约、守法的意识和观念，要有竞争开拓和创新的精神等，这些都是儒商精神所不能包含的。因此，在研究儒商问题时，要认识到儒商精神的不足之处，这样才能真正认识和发扬儒商精神的积极作用。

四、儒商的管理理念

与会学者认为，德与礼的结合才是儒家管理思想的真正特征，现代儒商的管理必须实行以人为本的，以自律性和他律性相结合的管理方法；儒家管理思想是一个完整的思想体系，它是以人性善的假设为基础，以道德自律为核心，以礼的强制性为约束机制，以阴阳互补为方法论，以富民安人为管理目标的理论体系。为此，应当从儒家思想之中，吸取有价值的因素，建立具有中国特色的管理理论体系。

有学者指出，不能把儒学的管理看成一种手段或方法，儒学的最大特征是为己之学，就是关于如何做人，从治国的角度讲，就是为政以德，所以儒学管理思想不只是一个手段或方法的问题，它还包括着道德修养的问题。儒家的管理讲求德治，同时，它还注重礼治。礼就是法，它是讲管理的约束性、他律性问题。所以，对儒家管理思想的认识，只有德礼并重，才能认识儒家管理思想的特点。

五、如何深入研究儒商

儒商研究的深入和发展，是由我国改革开放的特点所决定的，认真研究儒商问题，具有着重要的现实意义。如何深入研究儒商问题，与会学者提出了不少建议。一是要重新认识儒学文化的内在特点，对于儒学要进行历史的、辩证的、科学的分析，揭示出儒学中具有普遍意义的价值，根据时代的需要加以弘扬、转换和创新。儒学在历史的发展过程中，形成了官方儒学、士大夫儒学和民间儒学，它们各有其独特的内涵和价值。特别是民间儒学，对人们的生活方式，具有重要的影响。所以，研究儒学应当着重于儒学在现代社会中的存在和影响，二是对儒商的研究不能停留在书斋里，而是应当进行实际的调查研究，儒学问题的研究，必须使学者联系实际，与企业家相结合，这是真正认识儒学在现代社会中的作用的一条重要途径。三是要深入研究儒商问题，还必须研究市场经济的运行特点及其规律，以及它对人伦关系、道德观念和行为方式的深刻影响，以探讨儒商在市场经济发展中的作用。

儒家传统与人权·民主思想国际学术讨论会

由中国人权研究会、山东社会科学院儒学研究所、香港孔教学院、韩国安东大学退溪学研究所联合主办，山东社会科学院承办的“儒家传统与人权·民主思想国际学术讨论会”于2000年8月4日至7日在山东青岛召开，来自美国、韩国、中国内地及香港的30多位有关专家学者出席了会议，提供论文20多篇。与会代表就传统儒学与现代民主及人权的关系、中国儒学对西方近代人权思想的产生和形成的影响、儒家传统如何实现向现代人权和民主思想转换及儒家传统对现代人权思想的发展能发挥什么样的作用等问题展开了热烈讨论。会议的主要观点如下：

一、关于传统儒学与现代民主的关系

与会代表们认为，传统儒学与现代民主的关系问题，主要是传统儒学中丰富的民本思想与现代民主思想的关系问题。现代民主既有制度层面的内涵，又有思想理念层面的内涵。作为制度层面上的民主，其主要出现于近代社会以后。作为思想理念层面上的民主，早已存在于儒家的民本主义学说之中。

牟钟鉴重点研究了孟子的民本主义思想。他指出，孟子是儒家学派中最重视民众作用和地位的思想家，其民本思想的特点为：民为邦本；民之所欲，天必从之；民贵君轻；开明君主制等。古典的民本主义当然远未能达到近现代议

会民主与多党制的水平，但它们之间是有相通之处的。李存山认为，儒家民本思想的核心是尊君和重民。民本与君主专制相联系，主要包含两个方面的含义：其一，人民的利益是国家和社会的价值主体；君主的权力只有得到人民的拥护才能巩固。前者属于价值判断，后者属于事实判断。所以，从政治体制上说，民本与民主是相对立的；从价值观上说，民本思想中蕴涵着从君主制向民主制发展的种子。而尹天根则认为，在以民本为基础结构的儒学中没有民主。如果有，也只是勉强在孟子那里找到根据。

关于儒家的民本思想向现代的民主思想能否或怎样发展转换的问题，主要有两种观点。一是明清之际转换说。该观点认为，在中国古代社会中，民本虽然不能实现向民主的转换，但在明清之际的启蒙思想家的思想中，已可初见民主思想的萌芽。李润和指出，王夫之虽主张"尊君"，但他的"重民"思想较前人有了新的发展，这对近代乃至现代的民主建设是有重要意义的。安炳周在对儒家的民本思想作了较全面的历史考察之后认为，黄宗羲的民本思想是儒家传统的民本向现代的民主转换的重要环节。李存山也认为黄宗羲在中国历史上首次提出以权力制约权力的思想。传统意义上对君权的制约一是教育皇帝，二是以天理警示。黄宗羲则认为应以公议、政事堂制度来制约君权，实现君民共治，带有建立议会的性质，因而他是中国历史上推动民本向民主转换的第一人。二是清末民初转换说，俞荣根认为，在封建君主专制统治体制下，民本思想不可能自发地转换成民主思想。中国传统意义上的民本向现代民主的转换是在清末民初，其中介是维新派和包括孙中山在内的资产阶级革命派倡导的"民权论"。最后在"五四"运动及其后实现了向民主的转换。姜广辉指出，康有为、梁启超、谭嗣同、严复等在维新变法时期倡导"民权"，在思想渊源上直追孔、孟，因为孔、孟是"扶民权"而后儒是"抑民权"的。辛亥革命时期，孙中山提出三民主义，民权思想是三民主义的核心。维新派人士提倡"民权"，反对民主，但他们和孙中山一样，倡导"民权"是与变革或推翻封建君主专制相联系的，所以，他们提倡"民权"，就具有了由民本向民主转换的中介性意义。由民本到民主的转换是一个漫长的历史过程，代表们对此尽管有分歧，但理出了一个线索，仍是很有意义的。

二、关于传统儒学与现代人权的关系

与会代表一致认为，传统儒学虽然没有提出明确的人权概念，但传统儒学中有着丰富的人权思想资源，它是传统儒学思想体系的精华，曾对西方近代人权理论的形成和发展产生过重大影响，即使对当代世界人权理论的进一步发展和完善仍可以发挥其作用。

陈志尚指出，人权既是一个社会范畴，也是一个历史范畴。现代意义上的系统的人权理论起源于近代西欧的文艺复兴运动时期，并在资产阶级民主革命中得到发展。在当代社会，随着人类社会的发展和进步，现代人权理论也不断得到充实、丰富和完善。儒家传统中如封建专制、纲常名教等思想理论与现代人权是格格不入的，必须予以批判和抛弃。但儒家学说中诸如贵人、爱人，维护人的人格尊严；推己及人，平等待人；以人为本及对天下为公、人人平等、和谐共处的大同理想的追求等等的思想精华，是我们国家和民族宝贵的文化遗产，在建设有中国特色的人权理论过程中一定会发挥重要作用。姜广辉从权力与权利、民权与人权、先儒与后儒、实然与应然、立教与行教、东方与西方等五个方面全面分析了儒家的人权观，对我们客观认识和把握儒家学说中的人权思想资源是一个有益的启迪。陈启智一方面探讨了儒家人道、人性思想的西传对欧洲启蒙思想家们的深刻影响，因此促进了近代欧洲人权思想体系的确立，儒家一些格言如"己所不欲，勿施于人"等也被录入了《人权宣言》。另一方面，他从对儒家主张重视人的生命权、生存权，尊重人的人格尊严和人的价值等方面的论述，打通了儒家学说与《世界人权宣言》中人权价值的四大准则之间的联系，凸现了儒学中有关思想的现代价值。

李存山对儒家的民本思想与现代人权理论的关系作了比较全面的梳理对比，认为儒家的民本思想在一定程度上与现代人权理论具有统一性。其一，民本思想中虽没有第一代人权的观念，但就民本的价值而言，其中却包含着第一代人权的某些因素。其二，第二代人权主要是人的经济、社会和文化的权利。而儒家"絜矩之道”的精神与此是相通的和有内在一致性的。其三，第三代人权的核心是“发展权”。而当前国际社会所面临的种种问题，民族冲突和地区冲突的加剧，生态环境的日益恶化，战争、贫困、自然灾害、疾病流行等等，都是对确立和保障第三代人权的严峻挑战。如何解决这些全球性的难题，儒家“协和万邦”、反对战争的主张，经济与社会协调发展（“均、和、安”）的要求，“仁者以天地万物为一体”的理念，“自强不息”和“厚德载物”的精神，救贫弱、恤残疾的胸怀等等的价值理念经过现代的诠释，将成为世界人权观念发展的积极的文化资源。

三、关于儒家传统向现代人权·民主思想转换问题的思考与讨论

儒家传统向现代人权和民主思想的转换问题，既是一个复杂的理论课题，又是一个紧迫的现实话题。与会代表就这一论题展开了热烈研讨，并就一些相关问题发表了各自的看法。

成中英认为，儒家哲学的人性伦理或德性伦理是现代人权的哲学基础。儒家的古典人性论转化展现为现代人权论、亦即儒家的德性伦理转化成普遍化的人权伦理经历了八个步骤，即：①道德（是非善恶）意识之呈现；②道德自我之根源的认识；③保持、完善此道德自我并力行实践，使德权合一；④为社群、社会示范与立法，促进建立共同规范；⑤由自立、自达建立价值理性；⑥扩大理性共识，化仁爱为正义，因民本而尊重人民主权，进而认识与保护个人的主权，即是认识和保护人权；⑦实现理性立法基础上的个人自由、社会正义与政治民主；⑧不断回归人性，力求发挥人性与理性。这八个方面的转化可归纳为转化道德人性为人权的充分自觉和转化社会正义为政治民主这两个方面，而其中的关键是建立合乎理性的社会立法。同时，应认识到伦理、法制、民主、正义和人权之间的关系是动态的、相互影响的关系。基于以上的认识，成中英提出要重新认识现代西方人权、民主思想之根源与发展，要重新认识儒家德性伦理之发展动力与人性社会思想，以便在现代社会构建新的人性伦理的过程中充分发挥儒家学说的重要作用。

俞荣根对儒家的法哲学理论进行了探讨，认为儒家法哲学是以宗法伦理为主要内容的体系，因而，它与现代民主政治有相悖的一面，但其中的许多合理因素经过重新诠释或改造以后，可以适应或有助于我们当代的民主法制建设。

在当代的国际社会中，人权问题已不是一个学术、理论或简单的政治问题，而是成为某些大国干涉别国内政的武器。对此，刘宗贤认为，在人权问题上，要对话不要对抗，要用东西方对话的态度来看待人权问题，西方应该放弃文化和政治上的强权，东方也需要对自身的传统和文化进行认真反思；关于人权理论，刘宗贤认为西方的人权思想来源于西方的传统和近代的自然权力论。以天赋权利论为核心，形成了西方特色的社会伦理观。而中国的道德观念与之有别，儒家心性论的实质是以伦理责任为核心的道德论，并以此为起点，肯定个人在社会中的人格尊严、作人的权利以及以心性为基础的人格平等观。

此外，胡军、颜炳罡等还就儒家文化中的德性修养具有永久性价值和人类普遍意义阐述了各自的观点。

总之，通过这一次国际性的学术讨论会，与会代表们围绕“儒家传统与人权·民主思想”这一主题，提出了一些可供进一步研究的课题，通过研讨在一些问题上达成了共识。另一方面，这一次讨论会是中国大陆学术界关于这一课题召开的第一次国际性学术讨论会，正如中国人权研究会常务理事、北京大学教授陈志尚所说，“这方面的研究还刚刚开始”，“这次研讨会是开了个好头”。我们相信，通过这一次会议的召开，能使学术界更多的学人关注、研究这一课题，使这一课题的研究取得更多的成果。

新出简帛国际学术研讨会

由美国 Henry Luce Foundation 资助，北京大学李伯谦、中国社会科学院李学勤与 Dartmouth College 艾兰联合主持的“新出简帛国际学术研讨会”于 2000 年 8 月 19 日至 22 日在北京大学召开。出席会议的代表共 60 多名，其中 30 多名为中国学者。在上海博物馆、湖南省博物馆等有关单位的大力支持下，会议重点讨论

上海博物馆购藏的部分战国楚简、马王堆汉墓帛书《式法》(旧称《篆书阴阳五行》)。

会议邀请了有关专家介绍中国新出土简帛的情况,内容包括:1.上海博物馆马承源介绍楚简孔子《诗论》;2.湖南省博物馆陈松长介绍马王堆帛书《刑德》;3.湖北荆州博物馆王明钦介绍王家台秦简《归藏》;4.湖南省考古研究所张春龙介绍慈利楚简;5.湖南省考古研究所郭伟民介绍虎溪山汉简;6.河南省文物考古研究所郝本性介绍温县盟书;7.河南省文物考古研究所宋国定介绍新蔡楚简。

会议期间在北京大学赛克勒考古与艺术博物馆举办简帛精品展。上海博物馆展示的百枚战国竹简,是高精度真彩原大照片,其内容分别为:《诗论》31枚,《衣》24枚,《性情论》45枚。这次首先解密公布的百枚竹简,填补了先秦文献的空白,特别是过去历史文献中很少见到孔子谈诗的文字,上海战国竹简中的《竹书孔子诗论》的内容,填补了孔子研究和诗学研究历史文献的空白。

本次会议就竹简的探讨,对中国传统文化特别是儒学研究的进展,将产生重要学术影响。

纪念朱子诞辰870周年国际学术讨论会

由国际儒学联合会、上饶师范学院、中国哲学史学会、香港孔教学院、台湾人文展望学会、复旦大学人文学院、南昌大学哲学系、铅山县人民政府等单位联合举办的纪念朱子诞辰870周年国际学术讨论会于2000年10月7日至9日在江西铅山召开,出席会议的有来自中国大陆、香港、台湾和韩国、日本专家、学者87人,收到论文72篇。会议旨在纪念继孔子之后,又一具有里程碑式的、百科全书式的宋代大哲学家朱熹870周年诞辰,总结20世纪朱子学研究的历史经验,展望21世纪朱子学研究发展的前景。

这次会议,无论是在研究内容的深度、范围的扩展、方法的创新诸方面,都有新的突破。成果大体可分如下几个方面:

首先是围绕朱子学的内容,学者们提出了许多新颖的见解。任继愈认为,朱熹增补《大学》第五章,提出"格物说",虽不符合《大学》原义,但却丰富了中国哲学史的内容,成功地把天下万物之理合理地归结为一个天理。把众物之表里精粗(自然、社会、历史之理)与人类的全体认识过程和认识范围融合为一体,这个理兼具自然之理与人心之理,从而构成了相当完整的哲学体系。复旦大学潘富恩、东方朔认为,朱熹的《仁说》透露了其一生的为学方向,具有重下学践履工夫的特色,此点透过朱、张间的争论可见。朱子形式上反对南轩的观点,实际上透露了他对明道工夫的警觉和不满。台湾政治大学董金裕考察了朱子论性、论心以及心在其工夫修养上的作用,指出朱子学乃是一种心学,即有别于陆王所讲的心学。台湾辅仁大学黎建球提出,朱熹对死生之说的探究颇值得重视。从他对宇宙的看法、生生之理以及死生相处之道都有相当细致的考察与颇具见解的主张看来,其死生之论虽仍带有儒家思想对此原初即有的困窘,但绝不乏新意,可以作为人生发展的途径。蔡仁厚认为象山心学也是实学,是落实于作为道德价值之根道德实体,并非落实于道德实践成就之果的实学。河北大学李振纲以理性和道德理性主义来归纳朱子学精神,指出程朱理学的产生,所要解决的问题有二:一是对佛老宗教哲学挑战儒教伦理的回应,挽救士人群体的信仰危机;二是论证道德理性的至高无上性,用儒家道统限制封建政统,用绝对理性和道德理想主义限制君主乃至整个官僚系统行政权力的滥用。

其次是研究的范围有了很大的拓展。无论从学者提交的论文还是从会议所讨论的问题看,研究的内容涉及多种学科,包括哲学、历史、教育、文学、美学、自然科学、书法艺术等门类。浙江大学潘立勇认为,朱子的理学美学人格教育,在继承儒家仁学化育思想的基础上,又有独特的发展,其人格养成之道主要继承孔子"兴于诗、立于礼、成于乐、游于艺"的固有命题,而其化育之方则表现为"学"、"践"、"养"、"化"基本范畴。福建行政学院徐刚则从天道观与自然哲学两方面入手,探讨了朱熹对孟子学说的研究心得,从而发掘出朱孟之间的理论联系以及中国古代自然哲学的发展脉络。台湾学者沈谦、马宾则从文学角度对朱熹的诗词进行了专题研究。杭州师院方爱龙考察了朱熹书法的心路历程，将朱子书风分为三期，前期专意“心正则笔正”的观念，中期“尚敧”，砭斥“争出新奇以投士人之耳目”的流弊，晚期心仪宋代先贤，向慕自然，树立“从自己胸襟流出”的书法观。佛山大学戢斗勇还从朱子丰富的古籍整理实践中，梳理出朱熹的编辑思想，认为是中国传统编辑思想宝库中的珍贵遗产。

三是在研究方法上的创新和多元化展现。郑晓江将思想史研究与考古学相结合，实地考察了陆氏兄弟活动的遗址，为陆学研究提供了新的史料，特别是证明了陆九韶在陆学发展中具有重大作用，并对三陆各自的学术地位提出了新见解。更多的学者专家则采取了比较研究和诠释学的方法，复旦大学徐宏兴从朱陆“无极”“太极”之争辨析了朱熹对本体论哲学的阐发。中国人民大学宋志明和中国语言大学郁有学则分别对冯友兰新理学与朱子理学的关系进行了辨析比较。彭永捷从人性论的角度对朱陆之学进行了比较分析。成功大学周行之对朱文公与韩文公道统论之异同进行了辨析探讨。湘潭大学王立新研究了朱子与湖湘学派的关系，认为朱子不仅具有湖湘学派的学统，而且是湖湘学派的命名者，又是湖湘学派的论辩对手和学术朋友。并指出其争取湖湘学人的目的在孤立象山陆学。南开大学陈代湘比较了牟宗三与钱穆朱子学研究的主要差异，认为牟氏以其独特的三系说为前提，判朱子是“别子为宗”，否认朱子集理学之大成的儒学正宗地位；钱氏则主张朱子为集理学之大成，集汉唐两宋儒学之大成，是孔子之后第二个里程碑，无疑是儒学的正宗。

朱子学与21世纪国际学术研讨会

由中华炎黄文化研究会、华东师范大学朱熹研究中心、厦门大学、福建省炎黄文化研究会、福建社会科学院、福建社会科学界联合会、武夷山朱熹研究中心主办，南平市人民政府承办，武夷山市和建阳市政府协办的“朱子学与21世纪国际学术研讨会”，于2000年10月2日至14日在朱熹长期讲学著述、朱子学孕育形成的发源地武夷山（原崇安县）召开。来自中国大陆各省市、台湾、香港以及美国、加拿大、荷兰、德国、新加坡、日本、韩国、泰国的专家学者共189人参加了会议，提交论文120余篇、专著文献10余部。张岱年、蔡尚思、蔡仁厚和汤恩佳等致信致词祝贺。会议的主题即“朱子学与21世纪”，分题包括：朱熹伦理观与人类思想道德体系之重建；朱熹生态伦理思想与现代环境保护意识；朱子学与中国文化重心南移；朱熹教育理念与当代中国教育；朱子学与21世纪文化创造；朱熹思想在世界各地的传播、影响及社会效应；朱子学与其他学派的比较研究等。

一、朱熹的理学思想及其历史评价

中国人民大学张立文作了题为《朱熹“心统性情”论和现代价值》的主题报告。他说：“儒家人文精神从智能的、忧患的、批判的自我意识这个层面来理解，从宋明理学所认知和把握的时代精神来诠释，主要是对人的各种问题的穷究底蕴的思考。”换言之，即对人生意义、价值理想、精神家园的反思。心性问题即其核心之一，在此意义上，宋明理学可谓人学的道德形上学。朱熹是中国哲学史上“致广大、尽精微、综罗百代”的伟大哲学家、思想家、教育家，是孔子之后儒学发展史上又一里程碑式的人物。他是两宋道学的集大成者，道学系统化、理论化的完成者。朱熹思想的产生乃是儒释道三教长期冲突、融汇而和合的成果，同时也是适应重建道德形上学和伦理秩序、价值规范，以及安身立命需要的时代产物。

中国社科院蒙培元在题为《朱子哲学的理性精神及其意义》的论文中认为，朱子哲学是理性主义的，但朱子的理性主义不是从概念中推导出来的，而是从人与自然界的生命存在中体验出来的。所谓“性理之学”、“心性之学”，都是和人的生命情感活动联系在一起的，而情感正是人的最基本的存在方式，是人性在时间中的展开，讲“心性”之学，不能不讲“性情”之学，讲“性理”之学，不能不讲“情理”之学。朱子哲学中的理是具体的，不是抽象的，是具体理性，不是抽象理性。所谓“推上去时理在气先”，只是逻辑的推论，而不是存在本身。朱子是重视逻辑的，重视“条分缕析”的，但这只是一种理性方

法，其目的是确立人的存在意义和价值。

中山大学李锦全认为，在儒学发展的两条理路上，朱熹起到了重要作用。从儒学哲理化的理路来说，朱熹思想的理论架构和丰富内涵，把儒学提升到一个新的高度，从而对中国传统哲学的发展作出重大贡献。但是将封建伦理纲常上升到“天理”的高度，因而为封建统治者所利用，借以禁锢人们的思想，出现“以理杀人”的悲剧，这是儒学发展另一条理路所带来的负面作用。因此，朱熹理学既受推崇又受批评的现象并不奇怪，这正是儒学发展两条理路所带来的双重社会效应。

华东师大哲学系施炎平探讨了朱熹对儒家智慧学说的贡献，认为从智慧的层面上透视儒家思想，可以使我们能直接深入儒家文化体系的核心，更好地把握其精神特质和价值、意义。他认为，汉儒董仲舒把智慧看成是思维的规范性、判断的合理性及行事的恰当性三者的统一，深刻地涉及到智慧的理性主义内容。朱熹则开辟了智慧学说的两重进路，将知觉概念引入儒家的智慧学说，应是朱熹学派的创设和贡献。其次是“体用合一”观的立论，进而探讨了知识、智慧的本体论根据。朱熹知行说偏重于德性涵养，并将其纳入伦理学的框架。但从哲学的角度看，毕竟涉及了认识和实践的统一。明清之际，王夫之把智慧问题的考察、理解由知识论发展到实践论，是儒家知识观念演变中的转进和开新。

复旦大学哲学系施忠连探讨了朱熹的生命哲学。他认为，朱熹总是根据生的观念阐释儒学的基本范畴，并以理学的理论视野思维能力来感悟宇宙中生的奥秘，从而发展并增强了儒家思想中生命哲学的倾向，赋予儒学以勃勃生机，儒家知识分子由此拥有精神生命力的不竭源泉，撇开这个观念，便将失去朱熹哲学的独有精神，及其对中国哲学的贡献。朱熹坚持用“天地之心”来说明生生之理，生机在朱子看来是万化之源。他实际上把生机看作世界的本体。他引证贺麟的话说：应当把儒家思想当成“一不断生长、更新、完善的精神有机体，看作一条源远流长的活的江河，而不能看作一堆呆板僵死的教条”。朱熹之所以能集二千年儒学之大成，使之达至新的境界，正是由于他“把握了孔孟的真精神和活灵魂，而不拘于儒家先学的个别思想和言论”，朱熹“一棒一条痕，一掴一掌血”这句话，“最能体现朱子一生做人处事、读书做学问之真精神”（《1990 年 10 月致武夷山“纪念朱熹诞辰 860 年国际学术会议”的贺信》）。

厦门大学邹永贤认为，儒学的产生虽然是反映一定时期的社会、经济、政治的特点，但也同时包含了对自然、社会和思维规律的一些正确认识。这些正确认识不会因历史条件的变化而失去意义。理学是中华民族理论思维历史发展的一个重要环节，它将永远存在于中华民族理论思维发展的长河中。

北京师范大学周桂钿将儒学置于哲学的普遍视野中予以审视，他指出，古今中外的所有哲学可分为三大类型：求真哲学、求善哲学和求美哲学。求真哲学是对宇宙本原的看法，故有唯物主义和唯心主义的区别。求善哲学是以社会为基础，探讨如何处理各种人际关系，不存在唯物唯心的问题。中国历史上的大哲学家如孔子、孟子、董仲舒、朱熹、王阳明等都是政治哲学家，他们探讨的是社会治理问题，都属于求善的哲学家，社会不存在唯物主义唯心主义的问题，因此他们不是唯心主义哲学家。过去用西方的模式套中国的实际，是错误的，应该予以纠正。

南京大学周继旨认为，朱熹“理本论”的建立，为原本十分现实的伦理秩序，找到一个高居云霄的“理”作为立论的根据，实现了伦理的本体化。传统儒学一向以道德说教为主的现实品格至此方从根本上获得哲学本体上的依据，面貌焕然一新，遂使儒学在理论抽象水平上，取代和超过了佛教。

一些中外学者指出，朱子思想不仅对其后的中国社会政治、文化结构、思维方式、伦理道德、风俗习惯乃至生活方式产生了重大影响，而且对东亚封建社会后期普遍的世界观和价值观，以及“儒学文化圈”的形成也起了重大的作用。

二、朱熹思想与中国科技

台中东海大学蔡仁厚认为，儒家之学是生命的学问，人类生命的活动可以从三个层面来看，一是感性的层面，二是知性的层面，三是德性的层面。儒家的心性之学，属于德行层。儒家之学，不属于知识系统，而是行为系统的学问。儒家是在德性层上以成其心性之学。朱子论性与荀子相反，而论心则类同，都是彰显知性主体，在儒家以德性主体（道德本心）为主纲的重仁系统中，荀朱二家重智的思想性格，的确显示出另一个重大的学术路向。如果沿着朱子“即物穷理”的思路转进一步，由穷究存在之理，转而为穷究存在本身的曲折之相；由哲学、道德的即物穷理，转而为对科学的即物穷理，这样就可以顺通而开出“知识之学”。朱子是性理学家而不是科学家，但朱子的理气之分，却也含有“可以引出科学知识”的思想依据。在朱子的“道问学”与“即物穷理”中，的确隐含着“纯知识面”的真精神。朱熹弟子蔡元定，尤其具有这种纯知识的兴趣，而且很能表现这方面的才智，虽然只是属于“老式的，前科学的”，但却不能不说是科学家的心灵。今天，中国文化必须推进一步，以自本自根地开出科学知识，则朱子的心论及其重智的倾向，正好是一个现成的思想线索。这正是朱子心论思想的时代意义。

河南社会科学院崔大华在《人与自然：理学伦理观的拓展》的论文中认为，理学中关于人与自然的关系，向有程颢的“与物同体”、程颐的“万物无一失所”和张载“民胞物与”三种观点，朱熹一方面对二程之间的差别作出了明确的区分和取舍，另一方面又对张载的观点给予了准确的诠释，朱熹在这个诠释中所确定的理学之人与自然伦理关系的三项内涵，正是现代一种新的伦理思潮——生态伦理学的基本理念。

福建行政学院徐刚认为，在朱熹以前的历代思想家那里，都有不少尊重自然、爱护万物的生态伦理思想，这些精辟的见解影响了集儒释道之大成的朱熹。他以“太极”为核心的机体主义自然观、“理一分殊”哲学论题的生态伦理内涵、“明天理，灭人欲”主张人与自然协调发展的思想，无一不呈现其对前人成果匠心独运的创造与发展。对今天尊重自然规律、实现可持续发展的生态伦理观有着积极的意义。

厦门大学哲学系乐爱国则直接论证了朱熹理学的科学精神。北宋科学家沈括即以“天理”二字解释自然事物的客观规律。二程也认为“有物必有则，一物须有一理”。朱熹自幼思量“天地四边之外，是什么物事”几乎成病，这一念头一直影响了朱熹一生。朱熹注《论语》时认为：“礼乐之文，射御书数之法，皆至理之所寓，而日用之不可阙者也。”朱熹晚年学术兴趣有所转移，发表了许多研究科学的言论，也在科学研究上下了很大工夫，在许多方面都提出了他的科学见解，有些还具有重要的科学价值。朱熹崇尚科学的精神对后世产生了深远的影响，尤其是他将科学与治国平天下思想联系起来，成为近世“科学救国”思想的源头。福建炎黄文化研究会的陈俱也论证了朱熹格物致知学说对我国科技进步的影响。

武汉大学郭齐勇则从当前科技革命、知识经济、电子网络等方面的发展，生命科学、基因工程、生物复制以及人口爆炸、生态环境等现代化挑战为切入点，提出重视身体力行、人伦日用，将儒学精义扎根民间，使之大众化的朱子学，仍有极为现实的借鉴意义，不惟在形上哲学、一般伦理学上，而且在涉及生命伦理、环境伦理、家庭伦理、社群伦理、企业伦理、科技伦理等应用伦理学方面，在心理治疗、意义治疗上都有其精神资源的现实意义。

福建社科院黎昕认为，朱熹的生态思想主要体现在：以理为根本，从本体论的层次上肯定了“天人合一”即人与自然和谐统一这一“固然”之理；从价值论的角度出发，把追求人与自然的和谐统一作为人的最高目的；强调顺时爱物，把赞天地之化育，完成自然的化物之功，作为人对自然应该履行的义务。

三、朱子学与其他学派

复旦大学潘复恩将朱子理学与韩国李朝时期的栗谷学派作了比较，他认为，栗谷的思想大体上继承了朱子之学，但有较多独自的发挥和创见。在修养论方面，朱子以“敬”为圣学之成始成终的纲领，提出静养动察、敬贯动静的“主敬涵养”说。栗谷则以“诚”为立志、格物、变化气质的根本，以“诚之”为一切学问尽性成圣的工夫，提出“存诚养心”说。两相比较，栗谷主张由敬入诚，诚兼体用，其修养工夫路数确实比朱子更为细密而明白。这既是对朱子学说的继承，也是对理学理论的发挥。通过探讨朱子与栗谷修养论的异同，有助于中韩古典哲学比较研究的深入。

韩国启明大学洪元植认为，朱熹和李退溪皆以道德问题为研究对象，朱子学致力于道德形上学的构筑，从宇宙的角度把握人的道德问题；退溪学所关心的是道德主体的确立及其实践，哲学的关心从宇宙万物转移到了人，哲学的重心也从理移到了心性问题之上。退溪通过主敬的工夫，构筑了自己的心学体系，从而使朱子学在朝鲜发生了心的质的转换。

山东社科院刘宗贤认为，理学的核心问题是“性与天道”，在探讨人与社会、人与自然的关系时，把中国传统伦理思想引向了新的高度。朱熹从“天理”出发，对人性和人的精神现象作了分析，把伦理学上人性善恶问题，提到本体论的高度，同时也就规定了“理”所具有的封建伦理内容。与朱熹不同，王阳明出于对实践道德论证的需要而去探讨本体问题，把具有伦理本性的个体之“心”当做宇宙本体，用之同化封建道德的内容，以便形成修养论、认识论和本体论圆融的体系结构。通过朱熹和王阳明人性论思想的比较，可以看出宋明理学在“性与天道”观方面的理论进展是从“天”一步步借鉴于人的，这对王阳明人性论的心学以及整个中国哲学的发展，都有至关重要的影响。

此外，还有许多学者就朱子的教育思想、政治思想、清正爱民之道、文学艺术思想以及哲理诗和文学成就，朱子著作的刊布流传及其文献价值，作了深入的研究；武夷山朱熹研究中心张品端考察了《朱子家礼》对朝鲜礼学的影响；韩国中央大学梁承武对朱子学在韩国的发展与未来进行了回顾与展望；日本学者难波征男研究了日本朱子学的发展历程及其在将来的作用；台湾清华大学杨儒宾则介绍了台湾战后朱子学研究的成就与状况。

本次会议采取纪念活动、学术交流、文化考察相结合的形式进行，学术讨论之外，参观了朱熹的讲学场所——武夷精舍以及给朱子学以影响的武夷山自然、历史风貌；还在建阳考亭书院举行了公祭朱子的活动，演唱朱熹传世名诗《九曲棹歌》、《观书有感》、《春日》等，菲律宾、马来西亚、新加坡、韩国和中国大陆、香港、台湾的朱子后裔参加了公祭，并至建阳黄坑祭扫朱子陵墓。其间还举行了武夷山紫阳书院修复工程奠基仪式。

易学研究的新动向——百年易学研究回顾与前瞻国际学术研讨会

《周易》是儒家的一部重要经典，向有“群经之首，大道之源”的称号，在儒家经典中占有崇高的学术地位，既是儒家哲学的源头，又是儒家学者借以发挥和建立自己哲学思想体系的依据。数千年来，注易之书汗牛充栋，派系林立，《周易》研究遂蔚为儒学领域中的大宗。作为思想宝库，不惟为历代儒家学者所重，亦为其他学派如兵、农、道、名以及后来的佛家所资取。

近代以来，随着西学东渐，和中西文化的冲撞与交流，学者的视野大为拓宽，突破了把《周易》视为圣经贤传的局限与束缚，开始用科学的方法和批判的眼光研究、审视易学问题。易学的领域也随之扩大，不仅从哲学、史学、文学等角度深入研究（代表人物有顾颉刚、钱穆、郭沫若、李镜池、尚秉和、李翊灼等），而且从科学技术的角度切入研究（代表人物有杭辛斋、薛学潜、丁超五、刘子华等），都取得了令人瞩目的成绩。

新中国成立以来，特别是改革开放以来，随着学术禁区的打破，儒学与易学研究都有了长足的发展，许多易学名著得以再版。由于考古领域的重大发现，古代青铜器铭文和甲骨数字符号以及帛书与简牍的出土，又为儒学与易学研究提供了新资料，开辟了新领域。伴随着20世纪初西方一些重大科学成就的取得与周易有关的消息传来，“周易热”成为80年代“传统文化热潮”中的一个亮点。近年来，经过专家学者的努力，有力地推动了海峡两岸以及东西方国际之间的有关易学研究的交流，易学研究继续向纵深发展，已经稳步走向规范化学术研究的境地。

在2000年这个千年世纪的交汇点上，易学研究又有了可喜的进展，山东大学、南京大学和河南安阳分别召开了国际易学研讨会。10月30日，山东大学举办了《百年易学研究回顾与前瞻国际学术研讨会》，同时，作为“教育部人文社会科学百所重点研究基地”之一，在山东大学易学与中国古代哲学研究中心举行了挂牌仪式。

全国各大专院校和研究机构的学者70余人到会，山东省政协主席韩喜凯出席了开幕式。这标志着易学研究又进入了一个全新的阶段。从与会学者提交的论文来看，涉及哲学、诠释学、文化学、人类学、社会学、美学、文学、史学、考古学、古文字学、计算数学、生物学、医学、天文学、生态学等相关学科。学术视野和研究方法较前更为开阔与新颖，能够多视角、多层面、多向度、多渠道地对易学进行综合交叉研究，逐渐贴近社会现实，找到了更加适宜的学术生长点，力争最大限度地发挥其应有的作用，呈现了一种全新的学术风尚，也标志着易学研究正在走向学术性规范化的成熟时期。会议集中探讨的问题有如下几个：

一、《周易》与哲学研究

美国夏威夷大学成中英在其提交的论文《易学与哲学的汇合与其开拓》中认为，易经的形成自其原始即可分为指与所指、部分与全体两方面的定位。在指的方面则又可分为文字之象与非文字的意向两方面的意义，加以所指之象与所指之实的有关对象两方面的意义，易经已形成一个多面内涵、多层定位、相互牵引、也相互牵制的复杂意义符号系统，同时它也在其全体所指的对象上呈现出一个动态的生化发展的宇宙观。易经之能够做到此点是由于它是一个开放体系，能够同时吸收主体与客观经验，并在意向与义理的论释下，也能做部分或全体性的指与所指的整合，同时还能够继续发展成长，以调和我们的意愿与价值，或沟通我们的知觉与知识。因此，在中国的思想史的发展上，便可发现两项平行的思想发展，易学作为符号意义系统指的思想发展，和易学作为宇宙认知所指的思想发展。汉易是前者的典型，宋明理学则是后者的写照。前者离不开象数，后者以义理为核心。

与会学者还就2000年3月《文汇报·学林》"中西哲学比较研究"专栏发表的否定中国古代哲学思想的文章展开讨论。山东大学历史文化学院曾振宇博士也在其论文《〈易传〉天论的哲学意义——兼论中国哲学有没有哲学概念》中提出："天人关系"是中国哲学的基本问题，这一基本问题在《易传》中表现得比较典型。《易传》之"天"概念蕴涵自然、自然规律、义理、天帝、阳气等数重内容，逻辑内涵混杂，外延不确定。中国哲学之"天"从未获得"纯粹的哲学形式"，天不是一个哲学概念，只是一个前哲学概念。实际上，气、道、理等中国哲学主干概念具有同样的哲学性质，学术界有必要共同讨论一个问题：中国有哲学概念吗？

南京大学哲学系81岁高龄的李廉则针对《文汇报》署名文章所说"在中国，哲学原来不是一门独立的学问，甚至也没有'哲学'这个词"发表了自己的看法，认为这不符合历史事实。成书于殷末周初的《周易》及其所衍生的学问——易学，就是中国的哲学。不过它不叫Philosophy（汉译哲学），而叫易或易学。易，就是客观事物的本质、本性的变易、运动，就是对客观事物一般本质、本性的反映。这为西方哲学史家所公认，也是国际性的辞典所公认的。他在题为《中国易学与希腊哲学》的论文中，对中国古代的易学与西方古代哲学进行了比较研究，从逻辑结构和思想体系等方面阐述了易学与Philosophy的异同，并为东西方哲学正名。

山东大学孙熙国则论证了《易经》中的主观能动性思想，提出在过去的世纪里，将《易经》作为一个独立的哲学主题的考察，尚未充分展开。《易经》中蕴含着丰富的哲学思想，单就人的主观性而言，《易经》作者特别重视人为的因素，强调自强不息的奋斗精神，注重人的道德修养，特别注重人的主体意识，表现出了强烈的主观能动精神。尤有可言者，《易经》作者还把这种主观能动精神同人们改造客观世界的物质实践活动结合在一起，从而使其具有了客观现实的物质实践活动的土壤。刘玉平则论证了易哲学的思维特点，认为周易经传，在思维内容上透彻地展现出易为"变化之总名"、"尽变化之道"的意蕴。《易经》显明的阴阳对应谐和观念是构建易经体系的灵魂，《易传》则阐释了充盈大地之间纷繁复杂的阴阳之理；《周易》尚中正、守中德是其基本价值尺度；重道德而又兼顾功利，"无德则不能知易"（《要》）。但又关注人的现实事功和利益，"极数知来"，"与民同患"，"精义入神，以致用也"（《系辞传》）。因此，《周易》及易学思维无论从形式还是内容上，既不同于西方各民族的思维，又别于中国其他学派的哲学思维。

二、《周易》经传的研究

四川大学古籍研究所舒大刚对宋代学者恢复汉以前古易所作的努力及其意义进行了考述，指出汉代以前《周易》经传各自成篇，经汉、魏学者以传附经，改纂了经本结构，从此经与传杂、本末难辨，已失孔子当年经传之旧。北宋学者开始对《周易》经传本来面貌进行考据，力图恢复旧观，以使《周易》经传不同的思想结构清晰可辨。古易的恢复，最终引发了一场易学革命。朱熹就特别推崇吕祖谦的《古周易》，遂弃经传相杂的王弼本，改而采用《古周易》作注，于是才有《周易本义》之作。因此，宋人恢复古《周易》的工作，不仅是文献学史的重要事件，也是易学史上不可忽略的重要创获，应该予以重视和研究。

吉林大学古籍所吕绍纲认为，易老虽然俱道阴阳，皆有辩证思维，然而其特点是不同的。《易传》重刚，而《老子》守雌；《易传》进取，而《老子》退让。所以《老子》的传承系统，不可能来自《周易》，而是来源于三易之一的《归藏》。因为《周易》以乾坤为首，代表了父系的权威，而《归藏》以坤乾为首，是母系社会的遗迹；“归藏”恰恰与老子“归朴藏名”的思想一致。

山东社会科学院儒学研究所陈启智从《易传》著作年代的考辨和孔子及儒家天道观的分析入手，证明《易传》创始于孔子之手，成书于七十弟子健在的战国前期，属于儒家著作的典籍无疑。

山东大学古籍所张涛认为：《易传》既不是儒家的著作，也不是道家或九流十家中其他某一家的作品，它成于战国中后期易学家之手，是吸收百家、综合百家、超迈百家的产物，以《易传》作者为代表的易学家是九流十家比肩而立甚至超迈其上的一个独立的思想流派。

北京医药大学张其成提出中国文化的“易道主干”说。他认为：在人类轴心期时代，只有一本书是由符号系统与文字系统共同构成的，那就是《周易》；在中国文化史上，只有一本书是为儒家和道家共同尊奉的，那就是《周易》；在中国科学史上，只有一本书对人文和科学都产生过重大影响的，那就是《周易》。“易道”是宇宙生命的本体理念与生成结构，是开物成务、彰往察来、弥纶三才的大规律、大法则；是天人同构，时空合一、中正和合的思维方式与价值取向。“易道”构成了中华文化最稳定最本质的内核，决定了中华文化的面貌、特征和总体走向。“易道”是通贯儒、道的中华大道，是中华民族的精神支柱。围绕什么是“中华文化的主干”问题，目前有三派观点，一是“儒家主干”说，二是“道家主干”说，三是“儒道互补说”。他赞成“儒道互补”说，但“互补”的交点，就是“易之道”，因此提出“易道主干说”。

台湾学者冯家金就《易传》的研究方法，发表了他的研究成果。他发现了《系辞下传》孔子所言“天下事理之法则”的结构形式。这一结构形式就是《系辞传》所历言的“拟之而后言”，“议之而后动”，“化而裁之存乎变”。遂以之分为拟议化三个大的逻辑层次。从大命题到小命题，环环相扣，层层互含，于是又有拟之议、化议拟乃至议议化之类。金先生利用幻灯列表说明，纵横按之无不相合，有如层层剥笋，图穷匕见，《易传》之逻辑结构于是乎大明。

山东大学易学与中国古代哲学研究中心主任刘大钧发表了《读马王堆帛书〈易传〉探汉易源流》的论文。他说：若将马王堆帛书《系辞》、《二三子》、《衷》、《要》、《缪和》、《昭力》诸篇暂名作帛书《易传》，深入探讨其内容，则汉人所传之卦气、卦变、互体、连互诸内容，帛书《易传》早已有之。且对一些卦义、爻辞的解释，基本与汉人之解，特别是《淮南子》中的解释一致，可见汉人说《易》，皆本之帛本《易传》无疑。从而可证汉人《易》说皆有所本。今人研究帛书经传，须先明汉人象数易学，若仅从文字上追求其义，只能隔靴搔痒，终难窥其奥旨。

三、易学与自然科学

韩国岭南大学郑炳硕从《易传》“利物足以和义”的观点出发，阐述了《周易》生态思维的现代意义。他说：当人们面对威胁人类生存的“生态危机”时，哲学家在深入探讨生态危机之文化与哲学根源的同时，积极地开发《周易》的生态思维价值宝库。生态思维就要求人类社会的发展必须以人和自然关系的正确的价值目标为导向，在既有益于人类生活，又有利于自然繁荣的前提下，调节人类对自然的改造和开发活动，

《文言传》所说的"利物足以和义",正蕴藏着我们今天所力当发掘、高扬的生态思路。《周易》不用功利的眼光而是以仁义的胸怀来对待自然万物,从表面上看似乎有碍于人类对自然的开发和利用,但用长远的根本的利益原则来衡量,这种态度恰恰有利于人类保护与自然的和谐、统一关系,有利于人类的生存与发展。

国际简帛中心第一次学术讨论会

为了促进简帛的研究,国际简帛研究中心第一次学术讨论会于 2000 年 1 月 29 日在国际儒学联合会总部举行。庞朴、钟肇鹏、姜广辉、王葆玹、廖名春、彭林、谢桂华、王博、张践、吴锐等学者出席了会议,讨论的主题是:郭店楚简与经学。会议由庞朴主持。

庞朴首先介绍国际儒学联合会国际简帛研究中心成立缘起,以及出版第一期简报和建立网站的情况。提出简帛中心的任务是:1. 交流信息;2. 组织讨论;3. 资助出版;4. 赞助发掘等等。本次作为简帛中心成立以来第一次会议,主要讨论郭店楚简与经学的关系。

廖名春认为,从郭店楚简有关引《尚书》、引《诗经》的内容看,今本《古文尚书》确是伪作,并认为郭店楚简对《诗经》的解释比较合理。他提到郭店楚简出现 67 处"仁"字,都写成"身"下加"心"。仁字的"人"与"身"可以转写,"二"应当是省文符号,这样的例子很多,如马王堆帛书"者"、"强"等字。"仁"并非汉儒所谓"相人偶"之意。他还提到,上海博物馆收购的郭店楚简已展出几支,有《周易》的内容,无数字卦,卦画符号与现在的一模一样,也有爻辞。说明符号卦虽然落后,但是可以与数字卦并存的。

钟肇鹏认为,研究简牍应防二蔽,一是轻视甚至否定出土文物;二是好新奇立异。他还认为,从郭店楚简《缁衣》看,今本《缁衣》显然有错简。今本《缁衣》首句"子言之曰:'为上易事也,为下易知也,由刑不烦矣'"应为《表记》末章。

姜广辉认为,历来多认为"六经"之名始于汉代。郭店楚简将《诗》、《书》、《礼》、《乐》、《易》、《春秋》并提,如果郭店简在孟子前,则孔子七十子后学已经研习六经,《史记》的说法当有依据。《乐经》应当实有其经,不应只是乐谱。郭店楚简说从《诗》、《书》、《礼》、《乐》、《易》、《春秋》中观夫妇、父子、君臣之道,如果《乐》只是乐谱,从乐谱里怎能观夫妇、父子、君臣之道?郭店楚简引《尹诰》:"惟尹躬及汤,咸有一德。"伪古文尚书有《咸有一德》之篇而无《尹诰》。《尚书》原典本有一篇《尹诰》,后来佚失。汉儒所见真古文《尚书》有"咸有一德"一篇,当即《尹诰》。后来作伪古文尚书者见汉儒提到"咸有一德"篇,又见《礼记·缁衣》引《尚书》"咸有一德"之语,便把它当做篇名并作伪书。郭店楚简《祭公之顾命》,也应是《尚书》原典之一篇。今本《尚书》无此篇。而今本《礼记》作"叶公之顾命",郑玄注为叶公子高,误。

彭林认为,近代以来,经学被批得臭不可闻,大家都不愿意接近。郭店楚简的出土,提供的经学题目多得不得了,超出了想象。但迄今为止我们尚缺乏真正像样的经学文章。

王博介绍说,北京大学准备在哲学系开设"先秦儒家经学"课程。

谢桂华认为,从两千年前的汉景帝开始,汉代简牍开始出土,今古文问题就是这么产生的。郭店楚简的出土,成为海内外学术界注目的焦点。现在,全国出土简牍约 20 万枚,东西南北中都有,无论从数量还是内容来看,比甲骨文毫不逊色。现我们正筹备百年简帛国际会议,将于 2001 年在长沙召开,意义重大。他以前主要研究文书简,如居延汉简,今后将移到郭店楚简这样的文献简上来。

王葆玹同意姜广辉的观点,他认为郭店楚简大部分内容是《子思子》。《子思子》的内容也可以编入其他的书。河间献王编礼书五百多篇的记载可能是真的。郭店楚简重"情"的思想可能影响到魏晋玄学。他赞同郭店楚简时代应往后推的观点,认为郭店楚简可能相当于白起拔郢之时。

吴锐指出,郭店简《缁衣》:"宋人有曰:'人而无恒,不可以为卜筮。'"今本《缁衣》作"子曰:南人有言曰:'人而无恒,不可能为卜筮。'"这段话与《论语·子路》子曰:"南人有言曰:'人而无恒,不可以作巫医。'"相近。春秋战国之"南"多指楚。《逸周书·王会解》出现"南人"一词,指的是南越。"宋人"为何变成了"南人",当研究。

第四届冯友兰学术思想研讨会

在著名学者冯友兰逝世10周年之际，北大哲学系、国际儒联、清华大学文学院、中国社科院哲学所、北京社科院、北大出版社联合主办的第四届冯友兰学术思想研讨会于2000年12月9日至10日在北京大学举行，海内外研究冯友兰思想的老、中、青学者会聚一堂，发表学术论文近30篇。

研讨会由冯学会会长朱伯崑致开幕词。北大哲学系副主任赵敦华首先发言。他向大会提出了北大哲学系将继续发扬冯友兰"中西兼通"、"古今并重"的学术传统，以冯学研究为系内科研重点，以本系力量全力支持冯学会活动的开展。

在大会主题发言中，余敦康以"冯友兰先生关于传统与现代化的思考"为题目，阐述了自己的论点。他从"贞下起元"、"旧邦新命"这一冯友兰哲学思想的基本点，提出冯友兰的哲学探索是服务于救亡图存、振兴中华的崇高目标，而不是为了建构一种玄虚的纯哲学体系。在对冯友兰《贞元六书》的分析中，余敦康还指出，《贞元六书》构成了冯友兰的新理学体系，书中内容是对"传统的旧中国如何转变为现代化的新中国"的思索。针对旧观点中把冯友兰哲学当做"玄虚哲学"的误区，余敦康指出：六书之中《新事论》的宗旨是"中国到自由之路"，《新世训》的宗旨是"生活方法新论"，它们讨论的都是当时国家民族前进道路上所遇到的十分实际的问题，丝毫无玄虚的味道。余敦康分析了《新事论》中冯友兰关于"工业化"与"西洋化"相区别的观点，高度评价了冯氏的"别共殊"的思路，即：一方面主张向西方与工业化有关的现代文化全面学习，这与"本位文化派"的保守倾向判然有别；另一方面主张保存民族个性，这又与"全盘西化派"的激进倾向迥然不同。这种"别共殊"的思想更应运用于当今中国社会走向现代化的进程中。

此次研讨会所发表的论文表明，就冯友兰学术研究而言，已经向文化价值观与哲学语言的分析与解读以及哲学的性质与作用等维度发展。冯友兰的强烈的文化关怀，是学者们深刻感受到的一个普遍性的时代问题，冯友兰一生为之付出心血的著述活动，正是基于这一关怀和理想。研究冯友兰学术也应从这里入手。学者们普遍意识到，冯友兰生活的时代并没有过去，中西文化的关系问题始终是时代的主题。冯友兰为这个时代课题提出了一种解决的途径，研究冯友兰学术思想，也应把握住这一主题。

这次会议论文涉及到"冯学"的许多方面，展现了冯友兰学术思想的博大，而不仅仅限于狭义的哲学。比如近来学界所关心的"清华学派"，其实与冯友兰有直接关系。"清华学派"的根本精神是"释古与创新"，是"贯通古今，融会中西"，这一精神正是冯友兰任清华文学院院长时正式形成的，而冯友兰、金岳霖等人的学术著作正体现了这一精神。

此次讨论会还体现出新的时代特点。有些学者把冯友兰思想与当前人类共同关心的全球性问题联系起来进行探讨，提出新的诠释，这是以前没有或很少有的。比如生态哲学、环境伦理就是针对全球性的问题——人与自然的关系问题而产生的。如果从传统与现代的眼光去看，那么，冯友兰的哲学，特别是"天地境界说"能够为生态伦理提供重要的哲学基础。"天地境界"的精神就在于人与自然的和谐，它超越了道德价值而进入生命全体，人以审美的态度面对自然而且对宇宙承担责任，人不是征服自然而是体验宇宙自然的神秘与伟大，人不再是认识主体而是亲和的主体，一句话，人与自然真正建立了内在联系，而不是"面对"自然。这种诠释一方面体现出冯友兰继承发展中国传统哲学精神的现代意义，另方面试图找到中西哲学文化的新的交会点，却超越了西方传统哲学。探讨冯友兰"天地境界说"所包含的精神价值，这是一个新的视角，对人类可持续发展能作出贡献。

有些学者还从冯友兰哲学中的负的方法以及"可怪之论"对主流意识的解构中看到或发现与后现代的联系，并以此说明冯友兰哲学并不都是现代的，或者只有"现代性"，至少在方法上有后现代的色彩。如果说清华学派中的王国维、陈寅恪、闻一多等人注重游戏的观念，那么，冯友兰更重视语言，而在语言的游戏中又有独特之处。

学者们还提出了我们必须认真面对和思考、回答的严肃的理论问题：中国哲学向何处去？是“拒斥”形而上学还是“重建”形而上学？怎样写中国哲学史？过去所写的中国哲学史大都是在西方哲学观念和知识形态的架构下写成的，从冯先生对哲学与中国哲学的定义可以看出，中国哲学与哲学史的研究离不开西方哲学的语言，事实上，近现代以来，中国哲学史的研究都是如此。但西方现代知识形态的典范与中国哲学确有不相应的一面，中西哲学除了古今、类形（指社会型态）之分，还有民族、语言之分，用西方哲学架构、观念、语言重建中国哲学，是不是惟一的途径？会不会遇到困境？这种状态能不能改变？这是对我们每一个从事中国哲学与哲学史研究的学者的一个严重挑战。

最后，蔡仲德以“冯学十年回顾”为主题，详尽列举了冯友兰的著作，以及有关冯学研究的专著、论文、期刊等，对冯学10年的重大进展作了简要回顾和概括。大会主题发言之后，《世纪哲人冯友兰》捐赠仪式和《三松堂全集》（第二版）首发式也在北大图书馆相继举行。

中国李贽研究学会筹委会成立大会暨学术研讨会

由首都师范大学、南安市人民政府和麻城市人民政府共同主办的“‘中国李贽研究学会筹委会’成立大会暨学术研讨会”，于2000年5月28日至31日在首都师范大学举行。出席这次大会的代表，有来自全国各地及日本、韩国等国的专家、学者及各方人士60余人。

大会在学会会长张建业主持下进行了学术研讨。与会学者一致认为李贽在我国文化思想史上占有重要地位，其著作是一份宝贵的文化遗产，我们应该进一步加强、加深对李贽的研究，这对我们宏扬中华民族传统文化，加速社会主义经济和精神文明建设，都具有重要意义。与会学者各抒己见，对李贽思想的不同方面展开了研讨。特别是李贽在中国文化思想发展史上的启蒙精神及其形成原因，更引起了与会学者的极大兴趣。

北京图书馆馆长任继愈向大会提供了《评价李贽》的论文。他认为李贽这个人的出现，与其时代及特殊的地区文化环境有着密切关系。泉州是中国古代对外贸易的重要港口，而福建又是理学大师朱熹讲学活动的重要基地，传统文化非常发达，且福建刻书业的兴旺从侧面说明了闽学的兴盛。李贽生活在这样一个中外文化交汇、新旧文化交错的地方，使他有可能从另一个视角去看待中国文化。而他辞官后定居于保守势力强大的内陆湖北麻城与北京，其悲剧性结局势难避免。任继愈认为李贽的思想是正确的，但他提出这一思想的时代，还没有足够成熟的新生力量去接受并实施，可见他的话说早了；虽然说得早，却是一个鲜明的信号。由此任继愈主张21世纪的哲学思想要深入生活，干预生活，这就需要有一个哲学群体来发挥作用，只有群体意识提高了国民素质才会提高。总之，中国思想史上出现了李贽这样一个怪杰，值得引起治学者的深思。

原《求是》杂志副总编苏双碧从中国思想史的角度论证了李贽的价值。他认为，对于李贽是否有反封建思想，一直存在争论。但他坚信李贽是反封建的。宋明理学作为统治思想存在了七百多年，从学术史角度看，有它的重要贡献；从思想史角度看，如同侯外庐所说，是浊流，是压在人民头上的华盖。李贽就是在这个华盖的重压下起而反抗的。李贽批判假道学，有人说他是狂人，是矫枉过正，这些都是可以理解的，因为要掀开这个华盖没有狂和矫枉过正就不可能做到，而且李贽的狂是成体系的，他提倡男女平等、个性解放，是一种较为全面的思想，而他的颠倒历史是非更不是个小问题，是需要有充分的勇气的。有人认为李贽也有儒家思想，这并不重要，在一个社会形态向另一个社会形态过渡之时，新旧思想往往在一个人物身上同时表现出来，重要的是那种新的曙光。李贽的反封建思想是非常有价值的。

在谈到李贽的启蒙思想时，敏泽（中国社会科学院文学所）认为，中国传统文化有光辉的创造，但在很长时期内又是封建专制主义的。作为封建专制主义文化史的核心，并对后世造成了重大影响的是独尊儒术之后对于礼教的推

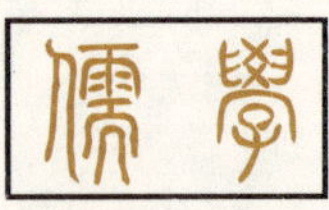

行，宋以后还有统治者对于道统的张扬。道统问题根本不是什么思想理论问题。康熙曾说："道统在此，治统亦在此矣。"可谓一语中的。独尊儒术排斥异类、扼杀不同的思想，礼教的推行又极大地压抑着人的正当欲望和要求。道学的出现在哲学上自有其贡献，但更使儒学的发展宗派化、狭隘化了，并且逐渐成了谋取利禄的手段和工具。封建专制主义文化愈向近代发展，愈益背离时代的要求，迟早必须做大的变革。李贽在中国文化思想史上的卓异的地位，就在于他系统地而非零星地大声疾呼反对盲目崇拜孔子及儒家经典。孔子既非人们"必待取足"的，儒家经典也非"万世之至论"；认为孟子之后道统失传更是对千古之"诬罔"；强调穿衣吃饭才是人伦的根本；提倡尊重女权和重视人的正当的私欲；揭露假道学是"口谈道德而心存高官"等等，在那个时代确为石破天惊、振聋发聩之语。在李贽之前，对传统思想的怀疑和批评是有的，但如李贽这样全面而又尖锐地进行指斥的，却很难找到第二人，这正是李贽的卓异之处，由此亦可见他在文化思想史上所处的独特而重要的地位。

张立文(中国人民大学哲学系)谈了三点看法，他先是从哲学史的角度总结指出，只要思想上有所创新的话，其在世的遭遇都很不好，思想家们是因为预见到适合于未来社会的思想才去抨击他所处时代的思想的，所以真正的思想家都是殉道者。第二，李贽是对中国传统思想的一个继承。思想家们总要回答世界从哪儿来的问题，李贽的《夫妇论》就是反对宋明理学的一元论观点的，而他思想的根据就是"六经"之首的《周易》，他的启蒙意义就在于如同西方文艺复兴那样地恢复了思想的源头。第三，李贽的思想是很开放的，能够接受各家思想。理学的产生也是儒释道融合的结果，但在理学体系建成之后，理学家又都想和佛教划清界限，李贽则比较坦白，把学术看做是平等的，他认为三家都一样，只有细微的差距，这一点看法很实事求是，符合当时实际，而程朱理学最后变成文化霸权，则是学术上的悲剧。

许苏民(湖北省社科院哲学所)在发言中首先否定了西方一些人士认为在中国这样的社会里，在明朝中晚期那样的时代根本不可能产生走向现代化的启蒙思想的观点。他指出，我们应超越以西方的眼光看中国、以中国的眼光看西方的这种对立，而以世界历史的眼光去注视明代中叶以后中国社会思想文化发展的新动向，关键是要拿证据来！他还提到了关于李贽学说的叛逆性之争。有人认为李贽学说不过是中世纪的异端，而不是近代启蒙；是晚霞，而不是曙光。于是他谈到应该如何区分封建正统思想、中世纪异端和近代启蒙的问题，从而得出了李贽思想是中国文化现代性的源头活水的结论。他认为从李贽开始，人们才认识到没有真就不可能有善的观念；从李贽开始，人们才认识到必须尊重个人权利、人格尊严和价值选择的主体性；也是从李贽开始，才初步具有了多元开放的文化心态，而不只是以孔子之是非为判断的尺度。

漆绪邦(首都师范大学中文系)也认为，李贽的反封建色彩带有动摇封建社会根基的性质，他的"童心说"是人性解放的渊源，其中含有天赋人权的理念。李贽思想已不是一个人的思想，而成为一种思潮。明代应算是异端思潮最发达的时候，当王阳明开了一扇门之后，所有的门都被打开了，而其中起最大作用的就是李贽，所以一个时代的统治思想未必就是主流思想。另外，李贽反假道学的意义也很重大。一种学术一旦成为官方学术，就必然产生假道学。官方学术的力量就在于它与统治权威的结合，而它的衰败也正在于此，李贽的反对和批判就显然具有启发人心的意义。

就李贽在思想史上的地位问题，潘淑明(福建省社科院哲学所)和许苏民合写了一篇驳论性文章《〈万历十五年〉对李贽著作的误读》。他们认为黄仁宇对李贽的著作断章取义，并置大量不利于他的立论的史料于不顾。其中涉及到李贽对海瑞、蔡文姬的评价问题，李贽对寡妇守节的看法以及李贽思想性格及其人民性的问题，从多方面指出了黄仁宇对李贽的误读。而黄仁宇之所以会如此，是因为他和海外很多学者一样，有一种根深蒂固的先入之见，即像中国这样的社会，根本不可能产生任何新经济、新思想的萌芽，只能在外力作用下"被现代化"。这种偏见支配了他对史料的取舍及理解。

李贽以"童心说"为理论核心的文学主张对

后世的影响颇为巨大,如何对其进行准确的学术定位显得尤为重要。郭预衡(北京师范大学中文系)谈到了李贽在散文史上的地位问题。他认为,就中国文学传统来说,李贽继承了司马迁的“发愤著书”和王充反虚伪、求事实的传统,这两点都是汉代以来的文章传统,而李贽的重新弘扬对后来的公安派、竟陵派和晚明小品文都很有影响。他希望写文章能够放言无惮,从这个角度看,他在散文史上的地位是很重要的。虽然李贽的文章也属于传统文化的一部分,不过直到现在,他的文章也不是每个人都能学,每个人都愿意学的。

梁归智(辽宁师范大学中文系)在以《前卫与先锋》为题的论文和发言中,论述了李贽思想对曹雪芹的影响。他提出,虽然曹雪芹生平资料奇缺,但从他留下的残稿《红楼梦》看,受到李贽思想的影响是毫无疑义的。他还从李贽的“童心说”与曹雪芹在《红楼梦》中提出的“正邪两赋论”、“护法裙钗”的妇女观、圣人糠秕与毁僧谤道等方面,论述了李贽思想的“前卫性”与曹雪芹思想的“先锋性”之间的关系。他还特别强调,讲传统文化或文化传统,不能忽视其中的启蒙传统,这种启蒙传统既体现了中华传统文化的珍粹,又具有与当今时代精神相契合的优点,是最宝贵的思想传统和精神资源。从这个意义上说,我们应该对李贽的精神遗产刮目相看。

左东岭(首都师范大学中文系)从思想史的继承与发展关系上探讨了李贽文学思想的形成原因。他认为李贽是处于明代文学思想史上的中介位置,带有鲜明的过渡色彩。从他已经在很大程度上摆脱了心学伦理主义的文学自然观上看,他已使性灵文学思想推进到了一个新的阶段;从他依然强调人品决定文品和文学的教化功能上看,他又没有像公安派、竟陵派那样彻底。因此他的文学思想就只能显示出既强调文学自我愉悦与精神宣泄的求乐功能,又不放弃教化民众目的的矛盾特征。这种特征是和李贽的人生现实行为及其哲学思想相一致的。

谭邦和(华中师范大学中文系)在《论精神世界的文化生态平衡》为题的论文和发言中,认为李贽以自然论的文学开拓人的生存空间,与我们现在的环境科学有相通之处。“群落”本是生态学中一个重要概念,现在要给它一个新的阐释。在中国文化的初始期,不论从区域角度还是从学派角度看,都呈现出百花齐放的景象,形成了多样性群落。但在进入了大一统的封建专制统治后,统治者却选择和培育了一个适应自己需要的物种,并让它膨胀。儒学正是适应了这种需要,得到了统治者的特殊培植,而儒学和理学的逐渐官方化终于破坏了原有的文化生态平衡,同时也使自己异化成为文化怪物。李贽作为先知先觉的思想家,无比痛切地感受到了这一点,他要推倒这种失衡来重建平衡的文化生态系统,以恢复民族文化继续蓬勃发展的无限生机,这是非常有意义的观念。张善文(福建师范大学中文系)在以《李贽之伤逝情结》为题的论文和发言中,则从心理学的角度探讨了李贽的生死观。他认为,李贽的伤逝情结有三要素,第一是“死不必伤,生乃可伤”的思想来源,即社会现实阻碍了他思想的发展,于是他在文章中流露了自我解嘲、自我哀悼的情绪;第二要素是“倘生得其正,则此生亦可喜可乐”,即生命既然是可悲哀的,就应该重视生命价值,在惨淡的人生中看到光明,人生价值得到体现,也就无须伤怀了;第三要素是“死非其所,则逝亦可伤”,即死得其所才能够使逝不必令人悲伤。因此,李贽悟出了死生的要领,得到了极大的超脱。

林海权(福建师范大学中文系)结合他撰写《李贽年谱考略》一书的经过,谈了他对李贽的认识。

李少园(福建师范大学中文系)专就李贽与泉州民间戏曲的关系作了发言。他不但对李贽整理、评点戏曲的情况与价值进行了梳理,而且就学界有不同看法的梨园戏《荔镜记》到底是否为李贽所著提出了一己之见。

钱茂伟(宁波大学文学院)专就李贽的史学思想做了发言。他认为如果要论明代一流的史家,非李贽莫属,李贽是中国历史上第一个真正意义上的启蒙史学家。他还具体论述了《藏书》作为新兴市民史学的一个代表的价值,认为以李贽为代表的启蒙史学流派是符合史学近代化趋势的,中国史学如能顺着这条路子走下去,是很有希望的。可惜时代不允许启蒙史学的存在,李贽思想成了“空谷之音”。在今天看来,李贽的史学思想是极有价值的。高桥稔(日本山形大学)就李贽与俗文学的关系作了发言。他认为俗文学中的说唱艺术能在明代及其以后得以发展,与李贽提倡俗文学是极有关系的。说唱艺术的发展是在艺人的要求和听众的要求之相互关系上形成的,这个关系来源于现实的欲求,也可以说来源于李贽提倡的人伦物理。而李贽的"童心说"则更是对说唱艺术所独有的那种表达普通人的欲求与愿望的最好说明和支持。

大会在进行学术研讨的同时,还对今后学会工作的开展及研究工作的深入进行了讨论。最后,张建业作了总结发言。他对这次会议给予了充分的肯定;同时,他还介绍了国外有关李贽研究的情况,特别是日本对李贽的研究已取得了很大成绩,这就更应增加我们国内学界的紧迫感。他指出,有关李贽的学术研讨会曾举行过几次,但要更系统、更深入地对李贽的思想进行研讨,就需要成立一个组织,为潜心于这一领域的学者提供一个交流的空间与基地。李贽研究学会筹委会的成立就是为此目的。大会期间,与会代表还到北京通州西海子公园瞻仰了李贽墓。

公民与道德国际学术研讨会

由北京东方道德研究所、香港中文大学教育研究所、国家高级教育行政学院联合举办的"公民与道德"国际学术研讨会,于2000年11月5日—7日在北京举行。来自美国、加拿大、德国、日本、韩国、新加坡等国的21名学者,以及香港、台湾等地区的14名学者及中国大陆的30名学者,出席了本次会议。会议探讨的问题,可以分为三个部分:

一、儒家伦理及其现代价值

与会代表认为,在新的世纪,重新认识和重视儒家传统伦理,并将其中的优秀因素予以现代转换,对于解决现实中的道德问题,促进我们民族的进步和发展,具有现实的意义。其中,"四书"中的儒家传统伦理及其转化,对现代道德的建设,具有重要的影响作用。中国孔子基金会刘示范认为,《论语》中以仁义礼智信等概念为核心的道德哲学,具有跨越国界、阶级和民族的影响力,可以作为今天的社会公德论的理论基础。台湾师范大学单文经认为,《大学》、《中庸》中所反映的"教育即道德,道德即教育"的理论,可以启示今天的道德教育应以"整个的人"为教育对象。台湾师范大学朱荣智认为,通过四书教学,可把教育与生活结合在一起,并能达成公民教育的目标。韩国同德女子大学赵骏河认为,儒家经典中所体现出来的人性教育思想,有助于寻求解决当今世界道德危机的方法。同时,儒家伦理如何在建构全球伦理中发挥作用,也成为会议的重要议题。北京大学汤一介认为,儒家伦理中"己所不欲,勿施于人"、"和而不同"的思想,可以为建构全球伦理提供有用的资源。北京师范大学郭齐家认为,建构全球伦理,需要求助于中国传统教育哲学中人的身与心、人与人、人与社会、人与宇宙自然统一和谐的生命整体观。香港中文大学刘桂标指出,运用西方伦理学重新诠释儒家伦理学及与现代西方两大派伦理学说加以比较的方法,可以发现,儒家伦理学并非过时落后,而是有生命力的,符合现代人的道德反省的学说。

二、中华传统美德教育实验的有关研究报告

这项实验是20世纪90年代党和国家弘扬中华民族优秀文化,结合实际建设有中国特色的社会主义新文化等精神的具体落实,也是十余年党和政府不断提倡的中小学教育新理念、素质教育、重视道德教育、重视中华传统美德教育的具体落实。这次会议具体展示了这个实验的成果。国家教育部重点课题负责人、北京东方道德研究所王殿卿指出,实验的目的就是让我们的子孙后代具有中国人的传统美德,真正成为堂堂正正的中国人。清华大学钱逊是这项实验的学术顾问,他指出对大学生进行道德教育,重要的是引导他们思考人生,启发他们自觉建立高尚合理的人生观、价值观。吉林省教育科学院栾传大介绍了课题组十年来所开展的学校、家庭、社区三结合的中华民族传统美德教育系统实验研究的情况及成效。该课题贯穿了整个90年代,波及20多个省市自治区,取得了广泛的社会影响。

三、东西方对“公民与道德”研究与实践的经验交流

会议在这方面，进行了全面的交流，主要分为四个层面的内容。一是传统伦理与公民道德教育的关系。会议代表就传统与现代之间的联系，阐发了儒家伦理在公民道德教育中的积极作用。中央民族大学牟钟鉴认为，推行公民道德教育，需要开发以儒家伦理为主的传统道德资源，如果措施得法，传统美德与时代精神完全可以结合起来。香港中文大学刘国强认为，儒家成德之教，可以弥补现代公民道德教育中过分理智主义的误区，对提高当代中国公民的道德，具有积极的促进作用。台湾忠信学校创办人高震东通过其具有传统伦理底蕴的“忠信”教育方法，介绍了他培养学生公民道德的经验。二是东西方文化与公民道德教育的关系。与会代表通过比较东西方文化的历史渊源，阐明了东方伦理在公民道德教育中的有效价值。加拿大文化更新中心的梁燕城比较了中西道德的历史演变轨迹，指出在未来的公民道德的发展中，中国需要避免西方极端自由主义的“无人性设定”的陷阱，而应回到中国文化自古的“人性设定”中，使公民与社会互为目的，这样才可摆脱西方目前的道德困境，走上理想道路。德国波恩大学齐默尔在比较了中国与西方在处理个体和国家关系的道德概念之后，认为西方“公民社会”的尊重个体的传统与中国文化强调个人的社会义务的传统，各有利弊，需要相互补充。美国加州临床心理学家黄伟康介绍了他在对后现代主义西方道德观的困境及其解决方案的研究上所取得的成果。香港中文大学龚立人围绕着宗教与公民道德的关系，论述了基督教中关于灵性的教育对重建善良人生的作用。香港岭南大学卢杰雄通过探讨“爱国主义”内涵的历史演变，阐明了如何处理爱国主义与人权、自由二者关系的原则。三是东亚地区的公民道德教育。日本青山学院大学井出静阐述了日本近代公民道德教育的变迁轨迹，认为中国道德教育与日本相比有其差异性，当前中国急需注意的问题是如何解决好公共生活伦理的重建问题。韩国体育大学的金益洙介绍了韩国传统的孝道教育对构建本国公民道德的重要作用。新加坡南洋理工大学王永炳、新加坡中学华文教师会杜珠成介绍了亚洲金融风暴前后新加坡公民道德教育的情况。新加坡华侨中学杨强、陈鹏仲介绍了该校对中学优秀生的道德教育模式。台湾师范大学张秀雄通过分层考察台湾地区价值教育观的不同内涵，详尽探讨了台湾地区价值教育所面临的挑战与最新发展。四是关于当代中国公民道德建设。与会代表从解决当代中国公民道德教育所遇到的实际问题，阐明了新世纪中国公民道德建设的任务与前景。中国人民大学道德学院徐惟诚认为，当代中国的道德现状面临许多新情况，新问题，道德教育工作要从中国传统优秀道德中探索适应新问题的科学方法，这样才能取得好的成效。代表指出，当前社会公共生活的道德准则应是礼貌、正直、善良、宽厚、诚信、合作、谦敬等。中华文化学院李道湘围绕着市场经济与公民道德的关系，论述了当前需要建立的适应社会主义市场经济所应具有的公民道德。烟台教育科学研究院张振国、山东科技大学高飞等代表，针对当前中国学校道德教育所面临的问题，论述了重构学校的公民道德教育体系的可能性。香港中文大学欧阳敬孝通过研究90年代中国高校政治教育课题改革，阐明了高校政治教育从“单向的由上而下”的意识形态传递向“多元”方向发展的变化过程。深圳大学田启波以深圳特区的道德实践为题，阐述了特区20年来公民道德建设所走过的历程。

总之，本次会议通过深入探讨公民与道德建设中所应解决的问题，以及取得的成果，代表们认为，召开儒家伦理与公民道德教育主题的国际研讨会，成立东亚地区儒家伦理与公民道德论坛，有利于中华传统美德的进一步研究和推广，有利于促进现代人的道德建设和进步。

陈白沙国际学术研讨会

为了正确评价陈白沙（献章）及其江门学派，探讨陈白沙学术思想的现代价值，2000年9月26日—29日，在香港利慎集团董事利荣森资助下，由五邑大学在白沙先生的故乡——江门举办了“陈白沙国际学术研讨会”，来自澳大利

亚、韩国和中国香港、台湾及广东、江苏、安徽、湖南、湖北、四川、云南、陕西、河南、河北、山东、北京等地的60多名专家、学者出席了这次研讨会。通过大会发言、小组讨论的形式，围绕会议的主旨，就各自的研究和感受畅所欲言，热烈讨论，会场气氛活跃。整个会议清新简洁，圆满成功。

这次研讨会的有关重要内容综述如下：

一、陈白沙的哲学思想及其历史地位

1. 陈白沙学术思想的地位及其研究方法

冯达文从新的视角提出了陈白沙心学思想的"主情"论的思想特质。宋志明重点谈了自己多年从事陈白沙研究的成果和体会，并向大会提交了《陈献章的处世之道》的学术论文，从立世、名利、苦乐、生死、出处等方面论述了陈白沙的处世原则。凌立坤《献章"无言"飞九洲——纪念陈白沙逝世500年周年》认为陈白沙最大的历史业绩是冲击程朱理学，创立江门学派，并成为宋儒向明代的阳明心学的过渡环节，是中国自然人性论的先驱者，是培养人才传播祖国优秀文化的先驱者。

2. 陈白沙与王阳明的关系

关于陈白沙与王阳明之间学术思想的传承关系，历来就有争议。刘宝才和韩星合写的《白沙、阳明异同论》在承认陈白沙开始了明代学术思想由初期的朱学统治向中后期的心学风靡的转变，"江门之学"与"姚江之学"共同构成了明代心学的主要内容的前提下，从二人所处的历史环境、所作的人生选择以及各自学术思想发展的历程差异，考察了二人学术思想同异并存的状况，指出在心学的发展历史上，陈白沙承前启后，王阳明完成体系构建，在中国封建社会后期发挥了巨大作用。暨南大学古籍研究所袁钟仁的《陈献章与王守仁》一文，着重考察了由陈白沙创立的江门学派与由王阳明创立的姚江学派之间的关系及其对社会的影响，指出他们当初均接受朱熹的理学思想，以后又都信奉陆九渊的心学观点，摆脱了僵化的朱学，把心学推向高峰，从而在我国哲学史上占有重要地位。

3. 陈白沙与湛甘泉的关系

刘兴邦《陈白沙心学价值审视》一书认为，湛甘泉深得陈白沙心学的学术宗旨，成为江门学派承前启后的重要人物，成为明代心学思想的突出代表，其"随处体认天理"的心学思想体系与王阳明的心学思想分庭抗礼，两者同为当时显学。湛甘泉在陈白沙"自得之学"的基础上，提出了"体认于心，即心学"的思想命题，其"随处体认天理"的心学思想是陈白沙心学思想的继承和发展。黄明同《陈献章评传》一书认为，湛甘泉的哲学思想，弘扬先师陈献章的"道通于物"、离物无道的思想，而创立以"一"为最高范畴的、"体用一原"的新的宇宙观体系，揭示了世界的统一性，并提出"随处体认天理"的著名命题，又一一检讨了宋明儒学"支离"的错误，由此完成由陈献章开拓的富有岭南特色的理学新派——"陈湛理学"。方国根《湛若水心学思想的理论特色——兼论湛若水与陈献章、王阳明心学的异同》认为，湛甘泉是明代心学中独具特色的思想家、教育家，他建构的"随处体认天理"、"煎销习心"与"执事敬"及"心包乎天地万物"的思想体系，是对陈献章心学的修正和发展。方映灵《试论陈白沙与湛甘泉哲学的师承关系》认为，湛甘泉非常推崇陈白沙的学贵自然之说，认为为学之道就在于保持心性的勿忘勿助与自然，并对陈白沙的"主静"学说，以"随处体认天理"作了修正，心性非二，动静、内外、物理合一，重要的是心定神静。没有必要排斥外物的动，一味追求主体的静寂。只要随处体认，洒落自存，天理自现。正是湛甘泉"随处体认天理"学说的提出，才真正师承和发扬光大了白沙学说，充分体现了宽容平和而又自得其乐的岭南文化特色，并真正奠定了江门学派在明代心学中的重要地位。

4. 白沙的"主静"学说

白沙的"主静"之学，向来是学界争议的焦点，或谓禅学，或谓心学，或谓儒学，或谓自成。李锦全《白沙与甘泉在认识方法上的异同——兼对"静坐"问题的评述》认为，白沙的"静坐"实际是在博学之后延续审问、慎思的过程，即是在博学的基础上思考问题，但白沙却将这三者割裂开来了，只是强调教人静坐，过分夸大了静坐的功能。何健南《静养善端 与道翱翔——陈白沙心学方法论基本框架探奥》认为，主静说和通变说是陈白沙心学方法论中的两条经纬线,前者是指通过澄心、静思而达到自得,此谓悟道,后者系指以静驭动,知几而作,是为用道,由此向人们展示一条以静虚为本、将知情意融为一体、在精神上和践履上都臻于真善美统一的人生理想境界的修养路径,表面看来,这种方法论颇似禅学,实际上其思想体系则与释道迥异。景海峰《陈白沙与明初儒学》一文从"主敬"与"主静"之纠葛、动静合一、养善端与辨人禽等几个层面,探讨了白沙学说中"主静"的意义,指出,白沙之"主静"在本质上完全是儒家的,而不同于释、老所谓静,更不是枯木死灰,他的静是蕴育生机之静,静坐是体悟天地之道的过程,而主静的目的在于养成参赞化育、与天地参的君子人格,这就为心学的重新发展奠定了基础,走出了僵化的朱子学之强力笼罩,而于明初学术的滞凝状态中另辟创出一新途。唐亦男《论白沙思想的基本性格》认为白沙的"主静"是一种涵养心性的方法,它既不同于儒家专于寂灭,也不同于黄老只求养寿延年。黄明同认为陈献章"主静"之心学,直接渊源于宋儒的"主静"之说,又吸取了儒家坐禅的思想养分。这别具一格的学说,导明代之学"始入精微",导宋代理学渐入明代之心学。刘兴邦认为陈白沙的"主静"既是其主体自我涵养的方法,又是其形而上的本体境界。韩星《白沙主静论——兼论主静在中国思想史上的意义》认为,白沙无论自己求学悟道还是教人,都把主静放在一个十分重要的位置上。主静是白沙为学的得力之处,也是学者的入门处,是他为学的宗旨。并指出从整个中国思想发展史来看,通过静坐实现神秘体验的传统,导致中国思想、中国哲学、中国文化的重主观世界的表现、重内在经验、追求精神境界等,正形成了与西方思想、西方哲学、西方文化对比鲜明的特色和风貌,我们应该进一步研究、探讨,更重要的也许象古人那样要实践。王煜《陈白沙哲学五论》认为白沙静坐不涵蕴庄子的坐忘,静坐的主要目的在培养孟子标举的善端,终极关怀在见道,绝非志在表演或炫耀。

5. 白沙思想与道家

白沙曾有诗"脱下朝衫作道装",不仅在外形上给人一幅道人形象,而且学术思想也深受道家的影响。刘宗贤《儒者境界 道家情怀——论陈白沙的人生哲学及对宋明理学的贡献》认为,陈白沙以"道"作为人生境界的最高追求,所表现的是一种天人一体的宇宙境界,这种境界吸收了道家自然无为的特色,又含有儒家生生之仁的内容。陈白沙是由于对科举制度日益不满,对社会现实日益失望,才背离正统朱学而完全转向个人的内心世界,并接受了道家脱然世俗,寓情于自然的思想情怀。陈白沙对宋明理学发展的贡献主要有三点:(一)明代"学术之分"自陈白沙始;(二)从陈白沙哲学的理论特色及思想渊源看,白沙既是百原山中传流,也是孔门别派,"远之则为曾点,近之则为尧夫";(三)陈白沙是从陆九渊到王阳明心学发展的中间环节。而这三点,都与陈白沙汲收道家思想,融道入儒有关。张运华、黄启昌《陈献章儒道兼综的道德文化》从陈白沙对待生与死、苦与乐、功名利禄、仕隐进退等的态度,都明显地表现了一种儒道兼综合的特色,正是这种儒道兼综的学术特色,使陈白沙的学术思想呈现出另类的特色,从而开始了明代理学向心学的转向。唐昌福、张运华《论陈献章的出仁与退隐》认为,陈白沙对待出仕退隐的态度,有别于道家的一味拒绝与不合作,而与儒家的时中原则彼此相容。但从陈白沙一生的行为来看,道家选择归隐、忘情山水、追求精神自由的价值取向对他有着强烈的吸引力,陈白沙也有着强烈的认同感,主要表现在:陈白沙推崇道家所主张的人生境界和修养方法;在价值取向上十分认同道家式的隐者,并表达了自己的羡慕之情;在行为方式上表现出道家的特征;在生活方式上与道家追求相吻合。

二、陈白沙的诗学

陈白沙不仅是一位哲学家,同时还是一位诗人,他一生大约写有各种形式的诗作 2000 多首,在明代永乐以后的诗坛上,成为山林诗人中的第一人,在江门五邑古代文化史上更有"诗圣"之称。章继光《陈白沙诗学论稿》一书从白沙诗的人格风采,白沙诗论的美学底蕴,白沙诗学与理学、老学、庄学、禅学以及酒的关系等,对作为诗人的白沙的品格、风貌、才情和成就进行了全面论述,指出白沙以"自然之学"为核心的诗论主张，推崇平易淡朴、洞达自然的风格和鸢飞鱼跃、任真自得的境界，把理学的“心性”、道家的“虚静”、禅宗的“悟入”融合为一，建立起尚自然、贵自然、主性情的诗学理论。追求本心本性有真实自然的表现与生命的“自得”，是白沙心学的核心，也是白沙诗学的核心。白沙是明初“山林诗人”的突出代表，其“山林诗”具有“自然美”“心象美”“时空美”，从内容到形式、语言，都表现出与台阁体迥然不同的美学风貌。蔡德贵《追求与超越——陈献章古诗教之现代意义》认为，儒家的追求与道家的超越融汇于一体，是白沙诗意的主旨，《和杨龟山此日不再得韵》诗奠定了他的整个道旨。并提出我们研究传统文化不要忽视挖掘古代诗歌的现代意义，不要忽视诗教。韩湖初《论白沙对我国古代生命美学思想的继承和发展》认为，白沙“以道为本”和“标自然为宗”的思想来源于我国古代视“道”为万物生命和美的本原的思想，强调发扬人的主体精神，努力实现自身价值，可说是明代启蒙主义思想和浪漫主义文学运动的先导，白沙主张的“天命流行，真机活泼”的美学意蕴为李贽和公安派和清代的梁启超等所继承和发展，并成为批判文坛的复古主义、八股文和进行文体改革运动的强有力的思想武器。李旭《涵养生机的诗学——陈白沙诗论探源》认为，白沙以虚静涵养、呈露“此心之体”为旨归，在文学上形成了一种“率吾性情，发乎天和”，重兴会、灵感的创作风格。重体悟涵养的思想，加上文学的形式，使陈白沙当然地成为美学家，成为一种代表中国特色的、并且与现代某种哲学——美学精神相通相契的文艺观念的阐发者。

三、陈白沙的教育思想

陈白沙不仅是一位有建树的哲学家，也是一位富有思想的杰出教育家。黄明同认为白沙虽然没有专门的教育理论，但他一生中，对教育的功能、教育的目的、教育体制及途径等有关教育的重要问题，提出了独特的思想主张。白沙教育思想的核心是国家“以兴学育才为务”，学术以“得人”为宗旨。有教无类是白沙所实践的教育方针，因材施教是白沙所采用的教学方法，其教育实践的突出特点是通过启发自觉，进行目标教育和人格培养。朱汉民、刘平《陈献章的教育活动及思想》认为，陈白沙的自得之学与开明的教育思想，给当日被荆棘榛芜填塞的学苑，辟出一条明丽清新的蹊径，同时对当今教育改革具有现实意义。

另外，在本次研讨会中，有的学者还从后现代主义的角度，探讨了白沙思想中的后现代主义色彩。李玉梅认为，传统文化有超越历史性的文化基因，能粗线条地与后现代主义共时性相衔接，陈白沙思想与岭南文化的关系，上承慧能《坛经》“不立文字”、“超乎言诠”之体验，下启康有为等人的空想大同思想，促使具有别派新意的儒学产生，其思想发端之边缘性，就可说是一种后现代主义的色彩。程潮认为，白沙心学是针对程朱理学的内在矛盾和现实中不良的世风与学风而创立的，它以高扬人的主体性为核心，突显了人的道德性、社会主体性和认识主体性。

传统文化与现代企业管理学术讨论会

由中国孔子基金会、中共山东威海市委宣传部、“光威”(集团)总公司、山东省社会科学联合会和山东省历史学会传统文化与现代化专业委员会联合举办的“传统文化与现代企业管理学术讨论会”，于2000年8月27日至30日在山东威海举行。来自北京、上海、河南、辽宁、山东以及韩国清州大学、明知大学等国内外专家学者及企业界人士，共60余人参加了本次会议。会议收到论文、专著等共60余篇、部。

本次会议探讨的问题主要有：儒家的道德哲学与现代企业管理的关系，兵家思想与现代企业管理的关系，墨家的俭约观与勤俭办企业的关系，道家的管理思想与现代企业管理的关系，齐文化与现代企业管理的关系，法家思想与现代企业管理的关系等内容，特别是光威集团在管理实践中借鉴传统文化取得的成功经验成为与会者讨论的热点之一。

一、儒家道德哲学在现代企业管理中的价值

与会者认为，儒家的道德哲学与当代企业的道德建设有着极为密切的关系，可以为现代

企业员工的道德建设提供积极的重要借鉴。

义利观是儒家道德哲学中的基本问题，如何处理二者的关系，对现代企业的发展有重要的影响。与会者认为，儒家义利观的基本思想，主张的是以义制利的原则，坚持这一原则，对现代企业的发展有重要的促进作用。如，光威集团在企业管理中，就正确处理了义与利的关系，自觉坚持了以义为上，以义制利的原则。

儒家的管理思想，重视人的地位和作用，只有做到真正爱人，才能较好地处理义与利的相互关系。有学者探讨了儒家精神与现代企业管理的关系，指出儒家人为贵的人学观，能为企业管理提供一种人力资源意识，仁爱和贵和的道德观，能为企业管理营造一种良好的人际环境，进取有为的入世观，重俭抑奢的消费观，廉洁勤政的民本观，能为企业管理注入奋发向上的进取精神等。

还有的学者研究了西方管理理论与东方管理文化的关系，认为东方管理文化是指东亚以儒家文化为背景的国家和地区的管理文化，它以日本式、新加坡式的管理最具代表性，是中国传统文化精髓与该国文化融合的结晶。东方管理文化的特点主要是爱人，它体现的首先是对被管理者的尊重。东方管理文化的第二个特点是强调人际关系的协调。第三个特点是强调中道的管理艺术，中道就是指中庸之道，提倡无为而治，儒家和道家都强调管理的最高目标是“无为而治”，这也就是孔子所说的“从心所欲不逾矩”，它要求一个企业组织中的成员都能自发地按照规范和要求办事，力所能及地发挥自己的力量，维护组织的宗旨和荣誉，这是管理的最高境界。

二、关于兵家思想与现代企业管理的关系

有的学者论证了兵家管理的现代价值，认为兵家关于选择将帅、实用人才、获得情报、周密决策、天时地利、讲求人和、刚柔相济、智通取胜的思想，都可以为现代企业管理提供重要借鉴。

有的学者肯定了兵法谋略在现代企业管理中的作用，认为发挥兵家的谋略思想，能够有力地促进企业在市场中的竞争作用。有的学者探讨了《孙子兵法》中关于寻求和创造战机的思想，以及从兵法中借鉴“造势”与“用势”的理论，提出在企业战略管理中，要充分重视兵法中的这一思想，认为作为现代企业经营者，要想适应市场经济的形势发展，就必须明确“势”的概念，掌握造势和用势的方法，才能转危为安，立于不败之地。

三、关于齐文化与现代企业管理的关系

齐文化作为中国传统文化的重要组成部分，其中蕴含着丰富的管理思想。有的学者就齐文化中的重人思想与光威集团的管理实践，进行了比较研究，肯定了齐文化任人唯贤的用人思想，以人为本的重人思想，重民富民的思想，审明赏罚的重法思想等，在光威集团管理实践中的积极指导作用，指出光威集团成功的原因之一，正是积极合理地运用了齐文化的管理思想。如光威集团在用人方面坚持“不看文凭看水平，不讲资历讲能力”、“看人要看其心，用人要用其长”的指导思想和用人原则，都是借鉴了齐文化的管理思想。

四、关于道家思想与现代企业管理的关系

道家的思想特点在于主张“无为而治”，但这并不是不注重管理，而恰恰是一种更高境界的管理。有学者对道家的管理思想与现代企业管理的关系，进行了考察，认为就儒家与道家用人的思想而言，道家的管理讲究择人，也就是讲求根据不同的客观条件，选用具有不同特长的人。这种“择人而任时”的思想，注重“因应变化”，它对现代企业的管理仍然具有合理的作用。

此外，与会学者还就东西方文化在现代企业管理中的互补问题，进行了探讨，认为中国传统文化在当今社会发展，在现代企业管理中，仍有丰富的内容，是具有强大生命力的，对此应给予重视，从中吸取营养，积极建设人类的新文化。例如，中国传统文化中的和谐思想以及激励方法，都有其独特的魅力，丰富了管理理论，这在世界管理史上占有重要的地位。中国文化重视人际的亲和，重视家庭的恒定，这可以促进社会的稳定。东西方的思维方法是不同的，东

方要注意学习西方的思维方法，以补自己的不足，西方要从东方文化中吸取有益的思想，以解决现实的问题。中国儒家的道德观，在西方还有许多人不了解，不认识，但是西方有许多人已经认识到，西方的价值观有其自身的缺陷，而儒学中的积极因素，可以解决西方价值观中的不足，儒学有走向世界的可能。但是中国传统文化中也有某些消极的缺乏生命力的糟粕，应当虚心学习和积极吸收人类创造的一切文明成果，以促进当今社会经济发展和文化进步。

与会学者和专家呼吁，应当重视中国传统文化在社会主义现代化建设事业中的作用，应当在全社会中特别是在教育事业中，以积极的态度、科学的方法增加传统文化的内容，尤其应当在干部教育中增加传统文化的内容，增加关于做人和“做官”都应当具有高尚道德的内容，以促进社会风气的好转。

第16届退溪学国际学术会议

由韩国教育部、韩国世明大学和退溪学研究院出资赞助，国际退溪学会和吉林大学共同举办的第16届退溪学国际学术会议于2000年6月16日至18日在吉林大学召开。这次会议的主题是“21世纪儒学·退溪学的地位与作用”。参加会议的代表有来自韩国、中国和日本的专家学者共30余人。其中莅会的中国学者有中国人民大学张立文、中国社会科学院哲学研究所徐远和、吉林大学古籍所吕绍纲、李无未、吕文郁等。

会议于6月16日在吉林大学举行学术报告，吉林大学校长刘中树和韩国世明大学总长、国际退溪学会理事长权宁禹在开幕式上致欢迎辞。中国人民大学哲学系张立文、国际退溪学会会长安炳周在开幕式上先后做了基调演讲。张立文讲演的题目是《退溪心性的现代价值》，安炳周讲演的题目是《论改革主体资格的李退溪的政治思想》。

在学术讨论中，与会代表就退溪学与儒学研究中的许多热点问题进行了深入的探讨。主要的议题有：退溪思想与现代社会，退溪的精神主义哲学及其现代意义，退溪的经学思想与21世纪，退溪的礼乐思想，退溪的易学思想，退溪的人间观，退溪的持敬学说，宋明儒学与现代社会，儒学思想与韩国文学，21世纪儒学的课题等。有的学者还就李退溪的论著进行了专题探讨。最后，国际退溪学会会长安炳周对学术会议作了总结性发言。他呼吁各国的退溪学研究者要进一步加强学术交流，共同努力，开创退溪学研究的新局面。

李退溪作为韩国著名的思想家，他的思想和学说曾产生了广泛深远的影响，并受到了世界各地学者的关注和研究。国际退溪学会和韩国退溪研究院是研究和弘扬李退溪思想学说的重要团体和学术机构。自20世纪70年代以来，已先后在韩国本土、日本、美国、德国、中国香港和台湾、中国大陆召开了15届退溪学国际学术会议。其中，第11届和第14届退溪学国际学术会议，分别于1989年在中国人民大学和1995年在北京大学举行。本次会议是在中国召开的第三届退溪学国际学术会议。2001年是李退溪诞辰500周年，国际退溪学会与韩国各界正在积极筹备，拟于2001年下半年举行庆典活动和退溪学国际学术会议。

国际第二届孔子与苏格拉底哲学研讨会

由中国人民对外友好协会举办的“国际第二届孔子与苏格拉底哲学研讨会”，于2000年4月20日在北京举行。来自中外哲学界的数十名专家学者围绕孔子与苏格拉底思想，就中国与希腊的古典哲学特点，进行了广泛的探讨。

与会学者认为，孔子与苏格拉底都曾生活在一个繁荣的社会末世。在孔子时代，周初沿袭氏族部落联盟体系建立起来的天子—诸侯—大夫的统治秩序，即所谓的周礼，已经崩溃。而在苏格拉底时代，雅典民主制的极盛时代，也一去不复返。孔子和苏格拉底都满怀深情地缅怀那已逝的盛世，同时，都为社会开出药方。孔子提出的办法是“复礼”，他把礼坏乐崩的根源视为人们在道德上的沦丧，故复礼的前提是“克己”，“克己复礼”也就是“为仁”。“仁”的内涵极为丰富，但其核心内容是“爱人”，从爱父母兄弟出发到“泛爱众”。也就是说，每一个人都从内心出发，恪守自己在社会和家庭中理应承担的责任和所扮演的角色，礼也就不期而至了。这样孔子就把恢复理想政治的基础建立在了个人的道德心理之上，把外在规范的强制约束转化为人心的内在自觉要求，从而使伦理规范与心理欲求融为一体。

与孔子不同的是，苏格拉底主张贤人政治，或曰专家治国。他认为，治理城邦是最伟大的工作，但政治技艺决不是一种自然禀赋，政治家应培养精确深厚的知识和道德素养，其根本任务是改善人们的灵魂，培植好公民，以德教人，以德治人。所以，苏格拉底与孔子一样，也把道德看做是政治的基础，认为匡正道德是振邦救国的根本。但苏格拉底并没有停留在具体的操作方法上，而是上升到哲学高度，对人的本性作深刻的反思，涉及到本体论、认识论和方法论等方面的内容。苏格拉底运用他的哲学和道德原则，去探讨政治、宗教、审美等人生和知识领域的问题，企图通过改造雅典人的思维和精神生活，以克服社会的危机。

与会学者认为，孔子和苏格拉底毕生为自己的政治理想奋斗。然而，面对一个已经无法挽回其颓势的社会，孔子和苏格拉底的力挽狂澜都没有起到作用。然而，他们都强调以德治国，是留给后人的珍贵遗产。孔子使“礼治”发展到“仁学”，用“仁”重新解释和铸造“礼”，使等级森严的宗法等级制度，获得了宽厚仁爱的普遍性形式，同时也为中国的家庭伦理观念奠定了基调，使中国社会和家庭在与西方社会接触之前一直表现出一种超稳定的结构。而苏格拉底对民主政治的批判和贤人政治的理想，对西方近代民主制的发展产生了深远的影响。正因如此，孔子被中国人尊为“至圣先师”，苏格拉底被西方人奉为“导师”。因此，探讨孔子与苏格拉底的思想，对于揭示人类认识发展的轨迹，促进人类社会的进步，具有重要的意义。

纪念叶适诞辰 850 周年暨永嘉学派国际学术研讨会

为纪念南宋著名思想家、永嘉学派的代表人物叶适诞辰 850 周年，由浙江省温州市人民政府、中国社会科学院哲学研究所、浙江大学哲学系、中国哲学史学会等联合主办的“纪念叶适诞辰 850 周年暨永嘉学派国际学术研讨会”，于 2000 年 11 月 7 日至 10 日在浙江省温州市举行。来自加拿大、日本及中国台湾和大陆的专家学者 60 余人出席了会议。会议对叶适的学术思想及永嘉学派在儒学发展史中的作用和地位，进行了深入的探讨。现将会议观点综述如下：

一、叶适暨永嘉学派的批判精神

叶适暨永嘉学派之所以在中国儒学发展史上占有重要的地位，批判精神是其形成的原因之一。可以说，批判精神是叶适暨永嘉学派最为鲜明而突出的学术特点。

叶适的批判精神，表现为多方面。与会学者认为，叶适从其思想特点出发，对自孔子之后的诸子百家学说皆有批判，特别是对宋儒理学更有较为深刻的批判。张义德认为，叶适作为一个主张改革的思想家，他在南宋思想史的地位，在于他在学术上树起了三面旗帜，一是主张反理学，二是倡导爱国主义，三是重视功利主义。李明友指出，永嘉学派的批判精神，具有讲求实际、学以致用的思想特点，这种学术特点是自薛季宣开始的。薛季宣对程朱理学的道统之序的怀疑批判及其道器论和义利观，在永嘉学派精神的形成中具有开启的地位，这种精神其后由陈傅良继承，而叶适集大成。蒙培元认为，叶适对宋代理学的批判，表现在对“性命之学”的批判上，其思想特点在于，一是指出性命之学的先验根据只是后儒的一种臆想，二是指出性命之学无益于事功。

叶适的批判精神还表现在他的易学思想中。李存山认为，叶适的学术思想纲要在于易学，其易学思想特点就是站在经验论或实在论的哲学立场上，解构传统的易学哲学体系，拒斥形而上学。李中华指出，叶适易学的怀疑精神表现在“四辨”：一是十翼除彖、象二传之外，皆非孔子所作，二是太极源于庄列，而非孔子本义，三是一阴一阳非所谓道，四是论易而必及数，非孔子之旨。张家成则探讨了叶适从孔子儒学的立场，对佛教、道家学说的批评。其他与会学者还探讨了叶适对汉代以来经济思想和封建君权的批判。

二、叶适暨永嘉学派在儒学发展中的地位

叶适暨永嘉学派在儒学发展中的地位，与他们对儒家心性之学的批判及对儒家传统的重新审视，具有着紧密的联系。对此，与会学者分别从思想史、学术史和文化史的发展角度，进行了深入的探讨。

钟肇鹏认为，叶适在学术上宗师孔子，祖述五经，体现了儒家学派的共同思想特征，但叶适暨永嘉学派的学术特点在于他们主张经世致用，注重实事实功的务实之学，这与儒学重视社会实践、兼赅“内圣外王”之道的精神相符合。王生平考察了儒家学派内部对于“内圣”与“外王”的不同认识，认为朱熹在学术上上溯到曾子学派，而叶适则追索到子贡。子贡与孔子论“圣”为“博施于民而能济众”，这正是叶适重视实功之学思想的重要原因。杨太辛不赞同学者们将永嘉学派的学术性质归结于“反理学”的观点，指出全祖望曾言“永嘉以经制言事功，皆推原以为得统于程氏”，这表明永嘉学派的学术性质当是理学中的一派，即“事本论”。何俊认为，韩愈及宋儒通过阐释传统提出了儒学的道统观，但叶适也是对儒学传统的阐释而确立其道统观的，并标示出儒家文化的基本精神是“治道”，从而确立其功利哲学是儒学基本思想的体现。

景海峰认为，叶适思想来源，近接郑伯熊、薛季宣、陈傅良等永嘉学派的学术传统，远绍《尚书》、《周礼》等典籍的经制。叶适发挥《尚书》中的“皇极”概念而形成的“皇极一元论”的历史哲学，形成了一套足以与朱陆之学相抗衡，既不同于道学理本论，又不同于心本论的社会历史本体观。黄开国认为，叶适的“春秋学”视《春秋》为载事之史，故肯定以实事解经的《左传》多得其实，叶适的春秋学正是其重实事的学术体现，而《春秋》重实事的精神也证明了叶适重实事的观念是合于孔子之道的。

日本学者早坂俊广考证了《宋元学案》中的“浙学”概念，发现“浙学”诞生于永嘉，其发展的历史脉络是“永嘉—金华—四明”。还有的学者就永嘉学派与湘湖学派的互动关系、永嘉学派的历史背景、永嘉学派与南宋时期对浙江有影响的儒学学派等方面，考察了永嘉学派的历史形成等内容。

三、叶适暨永嘉学派的功利主义思想

蒙培元指出，不能简单地将叶适的思想归为功利主义，因为叶适除了提倡事功，更提倡德性，其德性之学的特点表现在于主张在经验学习之中“成德”，而且其德性的内涵能容纳功利，并以功利为基础。曾春海认为，从叶适崇实务事、着意于公共制度与政策能否实现大众福利之目的和效益来看，他的事功之学与功利主义的目的论或后果论，有不谋而合之处，但从叶适反对“以义抑利”及主张“崇义以养利”，回归《易》“利，义之和”观点，叶适仍具备孔子所言的“义然后敬，人不厌其取”、“见利思义”的儒家以义规范利的道德原则，实际上仍坚持了孔孟儒家所主张的“价值层次论”。

潘富恩、王凤贤等认为，永嘉学派乃至浙东学派的功利主义是建筑在“道不离器”的朴素唯物论的基础之上，与其“实政与实德双修”的政治思想、义利统一的伦理思想、借古治今的历史观及民本、重商、养士等思想结合在一起，内容丰富，并具有时代特色。徐远和进一步分析了叶适的功利主义的礼乐思想，认为叶适主张礼即是欲，肯定了礼乐的政治教化和情感调适的功能，反对当世儒者“抑情以徇伪”的观点。

四、叶适的经济思想暨永嘉之学的现代意义

叶适的事功之学还突出表现在他对传统经济思想的批判，以及他提出的许多财经主张。张祖桐、张家成、朱晓鹏、王兴文等探讨了叶适的“本末”观和他的理财、田制、人口及货币等思想，特别强调了其对“厚本抑末”观的否定及其为财富正名、肯定工商业的重要作用、宽民富民等观点，认为这些不仅反映了时代的新要求，对南宋以后浙东经济社会发展产生了重要影响，而且在现代仍然有其可资借鉴的作用。

洪振宁、陈安今等进一步探讨了永嘉学派对今日温州的影响和作用，既肯定了永嘉学派求实务实、变通图新、重视功利、尊重人才等优

良传统的积极影响，也分析了由于过于注重经验、事功而于理论研究、道德价值等有所忽视的消极影响。加拿大学者妮娜丝认为叶适的思想留给我们很多的思考，如通过发展经济和科教来消除当今社会贫富问题，叶适的“极”的概念与发掘人类潜力问题，反对空谈，强调实事实功与行动等。张立文从其“和合学”角度分析认为，叶适关注主体人所生存于其中的社会环境及人类自身的命运，其民本观、君德观及其忧国忧民的实际行动，求道的价值思想等，无不体现出了对主体人的生存命运、生命价值和理想的人文关怀。吴光等进一步考察了永嘉学派的根本精神与浙江地区人文精神传统的关系，阐述了永嘉之派的现代意义。

考古发现

上海新发现《竹书孔子诗论》

2000年8月，上海市博物馆从一批整理出的战国竹简中发现，有30枚简中记有孔子关于诗的论述。这些论述在诗的篇目、诗的顺序、诗的用字上，都与流传至今的《诗经》有不同之处。这一发现将对孔子和传统诗学的研究，产生重大影响。

这批战国竹简是上海博物馆5年前从香港文物市场购回的，共有1200多枚，字数在35000左右。它在数量上以及涉及到的80多种(部)先秦古籍种类方面，都远远超过以往已公开发表的战国竹简，特别是由于秦始皇实行“焚书坑儒”，先秦古籍几乎毁于一旦，因而这批竹简作为原始的、第一手的先秦古籍，是极为珍贵的。

这批新发现的孔子诗论，共有31枚竹简，凡980余字，内容为孔子弟子对孔子讲诗的追记文字，以及《诗经》以外的佚诗和若干诗篇篇名以及弦歌时规定的音高等内容。其中涉及的诗有60篇。经上海博物馆原馆长马承源2年多的研究考证，60首诗中，有十分之一多是《诗经》中没有的。在这31枚竹简中，新发现了佚诗6篇，《肠肠》、《卷而》、《涉秦》、《河水》、《角幡》等。另外，在7枚竹简中发现了记载我国古代唱诗时乐器伴奏的四声和九个音调，这表明当时人们对音调已经相当“规范化”，经音乐界的专家对竹简音调的鉴定，认为古代的音调表示方法同现代的是相似的，这是我国音乐史上的重大发现。在7枚记载诗曲的音调竹简中，发现了40篇诗曲的篇名，除《硕人》和今本《诗经》同名外，有的与今本《诗经》篇名类似，也有为今本《诗经》所未见的佚诗。这批孔子论诗的竹简，因没有书名，上海博物馆将其定名《竹书孔子诗论》。

《竹书孔子诗论》，为一人书写，字体匀称秀美。在一、三、七等简中，都记有授诗者的名字，即孔子。在其中的5枚简中，记载了孔子论述赋诗、奏乐、著文时必须有的志、情、言。孔子说：“诗毋离志，乐毋离情，文毋离言。”其意是说，赋诗必须有自己的意向，作乐必须有自己的道德感情，写文章必须直言。这一论述，在其他地方尚未见到有文字记载。

《竹书孔子诗论》记载了孔子授诗时的情形。在一些诗篇中，有的记有诗的讲题，有的就某一篇一记再记，说明孔子曾以一论、二论、三论的方法来解释诗义的。这是孔子作为教育家循循善诱形象的一种体现。孔子解释诗义，大多数是从道德规范、思想行为上阐述的。这与后人的释解，也有很大不同。

《诗经》是我国最早的诗歌总集，编成于春秋时期。据《史记》等书记载，《诗经》系孔子删定。全书分“风”、“雅”、“颂”三大类，计305首。在遭受秦始皇焚书坑儒以后，汉代传《诗经》者有鲁、齐、韩、毛四家。流传今天的《诗经》多为“毛家本”。今本《诗经》中的诗篇，分为“国风”、“大雅”、“小雅”和“颂”，但在《竹书孔子诗论》中则是“邦风”、“大夏”、“小夏”和“讼”，两者完全不同。为何“讼”为“颂”、“夏”为“雅”、“邦风”为“国风”？马承源解释，讼和颂、夏和雅，是儒汉用字规范的结果。《说文》：“讼，争也，从言公声，一曰歌讼。”所以，讼与颂，为古今字。雅与夏，在古字中也是相通的。至于“邦风”为何成了“国风”？马承源认为，流传至今的《诗经》是汉代人后辑的，很可能是因为汉高祖系刘邦，由此“邦”也就改成了“国”。在诗篇的排列顺序上，《诗经》是风、雅、颂，而《竹书孔子诗论》中却是讼、夏、风。诗论序中的论次也和今本《诗经》中的大序相反。许多诗句用字也和今本《诗经》不同。竹简孔子诗论没有今本《诗经》小序中“刺”(讽刺)、“美”(赞美)的内容。

2000年8月18日，上海博物馆马承源一行携上海战国竹简展版赴京，出席“新出简帛国际学术研讨会”。这次展示的百枚战国竹简是高精度真彩原大照片，其内容分别为：《诗论》31枚，《衣》24枚，《性情论》45枚。《衣》是战国时期《礼记》中的一篇，是孔子向学生传授知识的篇章，采用的方式也是问答式，《衣》也有今本，但从这批简文中看，多处与今本不相同，尤其是今本共为25节，而竹简中只有17节。《性情论》谈论的是乐和人的情感之间的关系，它与《孔子诗论》一样，今本中没有记载。在郭店出土的竹简中，也有《性情论》，但在个别字句中与上海博物馆收藏的竹简有差异。

这次首先解密公布的百枚竹简，填补了先秦文献的空白，破译了中国历史上许多“千古之谜”。特别是过去历史文献中很少见到孔子谈诗的文字，上海战国竹简中的《竹书孔子诗论》的内容，填补了孔子研究和诗学研究历史文献的空白。这对中国儒学的研究，将会产生重大的学术影响。

2000年新建学术机构和学术团体

孔子文化大学暨山东儒学研究基地成立

2000年5月15日，由中国孔子基金会、曲阜师范大学联合海内外投资者共同创办的孔子文化大学暨山东省儒学研究基地挂牌仪式在曲阜师范大学举行。山东省政协主席、中国孔子基金会会长韩喜凯，中共山东省委常委、宣传部长、中国孔子基金会常务副会长陈光林等领导同志出席了挂牌仪式。陈光林代表山东省委、省政府在挂牌仪式上讲话，对孔子文化大学的成立表示祝贺。中国孔子基金会秘书长张树骅,省教委副主任、曲阜师范大学校长齐涛分别代表主办单位讲话。

孔子文化大学暨儒学研究基地将立足于人才培养与传统文化的研究,并以此为纽带,加强与海内外专家学者、社会各界仁人志士的合作,积极探索新的办学机制与模式,实现传统文化与现代教育相结合。韩喜凯担任名誉校长,聘任国内外知名学者李学勤、方克立、罗国杰、楼宇烈、葛荣晋等为客座教授。

陈光林在讲话中说,孔子思想、儒学和传统文化的学术研究已进入到一个新的阶段,要站在新时代的高度,坚持正确的立场,采取科学的态度和方法,对孔子思想和儒家学说进行认真挖掘、整理、总结和研究,吸取精华,剔除糟粕,坚持实事求是的原则,使之为现实的政治、经济、文化以及社会服务。孔子文化大学要建成中华传统文化和现代科技文化的科研和教育中心,儒学研究基地要建成高水平的儒学研究中心、信息资料中心和人才培养基地;要加强国际交流,弘扬中华文明,培养优秀人才,为创造人类21世纪的新文化,为全人类的和平与发展,为中华民族的伟大复兴做出新的贡献。

张树骅在讲话中说,孔子文化大学的办学目的,在于培养具有中国传统文化素养和现代科学知识的、具有创新精神和完善人格的高级专业人才;在于依据两个文明的建设需要,有机地把基础研究与应用研究结合起来,深入探讨孔子思想及儒学演变发展的规律及丰富内涵,开发和利用一切符合时代精神的传统文化资源,在突出孔子、儒学和中国传统文化特色的基础上,逐步将学校建成为涵盖哲学、经济学、法学、教育学、文学、历史学、理学、工学、管理学等学科门类的综合大学,建成为中国传统文化的学术研究中心、信息资料中心和高级人才培养中心,完成国家和社会各界及捐赠者委托的有关教学和科研任务。

孔子文化大学及儒学研究基地的成立,将使孔子故里曲阜集孔子文化大学、山东儒学研究基地、孔子研究院、孔子博物院于一地,成为国际上研究孔子思想和中国传统文化的重要中心。

山东大学易学与中国古代哲学研究中心暨教育部人文社会科学易学与中国古代哲学研究基地成立

"山东大学周易研究中心"于2000年9月更名为"山东大学易学与中国古代哲学研究中心"。山东大学易学与中国古代哲学研究中心是一个着力开展易学、易学与中国古代哲学研究的专职学术机构。刘大钧任该中心主任。该中心亦为国家一级学会"中国周易学会"所在地,刘大钧为该学会会长。

该中心及其前身自成立以来,在倡导和推动《周易》经传、易学、易学与中国古代哲学、易学与中国哲学的现代化及世界化的研究方面,作了大量工作。

一、笃实为学,勤于科研

该中心作为一专职的易学研究机构,以承担国家和省部级研究课题及自选研究课题为主要任务。自1996年以来,承担了各类研究课题17项,其中省部级以上即占10项。经过10余年的辛勤耕耘,该中心取得了丰硕的研究成果。1996年起,中心人员发表论文110余篇,出版学术专著31部,均产生了一定的学术影响。共获各类国家奖励11项,其中,省部级一等奖3项,二等奖4项,三等奖1项。针对易学作为专门之学的实际,依据象数、义理合一的易学独特理论模式,中心人员在兼顾象数、义理研究的同时,尤致力于作为易学之根的象数之学的研究,并在此领域取得了为海内外学界瞩目的成就,从而澄清了人们对易学的各种误见,尤其是对象数易学的误见。

二、培植学术研究队伍

经过长期不懈的努力,该中心已经形成了一支年龄结构合理、布局协调、研究方向相对齐全、素质相对较高的学术研究梯队。在现有的由8人所组成的专职研究队伍中,博士生导师3人,教授6人,副教授2人,其中45岁以下的教授4人。

三、创办《周易研究》学刊

1988年,该中心通过自筹经费的方式,创办了《周易研究》这份目前大陆唯一向海内外公开发行的易学研究专刊。该刊从易学这一专门之学的实际出发,并广泛考虑到易学对于古今各门学术的重大影响力,贯彻“双百”方针,提倡学术自由,主张《周易》与易学史的研究,应坚持义理与象数兼顾的原则,并提倡多学科、多层次、多渠道、多角度的综合交叉研究,大力提倡易学与哲学、易学与其他人文学科、易学与自然科学、易学与现代管理科学、易学与环保科学等的交叉研究,在学界赢得了办刊严肃、治学严谨的赞誉。该刊现已发行到28个国家和地区,发行量长期稳定在两万份左右,为弘扬易学、培植易学研究的力量、把握易学研究的导向、推动易学研究的健康发展,做出了重大贡献。1998年被评为山东省优秀期刊,现已被北京大学图书馆和中国社会科学院文献信息中心分别列为“全国中文核心期刊”和“全国人文社会科学核心期刊”。现在该刊已由中国周易学会与该中心合办,成为中国周易学会的会刊。

四、举办学术会议

为推动易学研究的深入开展,加强与海内外学术界的联系,提高中心及大陆易学研究的水平,该中心先后四次主办、一次协办大型国际、国内《周易》学术会议。其中,1987年12月由当时的山东大学周易研究室主办的“首届国际周易学术研讨会”,正式拉开了大陆易学研究高潮的序幕。1993、1995、1997和1999年该中心与台湾相关学术团体一道,先后四次举办了“海峡两岸周易学术研讨会”,在两岸乃至国际上都产生了重大影响,为加强两岸的学术交流,促进祖国的和平统一,做出了重要贡献。2000年10月末,由该中心所主办的“百年易学回顾与前瞻国际学术研讨会”,适逢世纪之交,会议所涉及的“回顾”和“前瞻”两个主要方面,对于今后海内外的易学研究,必将起到重要的启迪与导向作用。

五、积极开展对外学术文化交流

中心努力拓宽学术空间,加大与海外学术文化交流的力度,先后接待日、韩、美、德、新加坡及台、港等国家和地区的访问学者近百人,同时,中心人员也多次前往日、美、德、英、法、比、新加坡及台、港参加学术会议或进行学术访问。通过这些活动,开阔了中心的学术视野,扩大了中心的影响,增进了与海内外学界朋友的友谊。经过以上的努力,中心与山东大学哲学系联合,已于1998年取得中国哲学的博士学位授予权,1999年正式招生,其中,易学哲学为第一专业方向。世纪之交的千禧之年,中心又被国家教育部正式批准为“教育部人文社会科学百所重点研究基地”之一。

山东大学易学与中国古代哲学研究中心拟在加强易学研究的基础上,一如既往,不断提升自己的学术研究水平,进一步加强海内外的学术文化交流,办好《周易研究》杂志,继续发挥培植易学研究力量、把握易学研究导向的作用,抓紧专人专题的实质性研究,力争在不远的将来,写出一部真正体现当代易学研究最高水准的《中国易学史》,使基地真正发挥其应有的权威和表率作用,按教育部的要求,在数年之后,成为名副其实的世界一流易学研究中心。

泰州学派研究会成立

2000年12月1日,江苏省泰州市成立了泰州学派研究会。首届会员有74人,均为各界社科研究人士及爱好者。泰州市委副书记邵军任名誉会长,泰州市委宣传部副部长陈祝生任会长,孔子2000网站温厉等7人被聘为该会顾问,汤卫国任泰州学派研究会秘书长。

为弘扬民族文化,挖掘地方文化资源,泰州市十分重视泰州学派的研究工作,市政府拨出专款,广泛搜集王艮及泰州学派的资料,联络各方研究人士,征集会员,开始重修崇儒祠的工作等,经过四个多月的紧张筹备,成立了泰州学派研究会。

泰州市计划与江苏省社会科学联合会、盐城社联等单位,于明年上半年共同筹办王艮逝世460周年暨泰州学派国际学术研讨会。此外,泰州市还打算成立地方文化研究所,出一本泰州学派论文集。

儒学论著选介

儒学论文选介

尊严、境界与德性
——儒家人学三论

任剑涛　撰

儒家人学是一种将儒家道德哲学、政治哲学与人生哲学内涵融会为一的理论言述。伦理政治是儒家言述人生的背景。

早期儒家将伦理作为政治的起始点与归宿点，所以他们对人的设计高度重视。除了对人的基本关系准则约之以仁之外，他们更将人的行为取舍以义加以规定。以仁义、义利对举，从而使人获得了一纯粹伦理化的规定性，强调人的惟义是举是建立人之为人的尊严所寄。这一定位对伦理政治意义重大。但需指出，早期儒家对人的设计缺少"理性人"及理性计算的合目的性行为方式的预设。

在早期儒家那里，生命存在与伦理作用绝不是断然划分为二的。他们注重从生存处说伦理。早期儒家对人的生存所需之物质条件、权势作用及社会因素不太注重，而更重视做人的无条件性，故他们对于直通崇高的"孔颜乐处"之人生境界加以伸张。这是一种典型的信念伦理。对于责任伦理，他们却不太重视，所以他们的伦理行为很难落实到大众之中。

早期儒家进而对恶的伦理功能加以排除，他们把恶安排在法律领域，从而使恶失去与善对应的地位。进而强调德性制导，强调为善去恶及恶的排除予善的支持的重要性。早期儒家的善虽抹杀了德性的时代特征，但却有人生归宿的意义，使善质的高尚性得到了凸现。

（王兴彬摘自《中国哲学史》2000年第4期）

孝与中国国民性

肖群忠　撰

孝是中国文化的原发性、综合性的首要文化观念。它不仅在中国传统伦理文化中处于"百善孝为先"的领导地位，被看做"德之本也，教之所由生也"(《孝经》)，而且还具有祖先崇拜、尊宗敬祖的人文宗教意义，具有珍惜生命、延续生命的哲学意蕴。它是中国社会一切人际关系得以展开的精神基础和实践起点，是中国古代政治的伦理精神基础，也是社会教化和学校教育的核心和根本，对中国人的衣食住行、生活方式与民俗、艺术均发生了重要影响。由于孝在中国文化中具有如此重要的地位，又具文化综合意蕴，因而它对中国国民性发生重要影响就是自然的，也是可能的。

孝对中国国民性的影响与作用是双重的，既有积极性的一面，也有消极性的一面，而之所以如此，则是由孝本身所具有的人民性和封建性的两重性所决定的。

孝在儒家文化中，既被看做是人之善性的根源，又被看做是政治的根源。它作为观念与实践对中国国民性的积极影响表现为：促使中国人形成了仁爱敦厚、忠恕利群、守礼温顺、爱好和平的优良品质；消极影响则表现为：其权威价值取向导致了国民的权威主义性格，其崇古取向导致了国民的因循守旧、保守落后的性格，其片面义务价值取向导致了国人的权利意识淡漠、忍耐不争的人格特质。

（老井摘自《哲学研究》2000 年第 7 期）

儒学面临的挑战

崔大华　撰

现代处境下的儒学，跨入了新的理论生长空间，表现了可融入现代社会生活的理论品质，同时也面临着来自现代社会与现代观念的严重挑战。从儒学固有的个性的、社会的、超越的三个理论层面来观察，儒学面临着三个最为突出而根本的挑战：首先，儒家性善论遇到了现代实验心理学的质疑，并被其两个派别——精神分析学派和行为学派从不同方面加以否认。然而，性善论本身蕴含的一种道德理性——对人必然向着固然、当然方向作自我选择和生长的信念，却依然维护着它的存在。其次，作为儒家伦理道德实践起点的传统家庭在现代化过程中渐趋解体。这种家庭的蜕变主要发生在家庭观念和家庭结构两个方面。虽然立足于科学的认知理性可以逻辑地、坦然地接受家庭的裂变与破碎，人类的道德理性仍然十分珍视和努力维护家庭。再次，儒学固有的形上追求与现代哲学观念存在着明显的冲突。儒学的形上追求根本上是对人之价值、人之生活意义的维护，儒学在现代处境下的困境是理论观念和方法上的，而不是根本目标上的。儒学必将在消化现代观念的基础上，形成新的哲学理念与方法。

可见，儒学具有回应这些挑战的能力，终将走出困境，实现新的发展。儒学未来的发展前景仍是十分光明的。

（李伟波摘自《孔子研究》，2000 年第 1 期）

东亚儒学核心价值观及其现代意义

郭齐勇　撰

仁爱、诚敬、忠恕、孝悌、信义等是中韩日儒家精英大致认同的核心价值观念、普遍性伦理或中心范畴，它们的主要内涵是普遍的、稳定的。

在中国，原始儒家和郭店楚简都以仁爱为中心，其孝梯、忠信、礼敬都与仁义有关。郭店楚简只是未能如原始儒家那样强调“诚”，但强调了“信”。从汉儒到宋明儒，大体亦是以仁爱为中心展开其思想体系。

韩国在高丽朝时，儒学在朝野成为主流。高丽末朝鲜初，性理学家李穑、郑梦周等全面推进儒学。李氏朝鲜朝时，朱子学大兴，李幌创退溪学派，李珥创立粟谷学派，还有曹植、韩元震等学者。李幌对儒家核心价值有全面论述与创造发展，但其价值观念核心仍是仁爱，并由仁爱统率仁义礼智、忠恕、孝悌等。曹植、李粟谷等学者也都非常重视“持敬”的重要性。

在日本，早期儒学的主要内容是“德治”的政治理念。律令制时代儒学强调“父子之亲”与“君臣之义”。江户时代，朱子学、阳明学、古学派形成，展开了对忠、孝关系的讨论；而古学派主张回到孔孟，强调“仁”与“诚”。日本伦理思想史上，对“敬”的观念的提倡与“忠”、“信”等观念结合，对日本民族素质及精神的形成有很大影响。

由上所述可见，儒学伦理在东亚各国的不同时代虽有不同表现，但仁爱、敬诚等基本观念却是东亚各儒学大师的精神追求和信仰，并在不同时空环境中对社会文化具有价值导向的功能。这些理念可成为新的东亚伦理或全球伦理的基石。

（王兴彬摘自《孔子研究》2000 年第 4 期）

从仁的四个层面看普遍伦理的可能性

蒙培元　撰

普遍伦理是在全球文化多元化与一体化过程中根据人类发展的需要和问题而提出的。儒家的仁学有四个层面的基本内容，这些内容及其价值可为普遍伦理的建立提供理论基础。

从“亲情”的层面看仁。儒家仁学从亲情之

爱开始。孝是人类共有的最真实最原始的自然情感。作为普遍的人类之爱的仁,应从亲情开始,由近及远、由亲而疏推及他人与万物。

从“忠恕”的层面看仁。孔子提出的所谓“忠恕之道”是一种建立在人类共同情感及尊严之上的德性伦理。这种德性与西方的德性思想不同,但却可以比较,且能成为当代伦理的共同基础。儒家仁学将人视为目的而非工具,重视人的尊严,承认人格平等,这些对当代伦理建设有很大启发作用。

从“爱物”的层面看仁。儒家承认自然界之生物亦有其内在价值,亦应是被爱的对象,这是一种极富道德意义的生命关怀,其中所体现的生态意识为解决当代生态危机提供了极丰富的精神资源。

从“天地万物一体”的层面看仁。儒家认为,天是人类的生命与价值之源,人与自然界的关系是内在同一的,故人应视天地万物为一生命整体,将自然界万物视为自己生命的一部分,这种“天地万物一体”即人与自然界生命和谐的境界是儒学的最终目的,它对于解决人类面临的全球性问题有重要的指导意义。

(王兴彬摘自《中国哲学史》2000年第4期)

儒家礼治思想的合理因素与现代价值

白奚 撰

儒家主张“为国以礼”,其政治实践称为“礼治”,其思想核心是“德礼为政教之本,刑罚为政教之用”。这样的政治思想既非人治,亦非法治,只能称为礼治。儒家以礼治国实际上就是以规范治国,以礼来约束人们的一切行为。礼的社会政治功用是通过“明分”、“别异”来确认和维护既成的等级秩序。儒家礼治重道德教化,在潜移默化中提高人的思想境界,培养人的道德自觉,这便是礼的教化之功,也是礼治赖以运作的内在机制。儒家虽注重礼治教化,但不完全排斥刑罚法律,主张出礼入刑、礼主刑辅,这种礼法互补的政治模式理论最符合统一大帝国长治久安的需要,为以后的历史统治者长期采用。

作为中国古代政治主导思想的礼治,非常适合中国古代的国情。用现代学术眼光来看,礼治的合理因素和价值在于:它为人们提供一系列行为规范,通过人们的遵守于潜移默化中起教化作用,使人自觉维护社会秩序。它区别于法治的独特价值在于从人的思想深处下功夫,这种社会机制对任何时代、任何国家的综合治理都有不可忽视的实际意义。

(李伟波摘自《哲学研究》2000年第2期)

儒学生存形态的历史形成与未来转化

李维武 撰

从先秦至晚清,儒学形成了不同的生存形态。最先发生的是人生儒学,人生儒学是儒学之根,儒学之所以能历久不衰,就是因为它与中国人的生活世界紧密联系在一起。在人生儒学的根基上,很自然地发展出了社会儒学,它涉及到中国人生活世界的诸多层面,儒学与中国人生活世界的联系由此而更为广泛。由人生儒学、社会儒学延伸出政治儒学,它对儒学的发展既有积极影响,也有负面作用,同中国人生活世界没有深刻的联系。与政治儒学形成鲜明对比的是考据儒学,它尽管远离政治,却未失去批判精神,且对古代文献的整理,更是成就巨大,但它远离了中国人的生活世界。形上儒学与人生儒学相关联,却又要求超拔于现实生活,从而具有理想性。

儒学的所有这些历史形态在19世纪末均面临困境,现代新儒家把目光投向文化问题,建立文化儒学。20世纪儒学与中国人生活世界的联系,首先是通过文化儒学来实现的。现代新儒家亦着力于形上儒学的重建,但由于没有强有力的人生儒学作根基,因而同中国人的生活世界难以有密切联系。

关于21世纪儒学的生存形态。一定要重建人生儒学,恢复儒学与中国人生活世界的密切联系,在此基础上,继续关注文化问题,发展文化儒学,并进一步建立新的形上儒学。至于社会儒学、政治儒学，由于各种原因，在21世纪的中国没有必要再作为儒学的一种独立形态，但对于传统的社会儒学、政治儒学中的合理资源及现代新儒家在这方面的一些构想，可以作合理的转化。

（王兴彬摘自《中国哲学史》2000年第4期）

儒家文化与科学技术

黄世瑞　撰

不少人认为，儒家是反科技的，但事实并非如此。首先一个最明显的事实就是中国古代有许多发明和发现，尤其是在汉代与宋代两个儒学兴盛的朝代，对人类文明有巨大贡献的四大发明相继问世并完善，这说明儒学并未阻碍科学技术的发展。

儒家的创始人孔子并未如有人所说，把一切实际知识与技能都排斥于教育内容之外，他的教育内容以六艺为主。孔子不仅"多能鄙事"，且有较高的天文历法气象方面的知识水平。而且孔子重视农业的发展，这也影响了其后的整个儒家。孔子"敬鬼神而远之"，反迷信，重理性，含有科学精神。孟子也并不反对科学技术，是有科学思想的。

儒术独尊以后，中国历史上的统治者并未反对、扼制科学技术，更未残杀科学家。在儒家文化氛围中，封建社会某些时期对科技还是比较重视的。一些统治者如汉武帝、宋真宗、清康熙皇帝等及统治阶级内部的一些儒生们如赵过、张衡、杜预等，对一些科学研究和技术进行了推广。至于南朝科学家祖冲之，宋朝科学家沈括，明代科学家徐光启等人亦都是儒家文化培养出来的科学家。

所以，儒家对中国古代科技的影响，绝不应全盘否定。应充分占有材料，澄清事实真相，实事求是地评判儒家对中国古代科技发展的功过。

（王兴彬摘自《孔子研究》2000年第6期）

儒家经济思想及其特点

陈启智　撰

儒学包含着丰富的经济思想，在长期的实践过程中，逐渐形成较为完备的理论体系。

儒家谈经济，总是将其置于伦理和政治的框架之中，其经济思想与伦理观念是一综合而非独立的学问，因而具有与伦理思想同构的特点，这与法家完全从经济自身的规律出发去思考与解决社会经济问题不同。儒家经济思想以经世济民为出发点，强调"开物成务"，同时，儒家主张对经济活动进行伦理规范，在考虑经济事务时，首先考虑其伦理价值和人的尊严。儒家言仁义，就一定包含着经济的内容；论功利，则必定顾及是否符合道义的原则，这是儒家伦理或经济思想的特点。

与齐法家富国济民论和秦晋法家的弱民富国论不同，儒家认为，国富必须建立在民富基础上，孔、孟、荀皆重视富民，孔子更是对国计民生提出庶、富、教三部走的措施。儒家主张藏富于民，这是儒家以民为本的思想在经济领域的主要表现。儒家的这种思想属于适度干预的自由经济思想。

儒家以本末之辨为杠杆，与法家重本抑末不同，儒家并非一般的轻末或本末并重，而是在不断加深对农工商士四民之业认识的基础上，根据现实的需要，对处于整个经济结构中的工商或抑或重，不断地予以调整而已，表现了动态均衡的经济思想。

在考察儒家经济思想影响时，应考虑其与法家经济政策的制约关系，然后才能作出正确判断。

（王兴彬摘自《孔子研究》2000年第6期）

冲突、契合、互补优化
——论儒家伦理与现代市场经济

唐凯麟、罗能生　撰

儒家伦理与市场经济的关系是复杂的，因

为儒家伦理包含着多个层次与方面;市场经济也并非只有一种模式,必然因社会环境与历史条件不同而具有不同特点;二者发生联系、作用的方式和条件更不是一成不变的。

儒家伦理与现代市场经济的关系具体说来,一方面,二者是异质的,儒家伦理要解决的主要问题是宗法社会的伦常秩序及在此制度下为人处世的原则和态度,而市场经济本质上是属于现代社会的,这就决定了二者在价值取向、精神倾向、理性方式、约束机制等方向都存在冲突;另一方面,二者在不少方面又存在着同构因素,可以相互融通,儒家的互助交往精神、规范有序意识、自强自律精神、群体合作态度、诚信为本原则等,经过认真清理和改造后,可通融于市场法则之中,从而在实践中发挥积极作用。

儒家伦理对现代市场的经济意义并非仅限于其同构的一面,就是其一些异质方面,也可以在一定条件下与市场经济相反相成,遏制市场经济本身之弊端,实现与市场经济的互补优化。如义与利、和与争、人与物、群与己、现实性与超越性等,这对于促进市场经济的完善与发展同样不可忽视。

要克服儒家伦理的消极作用,利用其积极因素为我国市场经济的发展服务,就必须对儒家伦理进行必要的扬弃与改造,营造一种规范、开放的制度条件,这是一个复杂的过程。

(王兴彬摘自《孔子研究》2000年第2期)

创造二十一世纪的人类命运:全球化经济发展与儒学及儒商的定位

成中英　撰

21世纪人类的命运有赖于经济全球化的制度合理化与个人合德化的发展与实现。全球化的经济需要全球化的经济伦理、人类整体伦理来规范与引导,而儒家与儒学作为一个文化理想、一套社会价值体系,与人类整体伦理系统密切相联,为人类社会的发展勾画出了一个基本的价值方向与社会蓝图,儒家哲学为经济全球化提供了最具普及性的社会伦理与文化伦理。

儒家伦理本身就包含了强烈的全球化色彩,强调在个人德性修持与社会亲和发展基础上的人类对最高之善的追求,这是儒家对人的发展的不断要求与策勉。儒家伦理不只是伦理,且是人学,且与天地之本体学与宇宙论结合起来,从而构成一种渗透万物的关切情怀与生命体验。在全球化的经济发展中,儒家伦理扮演着一个既促进经济发展又平衡经济发展的角色,在一般经济伦理中,它发挥其关切理性的作用,就形成了具有德性主义与人性主义特色的儒家经济伦理。这正是21世纪人类发展所急需的。

儒商有第一义与第二义之分,前者不仅是儒家资本家,能够发展财富与资本,也是社会与文化事业的积极支持者与捐助者,是儒家的社会主义者与文化主义者;而后者只在经济事务上着眼儒家的社会伦理与经济伦理,并将之转化为管理之用。

儒家与儒学在21世纪有双重使命:防止人类经济全球化的逆向发展,促进其正向发展。作为参与全球化经济发展的儒家文化的代表者,无论是第一义或第二义的儒商都将在21世纪发挥无比的经济推动、社会演进与文化融合的作用。

(王兴彬摘自《孔子研究》2000年第2期)

二十一世纪:儒学的地位及儒学研究的发展

刘宗贤　撰

儒学作为包括民间文化学说和官方意识形态双重内涵的一种思想文化现象,它在历史上虽曾多次面临异质文化的挑战和批判,但却多次被选择,多次表现了它的适应性。这种适应性表现为它以宽广的胸襟、包容的精神对异质文化的吸收和接纳,亦表现为它自身经过改造和包装融入其主流文化之中。而今天儒学在中国的重新兴起,不只是中国自身的现代化转型对它的需求,也是当今世界文化多元共存的融合趋势对它的选择。当今人类共同面临的问题,都有待于发扬各民族文化的精华来求得共同解决。儒学作为内含着人的生命气质的一种世界性文化资源,它像一座富矿,蕴藏着对现代人的精神生命、未来人类社会发展有积极意义的恒常价值。

由于儒学的精神文化实质是在当今世界多元文化共存发展的背景中突显出来的，所以儒学研究也应该走出中国，走向东方，走到世界的大文化氛围之中。要面向全人类共同需要解决的问题，打破自我中心的心态，开展与其他文明系统的交流和对话。儒学的生命力在于普及和传播。当今的儒学研究除做书斋里的学问外，还应负有一种责任，即将儒学的人文精神、道德伦理用通俗易懂的言语和深入浅出的表达方式，有选择地传播给世人。

（老井摘自《中国文化研究》（京）秋）

孔子从道思想与传统人文精神的当代价值

李宗桂　撰

孔子的从道思想是其价值观的精髓，其基本精神是以道为尚，唯道是从。其内涵大致可分为四类：对现实的政治态度，对历史和时代的态度，对价值原则的态度，对名利的态度。孔子的从道思想作为中华民族精神文化的重要资源，对于后世思想家和传统人文精神的思想内涵、表现形式都产生了深远的影响。而传统人文精神主要表现在六个方面，即：政治合作的精神、政治批判的精神、历史担当的精神、立足现实的精神、重视传统的精神、追求崇高的精神。

孔子的从道思想和传统人文精神的诸多方面，对于市场经济条件下的当代中国的社会发展，对于中国特色的文化建设，有着重要的启迪和借鉴意义。首先，政治合作精神和政治批判精神的统一，是我们保持清醒头脑、积极参与社会生活和现代化建设事业的思想保证之一，也是促进中国文化健康地走向现代化途程的重要保证之一。其次，立足现实的精神和重视传统的精神的统一，是促进新中国文化精神生长的重要方式。再次，历史担当精神与追求崇高精神的统一，是消除种种社会弊端特别是清除思想毒瘤的重要方式。

（老井摘自《中国哲学史》2000年第2期）

孔子思想与“全球伦理”问题

汤一介　撰

孔子时代是一个存在着严重“道德危机”的时代，我们今天的人类社会，文化道德问题更多、更复杂。目前，“全球伦理”已为越来越多的学者重视，而孔子思想对建立“全球伦理”可提供极其有意义的资源：

其一，在寻求“全球伦理”的讨论中，学者们提出应注意寻求某些伦理观念上的“最低限度的共识”，这是很有意义的。要取得这种“共识”并不容易，要克服文化上的霸权主义与相对主义两种不好倾向，而孔子提出的“己所不欲，勿施于人”，就可以成为不同文化传统的民族和国家所共同接受的伦理准则。

其二，寻求“全球伦理”就应在尊重各民族文化传统的伦理价值的基础上吸取不同民族文化传统中的伦理思想的内在资源。不仅儒家的伦理思想，其他民族文化传统也可以对“全球伦理”的建立作出贡献。

其三，寻求“全球伦理”必须关注当今人类社会存在的重大问题。儒家对人类社会始终有强烈的使命感。在建立“全球伦理”的过程中，我们应对孔子思想进行现代诠释，使之得以落实于操作层面。在这方面，各民族都可从其伦理观念中找到有益于解决当今社会问题的资源。

其四，不同民族的伦理观念之间存在着差异与矛盾。我们在寻求“全球伦理”时，中国古已有之的“和而不同”应作为一条处理不同民族伦理观念的原则被肯定下来，这对寻求“全球伦理”极有意义。

（王兴彬摘自《中国哲学史》2000年第4期）

乌托邦主义与孔子思想的精神价值

墨子刻　撰

历史的教训使中国思想界越来越清楚地认识到乌托邦主义的危害，以至于近年来出现了放弃乌托邦主义的思潮。但有些知识分子一方面拒绝乌托邦主义，另一方面却又想在孔子思想中找到政治智慧的基础。这种做法是因为他们认识不到孔子思想有乌托邦主义的偏向。

孔子思想当然不乏可取之处，但根源于亚里士多德与奥古斯丁的欧美政治思想主流认为，政治本来是个"神魔混杂"的过程，政治活动的代价可以减少，却不能完全避免，这就是所谓"幽暗意识"。这种观点认为，政治活动的目标是追求可行性的进步，而不是让最高的理想得以落实。而儒学却没有把正常的政治活动放在一种幽暗意识的前后关系中，而是把以历史归纳出来的后验性知识同一种对人性的先验性信仰混在一起，而认为"善"或"正"或"德"的客观含义完全明显，所以，从政者要做到"善"，不会遇到严重障碍，且只要从政者做到了善，其它社会成员也会做到。这种想法忽略了道德判断与政策运行的复杂性，缺乏政治进步所需要的尚实精神。

同时，孔子认为"善"的源头是主体自我的一种很纯粹的良心，自我先把自己变成一种道德化身，然后以道德化身的身份去改变世界，这样，己他关系变成了一种善与不善的关系，从而缺乏公民社会所需要的容忍与合作精神。要想放弃乌托邦主义，就必须对孔子的思想加以重新认识。

（王兴彬摘自《华东师范大学学报》哲社版2000年第2期）

孔子之仁与老子之自然
——关于儒道关系的一个新考察

刘笑敢　撰

关于儒家和道家的关系问题，学者多有不同的见解。通过孔子之仁的观念和老子之自然的观念可以看出，儒道两家在精神上有相通之处。

老子哲学有一个可能的体系结构，这就是以自然为中心价值，以无为实现这一中心价值的原则性方法，以道为自然和无为提供了超越的和贯通的论证。自然就是自然而然的意思，其具体含意：一是指自己如此；二是意味着发展的轨迹是平稳的，或者说是可以预见的；三是很容易推出自然的状态必然意味着和谐。而孔子的中心价值是仁。他强调仁者安仁，知之者不如好之者，好之者不如乐之者等，固然是强调仁的内在意义，但同时也透露了儒家道德实践中的自然的原则，即自然的道德流露高于勉强的或者有意的道德行为，而这一点恰好与老子所强调的自然的价值相一致。孔子仁学中的自然原则包括四个方面，即一是仁德内在而自然的流露，二是人际关系之间的自然原则，三是求诸己与自然之得，四是退而逍遥与自然之乐。

学术研究离不开分析与比较，要同中见异、异中见同，防止归纳法。论者常认为道家是反对儒家伦理的，但实际上老子并非一概反对儒家道德，只是反对强制的或虚伪的道德表现。道家的自然原则为儒家的道德原则提供了一个实践的标准，为儒家道德的社会实践提供了润滑剂。

（李伟波摘自《中国哲学史》2000年第1期）

先秦礼乐文明与
孔孟道德理想主义

杨海文　撰

先秦礼乐文明是可以触摸的实践成果，孔孟的道德理想主义则是只能领悟的文化精神。先秦礼乐文明未必催生了春秋战国时期所有思想家的道德理想主义，但孔孟道德理想主义的必要条件却是先秦礼乐文明。正是由于对这一必要条件进行了合法化认同和创造性转换，孔孟比其他先秦诸子对中国传统的政治/伦理型文化产生了更为重要的影响。

礼乐文明是在历史过程中具体形成的。周公制礼作乐，建构了宗周社会的礼乐文明。文武周公时期礼乐文明充分发挥了自身固有的政治/伦理统制功能。西周时期礼乐文明则出现了分崩离析的危机。孔子"吾从周"的复古志向是对"天子礼乐"的价值选择。他创造性地转换了礼乐文明传统，在借鉴礼乐文明传统的基础上，建构了自己的仁学思想体系，在孔子这里，礼乐文明传统与道德理想主义精神有意味深长的内在关联，礼乐文明传统好比孔子仁学思想体系的源头活水，道德理想主义则是孔子仁学思想体系的内在动力。战国礼乐崩坏更甚，为尽快消除现实困境，孟子继孔子认同并转换了礼乐文明，但他重点发展了孔子核心范畴“仁”、“礼”中的“仁”，体现其思想体系的内圣学走向。孟子还以道德理想主义为内在动力，在现实困境中重建理想人伦社会。

（李伟波摘自《中山大学学报：社科版》2000年第3期）

孟子学问之道发微

邓新文　撰

孟子认为学问的根本宗旨在于将放逸外骛、迷不知返的人心求找回来，以存人身之主宰。人的本质究竟是什么？千百年来一直是众说纷纭、争论不休的问题。西方思辨哲学传统力图在人类意识内通过抽象的概念、判断、推理等思辨运动，把握宇宙或人生的本质。东方把握形而上学本体的方式，恰恰是要通过切实的修行工夫，彻底干净地清除人的意识，以便跳出人的意识的世界直接与本体世界相契合。孔子依据其内证的真理，把人的本质表述为仁。孟子继承孔子“仁”的思想，从其所证“天道”、“人道”的基础上，针对人易放失其心的痼疾，旗帜鲜明地指出：“学问之道无他，求其放心而已矣。”此根本宗旨普涵古今中外学问之成败得失，其中最为重要的意义在于它始终从“终极关怀”的深度来关照学问的价值，有助于避免为私欲、私意而学问以及为学问而学问的异化倾向，从而使学问始终服务于人生的终极目标，而不至于游离出去，支离破碎，飘泊流浪。

孟子的这种学问之道，对中国特别重行、格外慎重立言的学术传统和中华民族性格的形成和发展，有着极深远的影响。自觉遵循这种学问之道，是中国传统文化的一个基本特征，也是这一传统自始至终闪耀人文主义光辉的一个原因。光大这一学问之道，对于克服学术之时弊具有不可估量的现实意义。

（李伟波摘自《浙江学刊》2000年第2期）

两汉的孟学研究及其思想价值

丁原明　撰

在两汉儒学史上，孟学同备受官方尊崇的孔子之术相比，可谓处于冷漠、尴尬的境地。然而，它较之当时面临灭绝的墨学却幸运得多，此间屡有学者对其加以称引、论述和注释，从而形成了独特的孟学研究系统，并具有重要的思想价值。

两汉的孟学研究可分为三个阶段：一是西汉初，《孟子》被置为传记博士的时期；二是在西汉昭帝所主持的盐铁会议时期，孟学表现出复起的趋势；三是东汉时期，先有王充撰写《刺孟》，尔后有诸儒为《孟子》作注。两汉孟学研究的思想价值，首先在于它宣扬了人道思想。由于两汉的治孟者大多认同孟子“仁义根于心”的观点，所以他们都高扬心性主体在扩充“善端”中的能动作用，凸显了仁义之德的自我实现性。其次，还在于宣扬了一种理性政治精神。两汉的治孟者通过对孟子政治理性的推阐批判了当时的黑暗政治，探究了社会治乱的规律，提出了改良主张，在更广阔的视界拓展了孟子的固有精神。再次，两汉的治孟者在称引、论述、注释《孟子》的过程中，往往援用道家思想作支撑，从而初步做了一番儒道会通的工作，为魏晋玄学的产生作了某种思想铺垫。

（李伟波摘自《文史哲》2000年第4期）

儒家性品级说的开端

黄开国　撰

儒家人性论由先秦时期的性同一说转变为汉唐时儒家的性品级说，是社会文化发展多重因素交互作用的必然结果。性品级说是由董仲舒开启的，这是当时社会秩序的必然要求，也是董仲舒人性论中性同一说的逻辑必然转向。

董仲舒的性品级说可划分为性多品说与性三品说，前者又表现为性四品说、性五品说、性七品说三种形式。性品级说中品级划分的根据是人性中善恶成分的差异，董仲舒的性多品说在形式上也提出“皆以德序”的划分标准，但董的性多品说常以政治等级附会人性品级，其性四品说、性五品说表现更甚。此外，他的性多品说还缺乏对人性品级本身的说明，且未能包括社会上所有人。但其性多品说特别是性五品说、性七品说中已有着以三品论说人性的雏形，而性七品说与性三品说更为接近。

性三品说是董仲舒性品级说中最有价值的理论，其特点是完全依道德高下来判分人性品级。上品之性为圣人之性，是一种纯粹的仁义之性，具有过善的特点，天生勿需教化，圣人是民性成善的教化者；下品之性为斗筲之性，有恶无善，不可教化；中品之性为中民之性，有善有恶，可以教化。董把性同一说中的同一之性与性三品说中的中民之性相混同，故“名性以中，不以上下”，这是其理论不足之处。

董仲舒的性品级说虽存在理论上的混乱与粗略，但作为汉唐儒家第一个性品级说，开启了后来儒家的人性论。

（王兴彬摘自《哲学研究》2000年第9期）

两部儒家礼典的不同命运——论大、小戴《礼记》的关系及《大戴礼记》的被冷落

史应勇　撰

西汉时期的戴德与其从兄之子戴圣同受学于后苍，人称大、小戴。二人编订的大、小戴《礼记》是先秦儒家八派的“记”文的两种选编本。从目前文献记载看，两书的内容都来源于刘向校书所得之二百余篇“记”。

大、小戴礼学虽在西汉时已有名声，但由于并未独立门派，立在学官，在东汉又未显于儒林，故《汉书》、《后汉书》都没有记载二书的成书情况。西晋陈邵所著《周礼论·序》及《隋书·经籍志》、杜佑的《通典》认为是戴德首先对二百余篇《记》文作了整理、删定，“删其繁重，合而记之”（《隋书·经籍志》），对其内容进行了重新编订，而成《大戴礼记》85篇，然后“戴圣又删大戴之书”（同上书），成《小戴礼记》49篇。这种说法一直到宋元明时期无人否定，清代的学者戴震、沈钦韩、陈寿祺对这种说法提出了疑问，但由于他们对“删”字理解过于机械，加之证据不足，故并不足信。

由于二戴学术地位不同，导致了两部《礼记》学术命运的巨大差异。小戴是西汉官方礼学的主要代表，加上后来郑玄的原因，《小戴礼记》后来由“记”变“经”，魏晋后一直被皇家奉为礼学宝典；而《大戴礼记》则自始就没有在官方礼学中占据应有的位置，故长期被人冷落，后来在流传过程中又不知何时已丢失大半，其命运明显不及《小戴礼记》。直到宋代才开始有人重视《大戴礼记》，元明清三代在治大戴方面取得了一定成绩，并产生了一批有学术价值的著作。

（王兴彬摘自《学术月刊》2000年第4期）

嵇阮派玄学的“越名任心”论

黄应全　撰

名教即名分之教，又称礼教。在早期阮籍、嵇康那里，充分肯定了礼乐教化对社会文明化的关键作用。“礼”不仅是首要的“为政之具”，更是人区别于动物的主要标志，是人类社会文明化的工具。但到后来，礼教却成了二人猛烈攻击的对象，原因之一是他们认为礼法在当时已成了追名逐利的工具。礼由目的性的礼向工具性的礼蜕变，这虽满足了现实社会的需要，但却从根本上失去了其本身的内在合理性，从而只能成为伪礼教。

由批判礼的蜕变形态即伪礼教，嵇、阮二人尤其是嵇康把矛头对准礼教本身，坚持名教与自然（人的真性）的对立。他说：“六经以抑引为主，人性以从欲为欢”，从而站在名教与自然的对立而不是真礼教与伪礼教的对立的角度去审视当时礼教异化的现实。所以，嵇、阮二人并非如一些人所说的那样表面抨击礼教实则最崇尚礼法，而是地地道道地以道家思想反名教，他们不是真正的儒者而是真正的玄学家。他们认为礼教本质上是与人的真实情性对立的，礼教对人的情性只能是一种束缚，他们崇尚人的真实

性情的自然流露，肯定人的“虚心无措”的率性行为，从而提出“越名任心”的主张，提倡毅然决然地抛弃名教，毫不犹豫地听从真性情、真生命的指引，奔向自由的人生。

（王兴彬摘自《中国哲学史》2000年第1期）

盛唐经学的窘境——论开、天文化特点与经学发展关系

查屏球　撰

唐玄宗时期是唐代文化发展的一个高峰期，在开、天文化高潮中，经学也一度受到重视，但这一时期君臣的重经口号与经学本身的发展极不相称。这一矛盾现象是汉儒经学在唐代的一个特点。

唐玄宗改变了武后时轻视经学的倾向，其政治思想多取自儒家文化理念。他提高儒学经术在科举中的地位；对所藏儒家经典进行了大规模整理；而且，他本人也热心于经学研究，同贞观年间大兴儒学一样，也以复兴汉儒文化为标榜，倡导经学，这使得儒学经术的文化地位在武后之后再度上升。

但从学术史的角度看，玄宗时代又是经学发展走向停滞的时期。这一时期的学人在经学研究上成就甚少。从经学自身发展看，这是因为隋唐以来，随着文化的统一，经学也开始了统一，在实际操作中就是要将对经义的理解统一于汉儒一家之注中，因此唐玄宗尤为推重汉儒之注，这一学术观念剥夺了后人发挥经义的权利，窒息了经学的学术空间。从当时科举制度上看，其时士人多以实用化的态度对待经学，从而大大减少了经学的学术性。其实玄宗崇经只是为了挂上一个政治招牌，从当时文化导向看，他对诗赋舞乐等审美文化更感兴趣，他重经的目的在于强调经学中的政治教化功能。保守的学术观念使经学失去了发展动力与创造性。传统经学已走入困境，急待于发展，这就使传统儒学在唐后期发生了新的变化。

（王兴彬摘自《中国文化研究》2000年秋）

论韩愈的道统观及宋儒对他的超越

何俊　撰

佛教在中国的传播于隋唐达到极盛，但主张斥佛者亦不乏人，韩愈就是在理论上反佛的代表人物。他吸取前人反佛之论据，而更进一步从思想文化上，即用儒家的“道”来拒斥佛教。

韩愈从历史的角度与最广义的“文化”概念及生活方式的角度来理解儒之道。故其贡献就不仅在于斥佛祛邪，而且在于他看到：儒家文化是华夏民族行为与思想的产物，且被代代相传，儒之道是一种真正的传统，此即道统，它从开始提出时就是一基于固有传统而自觉进行儒家文化重建的问题。但韩愈对传统的解释，对佛教的把握及文化的重建，都不能令宋儒满意。

在重新理解与解释儒家精神的最初阶段，宋人并没能超越韩愈，直至庆历以后，宋儒才确立起自己的风格，但在思想上并无推陈出新，在沿用韩愈拟定的“道统”的同时，他们也保持了韩愈对儒之道的理解。至此，宋儒对韩愈的消化已到尽头，欲图超越必有待于新创，正是在这种背景下，道学应运而生。

道学之正统如二程、朱熹等从个体价值挺立入手，着力于“体”，但对他们来说，此即“用”；而王安石、叶适等从社会经济改造入手，着力于“用”，但对他们来说，“体”就在此“用”之中——二者分别从不同方向对儒学作了推进，从而超越了韩愈对儒家之道的解释。

（王兴彬摘自《孔子研究》2000年第2期）

宋元明清儒家学派的类型

蔡德贵　撰

儒家学派在历史发展过程中不断分化，就宋元明清四朝而言，儒家内部分野相当明显。从学术流派的归属上看，四朝的儒家学派大致可分为独尊儒术型、儒道互补型、三教合一型、四教会通型。

独尊儒术型的儒家学派，是指恪守先秦儒家大师孔子、孟子、荀子的传统和基本精神的学派。这种类型的儒家学派在宋代不多，仅胡瑗开创之安定学派，张载为代表的横渠学派，孙复为代表的泰山学派，司马光为代表的涑水学派及范仲淹与其弟子。

儒道互补型可分为儒家思想与道教思想互补型和儒家思想与道家思想互补型。前者有北宋濂溪学派、百源学派，后者有北宋临川学派。前种类型之学派已经有佛教影响的痕迹。

宋元明清四朝的大多数儒家学派属于三教合一型。程朱学派、陆王学派及与两学派有关系的学派均属儒、释、道三教合一型的儒家学派。

四教会通的儒学有两种类型：基督教与中国传统文化的会通和伊斯兰教与中国传统文化的会通。前者以利玛窦开其始端，经邓玉函、林则徐等人介绍，形成对中西文化会通的反思，其中具代表性的观点有西学中源说、中道西器说、中体西用说；后者则包括赡思丁、陈思、王岱舆、刘智等思想家，其思想体系是以"真宰说"为核心的本体论、以认主学为核心的认识论、三纲五常与五功相结合的伦理观。

四朝的这些儒家学派的形成是儒家学派不断吸收外来文化以丰富自己的体现，而外来文化也只有在中国化之后，才能有生命力。

（王兴彬摘自《孔子研究》2000年第4期）

理学之术的"实学"精神

朱汉民　撰

儒家思想包括儒道、儒学、儒术三个方面，宋明理学在新的历史条件下不仅复兴了儒道、儒学，也复兴了儒术。宋明理学之术主要是治术与心术，二者突出反映了理学的实学特色。

所谓"治术"，就是关于如何治国平天下的操作技艺。在宋明儒者看来，儒学本就是有体有用之学，而所谓"治术"就是指"用"的问题。理学家所倡导的作为"用"的治术，范围包括水利、田制、历法等许多方面。依理学家对"体"、"用"关系的看法，他们的"术"均是实现作为其人文信仰的"道"的手段，但又可分为由明体而及用与由用而达体两种观点。

所谓"心术"，就是修身养心之术。理学家们认为，修身与养心是相通的，前者涉及人的外在活动，重点在外部行为活动的程式；后者涉及人的内在精神，重点在内部心理调控。其中，"养心"又可借助格物致知的知识化程式与方法，即"道问学"，与正心诚意的体悟式程式与方法，即"尊德性"两种途径实现。

先秦、汉唐儒学同样兼主治术与心术，但总将治术放在最重要的地位，修身养心的功夫，最终只是为了治国平天下；与其相比，宋明儒者则更重视"心术"，将修身养心的功夫作为学的根本，而且这种对"心术"的重视随理学的发展而日趋强烈。与此同时，理学所重视的心术也表现出逐渐内化的趋势，由重视知识积累而转变到重视生活体悟。

（王兴彬摘自《湖南大学学报》社科版2000年第2期）

周敦颐《通书》、《太极图说》关系考
——兼论周敦颐的本体论思想

徐洪兴　撰

《通书》与《太极图说》是周敦颐留传下来的最重要的两部著作，两者的关系可从版本与义理两方面加以考察。

关于《通书》，祁宽曾见过三种本子，其中两种卷末均附有《太极图》，另一种则无。至朱熹按当时世传之长沙本为底本加以校勘，由于他认为《太极图》是《通书》之纲领，故把《太极图》(并《说》)置于篇端，后又进而校成"南康本"。而陆氏兄弟则认为《太极图说》可能非周氏之作，或非其成熟时之作。清代许多学者从考据上证明周氏之《太极图说》乃本于道佛二家。晚近以来之学者多持朱子之见，但也有人如牟宗三提出了反对意见。

在周氏之前，中国哲学探讨本源问题主要从生成角度谈论，但这种理论受到了外来佛教的挑战。周敦颐对理学体系建构过程的功绩，在于他试图为发源于先秦的儒家学说建立新的

宇宙本体论与道德本体论，从而与佛教相抗衡，重新确立中国传统文化的价值观。

先秦儒家提出了"诚"的概念，但如何把作为伦理范畴的"诚"与天道在本质上结合起来，却一直是儒家的难题。魏晋后佛教及道家、道教思想的发展，迫使儒家必须对作为最高存在的天道加以探讨。周敦颐通过一番论证，把天道与人性的本质联系起来，把人与宇宙贯通起来，从而将儒家心性论与佛教及道家、道教的思想区别开来。

（王兴彬摘自《中国哲学史》2000年第4期）

心与理
——程朱理学悲剧命运的个案透视

薛富兴　撰

宋明儒学史上的"心""理"之争反映了理学内部的深刻矛盾，反映了程朱理学与陆王心学在本体论和认识论上的巨大差异。这场从宋代开始的哲学论争最后以阳明之学的兴起而结束，宣告了陆王心学的胜利和程朱理学的失败。

程朱理学建立理学体系的目的是为儒家道德理性找到形而上学的哲学根据，但"理"这一纯知性哲学范畴的客观概括能力，使得程朱理学的思路无意识地超越了早期儒家的理论界限。"理"学是一条由主体人伦之"理"上升到整个宇宙自然之"理"，再由此"理"来反证、支撑人伦道德之"理"的思路，是一条客观外求的思维路线。而"心"学是将主体自我放大为整个宇宙，然后再由主体之"心"来收编整个外在自然，返回主体自身，这是一种以主体为主体、主观内收的思维路线。

程朱理学有着外荣内枯、后继乏人的悲剧命运，其深层原因在于：其客观外求式的本体论和认识论与自思孟以来主观内收的哲学传统格格不入。在此意义上，程、朱就是中国哲学史上的柏拉图和黑格尔，程朱理学并非中国哲学的主流，而只是整个东方主观主义哲学传统中的一个小小插曲。

（李伟波摘自《孔子研究》2000年第2期）

论宋代"浙学"与理学关系的演变

陈国灿　撰

该文较系统地考察了两宋时期浙学与理学诸流派之间关系的发展和演变过程，分析了其不同时期所呈现出来的具体形态和特点。文中指出：北宋中后期既是宋代浙学的崛兴阶段，也是理学思潮开始传入浙江并对浙学产生很大影响的时期。由于浙江学者多以灵活求实的态度和积极开拓的精神来接受和传播理学思想，使得他们在不少方面呈现出与理学主流派有所不同的特点。

文中又指出：南宋中期，具有浙学特色的各种理学流派和反理学流派相继形成，而这些流派与理学的关系则形态各异。有的是在理学思潮的影响下产生的，有的成为理学的主要流派，有的则以强烈的反理学倾向闻名于世。这使得这个时期浙学与理学之间既呈现出全面融合又呈现出互相冲突的关系。

到南宋后期，浙学与理学的关系则显得较为简单。由于此期浙江地区的学术发展趋于平稳，特别是不少一度与理学分庭抗礼的学派走向衰落，加上程朱理学无论在学术上抑或是在政治上都开始确立起统治地位，使得浙学在总体上呈现出向理学尤其是程朱理学全面回归的特点，从中反映出一度异常兴盛的儒学改造运动的结束和程朱理学统一天下局面的逐步形成。

该文强调，浙学不仅深受理学的影响，而且对理学也有不可忽视的影响，从而在一定意义上成为同期理学与各地方学术关系的缩影。

（李伟波摘自《孔子研究》2000年第2期）

湛若水心学思想的理论特色
——兼论湛若水与陈白沙、王阳明心学的异同

方国根　撰

湛若水的为学方法与宗旨是"随处体认天

理”，这也是其与阳明之学区别的标志。这种区别因二者对《大学》中“格物”理解不同所致。

与阳明心学不同，湛氏在一定程度上承认外物的客观性，故主张体认天理不能仅求于心，还要在时时处处之事事物物上去体认，强调体认天理的合内外、兼知行、贯动静的特点。从宋明理学的发展看，其“随处体认天理”说开拓深化了陈献章的“体认物理”说，亦吸收了程朱陆王对“格物”的理解，具有调和的学术倾向。

湛若水提出“心之生理即性”的命题，但与陆王心学不同，他同时指出了心性范畴的区别，认为心之全体包含知觉与天理两方面内容。他倡导“煎销习心”，以体认天理。他认为体认天理就要“事上磨炼”，即不仅通过内心体验，还要通过居处恭、执事敬、与人忠之类的道德践履来磨炼本心，这与陈献章的有关主张不同，而与阳明之说相通。此外，他还十分着意“勿忘勿助”的修养方法。

湛氏思想的提出，与其对“心”的理解有关。在世界观上，他一方面提出“宇宙间一气而已”，另一方面又认为“宇宙之间一心尔”，“心包乎天地万物”，有明显的心、气二元论倾向，但其理论最终落脚点是心，偏重心学。正是以此为基础，湛氏建立起了自己独特的思想体系。

（王兴彬摘自《哲学研究》2000 年第 10 期）

意义世界的非理性主义建构 ——浅论王阳明的“心外无物”

何善蒙　撰

王阳明的“心外无物”观点，被许多人看做是主观唯心主义，可事实并非如此。

在王阳明那里，“物”不是指客观的存在物，不能被规定为自在之物，而是由客观存在物与人的意识共同构成的意义之“物”，是一种为人的存在。王阳明的“心外无物”，并不是否认客观事物的存在，也不是以“心”去构造外物的本然存在，它只是强调“心”赋予外物以相对于主体而言的意义。

王阳明认为，我们不能在自身存在之外去追问对象的存在，所以，意义世界的建构，也就是人的本质力量的外化，然后形成一个属人的世界。而且，在王阳明那里，这种建构有很浓的非理性主义色彩。他强调“心”的经验性，“心”在他那里不是超验的主体，而具有情感和意志的属性。正是在对“心”的非理性规定基础上，王阳明完成了对意义世界的建构。

在王阳明那里，这个世界主要是以伦理的意义向主体呈现的。所以它不是简单的对象性存在，更重要的是指向人的道德实践的行为过程，理性的认识必须与伦理的践行结合在一起，这就是他提倡的“知行合一”，强调认识并非目的，目的在于将之付于行动，即“格之”。这样，王阳明对意义世界的非理性主义建构便通过“知行合一”而指向道德实践本身，这个意义的世界也就被完满地建构起来了。

（王兴彬摘自《社会科学》（沪）2000 年第 5 期）

为圣人祛魅——王阳明圣人阐释的“非神话化”特征

方旭东　撰

中国古代儒家学者认为他们讲的是圣人之学，这种圣学是以他们的圣人观为根据的。广义的圣人观包括三方面问题：何谓圣人、人能否成圣及人如何成圣。但在王阳明之前，中国古代学者一般较关注后两个问题。而对于第一个问题，由于古代学者讨论的是具体的历史人物，故并没有太多对圣人本质这一抽象问题的关注。

王阳明经历早年成圣实践的失败，开始自觉反思“何谓圣人”即圣人本质的问题。他认为“圣人之所以为圣，只是其心纯乎天理”，从而明确地将德性作为圣人之所以为圣的根据，而剔除了才力、知识技能等知性因素。从思维方式看，他的圣人观比以前有很大进步，且对于实践而言，亦具有开放性的特点。

由此，他对有关圣人观念做了澄清。关于圣人生知，他认为所知“专指义理而不以礼乐名物之类”；关于圣人无不知无不能，他认为这只是说由于圣人有一明觉之心体与一本原之知，故有无所不知无所不能之可能；王阳明还提出

“拔本塞源”之说，此乃指宋明儒者为满足个人私欲，而“专去知识才能上求圣人”的现象，这种做法使历史呈现离圣人之道越来越远的趋势。王阳明虽对历史及现状深感悲观，但对未来却充满希望。

王阳明的努力使圣人成了一个内在的观念，使其“非神话化”，完成了为圣人祛魅的任务。

（王兴彬摘自《中国哲学史》2000年第2期）

刘宗周与晚明儒学

陈寒鸣　撰

刘宗周是宋明道学史上里程碑式的人物。将其置于思潮史背景下，釐析其与当时盛行的几种主要儒学思想体系的关系，将有助于我们对其以“慎独”为宗旨的思想体系的把握。

刘氏与当时盛行的陈白沙、湛若水心学与阳明心学均有密切联系。就师承关系而言，刘氏属于陈、湛一脉，其毕生之“从严毅清苦之中发为光风霁月”的人格精神即是在师门传统影响下形成的；阳明心学举良知说以正世道人心，对刘氏影响很大，但刘氏对王学末流之弊又有不满，而最终建立起与阳明学相异的思想体系。

刘氏对泰州后学多有指责，但他以“慎独”为旨的思想与泰州王学重视“慎独”之思路相通。受“淮南格物”影响，刘氏才形成其独特思想，刘氏思想与泰州王学都提倡圣、凡本无区别的平等观，但他不像泰州王学那样反对学者做官谋求仕禄。作为正统官绅儒学，刘氏的思想具有士绅特有的清傲之气。

刘氏与东林学派人物关系甚密，二者对时政的看法及基本政治立场、人格精神等更是息息相通。学术上，刘氏与高攀龙等东林人物更有广泛交往，并深受其影响。刘氏与顾宪成、高攀龙等都认为王守仁之“无善无恶”说与佛教思想相通，都主张悟与修、本体与工夫的不可分离。但与东林学派笃信程朱而否斥王学不同，刘宗周认为朱王之学都是宋明道学史发展过程中不可或缺的链条。

（王兴彬摘自《中华文化论坛》2000年第3期）

论顾炎武的经学思想

魏长宝　撰

顾炎武素称清代经学之祖，他在明朝衰亡、经学颓废之时，提出“经学即理学”的学术纲领。

顾氏治经走的是“通学”的路子，其经学研究以通经为目的，既不讲究师法、家法之异，亦不突显今、古文之别，其经学会通今古，兼受汉宋，不蹈一家门户，超迈森严壁垒，会通群经众典，博采历代经说，倡导以经学实证理学，反对以臆说空衍义理。

顾氏之经学是继宋学之末流而起，起而倡导稽古右文，尊崇儒经，不妄改经。针对宋明儒者争立异说放言高论以博取名利的学问，顾氏主张平易说经，反对标新立异，故弄玄虚。他稽考典籍，训诂经解，对于诸经传注无不详加校理考订，历代经说一一予以稽验考明，以还原儒家经典原貌，重构古代圣人本义。

顾炎武治经之旨，强调通经致用。他认为通经可以明道，经术可以经世。所以他考究《五经》，皆以究名物、辩史事、明经义入手，以探求先民制作之原，体察往圣开成之道，洞悉古今通变之由，进而落实于正人心、明治要、兴太平之实。认为《易》以道化，广大悉备，藏往知来；《诗》以道志，有教化敦民、淳厚人心之用；《书》以道事，推阐经世济用之志；《礼》以道行，有移风易俗、纲纪社会之功用；《春秋》以道义。

顾氏之经学，上矫宋明理学末流，下启清代朴学先路，对于清一代的经学发展产生了重大影响。

（王兴彬摘自《孔子研究》2000年第4期）

论王夫之“乾坤并建”的宇宙生成发展说

吴乃恭　撰

王夫之认为，只有把握“乾坤并建”这一纲宗，才能理解《易》的学说，从而建立起了以乾坤并建为本始、絪缊敦化为动因、屈伸往来为形态、推陈致新的宇宙生成发展说。

王夫之改造《易传·彖辞》中的先乾后坤说，提出“乾坤并建以为大始”，认为乾、坤在时间上没有先后之分，权衡作用没有主辅之别，天地同时形成，而非先天后地。就易卦而言，他认为乾坤二卦是变化的主体，其他六十二卦是变化的作用，二者统一于《易》。“乾坤并建”思想体现在宇宙本体与万物万象的关系上，他认为“乾坤之合撰”的“太极”和万物万象之间为“体”与“用”的关系，二者不可分割，且同时发生。他还认为“一阴一阳之道”是“乾坤并建”化生万物的发展规律。

基于这种宇宙生成发展说，王夫之对老子、《易纬·乾凿度》、庄子及佛学、《序卦》、邵雍的天地有始说进行了反驳。认为“天者，资始万物之理气也”，“天”是理气统一、体用一实的物质天，并对程朱的“天、理”说、张载的有关学说及邵雍等的“先天说”进行了批判。他还指出，与有始有终的具体事物不同，天地“本无起灭”，是没有始终的。

王夫之提出“天地之化日新”的观点，并把日新之化概括为两种形式：“内成”，即在事物内部的质与量的渐变，提出“质日代而形如一”的命题；“外生”，即由一种事物发展为另一种事物的质变，即“推故而别致新”，并指出“推陈出新”是事物发展的必然规律。

（王兴彬摘自《孔子研究》2000 年第 4 期）

李二曲调和朱子与陆王的方法

王昌伟　撰

李二曲是明末清初的关中大儒，其论学试图调和儒家各学派的学说。由张载开创的关学，向来不标榜门户，而具有调和先儒各流派的传统，这也是李二曲之学中调和论的渊源所在。

大致说来，李二曲试图调和朱子与陆王的思想，必然会有所侧重，表面上，他是“兼取程朱，实以陆王为主体”，但实际上，他的思路还是朱子的思路，只是他并不自觉就是了。

王阳明思想中的“良知”具备道德意义是无需置疑的。但他又从昼夜的运转与天地万物在日、夜间的不同状态讲良知的收敛凝一与妙用发生，则此良知就容易被理解成一种与自然界的实然之理相应的知，而不是具备道德含义的应然之理的知。而朱子注重讲心对于外客观的实然的理性认识，通过这种途径获得的“知”主要是客观知识。而李二曲就是把王阳明之知昼知夜的良知与朱子的“知”相混淆，所以他所说的“良知”所成就的对外物的知，只能是知性之知，这比王阳明更接近朱子的思路。

陆王认为《大学》中的“格物致知”是本心或良知自身的朗现或扩充，这与朱子侧重把客观的“理”收摄于心的认知活动完全相反。李二曲认为，应以定静涵养此心，使之不为情感物欲所累。以这样的心去格物，只能得到一独立于道德心之外的理。与朱子相同，他主张以寂静之心去格诚、正、修、齐、治、平之则，而这些原则或理，与朱子所谓的物理相似，是一种客观的实然之理。

朱子与陆王之差异是本质上的差异，不能用调和的方法解决。李二曲试图调和二者，而实际上，他的思想学说不过是披着陆王学外衣的朱子学。

（王兴彬摘自《孔子研究》2000 年第 6 期）

清乾嘉后期扬州三儒学术发微

祁龙威　撰

焦循、阮元、凌廷堪是清代乾嘉后期扬州学派的三位主要代表人物。扬州学派与此前以惠栋为代表的吴派及以戴震为代表的皖派共同构成了乾嘉学派的正统。

乾嘉经学的特征是崇尚朴学，反对宋明理学“空谈性道”，而推崇汉人说经。认为经学莫盛于汉，惟汉儒得经学真谛，魏晋以降，经学已晦，至清儒始复其真。但乾嘉经学相继之三派又有差异：

吴派以恢复汉人训诂为宗旨，故其学又称汉学；而以戴震为代表的皖派则不以“复汉”为经学的极峰，而以申明孔孟之道为宗旨，偏重于哲理；而以焦循、阮元、凌廷堪为代表的扬州学派则把经之义理与人事结合起来。

扬州三儒也是尊信汉儒说经的，但反对惠栋盲从汉人的僵化思想，反对当时惟汉必信、非汉不信、歪曲汉学的倾向。焦循为克服当时这种汉学末流的弊端与钻牛角尖的方法及狭隘的门户之见，甚至主张取消"考据"之名。扬州三儒沿着戴学所启示的"由字以通词，由词以通道"的门径从事经学，但他们并不墨守戴学，而是指出戴学义理之不足，并提出自己的独到见解。更为重要的是，扬州三儒之学与戴学偏重哲理不同，把经学之义理与人伦日用相结合，面向人事，面向实践，从而把顾炎武所开创的、惠栋戴震等所继承的清代朴学推向前进。

（王兴彬摘自《扬州大学学报》社科版2000年第2期）

论刘逢禄春秋公羊学的特色

申屠炉明　撰

春秋公羊学沉寂千年，清代中叶始得复兴。武进刘逢禄精研公羊，其春秋学之特点就是"墨守公羊"，排斥《左传》与《谷梁传》，尊信公羊又偏主东汉何休一家之说。具体说就是"申何难郑"。

刘氏"申何"最有名的著作是《春秋公羊经何氏释例》，此书使本来充满着"非常异义可怪之论"的《公羊传》及何氏《解诂》变得极为清晰，原本晦暗不明之义，亦得大明。刘氏之所以重视何休的《解诂》，是因为他认为欲知《春秋》微言大义，必由《公羊传》，欲通《公羊传》，必先通何氏的《解诂》。刘氏对何休之说必力为疏通证明之，何氏未及者又引而申之，谨守今文师说，不杂糅牵引他家之说，确成一家之言。但刘氏对何休误解《公羊传》处亦百计为之弥缝，乃至附会曲说，未免有不当之处。

刘氏另一方面大力排斥《左传》、《谷梁传》，其《谷梁废疾申何》主旨是为"难郑"，认为只有公羊氏得"微言大义"最多；其《左氏春秋考证》和《箴膏肓评》认为《左传》不是《春秋》之传，只不过是子部家者流，故其名称应为《左氏春秋》而非《春秋左氏传》，还以为《左传》是刘歆所伪造。

刘氏之扬《公羊》，贬《左传》与《谷梁》，其中之得失利弊，纯属历来经师的门户之见。刘氏之公羊学下启龚魏，乃至康梁，但又与后人不同，仍属清代"朴学"范围。

（王兴彬摘自《南京大学学报》哲社版2000年第2期）

阮元的经解

余新华　撰

阮元是乾嘉学派最后一个重镇。他绝不仅是一个考据家，而是通过对儒家经典中若干基本概念的阐释，试图恢复原始儒家的思想，强化圣贤之道修己治人的实践性与现实性品格。

"一贯"是儒学的重要概念。针对朱熹训"一"为"一理"、训"贯"为"通"的偏向客观认知的做法，阮元直以"行事"训"贯"，并且认为"忠恕"是一种只有在实践中才能体悟到的原则。关于格物，先儒"多以虚义参之"，而阮元认为"格物"就是行事与实践，是修身际内事而非致知际内事，并进而将修身与齐家、治国、平天下联系起来，从而恢复原始儒学的实践、重行之品格。

阮元论仁，所注重的是仁的现实性品格，他认为仁是现实可行的，因为它只是规定人与人关系的普遍原则。他以"相人偶"释仁，强调仁的普遍性与平等性，但又鲜明地体现了儒家的"爱有差等"的传统。阮元论仁，强调"仁之实事"，强调动机与现实行为的统一，以免使仁道变成一种纯粹的内心活动。他还十分重视仁道的政治意义。

针对晋唐以后以释氏所说之佛性乱儒家经典所说之天性的现实，阮元性命说的主旨，就是要恢复"朴实无乱"的古训。他以性命互训，认为性包括德与欲两个方面，强调性内有欲，欲无善恶，但欲不可纵，亦不可穷，而必须节，而节欲的最好方法是以礼治欲，从而达到"既节且和"乃至"顺天下"。

阮元的这种努力对系统地清理思想史上的材料、凸显和发挥原始儒学中不为后人注意的某些方面，颇有裨益，其经验对我们也有借鉴意义。

（王兴彬摘自《文史哲》2000年第1期）

清末经学的解体和儒学形态的现代转换

景海峰 撰

当代的儒学话语及其复杂形态，是在百年间原有体系发生激烈动荡、转型过程之中的迁延或歧出。

清末的汉宋、今古文、经子三大争论，使清末经学逐步解体。通过汉宋之争，使汉学的专制地位发生动摇，经世致用之学得以被强调。今古文之争虽保留了一些经学的形式，但实际上却越出了传统儒学的范围。经子之争则名实全无，实质已与传统经学毫不相涉。经学沦落为客观研究、对比、审视乃至被批判的对象，并最终解体。

随着晚清考据学的衰落与经学的最终解体，儒学立刻处在了破碎与漂散的状态。由于诸子学的复兴与西学的传入，儒学生存日趋艰难，以至于处于失语状态。从 20 世纪 20 年代始，在渐具规模的新学术形态之中，儒学已成为单纯的历史名词，经学更成为绝响。

随着现代教育体制的稳固和知识学科化的普及，儒学也只有用专业化的学术方法来进行表达，才能存在下去。新文化运动前后，儒学曾以历史学科作为自己的生存领域，但儒学要真正全面复兴，一个可能的转换向度就是重新回到观念史，在哲学领域中寻得自己的栖身空间，这就是当代新儒家的取向。这种转换显示出了强大的生命力，但仍面临挑战，儒学形态的现代转换仍面对许多困境。

(王兴彬摘自《孔子研究》(曲阜)2000 年第 3 期)

帛书《系辞》反映的时代与文化

金春峰 撰

《易》是占卦之书，许多论述是就占筮而言的，或者是在占筮的基础上附加义理的论说。比较帛书《系辞》与通行本《系辞》谁先谁后的问题，就应注意它们中的一些内容与占筮的关系。帛书《系辞》早出，主要是它反映的时代与文化，与占筮、巫术有更深、更密切的联系，通行本则把这些与占筮、巫术相联系的内容加以改编、删节了。如“易有大恒”是就占筮而言的，巫师有了恒德，就可以进行占筮，得出求问的结果，但通行本将“大恒”改为“太极”，其突显的是“道”，占筮的色彩被淡化而义理的理性的宇宙自然观的色彩则大大增加了。再如“三陈九德”中有一句文字为“赞以德而占以义”，说明这段文字是紧扣着占筮来讲“三陈九德”的，但通行本却将这句话割弃了。其他如“古物定命”等等本来也与占筮有密切的联系，却也被改编为“开物成务”等，使《易》成了一部囊括天下道理的书。时代的变化，或易学承传的变化，使他们或者已不了解这些占筮巫术的东西，或者感到不再需要而加以删节了。因而帛本和通行本从整体看，形成了两种不同的面貌。通行本许多段落之丛杂、矛盾，文义晦涩，不可能读懂，其中一个重要原因，就是这种删节改编造成的。帛本《系辞》理应比通行本早，但《系辞》因是陆续汇编形成的，最早的文字何时出现，已难断定。通行本则在汉初帛书抄写时尚未完成，其最后定型也许很晚。

(尚信摘自《周易研究》2000 年第 3 期)

卦气溯源

刘大钧 撰

汉代易学中的“卦气”说在孟喜之前早已有传，如杨何《易》、魏相《易》、夏侯始昌之《易》中皆有“卦气”说的内容。沛人高相治《易》“专说阴阳灾异”，也属“卦气”说的内容，乃由田何系统师承先儒古说而来。而在春秋战国时期的《子夏易传》和《易传》中，亦均有“卦气”说的思想，特别是《易传》诸篇之中，处处显露出“卦气”说的痕迹，显示出作者精于“卦气”之说。殷墟甲骨文中的四方之名，以及《尚书·尧典》中的“析”“因”“夷”“隩”，与后天八卦方位中的四正卦相同，由此可知“卦气”说渊源久远。当我们探讨“十翼”与《子夏易传》等篇章与“卦气”说的关系时，不难发现：它们所阐发的义理都是生发于象数之本的。象数渊蕴着义理，义理脱胎于象数，这是易学的独特学术理路与"观象系辞"的特殊阐述方式。由此而追溯春秋时代的《易象》及《礼记·月令》，我们可以理解古人必然是经过"仰观""俯察"，对天地万物随节气变化的规律有了认识之后建构了易学的象数义理合一模式，并由此派生出一套法天地而施政教的王者之"礼"。这种"礼"绝不仅仅是我们所狭隘理解的日常生活中人人应该遵循的规范，它更是一种人文之政道与治道！两汉先秦的易学，乃至两汉先秦的哲学，都需要在如上认知的基础上重新反思、重新审视乃至重新总结。

（尚信摘自《中国社会科学》2000年第5期）

《易图明辨》与儒道之辨

郑吉雄　撰

17世纪中叶，儒者在亡国之痛中藉由回归传统经典，从事新的研究工作。他们注意到原属道教的思想学说阑入儒学，尤其集中于易学之中，兹事体大，必须将儒道之间的界线划分清楚。胡渭《易图明辨》即在此背景下作成。

胡渭撰著此书的基本目的，乃在于追溯易图学说的历史源流，进而对其中的儒道思想作出分判。胡渭抬高五经学说的价值，提倡恢复伏羲、文王、周公、孔子之《易》，认为后世儒家学说中(的许多内容)实源出道教或佛教的思想。认定扬雄是将老氏之《易》阑入儒家之《易》的第一人，扬雄《太玄》及邵雍《先天图》，是扰乱古圣人之《易》的两大要素。胡氏并将易图之学及其演变区分为高下不同的几个层次："圣人之《易》"为第一层，属儒家学说，故为"五谷"；《周易参同契》的理论启示了陈抟，抟再授徒，后为邵雍所传、朱熹所承的易图为第二层，源出道教思想，故为"荑稗"；刘牧《易数钩隐图》不但前无所承，而且与儒者穷理尽性的学说无关，亦与丹家养生尽年的理论无涉，非儒非道，属第三层，故为"稂莠"。

17世纪中叶的"儒道之辨"经历了三个阶段：第一阶段为"破"，指黄宗羲、黄宗炎、毛奇龄远承北宋欧阳修以降，学术界对易图的怀疑；第二阶段为"立"，指胡渭以黄宗羲等的成果为基础，转而更深入经典，重新绘画历代易图学说的系统架构；第三阶段为"补"，指胡渭以后的乾嘉学者在毛奇龄、胡渭的基础上，进一步论证《易本义》卷首九图与朱子《文集》、《语类》的持论不合，应为后学妄加。在"儒道之辨"的第一阶段，黄宗羲《易学象数论》最详尽剀切，而其主旨则在"破"而非"立"，故在全书论辩力的强度、题旨的清晰度俱较《明辨》为优。但胡氏《明辨》旨在"立"而非"破"，主要在于为历代易图种种相关的学说寻觅其各自源流归属，在这基础上再行评价。《明辨》的价值与贡献亦在于此。

（尚信摘自《周易研究》2000年第4期）

郭店楚简与楚文化

任继愈　撰

郭店楚墓竹简的发现，引起海内外研究中国古代思想的学者的极大关注。楚简的整理者为今后的研究提供了继续前进的基础。

我们要重视地区文化的研究。我国各地区文化都有其自身特点，过去研究不够，是由于材料少，证据不足。新中国建国后，不断发现埋藏多年的文物，为我们提供了研究资料。荆楚文化的竹简带有地区特征，如与当地巫术、文学、宗教等联系起来，更有助于楚文化研究的进一步深入。

郭店竹简的内容反映了战国中后期的社会，正处于秦汉统一的前期，此时的各地区思想家都在为统一天下勾画蓝图，方法不同，目标则一致，竹简也反映了这种统一天下的理想。

地区文化的研究，要从局部地区入手，但胸中要有全局。楚文化有个性，也有华夏文化的共性，竹简以老子学派为主导，但也吸取了黄河流域的文化特别是邹鲁文化。在研究中，要接受传统，但不迷信传统，要有疑古精神。

已发表的有关竹简的文章，都正确地指出《老子》主旨在讲明无为、贵柔，而不反对仁义，至于孔老对立，是学派形成以后的事。

竹简的"太一生水"是一种天地生成论，或称万物起源论，这种理论是不圆满的。而且，宇宙生成论也不可能被讲得圆满，所以后来为本体论取代，这是合理的现象。

研究楚墓竹简，还要多识楚字，这是很困难的一步，但它有助于对楚文化的研究。

（王兴彬摘自《中国哲学史》2000年第1期）

郭店楚简儒家乐论试探

蔡仲德　撰

郭店楚简中的儒家著作《性自命出》等篇有较多的论乐文字。大致来说，楚简乐论具有儒家乐论重视音乐社会功用的共同特征，强调音乐教德养心的作用；并认为“德生礼，礼生乐”，从而揭示出由礼至乐的递进关系，并将“礼乐之原”归结为君子爱民之志，反映了儒家的仁政思想；楚简还对礼、乐的不同特征进行了探讨，强调礼乐配合治人治国的功用；对乐之制作，楚简认为“非圣智者莫之能也”，提出了自己的观点。

在郭店楚简儒家乐论中，《性自命出》篇文字最多，其思想也最值得重视。

陈来曾在其文章中认为《性自命出》与公孙尼子有关，理由是《性自命出》与《乐记》都曾论及韶、夏、武，且二者中有相同文字，及二者皆以喜怒哀乐论心与情性，而《史记正义》又说《乐记》为公孙尼子作。但实际上，二者之相同文字互不相干，所谈韶、夏、武时所蕴含义亦不同乃至相反。而且，陈文所作的推断，证据明显不足，有些说法甚至违背史实，故不能得出《乐记》与《性自命出》为公孙尼子所作的结论。

李学勤也曾谈及过此问题，但一方面，其所引之文字与原文出入较大，致使其对《乐记》思想的理解有失偏颇；另一方面，由于将《乐记》中“物至知知”之“知”与《大学》中“格物致知”之“知”混同起来，而错误地得出了《乐记》思想与《大学》相近的结论。

郭店楚简中的儒家乐论在儒家乐论史上占有一定地位。其思想是孔孟思想的发挥与补充，但不如《中庸》、《荀子·乐论》、《乐记》、《孔子闲居》那样深入。

（王兴彬摘自《孔子研究》2000年第3期）

从郭店楚简看孔、孟之间的儒学变迁

罗新慧　撰

郭店所出楚简，包括儒家思想文献十篇。这十篇文献，按照其内容划分，大体可分为两类，一类侧重探讨儒家思想范畴、义理，包括《五行》、《性自命出》；另一类侧重政治哲学，即为君、治人之道，包括《缁衣》、《鲁穆公问子思》、《穷达以时》、《唐虞之道》、《成之闻之》、《尊德义》。郭店楚简有可能是太子师用以教授太子的教本，其中探讨治人之道的儒家理论占有多数，这正符合太傅教授太子以成治人之材的目的。这样说来，这十篇文字便不足以代表当时儒家思想的全貌，而且十篇文献非出自一派，有可能是儒家多个派别思想文献的混合。

但将郭店楚简中的儒学理论与孔、孟相关思想比较，可以看出，郭店楚简中仁、圣两概念较孔子所设定的意义、内涵有所变化，且高远性有所降低，而其中关于“礼”的论述，则沿着孔子所提出的重内心情感的轨迹继续发展。关于内省修心的阐述是思孟学派修身学说的基石，它凸现了孔子—孟子修心理论的思想线索。但就仁学理论及理想人格的阐述看，简文似乎并不代表儒家思想的主流，儒家学说的发展在孔子之后直至孟子，实经历了一个“出于幽谷，迁于乔木”的阶段。

（李伟波摘自《中国哲学史》2000年第2期）

论《性自命出》对儒家人学思想的转进

欧阳祯人　撰

荆门郭店楚简《性自命出》一文的人学思想来源于孔子，意在调和心志与性情的关系，解决心与定志的问题，是孔子心志之学的自然延伸。孔子以“与命与仁”的总框架构成的人学思想虽解决了天与人的关系问题，但缺乏对人所具有的最初始的自在本质、本性的关照，从而使“仁学”在实践层面上失去了主体性存有的个体支持。

《性自命出》系统地论述了人的性、情,空前注重了"性"、"情"的天赋性、本原性;性是情的本原、依托,情是性的激发、摇荡,二者互为表里,内外摩荡,构成了生命的活性之泉。《性自命出》通过对人的原初本质的性、情的重视,加强了儒家道德理论框架中人性的基础,从而调节、补充、完善了孔子的人学思想,并且为思孟学派的崛起奠定了基础。

《性自命出》进而以性情为基础、以天命为归依,提出了"反善复始"的思想。"反善复始"就是对性情的归依,对天道的体认,是主体追求的目标。它以"习性"为主要手段,通过心含万物、道德践履、审美体悟为途径来实现。

《性自命出》建构了自己系统的人学思想,是对孔子人学思想的发展与超越。

(王兴彬摘自《孔子研究》2000年第3期)

略论儒家解释学

宋志明　撰

现代新儒学是现代中国重要的学术文化思潮,它的外延包括两部分:一部分可以称为"现代新儒家",另一部分可以称为"儒家解释学"。后者指那些不标榜道统的儒家研究者所阐发的观点,他们站在各自的学术立场上,对儒家思想作出同情的理解和诠释,以彰显儒学的正面价值。

晚年的熊十力站在新中国的角度看待儒学,对儒家思想作出了新的梳理与诠释。他主张推翻官方儒学的权威,重新评估儒学的价值。他注重儒学的历史价值,强调儒学在中国传统文化中的根源性。为了建立与社会主义制度相适应的新儒学,他又对儒家大道学作了理想化的理解,其探索虽有积极意义,但因其随意性、武断性而难被人们普遍接受。

台湾学者罗光站在士林哲学的角度看待儒学。他运用士林哲学的观点诠释儒学,力图使二者融会贯通,把儒家思想作为中国人接受天主教信仰的理论基础,从而彰显超越出世的宗教价值。其最终目的还是要把儒家思想纳入士林哲学的轨道。

美籍华人学者杜维明站在现代性的角度看待儒学,认为儒家伦理对西方文化的冲击成功地作出创造性的回应,帮助东方获得发展优势,指出儒家超越内在的信念在现代思潮的发展中将发挥重要作用。上述三位"儒家解释学者"的结论也许并不重要,但他们的探索却有启发意义。

(李伟波摘自《北京大学学报》2000年第2期)

以人文涵盖科学
——现代新儒家文化观及其偏颇

孟建伟　撰

现代新儒家的文化观有两个显著的特征:一是反科学主义,二是泛道德主义。其反科学主义表现有三:一是强调科学在人文世界与人生经验中有其自身不可超越的限制,触及不到中国儒家的人文精神;二是强调中国儒家的人文精神是"本",科学技术是"用",后者必须在前者的指引下才有意义;三是将西方社会陷入"病态社会"的根源归结为"科学的破产",认为以人伦为主要内容的儒家思想是救治现代"工业文明"之病的良方。现代新儒家的泛道德主义具体说来,一是强调道德生活内在于一切文化生活中,并构成各种文化意识的灵魂;二是将人文精神常常直接等同于道德精神。

现代新儒家的文化观值得令人关注的是它强调道德生活与其他文化活动的关联,强调道德生活和道德精神的重要性。然而它对科学的理解并没有超出狭隘的实证主义和功利主义的视野,对人文精神的理解也有很大的偏颇性,因而更加剧了科学文化与人文文化、科学精神与人文精神的分离和对立。

(李伟波摘自《自然辩证法研究》(京)2000年第7期)

牟宗三儒学宗教论研究

苗润田　撰

儒学宗教论是牟宗三学术思想体系的一个

重要内容，它是建立在他的宗教学说基础之上的。牟宗三认为，宗教是一种终极关怀，也就是教人如何真正成为一个人，如何成就一个完美的人格。为了解决这一问题，宗教一方面为人们提供了日常生活的准则和规范，另一方面也是最根本的即“启发人的精神向上之机，指导精神生活的途径”。基于此，宗教可从理与事即宗教的义理、本质与宗教的外在形式两方面来把握，而最为重要的则是看其是否具有宗教精神、宗教意识之“理”。

基于理、事二分的宗教观，牟宗三认为儒家在事上说并不是普通的宗教，因为它不具普通宗教的仪式；但从理上看，它是全部以道德意识道德实践贯注于其中的宗教意识、宗教精神。其教义不以神为中心而展开，而是由如何体现天道以成德而展开。它又以“五礼”和“五伦”为日常生活的轨道，实质上是将宗教仪式转化为日常生活的轨道。儒学解决了人的安身立命以成德的问题，故从“理”的方面看，儒家同样尽了宗教的两大责任。儒家思想不只是一种道德说教与外在的规范条文，且内含着统一伦理道德实践与宗教超越精神的形上学。儒学是宗教，但它是一种“道德的宗教”，是即道德即宗教。不仅如此，儒学还是世界上惟一没有隔离精神、偏至精神的圆盈教。

牟宗三解决了儒学因缺少普通宗教所具之外部特征而难以将其视为宗教的难题，其思想与儒学非宗教论相对，亦与把儒学和普通宗教混淆的做法有别。但仅具宗教精神、宗教意识而无宗教组织、宗教仪式等一般特征能否成为宗教仍是值得讨论的问题。

（王兴彬摘自《孔子研究》2000年第6期）

新理学与西方哲学
——新理学形上学形成的一种解释

陈鹏　撰

该文着重分析冯友兰如何用西方哲学阐明中国哲学，直至在“新理学”中建立起一相当西方化的形上学系统。指出冯氏确实“陷入”西方的知性系统，只是此“陷入”开启了中国哲学现代化不得不面对的“知识”课题。

该文认为冯友兰新理学形上学的根本精神是柏拉图的，其新理学基础是共相实在论。冯氏认定共相、殊相问题是真正的问题，他对这一问题的认识和运用贯穿了他的整个哲学生涯。正是在对存有作共相，殊相的分析中，冯发现运用逻辑分析可以推延出他的整个系统，通过逻辑得出哲学是形式底或逻辑底释义，新理学所谓“形式底”形上学实质上是以共相、殊相为基本结构的“存有论”。

该文认为新理学最具柏拉图色彩的是本然之理的观点。对柏拉图的“逻辑部分”和“形上学”部分加以逻辑分析，这是新理学最具形上学意味的地方，但同时也犯了“极端智识主义”错误。指出新理学在根本方法上是前后一致的，是客观主义、逻辑主义，是以“形式的分析”求形式之知。此知运用至极而自反，自知之极限而有知之消解，终得“合一”之境。此法类似于道家的神秘之境的求达。认为新理学虽受“知性”的局限，并在某种程度上曲解了传统哲学，但其“中西会通”的立场却具有深远意义。

（李伟波摘自《哲学研究》2000年第1期）

论传统儒学对五四时期先进知识分子接受马克思主义的影响

刘国华　撰

传统儒学是五四时期先进知识分子接受马克思主义的文化心理基础，他们大都有一个以儒学修齐治平的人生理想走向马克思主义的心路历程。

格物致知是儒学修身的内容之一，其根本目的在于认知世界本源，即宇宙生存与发展的终极精神实体。五四时期先进知识分子就是从格物致知探求大本大源而接受马克思主义的。诚意、正心是儒家修身学说的第二方面，其根本目的是为了培养具备治国平天下的个性心理特征和道德操守。这种济世救民的圣人情怀，成为五四时期先进知识分子选择马克思主义的心理动力。能否济世救民，成为他们评判各种社会思潮的标准。而传统儒学的大同思想则成为

他们择取西方各种思潮的评判标准。中国先进知识分子之所以历史性地接受了马克思主义，就在于社会主义、共产主义契合了儒家文化所设定的大同理想，二者在精神上有相通之处。治国平天下的理念亦使得五四时期先进知识分子很好地兼顾了国与天下之间的关系。

（李伟波摘自《孔子研究》2000年第4期）

儒佛之辩与宋明理学

张立文　撰

宋明理学是儒释道三教相互冲突融合的和合体。理学融合佛教的情况，可以对朱陆与湛王两次儒佛之辩的考察来解答。

陆九渊认为朱熹立“无极”、“太极”为体且赋予其超出方外，不属有无等特性，乃从禅宗处所学；而朱熹认为陆氏理解的“太极”是从禅宗处体认来的“昭昭灵灵”之本心，陆学重内遣外的学风、存心绝物的工夫、易简之心的倾向亦与禅相似。朱熹认为儒佛之别在于虚实，而陆氏则主张应以义利作为判别儒佛之标准。二者都汲取了佛教心性之学及思辨方法。朱陆的争辩是道学与心学之间的论争。

明中叶的湛若水与王守仁就儒释是否同圣、学是否为空及良知与禅的关系等问题展开论辩，丰富了理学内容。二者的论辩是心学内部的论争。

理学的基本内涵是以道体为核心，以穷理为精髓，以居敬、明诚为存养工夫，以齐家、治国、平天下为实质，以成圣为目的。在外来佛教及本土道教的挑战下，理学将滞留于伦理道德层次的心性之学，从形上学本体论层次给以观照，使儒家的道德形上学得以重建。

宋明学有主流派与非主流派之分，在主流派中，传统上分程朱道学，陆王心学，牟宗三增五峰蕺山系，但刘宗周所开之浙东学派与胡宏所开之湖湘学派旨趣各异，故不能成为一系。宋明学应以张载、王夫之气学派为第三系。胡宏所创由张栻完成之性本论，可为第四系。

（王兴彬摘自《中国哲学史》2000年第2期）

见理见性与穷理尽性
——传统儒学、佛学（华严禅）与理学

向世陵　撰

先秦儒学和以华严禅为代表的佛学是理学兴起的直接理论来源，理学是在佛学理论的刺激与熏染中重新发掘先秦儒学的精髓而创立起来的。

先秦儒学是适应当时社会变革而产生的，主要关注现实人生与人伦道德问题，也表现出了一定的超越层面的理性思辨与注重形而上下不离的哲学传统。但先秦儒学主要是提出问题，道不离人与穷理尽性的形上学思考不可能成为先秦儒学的主题。汉代以后，儒学在理论的层面停止不前，性理的概念和“穷理尽性”问题亦被佛教所专据并借此压倒儒家。佛教华严宗与禅宗在理事（道物）与心性关系上的形上学思辨，成为汉唐中国本体论哲学的突出代表。宗密从多个方面论证理事、心性等问题。第一，一多相融，性理与一切法非异亦非一；第二，理事互发，理实事虚，互不相离，理静隐于内，事动显于外；第三，以心为本，心该万法又与万法互融互彻。宗密的这种思想为后儒提供了由现实人生转向内在心性的路向。

宋明理学本体论的基本形态是道物论与性理说。道物关系是理学理论创造的中心课题。理学家强调道不离物，人应行道，认为佛教只是“见理见性”而非“穷理尽性”。在虚实关系上，张载等认为虚实不二，统一的基础是太虚即气，而二程认为实理才是儒学的基石。在心迹关系上，宋明儒者多主心迹合一说。二程认为“万理归于一理”，开始了一个典型形态的以天理为本体的理学体系，而朱熹最终使宋明理学作为融合儒释道的新的思想体系，超越了其他各家学说而真正挺立了起来。

（王兴彬摘自《中国哲学史》2000年第2期）

论华严禅在佛学和理学之间的中介作用

董群 撰

华严禅是佛学和理学之间的中介。其核心特征是融合，不同思想流派之间的交流、沟通的整合。华严禅就广义而言指的是禅教融合的思想体系，就狭义而言指的是以理事方法入禅的禅法。两种意义上的华严禅在宗密之后的唐宋五代皆有流行。理学家了解的禅，很大程度上是华严禅，即融合着教门思想，特别是华严宗思想的禅，他们可能通过华严禅，而进一步接触和选择吸收更为广泛的佛学理论。理学家在与华严禅交涉的过程中，自然会受其影响。

华严禅对于理学的影响，以宗密的华严禅为例，即可看出华严禅在佛教和理学之间的中介作用，而非将佛教的影响归结于华严禅一身。宋明新儒学更注重哲学层面的本体论思考，元气本体论、理本体论和心本体论的建立和完成的重要原因应归于华严宗的理本论和禅宗的心学的影响。寂知是宗密佛教哲学的核心概念，所谓知之一字，众妙之门，便是对宗密佛学的实际写照。寂知说对于宋明理学的影响，一方面激发了元气本体论一系中认识论思想的完善，另一方面直接影响理学的“知”的理论。对华严禅的研究，可以对佛教和理学间的关系作更为量化的研究。

（李伟波摘自《中国哲学史》2000 年第 2 期）

儒、佛以心性论为中心的互动互补

方立天 撰

在中国文化发展史上，儒、佛互动是一重大现象。儒、佛之间，在互相碰撞、冲突、贯通、融会过程中，在心性思想上找到了主要契合点。儒、佛学说的思想主旨决定了心性论必然成为二者成就理想人格的理论基础，儒佛心性论内涵的差异又为双方互动互补提供了可能，而两者心性论内涵的局限也决定了两者互动互补成为各自思想文化发展的需要。

儒、佛心性论的互动，首先表现为儒家人性论思想推动了佛教学术思想由般若学向佛性论的转变，使禅宗更鲜明地以人的心性问题为自身的理论要旨，而佛教的佛性论反过来又影响儒学的转轨，使其定位于心性之学。

受儒家重视现实人心的影响，中国佛教由原来的印度佛教以真心(佛性)为成佛根据转变为试图把真心与现实心统一起来，从而突出了自心的地位；同时，佛教的真心本体源也刺激了宋明儒学建立起自己的心性本体论。

儒佛互动也丰富了各自心性论的思想内涵。中国佛教受儒家影响，由以染净论性转向较多地以善、恶、静、觉论性。同时，在佛教心有真妄、性有染净的思维影响下，宋明理学主张心、性二元；心学家受禅宗影响，主张无心无著，为儒家心性论增添了新鲜内容。

儒佛两家还互相吸取容摄对方的心性修养方式方法。在儒家的“极高明而道中庸”、“尽心知性”的修养方法的影响下，有的禅师提出“平常心是道”与“明心见性”的心性修养命题；而佛教的性情净染理论及灭除情欲呈现本性的修养方法，也为有的儒家学者所吸取而成为儒家心性修养方法。

儒佛心性论在历史上曾共同成为人文思想的基石，并在伦理道德和人格培养方面发挥了重大作用。

（王兴彬摘自《中国哲学史》2000 年第 2 期）

近现代“人生佛教”与儒学的“人本”哲学

赖永海 撰

中国佛教继承大乘佛教慈悲普度、济生利世的基本精神，一直沿着入世的方向发展，至禅宗建立，中国佛教的人间化倾向发展到一个新阶段。慧能之后，生死与涅槃，出世与入世，被融为一体。但唐宋之后，中国佛教出现了一股禅净合流的趋势，不关心人生而与世日隔，这种情况使当时佛教界一些有识之士萌生了改革佛教的想法，并导致近代佛教的重大变革。

近代佛教改革，在思想要点上说，一是强调入世，提倡出世法与世间法的融通，反对把出家变成不食人间烟火；二是注重人生，强调学佛应先从做人开始，改变了过去佛教与人生脱节的弊端，使佛教直接植根于人生。

中国佛教之所以在唐宋以后会朝着“人间佛教”方向发展，在近现代又发展为“人生佛教”，从思想文化背景来看，主要是受儒家思想影响。无论是孔子的“仁学”、孟子的人性理论与仁政学说，还是宋儒的思想，其对象与归宿都是“人”，儒家学说在相当程度上是一种以人为本的人生哲学。儒学另一重要特点是强调入世，自先秦至明清，儒学志存天下，积极用世。儒学的这种人本意识和人世精神，深刻地影响着中国佛教，促成了唐宋以来“人间佛教”和近现代“人生佛教”的形成。而这种儒学化了的佛教之所以能够成为唐宋以来中国佛教的主流，是因其深得儒家思想的底蕴与真谛，适应中国古代的小农经济与宗法制度，满足当时的社会需求。

（王兴彬摘自《江苏社会科学》2000 年第 3 期）

近代儒佛关系史述略

李广良　撰

儒佛交互不自近代开始，但近代中国社会的剧烈震荡，赋予了儒佛关系以新的特点。

其一，经世佛学与儒佛交涉。晚清经世佛学具有典型经世意义，是围绕国计民生、国民道德等一系列社会政治问题展开的。在救世利生、实现社会变革的宗旨下，佛学与其他思想体系包括儒学发生了全面的交往和碰撞。其代表者或奉佛服从于尊孔的思想基础，或以佛学术语比附儒家思想。

其二，人间佛教与以佛摄儒。中国近代佛学的主流人间佛学的目的在于改善人生，发达人生，其特点之一是提倡入世，强调既出世又入世。人间佛学与儒学关系既有批判的一面，又有以佛为主、融摄和改造儒学的一面，态度比较圆融，表现了大乘佛教的清醒理性精神。

其三，新儒学与以佛释儒。现代新儒家站在儒家本位立场上，吸收、容摄、改造佛学，视佛学为中国文化之正统，但又认为佛学终不及儒学之圆融广大。所以，他们最终都自觉在回归儒学，走的是以佛释儒之路。

佛与儒的交涉、碰撞基本上不依傍政治权力，而是由学者、思想家自由自主地进行的。在危如累卵的艰难时世中，儒佛之间的种种牵缠纠葛，似乎仅限于某些学界名流和居士、学问僧的范围之内，并没有产生很大的社会影响。然而，思想的意义是超越时代的，对任何一个在中国文化传统中成长和生活的知识分子来说，儒佛关系始终是一个绕不过的结，因而对百多年来的儒佛关系史加以梳理，仍是今日学术的一个课题。

（李伟波摘自《学术月刊》2000 年第 2 期）

儒学著作选介

中国儒教史(上、下卷)

李申　著

上卷,上海人民出版社 1999 年 12 月出版　672 千字
下卷,上海人民出版社 2000 年 2 月出版　802 千字

该书为“九五计划”期间国家社会科学基金资助的重点研究课题。两卷共分十三章。上卷为第一至第五章。第一章儒教前史,包括传统的宗教信仰、春秋和秦汉的宗教状况、天人关系的新阶段和诸子学说、孔子与儒家等内容。第二章初兴的西汉儒教,考察了儒教的诞生、董仲舒的儒教思想、汉武帝与神灵祭祀、西汉经学、西汉儒者对神灵祭祀的整顿、儒效论争、儒教的学术与艺术等问题。第三章东汉儒教,全面介绍了谶纬盛衰、东汉经学、《白虎通义》对教义的统一、东汉儒教的祭祀制度、天人相与举实、东汉儒教的异端思潮等。第四章魏晋南北朝儒教,讨论了天命与祭祀、魏晋南北时期的儒学、玄学、天道自然的广泛影响、儒与道佛二教。第五章隋唐儒教,探究了隋唐时代的天人之际、儒教的神灵与祭祀、隋唐儒学、儒教在各个文化领域,以及这一历史时期的儒、佛、道三教等。

该书下卷为第六至第十三章。第六章宋代儒教的前驱,涉及了复兴儒教的呼声、天人关系的争论、儒教心性论的崛起等内容。第七章北宋儒教,论述了五代至北宋前期的儒教复兴运动、北宋儒教的神灵系统和祭祀制度、以王安石为代表的北宋儒学、世界模式论、张载二程新儒学、北宋佛道二教概况等。第八章南宋儒教,从南宋祭祀礼仪的变迁、南宋儒学的变迁、王学与反道学者的儒学、南宋初年的程学、朱熹的理学思想、朱熹的同道和讲友、朱熹的异道和论敌、朱熹的后继者等八个方面,进行了详尽探讨。第九章辽金元儒教,分别对辽金元三朝的儒教概况、儒者的理论探讨,以及南宋、辽、金、元时期的佛教与道教,宋、辽、金、元时代的自然科学进行了介绍。第十章明代儒教,从明代初年的儒教建设、明代前期儒教思想的发展、明代中期王守仁学派的崛起、嘉靖礼制改革、明代中期其他儒学思想、儒教世俗化的进一步发展、明末危机四伏中的儒教、明代儒教和其他宗教、明代儒教和自然科学等九个方面,对这个历史时期的儒教作了阐发。第十一章清代前期儒教,内容包括回到六经、明代遗民的儒学、清朝新贵的儒学、清代的神灵与祭祀、清代前期儒教和其他宗教、回到六经的乾嘉经学、清代前期的儒教和自然科学、风雨前夕的儒者之忧等。第十二章清代后期风雨飘摇中的儒教,论述了儒教与自强、上帝教——儒教与基督教融合的产物、儒学的回光、儒教对西学的容纳、戊戌变法和儒教改革、儒教的灭亡和灭亡前的挣扎等。第十三章儒教余波与科学的胜利,则对从孙中山到 20 世纪 20 年代的儒教情况及其走势作了介绍和揭示。

作者是任继愈先生于 1988 年“重提儒教是教说”的响应者之一。他在上卷“自序”中指出,中国古代文化作为各个方面相互关联的整体,

“有统有宗，儒教，就是整个中国古代文化的统和宗。”而在该卷的《结语》中，作者认为“儒教的发展，大致可分为两个阶段：以《开元礼》修成为标志，是儒教主要从事礼仪制度建设，并大体完成的阶段；以韩愈及其弟子们的活动为标志，是儒教把重心转向内修养的开始。”遵循这种划分思路，作者展开了各章的撰写。

（老井）

儒学南传史

何成轩 著

北京大学出版社 2000 年 6 月出版 355 千字

该书论述了儒学在我国两广、海南地区的传播，并进而向越南传播的历史。全书凡八章。首章前有陈平原撰写的《总序》，末章后附有主要参考文献、后记及单位学术委员评审意见等。其出版得到中国社会科学院出版基金资助。

第一章绪论，对儒学与中华民族的民族精神、儒学与现代化的关系、儒学与周边地区和国家的关系等作了论述；指出儒学向海外传播主要分为南北两路：北路由我国东北地区经朝鲜半岛至日本；南路由我国两广、海南地区而至越南。因较之儒学北传的研究，对儒学南传的研究留意者较少，作者乃对儒学南传历史作初步探索。第二章，儒学南传的社会历史条件，论述了传说时期中原与岭南的联系、先秦时期华夏文化南渐之大势。指出：中原华夏文化的南渐，由远古传说开其端绪，中经夏商西周发扬光大，至春秋战国而形成潮流，从而为秦以后的民族融合与统一奠定了基础。第三章，先秦儒学在中原广泛传播与向南浸润，论述了儒学成为显学、孔门弟子及其后学的传承线索、以及他们在中原地区和向江汉、岭南地区传播儒学的历史情况。第四章儒学在岭南的初传，论述了秦汉至隋唐时期，儒学向南传播的历史。作者以赵佗、马援、锡光与任延二守，陈钦、陈元、陈坚卿“三陈”为首的岭南越族儒士，以及“南交学祖”士燮的活动为主要线索，指出了这一时期儒学在南方传播过程中的一些特点。第五章儒学在岭南影响的扩大，指出隋唐时期，随着私学、官学的发展和科举取士制度的推行，儒学在岭南的社会影响日益扩大；认为南越“圣母”冼夫人，唐代相张九龄、姜公辅以及韩愈、柳宗元等，都为民族融合和传播儒学作出了努力。第六章宋明理学广被岭南，论述了随着宋代社会政治经济中心的逐步南移和理学的兴盛，儒学对南方社会政治、世俗人心日益强烈的影响情况；指出各类书院的普遍建立，以及朱熹、苏轼、张栻、王阳明等在岭南各地聚徒讲学等，都为南方儒学的兴盛做出了贡献。第七章越南独立后儒学之兴替，论述了从 10 世纪越南自立为国到近代沦为法国殖民地的近千年的时间中，儒学在越南所经历的发展变迁过程；指出李朝是三教并用而以佛教为主，陈朝的儒学则是逐渐以儒学作主导，黎朝是将儒学发展到鼎盛，阮朝由盛而衰。第八章清代岭南儒学，论述了《传扬诗》这部壮族伦理教科书与儒学之间的密切关系，“粤西第一名流”刘氏与程朱理学的关系，肯定了刘氏对开启粤西士人学儒之风的重要作用。本章还对近代粤文化主将康有为的托古改制、变法维新活动进行了评议，认为康有为所以能对历史产生重大影响，其中也与儒学在广东传播的特殊情况有密切关系。

（唐名辉）

20 世纪中国易学史

杨庆中 著

人民出版社 2000 年 2 月出版 426 千字

该书为国家社科规划办 1996 年度基金资助项目研究的最终成果，系统探讨了 20 世纪易学发展的基本线索、内在规律和本质特征。

该书在上编首章前有作者的前言，在下编末章后有作者的结束语和后记。前言主要阐述了本书的研究对象、研究意义和在撰写过程中所注意的问题，而结束语则总结了 20 世纪易学研究观念和方法的更新，以及由于研究观念和方法的更新而带来的新气象和取得的新成就，并指出了今后易学研究应解决的问题。

全书以1949年为限，将中国易学的发展分为前后两个阶段，并以前后两个阶段分为上、下编。从1900年至1949年为前一阶段，即书的上编。凡三章。第一章经学家的易学研究，论述了章太炎、刘师培、杭辛斋、尚秉和等的易学研究，从他们的易学史观、易学观以及易学研究着眼，认为这些经学家的易学研究既在一定程度上体现了清代易学的流风余韵，又从一定的意义上显示了传统经学转向新世纪的征兆迹象，从而对20世纪的易学研究产生了一定的影响。第二章古史辨派与唯物史观派的易学研究，重点论述了顾颉刚、李镜池、郭沫若三位代表人物的易学研究，认为这三位代表人物站在时代高度，用实证的或唯物辩证的方法，打破了传统旧说，提出了许多新观念、新话题，开启了易学研究的新空间。第三章易学研究的新探索，论述了20世纪三四十年代于省吾、高亨、闻一多、苏渊雷、金景芳、熊十力、薛学潜等人的易学研究，认为他们的研究既认同于古史辨派对传统经学的批判，又不完全否定传统经学家诂经的方法，同时，又不同程度地接受唯物史观派把学术问题与社会时代背景联系起来进行考察的方法，对《周易》进行了新的注释和理解，为易学研究的现代化作出了努力探索。

从1950年至1997年香港回归为后一阶段，即书的下编。凡六章。第四章五六十年代的易学讨论，论述了这一时期学术界关于《周易》经传的成书、作者、性质、哲学思想以及中国哲学方法论等问题的讨论，指出这是中国学者试图用马克思主义的立场、观点和方法重新研究和整理中国哲学史和《周易》的新尝试。第五章80年代以来〈周易〉经传的注释与研究，以高亨、金景芳、黄寿祺三人在20世纪80年代的易学研究为重点，论述了他们对《周易》经传、《周易》典籍、易学史、易学哲学、易学与科学的研究等，认为这一时期的易学研究具有多学科、多角度、多层面的特点。第六章易学史研究，论述了朱伯崑对易学哲学史、易学流派、易学人物和易学典籍的研究，以及郑万耕、李申、萧汉明等其他易学史的研究，指出这是大陆学人第一次全面系统、真正自觉地把《周易》经传、易学流派等整个发展历史作为研究对象的尝试。第七章《周易》与出土文物，从考古学角度对帛书《周易》和数字卦研究作了评述，肯定了本世纪出土文物对《周易》研究的重要价值。第八章《周易》思想的现代诠释，评述了余敦康的人文易研究、董光壁的科学易研究、张立文的易学哲学研究。指出80年代以来的易学研究是同中西文化比较热、民族文化反思热交叉进行的，学者对《周易》的研究多以解决中国传统文化中的一些具体问题为目的，注重以现代观念对《周易》思想进行新诠解。第九章1949年以来台湾地区的易学研究，介绍了台湾易学研究的概况，肯定了台湾学者在易学文献、易学史和易学思想研究等方面的贡献，认为他们仍然沿袭了民国时期的学术作风和思维路向，对大陆易学研究作了有益补充。

儒学源流(1、2册)

中国青年出版社2000年7月出版　637千字

该书是“中国典籍精华丛书”的第一卷。该丛书共分九卷，由张永桃担任主编。该书通过对先秦儒家经典，两汉、宋明时期儒学重要论著的评介，展现儒学基本理论及其发展演变过程。本书分一、二两册。第一册包括对《周易》、《尚书》、《论语》、《孟子》、《荀子》的评介；第二册包括对《礼记》、《春秋繁露》、《正蒙》、《二程遗书》、《朱子语类》、《陆九渊集》、《传习录》的评价，两册共包括十二部儒家著作。

第一册有李书有为该书所写的前言。该册的《〈周易〉评介》分三节。第一节为一般介绍，内容包括《周易》命名的不同界说，《易经》的成书年代和作者问题，《周易》的传授和各时代对此书的研究情况，《周易》的传本、注本和版本。第二节为内容评析，包括《易经》的内容评析与《易传》的内容评析。对于《易经》的评析，内容包括《易经》与占筮、人谋与鬼谋、《易经》的思想观念内涵。对于《易传》的评析，内容则涉及《易传》的宇宙观、自然观、社会观、变易观。第三节为小结，内容论及《周易》的价值、地位及影响。

《〈尚书〉评介》分三节。第一节一般介绍，内容涉及《尚书》在先秦的流传情况、《尚书》的编纂、《尚书》的两种传本即《今文尚书》与《古文尚书》、《尚书》的注本等。第二节内容评析，包括历史传说、殷商思想、周代思想等。第三节小结，论述了《尚书》对后世政治、学术发展的影响以及各时代对《尚书》的研究情况。《〈论语〉评介》分三节。第一节一般介绍，内容包括《论语》的成书，孔子及其主要弟子的生平事迹，《论语》的传本、注本。第二节内容评析，论及《论语》的天人论、道德论、德政论、人生论、方法论、修养论、教育观。第三节小结，内容涉及孔子和儒学在各时代的地位，《论语》的价值和影响等。《〈孟子〉评介》分三节。第一节一般介绍，内容包括《孟子》的作者、孟子的生平，《孟子》的篇章、注本。第二节内容评析，论及《孟子》的天人论、性善论、道德论、仁政论、义利观、人生论、修养论、教育观等内容。第三节小结，论述孟子其人与《孟子》其书在各时代的地位和影响。《(荀子)评介》分三节。第一节一般介绍，内容包括《荀子》的作者与成书，荀子的生平事迹与《荀子》的篇章、注本。第二节内容评介，论述了《荀子》的天人论、性恶论、道德论、社会观、政治观、人生论、修养论、教育观。第三节小结，论述了《荀子》在各时代的地位和影响。

第二册《〈礼记〉评介》分三节。第一节一般介绍，内容包括《礼记》的作者、成书、篇目和注本。第二节《大学》、《中庸》内容评析。对于《大学》，作者论述了该书的中心思想，它的“明明德”、“亲民”等所谓三纲领、八条目方面的内容；对于《中庸》，作者论述了它的宗旨和“极高明而道中庸”的原则，以及论述了“五达道”、“三达德”、治国之道、修养方法及其“诚”的范畴等。第三节小结，论述了《礼记》，特别是《大学》、《中庸》二篇的地位和历史影响。《〈春秋繁露〉评介》分三节。第一节一般介绍，内容包括董仲舒的生平、学说和该书之篇目、版本、注本。第二节内容评析，论及董仲舒的“天人感应”论、“性三品”论、“三纲五常”论、义利观等。第三节小结，论及《春秋繁露》的地位和历史影响。《〈正蒙〉评介》分三节。第一节一般介绍，内容包括该书之作者张载的生平和《正蒙》的注本。第二节内容评析，论述了张载的气本体论、人性两重论、穷理尽性论。第三节小结，论述了《正蒙》的基本内容和对后世的影响。《〈二程遗书〉评介》分三节。第一节一般介绍，包括该书作者程颢、程颐的生平，著作和《遗书》的篇目情况。第二节内容评析，论述了《遗书》中的理本体论、性理论、格物致知论。第三节小结，论述了《遗书》的基本内容及其对后世的影响等。《〈朱子语类〉评介》分三节。第一节一般介绍，包括朱熹的生平、《语类》的卷目和价值等。第二节内容评析，论述了朱熹的理本论、心性论、道德论、理欲观、修养论、知行观、教育观。第三节小结，论述了理学的产生及流变、朱子思想的地位及对后世的影响等。《〈陆九渊集〉评介》分三节。第一节一般介绍，内容包括陆九渊的生平，《陆九渊集》之卷目、版本。第二节内容评析，对陆九渊的“本心”说、义利之辩、修养论、朱陆之辩进行了论述。第三节小结，论述了陆九渊思想的来源、心学的实质及其历史地位和对后世的影响。《〈传习录〉评介》分三节。第一节一般介绍，内容包括王阳明的生平，《传习录》的卷目、传本等。第二节内容评析，对王阳明的心本体论、知行合一论、良知论、致良知论进行了论述。第三节小结，论述了《传习录》的基本内容、地位及其影响。

（王兴彬）

重释传统
——儒家思想的现代价值评估

唐凯麟 曹刚 著

华东师范大学出版社 2000 年 11 月出版　313 千字

该书是华东师范大学出版社策划的“东方学者丛书”中的一本。凡七章。在末章后附有主要参考文献和后记。

第一章导论——关于儒家思想现代价值评估的方法论问题，共三节。第一节历史中的儒学：评价对象的判定及其方法论研究，将经典中的思想称为儒家思想的原义，历史中的变异称为儒家思想的它义，创造性的阐释称为儒家思想的今义。第二节世界中的儒学：评价范式及其立场的批判，认为当代对儒学的评价范式有以韦伯为代表的西化模式、新儒家为代表的儒化模式和本土化模式三种，由此对西方中心主义和儒家救世论进行了批判，肯定了本土化模式中的马克思主义立场。第三节实践中的儒学：评价主体及评价尺度的确立，指出新生文化主体的确立，关键在于培养和造就一代社会主义“四有”新人；而评价尺度的确立，要看它是否有利于人的全面发展、是否有利于社会主义的经济建设、是否能满足人民精神生活的三重实践需要。第二章人类走向自我的最初理论省思——儒家人学思想及其现代价值，共五节。第一节人学是儒学的宗旨，分析了儒学以人学为宗旨的社会动因和历史隐秘，在中西哲学比较中对儒学的“人”做了说明，强调儒学关注的生命是德性生命，其所关注的人是伦理中的人。第二节对人的存在的整体思维：和谐的人，着重从人与自然、人与人、身与心三方面的和谐研究儒家人学，强调儒学把人的存在视为一个整体，是从内在于各种关系之中来体认人本身。第三节对人的本性的价值判断：性善的人，探讨了儒家人学中的性善与性恶、义理之性与气质之性等问题，强调儒家思考人性的致思路线集中于人性的价值判断上，对人的本质的关注集中在人的道德本质上。第四节对人的意味的探寻：理想的人，探讨了儒家理想人格的特点和类型，指出儒家设计的理想人格都是入世的、具有济世抱负的道德楷模。第五节儒家人学思想与现代人的发展，论述了当代新技术革命与人的社会责任等问题，指出儒学作为人类认识自我的一个必经阶段，包含了不少理论思维的积极成果和可以成为现代人发展的活性因素。第三章“人对人的依赖关系”的理论升华——儒家伦理思想和现代市场经济，共三节。第一节儒家伦理思想的基本特征，认为儒家伦理作为一种多层次、多方面、动态的思想系统，又显示出相对稳定的总体风貌，具有宗法性、哲学化、实践性三大特征。第二节儒家伦理思想的基本理论，讨论了儒家的道德形而上学、儒家道德的模式和目标指向，以及实践理性等问题，指出这些问题包括了天人合德、重义贵和、尊德重行等内容。第三节儒家伦理和现代市场经济，讨论了儒家伦理与市场经济的异质冲突、同构契合、互补优化等问题，指出儒学在一定程度上可以适应今天的需要，这是研究这一问题必须确立的前提。第四章人类自律的历史建构——儒家道德观念和现代道德建设，共二节。第一节儒家的道德基本原则，对儒学中的仁、义、礼、智、信等道德规范做了论述，肯定这些道德规范是认识和把握儒家伦理体系的核心和关键。第二节儒家道德观念和现代道德建设，讨论了儒家仁爱思想与社会主义道德精神、儒家人伦道德与社会主义“三德”建设之间的关系，指出儒家道德观念为我们提供了可资扬弃的道德文化资源。第五章宗法社会中权利和义务的失衡——儒家法律思想及其现代关照，共四节。第一节儒家法理念的确立，认为天人和合是儒礼法思想的形上基础，礼由义出是儒家礼法思想的价值观念。第二节儒家经邦济世的治国主张，认为儒家的治国主张有礼治，其包括立人、治世、安国；德治，其包括治心为治世之本；人治，其包括贤君为安国之本。指出儒家的治国途径是“居两用中”，即既不是道家的无为去争，也不是法家的以杀去杀，而是主张“刑仁讲让”。第三节以礼入法：法律的道德化，讨论了儒家的德体法用的德法关系论、引礼入法的立法的道德化、原心论罪的司法的道德化等内容，指出共同的思想因子加之现实的政治需要使儒法可以相佐为用。第四节儒家礼法思想的现代关照，从现代视域、社会转型与法德并举三个方面论述儒家礼法思想的现代价值，指出只有科学地把礼法两者统一起来，才是一种完全意义上的现代关照。第六章经济和德性整合的历史形态——儒家经济思想和现代市场理性的建构，共四节。第一节儒家经济思想的德性本质论，论述了经济的道德本质、道德价值问题，指出把经济与德性整合在一起是儒家的一大特色。第二节儒家的基本经济主张，从生产、交换、分配、消费四个方面论述了儒家的经济思想，指出这四个方面是儒家经济思想的德性本质论的具体展开和实际运用。第三节儒商:德性经济理论的实践者,对儒商及其形成,儒商的经营价值观、经营伦理观、经营管理方式等作了论述,指出儒商是从实践层面具体运用儒家的德性经济思想。第四节建构现代中国的市场理性,讨论了市场理性的建构原则、现代中国市场理性的基本构成等问题,呼唤建构现代中国市场主体的理性精神。第七章传统和现代抉择中儒学的历史命运——关于儒学的死亡与再生问题的反思,讨论了儒学的历史蜕变及其衰竭,儒学当代命运的判定等问题,指出只有根据实践的需要,从本来意义去扬弃儒学,它才有继续存在的理由。

(老井)

儒商精神

戢斗勇　著

经济日报出版社 2001 年 1 月出版　280 千字

该书是作者所承担的广东省哲学社会科学"九五"规划重点课题"儒家经济伦理精华"中的一个重要研究内容。凡十章。在末章后附有主要参考书目与后记。

第一章儒商:21 世纪的时代骄子,对近年来学术界、企业界有关"儒商"的定义进行了评价,认为儒商的特点在于"以义经商"与"以智经商"。又从儒商精神的含义、内容、结构及反映儒商精神的主要资料等方面进行了研究,并对儒商在 21 世纪的定位做了探讨。第二章儒商的形成和发展,将儒商的发展划分为四个阶段,即:先秦儒商——儒商的产生阶段;中古儒商——儒商的成长阶段;近代儒商——儒商的成熟阶段;现代儒商——儒商的转型阶段。认为这四个阶段的儒商各有其特点和贡献,指出儒商精神随着儒商的形成和发展,而逐步走向成熟和复兴。第三章儒商经济伦理精神,认为儒家经济伦理思想是儒商精神的核心,并从仁爱善良的人道观、强国富民的目的观、取材有道的价值观、公正平等的权益观、以民为本的服务观、见义勇为的责任观等六个方面,详细考察了儒商经济伦理精神的内容。第四章儒商经济管理原则,认为儒商的管理思想属于"人本主义管理学",并从敬谨执事的职业观、德法并重的规则观、和而不同的竞争观、慎思笃行的决策观、忠孝温情的组织观五个方面,对儒商的管理原则与管理思想进行了解析。第五章儒商生产行为规范,认为儒商对生产行为有一整套道德规范,它围绕着强国富民、厚生利用而展开,体现在精美实用的质量观、好学重智的科技观、物尽其用的资源观、天人合一的环保观等四个方面,由此而对各个方面作了评析。第六章儒商流通行为规范,认为儒商的交换行为规范是儒商精神最直接的表现,故从聚货畅流的市场观、诚恳谦和的交往观、信实等价的交换观三个方面对儒商的流通行为规范进行了论述。第七章儒商分配行为规范,认为儒商精神所提倡的是"取之社会、回报社会",这也是儒商财富分配观的本质特征。指出儒商的分配行为规范是以儒家的道义观为指导,坚持欲而不贪的财富观、互惠合法的分配观、慎独廉洁的财务观等。第八章儒商消费行为规范,认为儒商在消费方面以克制过分的欲望、提倡高尚消费为特色,其内容包括勤俭朴素的生活观、量入为出的支付观、强本节用的增长观三个方面。第九章儒商精神的评价,认为评价儒商的标准有二:即"历史主义"的标准与"现实主义"的标准。根据这两个标准,作者强调对待儒商应作"一分为二"的评价,即儒商有值得肯定的一面,但儒商特别是尚未进行现代转型的传统儒商,存在着许多历史缺陷,并对其缺陷进行了分析和批评。第十章培养和造就一代新型儒商,认为只有从传统儒商转型为现代新型儒商,儒商才能重新赢得人们的尊重和追求,儒商精神才能被发扬光大。又结合现代企业家的素质特点,指出在市场经济的实践中锻炼成长,是培养和造就一代新型儒商的根本途径;同时,国家也应采取相应措施,促进一代新型儒商更快成长。

(王兴彬)

中国礼文化

邹昌林　著

社会科学文献出版社 2000 年 5 月出版　269 千字

全书分上、下两编。上编共四章，论述中国礼文化。第一章中国为礼义之邦，“礼”为中国文化之标志，主要论述了中国文化根于“礼”、秦汉之际古礼与新礼的交替、《礼记》对于研究古礼的价值和意义等问题。第二章从《礼记》看古礼的起源与整合，主要论述了古礼是一个完整的表意系统、《礼记》对古礼起源的探索、古礼所反映的古代社会生活、古礼的整合与大同社会等问题。第三章从《礼记》看古礼的结构、功能和价值，探讨古礼的类别和结构，阐明古礼的主要功能及其内在统一性、古礼的基本功能与中国文明形成的道路以及古礼的价值系统等问题。第四章《中国文化为什么以礼为基础》，从理论上分析了中国文化的早熟型及其与国家产生的不同步性，认为这是根源于特殊的自然地理环境和特殊的社会历史环境下所形成的特殊生产方式，强调这是决定古礼发展、定型和衰落的内在根据。

下编论述礼教与儒学传统，凡四章。第一章从《老子》对待文明的态度看儒道的异同及其现代意义，认为老子思想的本质是反对文明的异化，他的“为而不争”思想与儒家礼让精神具有一致性，两者都是古礼所衍生的合理文化形态，强调它们两者之间的互补对于实现人与自然、人与人之间的和谐及现代社会的发展具有积极意义。第二章儒学与宗教的关系，主张对世界文化可用原生道路与次生道路两大文化单元进行划分，认为中国文化是世界惟一仅存的原生道路的文化，指出这种文化特性既决定了中国文化属于礼文化模式，也决定了中国主导宗教属于原生宗教。由此强调儒学既是古代礼文化的延伸，又是中国主导宗教形态，即儒教或礼教。第三章试论儒家礼教思想的人文价值，这既是中国历史文化长期积累的结果，又是人类对自身生命进行终极探索的结果，它超越于特定的时代和具体制度，反映了人类对自身永恒价值的努力追求。第四章儒家《春秋》大一统思想政治历史文化功能试探，着重探讨儒家礼教文明对现实政治生活所起的作用。认为春秋大一统思想是儒家学说极富革命批判精神的外王理想，它促进了汉代大一统政治局面的形成，对中华民族凝聚人心和维护国家统一有重要文化功能。

作者在自序中对近百年来传统与现实的矛盾作了考察，认为在我们大踏步地向现代化进军之际，需要爱护传统，因为“没有自己传统的民族，无异于宣布自己灭亡”。还对礼与儒学的关系作了进一步说明，认为中国的礼与广义的文化是同一概念，是一个无所不包的系统，而儒学不过是从属于这一文化模式的一个发展系统。强调“儒学的道统(即价值系统)，并非儒家的发明创造，而是从中国礼文化中继承延续下来的。儒家不过是在春秋战国大乱，诸侯僭越，礼崩乐坏，专制主义制度兴起，古代礼仪文化模式发生动摇，存在改弦易辙的危机的时候，自觉成为它的价值承担者。而对古礼进行全面整理、挖掘，阐发义理，使其价值系统得以完整保存下来，并经过提炼升华，使之与新的社会条件重新有机结合起来，从而达到进一步推动中国礼文化发展的目的”。

(唐名辉)

孔子与中国文化

陈卫平　郁振华　著

贵州人民出版社 2000 年 10 月出版　227 千字

该书为大思想家与中国文化丛书中的一本。该丛书还包括《孟子与中国文化》(杨泽波著)、《王充与中国文化》(李维武著)、《朱熹与中国文化》(蔡方鹿著)、《王夫之与中国文化》(胡发贵著)、《戴震与中国文化》(许苏民著)，凡六本，由李宗桂主编。其中，该书共分四章。

第一章走下神坛的“布衣”详细介绍了孔子出生的社会氛围和文化氛围，指出孔子最初的社会实践是受挫于仕途而成功于文化教育事业。探讨了孔子保守的政治理想和激变的社会现实之间存在的对立,认为正是这种对立使孔子在周游列国的过程中,其政治理想得不到实现,到处碰壁。最后论述了孔子在鲁国的孤寂、凄哀的最后岁月。第二章主流思想的奠定,论述了孔子的思想体系,提出孔子思想的独特的儒学精神是人道原则和理性原则,强调这两个原则贯注于孔子思想的各个方面。作者通过对“仁”的分析,指出“仁者爱人”体现了人道原则,但“克己复礼为仁”又阻遏了其中的人道原则。仁智统一体现了人道原则和理性原则的结合,但突出的是伦理理性,这就为儒家的认识论和伦理学规定了基本走向。又通过对孔子天人之辨的三个方面即自然和人、力和命、性和习的分析,认为孔子试图达到天人的统一,从而奠定了儒家天人合一的传统;通过对孔子义利之辨两个层面的分析,认为孔子的义利之辨是重义轻利的开端;通过对孔子的群己之辨的分析,认为这个问题涉及到人生观与认识论,是在这两个领域里考察自我和社会、自我和他人的关系。指出孔子在人生观上,是将自我价值融化于群体认同,在认识论上,是将自我意识同化于传统和权威,故其群己之辨是“和而不同”的滥觞。又分析了孔子的君子小人之辨,认为君子理想人格是“仁”所体现的人道原则和理性原则的最后凝结;并通过对君子人格的内在要素与外在表现的剖析,认为孔子的君子小人之辨是内圣外王的雏形。第三章传统文化的象征,论述了孔子与传统科技、传统文艺美学和传统教育的关系,揭示了孔子思想与传统文化的内在联系,及其对中国文化的多重影响。作者指出:仁智统一的传统对科技有鄙视的一面,但也有推动的一面。“知天命”的传统导致传统历算学的工具化,使其具有实用性强和成为政治附庸的两重性;“温故而知新”的传统则使传统科技拟经化,使科技著作有通古今之变与因循守旧的两重性。作者认为,孔子的“兴观群怨”是传统美学“言志”说的先导;而“智者乐水,仁者乐山”则开启了其“比德”说;“乐而不淫,哀而不伤”则是传统美学“温柔敦厚”说的萌芽。又认为,“学而优则仕”是科举取士的前驱;教以“文行忠信”是以德育为主的首倡;“有教无类”则确立了传统教育以私学为主要办学形式。第四章在近代思潮中沉浮,论述孔子在近代中国的命运,内容包括农民革命思潮鞭挞孔子,改良维新思潮改铸孔子,革命民主思潮“排孔无圣”,守旧复辟思潮主张尊孔读经,新文化运动主张打倒孔家店,现代新儒家主张返本开新,马克思主义在中国化过程中主张批判继承。

该书最后有,附录一:孔子研究论著索引,附录二:建国以来孔子研究综述。在附录二中,作者把建国以来的孔子研究分为建国至“文革”前、“文革”十年及“文革”后三个阶段。

(王兴彬)

荀学源流

马积高　著

上海古籍出版社 2000 年 9 月出版　242 千字

该书是作者对荀学多年研究的成果。全书共分上、下两篇,凡十三章。作者在前言中说:“写这本小书的目的是要给炒得过热的天人合一说泼一点冷水,为天人相分说争一点存在的空间。”

上篇为前八章。第一章荀子的生平及其时代,论述了荀子的生平事迹与活动,并从政治伦理道德观、天人观、名辩与思想方法三个方面,论述了荀子所处时代的百家争鸣的状况,指出荀子思想是在当时思想界处于学术争鸣的情况下所形成的,是对战国时期百家争鸣的一次总结。第二章荀子的天人观,首先对荀子以前有关天人问题的思想、学说作了简要的回顾,认为荀子的天人观有两个突出特点:其一是用天人相分的观点排除天人合一的观点,其二是提出天、地、人参和“制天命而用之”的观点。并深入考察了荀子天人观形成的社会原因。第三章荀子的人性论及其群分说、礼义观,首先对荀子以前的人性论及其与天人观的联系作了说明,接着对荀子的性恶论、群分说、礼义观作了考察,认为荀子性恶论是对孟子性善论所进行的反驳。第四章荀子的知行论和正名说,认为荀子的知行论与正名说是同他的政治思想相联系的，指出其知行论，分知与智、知有异有止、知与行三方面。对其正名说，作者将其与名家的名辩作了比较研究。第五章荀子的王霸论、富国论及其历史观，认为荀子的王霸论包括法后王、辨王霸与不废法治三个问题，其中尤重人治。对其富国论，作者将其与荀子的群分说联系起来作了考察；对其历史观，则将其置于诸家历史观的大背景下加以研究。第六章荀子的教育思想，论述了荀子关于教育、学习的目的和内容、教育原则和方法等问题的主张。第七章荀子的文学观和辞赋创作，对荀子关于文学的论述及其辞赋作品的语言、体式、艺术风格、思想内容等，作了探讨。第八章荀子的学术思想渊源、特殊品格及其与孟子学说的异同，对荀子的学术师承、荀子与经学的关系作了考察，对孟、荀思想的异同作了比较研究，指出荀学具有崇实际、尚理性的品格特性。

下篇为后五章。第九章荀子与《吕氏春秋》和韩非子，主要考察了荀子思想对《吕氏春秋》和韩非子思想的影响。第十章汉魏六朝时期荀学的升降，考察了汉魏至南北朝时期随着我国学术思想的演变荀子学说的浮沉升降情况，着重论述了两汉经学及其他著述与荀学的关系。第十一章唐代荀学的闪耀，通过对唐代儒学发展情况的考察，强调唐后期李筌、柳宗元、刘禹锡、杨倞等均不同程度地接受了荀学的影响，指出他们又对荀学作了一定宏扬。第十二章宋(金)元明时期荀学的衰微与余响，对荀学在这一时期衰微的原因作了分析，考察了王安石、苏轼、二程，徐积、朱熹、陆九渊、叶适等人的反荀学倾向，以及赵秉文、宋濂、刘基、王廷相、李贽等赞同荀学的情况。第十三章清代荀学的复兴和尊荀与反荀的论争，考察了清代荀学复兴的过程和反荀观点的演进，论述了清代荀学的复兴、特点，及晚清时期尊荀与反荀的论争等问题。

（王兴彬）

儒道会通与正始玄学

高晨阳　著

齐鲁书社 2000 年 1 月出版　177 千字

该书是以“中国孔子基金会文库”的形式资助出版。凡七章。首章前有前言，末章后以作者已发表的论文《自然与名教的重建：玄学的主题及其路径》作为附录。

第一章总论：玄学与儒道关系的重建，论述了玄理与玄学的对象、玄学的主题（自然与名教之辨）、玄学本体论（有无之辨）、玄学的学术思想倾向（以道融儒及道家的本质）、玄学的派别与演变（二系三期）等问题。第二章正始玄学的产生，论述了名法与名教冲突、无为而治突现的社会文化背景，以及名实、才性与玄理的名理学的演进等问题。第三章荀粲与玄学的萌发，论述了正始玄学的先驱者荀粲的思想行为和追求，以及言不尽意的发现和意义。第四章何晏与正始玄学的创立，论述了何晏与正始玄学、有无之辨与玄学本体论的确立，及何晏对本末关系的探索与其理论局限性等问题。第五章王弼之逸辨与正始玄学之最强音，根据《三国志·钟会传》后附言及裴松之注引何劭《王弼传》，对王弼会通儒道之说作了论述。第六章崇本息末与王弼老学，对王弼“崇本息末”、“以无为本”、“名教本于自然”等思想，进行了论述。第七章援道入儒与王弼易学，对王弼以传解经和以老释易的学术思想倾向，以及他的崇本息末论与其解易方法、易学思想等，进行了论述。

作者在前言中赞同汤用彤和牟宗三对玄学本质的理解，认为玄学作为本体论哲学或境界形态的形而上学所关涉的问题甚多，如有无、本末、体用、母子、一多、动静、自然与名教、有情与无情及孔老优劣、圣人人格等，其中自然与名教之辨是玄学的主题。指出自然与名教涵盖两项基本内容：一是依据何种原则才能发挥名教的治世功能；二是在名教中人的心灵能否获得自由与幸福。前者关涉于人的外部的生存环境，后者关涉于人的内在的精神生活。二者皆与人的生命存在息息相关，触及到人类存在的本源处。又认为儒家尚名教，道家贵自然，玄学在本质上是道家之学。但它虽然以自然为重，却不能对名教置之不理，更不能排斥名教，而只能重新解释自然与名教的关系，故名教与自然之辨不可避免地成为玄学的主题，亦即成为时代的中心课题。强调玄学中有无之辨为解决自然与名教的关系提供一个本体论的依据，意言之辨本质上是一个解释学的问题，即确定解决矛盾的方法。故玄学的主题及为其服务的本体和方法，构成了玄学的基本内容和骨架，其他玄学问题皆是绕此而展现其内容的。

作者根据对玄学本质的理解，又参之东晋袁宏《名士传》和当前学界的观点，把玄学的发展分成三期：(一)正始时期；(二)竹林时期；(三)元康时期。而把正始之前的魏明帝曹叡“太和”年间清谈兴盛时所谈“玄理”，称之“前玄学”阶段，而把东晋时期的玄谈之风，称为“后玄学”阶段。

(老井)

轴心时代的中国思想

徐克谦　著

安徽文艺出版社 2000 年 8 月出版　250 千字

中国春秋战国时期产生了一大批对后来中国文化发展有着极其深远影响的思想家和思想成果。与此同时在世界上其他几个主要文明发源地，人类精神的发展也出现了意义深远的重大突破，故这一时期被德国哲学家雅斯贝斯称为人类历史的“轴心时代”。该书是对“轴心时代”中国的主要思想家、学术流派及其思想成果进行研究并探讨其历史意义的专著。

全书除绪论外，共分八章。绪论部分论述了轴心时代中国学术思想兴起的社会文化背景、基本特色、发展概况以及深远影响。第一至七章分别深入探讨了阴阳、儒、墨、名、法、道、纵横等主要学说和流派的思想体系、学术观点、学派特色和思想贡献。第八章论述了有关轴心时代思想家在思维方式方面的一些共同特征。附录部分介绍了当代西方汉学家对先秦诸子思想翻译、阐释和研究的有关情况。

关于阴阳家思想，作者认为阴阳学说是当时人们的一种普遍的宇宙观，是中国古人用来解释和说明宇宙自然乃至社会人生的一套普遍运用的符号系统。它实际上构成了先秦各家各派思想的一个基本的背景与前提。在后来中国古代祭祀、丧葬、占卜、风水等等各种民间宗教实践中，在对于民族的生存、繁衍具有重要意义的农业、医药、烹调等等的实用知识中，阴阳五行的概念也都构成了一种最基本的理论基础。关于儒家思想在中华民族文化中的地位，作者认为主要就在于为人道立极，也就是要为人的存在与发展确立一个终极的意义与终极的目标。具体说来，就是要为中华民族确立一个基本的伦理价值系统，并且为这个伦理价值系统指明本体论的依据。这是儒家对中国文化的最大贡献。关于墨家思想，作者着重指出了其反贵族、反家庭、反世袭、反等级制度的特色，这种特色在后代非精英阶层如江湖侠客、民间帮会、民间宗教组织中还可以看到其流风余韵。关于道家，作者指出道家思想传统，包括由此发源的道教传统，虽不是官方的思想传统，但却也可以算是一种主流的传统。道家思想家们偏重于以一种冷峻的旁观者的眼光和立场来对社会政治乃至整个文明进步进行否定性的批判，影响于后世则在文人知识分子中形成了一个疏离于王权政治中心的批判现实的传统，成为儒家建设性积极入世传统的重要补充。此外，道家思想还极大地丰富了中国文化中属于个人内心世界的精神资源，这种内在的精神资源对于文学和艺术的创造是不可缺少的。关于法家，作者指出中国封建专制社会政治中实际运作的统治术，大多源于法家。关于纵横家，作者认为虽然纵横家并不能算作一个学派，但对中国传统文化也有其独特的影响。纵横策士们的行动和作风，体现了一种敢于进取、勇于开拓、善于钻营的进攻型人格，并且极大地丰富了中国人的社会活动技巧和策划谋略的智慧。关于名家，作者认为名辩学派值得重视的地方，除了他们在名理逻辑方面的具体发现和成就外，还在于他们独特的致思趋向，即对社会伦理政治经济范畴之外的自然之“物”本身的浓厚兴趣；标新立异、超越常规的思维方法；“专决于名”而不讲实用的纯学术趣旨。

作者在论述各家思想时特别注重阐发轴心时代中国思想家们对整个中国思想文化传统所产生的独特的影响和深远的意义，以及他们的思想精华在现代社会的价值。书中不少章节曾以中文或英文在国内外权威学术刊物发表。

（奋进）

朱子哲学研究

陈来　著

华东师范大学出版社 2000 年 9 月出版　394 千字

该书为 1987 年中国社会科学博士文库编委会所遴选并出版的博士论文之增订本。该增订本比旧本增加“前论”中的朱子与三君子（即第一章）、朱子与李延平（即第二章）和“本论”部分之“心性论”中的朱子淳熙初年的心说之辩（即第十六章的部分内容），另外还增加了一个附录。

该书分“前论”、“理气论”（本论一）、“心性论”（本论二）、“格物致知论”（本论三）、“朱陆之辩”（后论）五部分，凡十七章。“前论”包括第一、二章，主要论述了朱子与三君子、李延平的关系，指出李延平把朱子引向了道学系统的轨道，而朱子则从理性主义的立场理解李延平。“理气论”包括理气先后、理气动静、理一分殊、理气同异四章。理气先后主要对朱子哲学的理气关系进行了探讨。认为从横的方面看，朱子对理气有无先后的讨论可分为本源与构成两个不同问题；从纵的方面看，朱子的理气思想经过了一个理气没有先后、理在气先、理生气、逻辑在先说几个发展阶段。理气动静指出朱子的这一哲学思想包括把太极规定为形而上的所以动静之理和对动静的泛化使用两个方面；理一分殊指出这一哲学思想在开始提出时主要具有道德原则的普遍与特殊、统一与差异的意义，后来朱子主要用其论证宇宙本体与万物之性、本原与派生、普遍规律与特殊规律、理则与事物的关系；理气同异指出朱子所论证的理气同异，实指人物之性的同与异的问题，并经历了从理同气异到气异则理异的发展过程，以至到晚年他从质和量两方面规定性理禀受。“心性论”包括已发未发、性之诸说、心之诸说、心说之辩、心统性情五章。已发未发，论述了朱子超越杨时而接承程颐，指出他从哲学而不从心理上探求未发，从而导出他的整个心性情学说；不通过未发工夫获得内心体验，而把主静之功作为主体修养的手段，为穷理致知奠定了基础。性之诸说，论述了朱子的本然之性与气质之性说，指出在朱子那里，本然之性是比气质之性更深层次的人性。心之诸说，指出在朱子哲学中，以心为知觉，既指人的知觉能力即能知觉，又指具体的知觉内容，即所知觉；以心为主宰，既考察心对人的活动的支配作用，又强调了主体的自主能动性和意志自由；同时朱子又阐发了理学特有的关于心的学说，对心与性（理）属于不同层次，有明确区分。心说之辩，认为朱子始终强调的“心一也”，是指道德意识与非道德意识属于同一层次的心，也就是指同一个心，故他不能承认“心即是理”。心统性情，认为在朱子哲学中，这一思想主要指心兼性情和心主性情，前者强调心为意识活动的总体范畴的意义，后者则强调理智对情感的控制作用。《格物致知论》包括格物与致知、格物与穷理、知与行三章。格物与致知，指出格物是朱子《大学》解释的核心观念，即物和穷理作为格物的综合规定，缺一不可。格物与穷理，指出在朱子哲学中真善一致，格物穷理既是明善的根本途径，又是求知的基本方法。知行问题，指出朱子哲学中的知行问题有不同意义，第一个内容是致知与力行的关系，第二个内容是指致知与涵养的关系。朱陆之辩包括鹅湖之前、朱陆之争、朱陆异同三章。鹅湖之前，先概述朱陆交往前各自的思想发展，然后详细考察了朱陆之辩的全过程，最后对朱陆的主要哲学分歧作总的探讨。朱陆之争，考察了朱陆之间从乾淳之际、鹅湖之集、铅山相晤、南康再会、曹表前后、论陆之弊、鸣鼓攻陆、无极之辩到盖棺论定的交往论辩，对朱陆交往中许多重大事件作了考证。朱陆异同，论述了朱陆在心性区分和气质作用上的哲学分歧。指出：从主导倾向来看，朱强调用伦理制约意识，突出伦理原则的客观规范；陆九渊则强调意识的能动自觉，突出伦理主体的先验意识。从伦理学上看，朱子要求通过理性提高义务感，达到与理合一的道德自觉；陆则强调良心在道德调节中的作用，由之诉诸非理性的内向自觉。但朱陆之学是理学内部的对立统一，其相互制约又相互补充。

作者在引言中，扼要概括了朱熹的学术成就，评价了他在中国哲学史上的重要地位，论述了他怎样在理学先驱者的基础上建立起一座宏伟的哲学大厦。还提出宋明理学的基本发展可以分为四个基本阶段，即：周敦颐、张载的"气"学—二程、朱熹的"理"学—陆九渊、王守仁的"心"学—以王夫之"物"学为代表的明清之际的批判哲学。认为这几个阶段正好把理学的三个主要派别："气"学、"理"学、"心"学在历史上合乎逻辑地展开来，并最后在明清之际得到总结。

（老井）

朱熹书院门人考

方彦寿　著

华东师范大学出版社 2000 年 7 月出版　195 千字

朱熹的理学思想体系的形成，与其在各地创建书院、广招生徒、相互研讨和著书立说的教育实践密切相关，因此，作为理学家的朱熹与作为教育家的朱熹是二而为一的。该书通过历史文献的征引和考辨，采用以书院为标准的新的分类方法，将朱子门人的研究与书院研究结合起来，考察了朱熹一生的教育实践过程，评价了他对推动古代教育发展所做出的贡献。

全书围绕着有哪些书院与朱熹有关，有哪些是创建、修复，有哪些是读书或讲学处，有哪些门人从学于这些书院等问题而展开，并根据对这些问题的回答将全书分为"书院考"和"门人考"两大部分，凡四章。第一章朱熹及其相关的书院考述，即"书院考"部分内容包括（一）朱熹创建的书院，（二）朱熹修复的书院，（三）朱熹读书讲学的书院，（四）朱熹题诗题词的书院，（五）关于书院的考证。其中，作者考证出与朱熹生平有关的书院有 67 所，与其无关的有 8 所。而在与其相关的 67 所书院中，朱熹创建的有 4 所，进行修复的有 3 所，读书讲学的有 47 所，题诗题词的有 13 所。

第二至四章为"门人考"部分。作者抓住朱熹创建的书院这条主线，从研究福建和闽北的地方教育史这一角度考虑，考证出朱熹所创建的 4 所书院中有门人弟子 276 人，而不包括在白鹿洞、岳麓等书院，或在同安、婺源、长沙、漳州等地从学于朱熹的门人。第二章朱熹寒泉精舍门人考，因寒泉精舍与云谷晦庵草堂年代相近，地点相距不远，故作者将其合在一处考证。该书院位于福建建阳县崇泰里马伏，是朱熹于南宋乾道六年（1170）创建的第一所书院。作者考证出寒泉精舍建成前后从学于朱熹的门人有 22 人，其中建成前有 10 人，建成后有 12 人。第三章朱熹武夷精舍门人考，考证出武夷精舍建成于淳熙十年（1183）四月，朱熹在其后的八年里一直在此讲学、著述。此阶段正是以朱熹为代表的闽学派发展活跃的时期，故朱门弟子特多，由武夷精舍建成前 21 人，到建成后有 70 人，前后共计 91 人之多。第四章朱熹考亭沧洲精舍门人考，考证出这是朱熹晚年创办的最后一所书院，其规模和影响大大超过以前，书院中从学弟子达 163 人，其中建成前有 57 人，建成后有 106 人。

作者在序言中以"朱熹亲手创建的几所重要书院，迄今都无专著为之一述"而深感遗憾，希望此书的撰成能补或阙，推动对朱熹书院及门人的研究。

（唐名辉）

朱子家礼与韩国之礼学

［韩］卢仁淑　著

人民文学出版社 2000 年 8 月出版　130 千字

该书系韩国学者论述朱熹所著《文公家礼》在明初传入朝鲜后，对朝鲜政治和思想文化所产生重要影响的一部专著。

全书分为前、中、后三编。前编有关"文公家礼"资料之研究，分为三章。第一章为前言，论述文公家礼对朱子学的重要性。第二章《文公家礼》之著作及其流传，内容涉及《文公家礼》一书之真伪问题，著《文公家礼》之历程及其动机，《文公家礼》一书之版本源流。第三章《文公家礼》之渊源及其特色，论述了《文公家礼》之渊源、内容及其特色。

中编《〈文公家礼〉之东传及其开展》，分为四章。第一章前言，讨论了《文公家礼》的东传及其开展过程，肯定了此事对韩国历史文化的重要意义。第二章《文公家礼》东传始末，分析了高丽末期之社会背景，指出当时社会的实际需要是该书和朱子学东传的缘由。考述了朱子学东传之始末，说明朱子学为韩国性理学树立楷模。指出《文公家礼》东传后，由于高丽政府、学界都对《文公家礼》作出良好反应，才使《文公家礼》在韩国扎下根来，从而对韩国新文化的形成有着重要意义。第三章李朝初期儒学与《文公家礼》，论述了李朝两班制度与《文公家礼》的结合情况，指出《文公家礼》在法制上的运用，为李朝的社会安定和国家兴隆奠定了基础。第四章性理学之开展与《文公家礼》之认识，论述了以儒学治天下的理想，及至治主义学派倡导性理学所开启的新境界、性理学的深化与学者对《文公家礼》的认识等问题，指出"性理学"与《文公家礼》对李朝政治、学界产生重要影响。

后编《文公家礼》对韩国礼学之影响分为二章。第一章前言，论述了礼学派的形成，礼学派的流衍及其特色，实学思想的抬头与礼学思想的变迁等问题。第二章李朝学者有关《家礼》之著述举隅，分节介绍了金长生的《家礼辑览》与《丧礼备要》，李縡的《四礼便览》，李瀷的《家礼疾书》，并以此进一步揭示《家礼》在韩国的影响。

该书前有作者自序，认为"朱子晚年特别留意礼学，乃因一般学者仅注重性理学方面之研究，而忽视礼学价值之故。然而朱子之苦心，似乎未受到中国学者充分之重视。故《文公家礼》在中国所发生之影响，实未若韩国之深远。"鉴于《家礼》东传朝鲜并对其产生重要影响作用，至今尚无专著加以论述，作者乃撰此著。

（唐名辉）

善恶之上
——胡宏·性学·理学

向世陵　著

中国广播电视出版社 2000 年 1 月出版　230 千字

该书是研究宋明理学分系问题的一部专著，凡 11 章。在引言中，作者概述了宋明理学的走向和流变，指出胡宏性学的建立，是理学分系的真正开端。

第一章性学兴起介绍了胡宏的身世、求学、著述情况。第二章"理学"初成，指出胡宏顺应理学的发展趋势，用"性"范畴来联系本体论和人性论，使心、性、理、气通过性而相互贯通，最终建构了一"整体理学"——性学。第三章函三为一和第四章保和太合，指出胡宏建构性本体论是借助于宇宙生成论，认为他采取了由生成论向本体论推演的逻辑，注意将生成论中的气化与易学中的象数两种路数统合起来，从象数入手向气化过渡，从而对宇宙的生成和运行机制作了详尽说明。第五章善恶之上，认为胡宏把性作为宇宙本体，即意味着"性"是哲学的最高范畴，指出他正是通过对"性一理殊"的结构关系的梳理和道物一体论的阐发，最终完成了性学在超越层面的建构。第六章心性对说，认为胡宏性学严格说是一种以心与性相互交通、密切联系为特色而构成的本体理论。指出性学的确立，不仅要求从超越层面去证明性作为宇宙本质和原因所必备的普遍必然性问题，而且还需要从内在性去充实，即通过心这一主体的参与，使性从纯客观的存在转化为主客相关的存在，从而在人的内心中确立起性本体的深厚根源。第七章致知论仁，指出胡宏的认识论，是由面向客观的"成性"活动而向回归主观的穷理、尽性和体仁转移。第八章理欲同体，指出胡宏的修养观，是以人的天性、天理为人之修养境界可能实现的基础，但又承认人有利欲之求，肯定理欲同为心的表现形态。第九章三贤争鸣，介绍南宋朱熹、张栻、吕祖谦对胡宏《知言》的学术论争，揭示了胡宏对理学发展的重要影响。第十章性学传承，着重讨论了性学的兴起、兴盛、传播情况，并对张栻与性学的关系作了论述和评价。第十一章性学—理学，认为理学分为四系，即性学，道学，心学，气学。指出性作为气化本质、内在之理和心之实体，既是独立的本体，又是各派系过渡和转化的关键，它能够兼容气、理、心等不同的本体范畴，强调性学的建构有助于统合整个理学。

（唐名辉）

王学与中晚明士人心态

左东岭　著

人民文学出版社 2000 年 4 月出版　529 千字

该书是北京市哲学社会科学“九五”规划项目“王学与中晚明士人心态”研究的最终成果，并以“猫头鹰学术文丛”的形式出版。全书共四章。末章后附有主要参考书目和后记。

第一章明前期的历史境遇与士人人格心态的流变，分三节论述。第一节着重论述明前期政治变迁中皇权与文官集团之间的关系以及在此种关系中所形成的士人心态，揭示了明前期历次重大政治事件对士人心态所造成的影响。第二节着重研究明代八股制艺取士与程朱理学的道德理想化标准，从中揭示了两者之间的悖离，及其对士人人格心态所造成的负面影响。第三节着重研究陈白沙的心学内涵及其人格心态，说明当时思想界试图通过心学的建构而为士人的生命安顿寻觅一条有效的途径，并由此而揭示阳明心学产生时那种呼之欲出的必然趋势。第二章王阳明的心学品格与弘治、正德士人心态，分三节论述。第一节探讨阳明心学发生的心理动机与当时士人心态的关系；第二节探讨王阳明“良知”说的内涵与发生背景；第三节探讨王阳明的求乐自适意识及其审美情趣。第三章嘉靖士人心态与王学之流变，分五节论述。第一节研究嘉靖朝的政局变迁，士人人格的变异，以及阳明心学在此时的遭遇。第二节研究泰州学派与王艮，从其“思出其位”、“守道尊身的人格设计”、“狂侠精神”等，揭示了阳明心学对泰州学派的影响和在此种境遇中所熔铸的士人人格。第三节研究罗洪先和聂豹的归寂理论，肯定他们在险恶政治环境中所采取的退隐自保的人生价值取向，具有不同于传统隐士的心学特点。第四节研究王畿心学理论与士人心态的新变化，着重论述其“圆而通之”的心学理论特征，出世与入世兼顾的价值取向，以及他如何在现实中向着求乐自适的人生态度转化。第五节研究唐顺之的心学思想、文学思想与人格心态，论述其从狂者人格向中行境界的努力与转变，及其晚年御倭的性质与意义。第四章阳明心学与晚明士人心态，分四节论述。第一节研究晚明政治与阳明心学的关系，论述了万历前期张居正专权对阳明心学与士人心态的影响。第二节研究晚明狂放思想家李贽，分析了他在阳明心学从明中期到晚期转变中的地位和作用。第三节以汤显祖、冯梦龙为例，探讨了晚明言情思潮中所体现的心学价值观。第四节研究阳明心学与追求性灵的士人心态，内容涉及公安派的心学渊源与其求乐自适的人生价值取向、人格心态，明代性灵文学思想从良知到性灵的演变，从公安到竟陵晚明士人由开放到封闭的心态转换等。

作者在后记中指出该书的主旨在于：揭示阳明心学乃是为了解决明代士人的生存困境，方提出了其致良知的哲学主张，它由内在超越的个体自适与万物一体的社会关怀两方面的内涵构成，目的是要解决自我生命的安顿与挽救时代的危机，然而在实际的历史运行中，它却伴随着环境的挤压而逐渐向着个体自适倾斜，从而变成了一种士人自我解脱的学说。指出该书研究的范围：乃是对阳明心学与中晚明士人精神生态及其行为方式之间关系的研究，因而也就相应地采取了文史哲打通的研究方法，具体考察了阳明心学在历史的实际运行过程中对士人心态的影响方式与影响结果。强调他的主要研究途径：探讨阳明心学产生的历史前提与发生契机，阐明阳明心学的实质特征与对阳明本人人生存在的意义，梳理出阳明心学在中晚明历史演变过程中对士人精神心态所造成的实际影响。

（唐名辉）

即一曰奠定博通经史的学术规模，二曰开创以音明经、通经明道的学术门径，三曰确立经世致用的为学宗旨。

（老井）

一代儒宗顾亭林

葛荣晋 魏长宝 著

台湾文津出版社 2000 年 8 月出版 200 千字

该书凡十章，并附亭林年表、参考书目、综合索引。

第一章生平著述，论及顾亭林的身世、著作传流情况。第二章学侣举录，论及顾亭林在江南、北国之益友，及弟子门人情况。第三章学术语境，论及宋学式微、话语转型，及亭林之范式创新情况。第四章知音考文，记述了亭林研究音韵、发凡文字的情况。第五章通经致用，记述亭林稽古明经、通经致用的学术活动情况。第六章鉴往训今，记述亭林引古今、以信作史、考史辨妄的治史活动。第七章博学笃行，记述亭林反对理学空谈，主张学以致用的治学态度。第八章文须有益，记述亭林立言之旨、为文之道的文学思想。第九章经世济民，记述亭林之经国要道、用人方略、济世法策的政治思想。第十章学术效应，记述亭林学术思想之影响，作者以“清学泰斗”、“乾嘉宗师”评价其学术地位。

作者在本书中不同意把顾的学术或归为经史考证之学，或归为经世致用之学，或归为宋学余绪的观点，认为顾的中心学术理念是以经学的方法重建理学。强调顾在回归经学的基础上，通过“古之理学”和“今之理学”的区分，一方面颠覆了宋明理学的学术根基和宋学话语的霸权地位，另一方面又重新建立起一种与宋明理学基本精神完全不同的新理学。指出这种以“博学于文，行己有耻”为基本内容的新理学，把宋明以来的经史考证之学、经世致用之学和理气心性之学结合起来，从而为清代学术尤其是乾嘉学派指明了理论方向。作者还针对有的学者认为乾嘉学者只算得上“半个亭林的观点”，指出顾氏对乾嘉学派的影响至少有三个方面，

焦循儒学思想与易学研究

陈居渊 著

齐鲁书社 2000 年 5 月出版 334 千字

该书是以“中国孔子基金会文库”的形式得到资助出版。凡六章。首章前有前言，末章后有三个附录，依次是焦循交游考、焦循著述考、焦循学术编年及后记。该书以焦循的儒学思想与易学为研究主题，就他的学术思想与易学体系、特征置于中国儒学史和整个乾嘉学术中进行了全面的考察与探索。

第一章源远流长的易学，论述了作为儒家经典的《周易》和传统格局中的易学流派。第二章焦循易学的文化环境，论述了清代儒学的繁荣与宋易的沉沦，乾嘉考据学与汉易的复兴，以及焦循故籍扬州的独特学术之风对其儒学与易学学术思想形成的影响。第三章焦循的学术思想及其易学，论述了焦氏对“三礼”和“孟子”的研究及其他“博览百家”的经学思想、“数先形后”的数学思想、“假卜筮而行教”的易学观。第四章焦循易学的架构与特征，论述了爻位运动和卦象转型，内容涉及焦氏对“旁通”、“当位”、“失道”、“时行”、“相错”、“比例”的理解和创新等；论述了数理演绎和文字训诂，内容涉及焦氏对“乘方”、“天元”、“齐同”、“比例”、“假借”、“转注”的理解和发挥等。第五章焦循易学的道德义理诠释，根据焦氏《道德义理说》一文，从深化他的易学观和以道德义理诠释易学的视角，论述了他的立人之道与知天乐命、寻求和谐与大同世界的道德义理思想。第六章焦循易学的历史评价，论述了焦循对汉代象数易学的继承与发展，以及焦氏试图通过创建新的符号系统的思想框架而走出传统象数学等，断言它从一个侧面展示了乾嘉易学的形变。

作者在前言中认为，儒学与易学虽属不同

的思维方式，但两者是相互影响、彼此渗透的。一方面，儒学作为古代社会的意识形态和统治思想，必然在其易学中折射出它的世界观和思想倾向；另一方面，易学的独特的符号系统和文化现象，也吸引了历代无数儒者终身为之孜孜探求。指出焦氏不仅从《周易》所蕴含的玄义奥理中得到启迪，而且还凭借《周易》中的一些概念、命题和卦爻符号来反映人生，描摹人生，提出人生理想，展示人们精神世界的全部丰富性，他是活跃于乾嘉时期思想文化领域的一位佼佼者。

作者还认为，焦循作为被誉为"通儒"的"江南名士"，他对儒学和易学研究的主要学术贡献，在于承三世家传易学之统，熔融象数、义理、数理于一炉，鼎薪炮药，成一家之言。指出焦氏的《易通释》二十卷、《易图略》八卷、《易章句》十二卷(合称《雕菰楼易学三书》)，通过对《周易》的"实测"研究，默契道妙，构建了独特的易学体系，从纵横两方面通释《周易》全经并予以文字和图表的详细说明，由此阐发他自己的思想。其《易话》、《易广记》、《注易日记》等，均系研究《周易》的心得札记和个人体验。作者又对焦循《易学三书》自清嘉庆二十年(1815)最后写定以来，在学术界引起的震动和不同意见对它的严厉批评情况进行了回顾，认为无论推崇者或批评者都有"阙如"，出于弥补这一儒学史与易学史上空白的考虑而撰成此书。

(老井)

郭店楚墓竹简思想研究

丁四新　著

东方出版社 2000 年 10 月出版　284 千字

该书系研究郭店楚墓竹简思想的一部专著，是作者在其博士学位论文的基础上修改成稿。全书凡八章。首章前有作者的导师郭齐勇序和作者的引言，末章后有结语、参考文献、后记和附录，选录了李学勤、庞朴、萧萐父分别为作者博士学位论文撰写的评审报告。

第一章考论简本《老子》并将其与帛书本、通行本《老子》作比较，第二章考论《太一生水》，第三章研究简帛《五行》经说，第四章研究《性自命出》的心性论与学派归属，第五章探析《语丛》四篇，第六章探析郭店楚简儒、道两家在天命与天道问题上的思想相通，第七章探析郭店楚简儒、道两家在人性与人心问题上的思想相通，第八章探析郭店楚简儒、道两家在治道与伦理问题上的思想相通。

该书的前五章涉及了《郭店楚墓竹简》中最为重要的几篇简书。认为简本《老子》三组，在总体上与通行本《老子》的思想相差不大，但在某些观念上却有特出的地方，可能在一定程度上更真实地反映了原始儒道两家的关系。《太一生水》很可能是南方楚道家的作品，它以"太一"作为宇宙的本体与化生母根，在中国哲学与思想史上具有重大意义。强调简书中的儒家作品，突出了心性论的内容。指出简书在心性论系统中，心性上通天命、天道，外接人伦、人道，它们对天道、天命以及人伦、人道作大量论述，实可以涵摄在心性论的理论系统中，故本部分着重论述了《五行》、《性自命出》和《语丛》的心性论内涵，并为下几章的研究打下了基础。

该书的最后三章，乃通论郭店简书的儒道思想，试图从中国哲学与文化所固有的内在线索上，对简书的天命与天道、人性与人心、治道与伦理思想进行深入研究和发掘，对前五章未曾特别论述的《穷达以时》、《成之闻之》、《尊德义》、《六德》和《唐虞之道》等简书亦有着重论述。其中，第六章认为，中国哲学与文化关于人性论本原的思考，大约经过了由帝命观到天命观、由天命论到天道论的转移。指出帝、天、道三者可以合而为一，成为人自身生命与德性的根本来源，而人的整个身心活动亦无不受其主宰、制约与规范。第七章根据简书的人性和人心观，认为它的性可概括为情、欲、理、力、能五路，足以显示出战国早中期先秦儒家人性论的复杂面貌。又认为就郭店道简来说，老子关于心的论述主要表现在身心论与心性修养的问题上，而儒简对心的论述远比《老子》来得复杂、细腻和完美，它包括把"志"反推、建构于心的心志论，志乃心志、气乃体之充的心气论，以及身心论与心性论密切相关等内容。第八章认为郭店简书中,道家治道的特征是道治,可依次分为治心、治身、治物与治世等问题,其内在的一贯性乃在于以自然性治之;儒家治道的特征是德治,其中"尊德明伦"是颇为重要的命题。

(老井)

郭店楚简与儒学研究
——《中国哲学》第21辑

姜广辉 主编

辽宁教育出版社 2000年1月出版 325千字

该书是郭店楚简与儒学研究的论文选辑,由《万象书坊》所策划。选辑论文23篇,分属于郭店楚简研究和儒学研究两个专题,其中郭店楚简研究部分有论文17篇,儒学研究部分有论文6篇。李泽厚、庞朴等近20名学者分别撰写有关论文。

在第一部分关于郭店楚简研究的17篇论文中,包括楚简与儒家、楚简与道家、楚简与儒道两家的关系、郭店楚简的价值等内容。姜广辉根据竹简的发表提出一个儒学传统重新诠释论纲。

李泽厚《初读郭店竹简印象记要》认为"竹简作为'东宫之师'的藏书,并不是平民百姓的道德教科书,而是三公大人治理天下的政治讲义"。彭林《郭店简与〈礼记〉的年代》认为,《礼记》传经诸篇年代不离《仪礼》左右,《礼记》通论诸篇当作于战国,郭店楚简多属"古文《记》二百四篇"之前。陈来《郭店竹简儒家说续探》,认为《语丛》的一、二,与《尊德义》、《成之闻之》、《性自命出》、《六德》等篇,在内容上存在着"相互对应"的关系。池田知久《郭店楚简〈五行〉研究》,认为马王堆《五行》是确认了郭店的"五行"排列顺序,修整其混乱之处后重新整理出来的东西。陈金生《郭店楚简〈淄衣〉校读札记》,认为今本《淄衣》的第一章是后来窜入的,这是楚简本胜于今本的一点,但今本也有可用来校正楚简本抄写错误之处。此外,周凤五考释了《忠信之道》、沈清松论述了竹简《老子》的道论与宇宙论、裘锡圭谈了郭店《老子》的古文字、庞朴论述了《太一生水》、叶海烟论述了《太一生水》与庄子的宇宙观、邢文就《太一生水》与《淮南子》的关系提出要对《乾凿度》予以再认识,杜维明认为竹简可以帮助建立起先秦儒家传承的谱系和线索,可以使战国末期至汉代的许多资料得到重新定位,甚至可以使"整个中国哲学史、中国学术史都需要重写"。钟肇鹏、陈高志、王博也发表了关于郭店楚简的若干看法。

在第二部分关于儒学研究的6篇论文中,张文修《孔子的生命主题及其对〈六经〉的阐释》,提出孔子学说将仁与礼及修养论、认识论、政治伦理学、生命哲学的论述融为一体,是一个贯穿着生命主线的统一体系。浦卫忠《〈春秋〉与三传》,认为《春秋》及三传,既是对历史的记载和解说,又寄托着儒家关于政治制度和道德情感的美好理想。周晋《二程与佛教(下)》、汤勤福《有关"朱陈之辩"的几个问题》、陈居渊《论惠栋的经学思想》论述了二程理学与佛学、朱熹与陈亮的关系及惠栋经学思想,陈寿安《礼教与情欲》论述近代早期中国社会文化的内在冲突和当时的知识分子如何重整已失序社会文化秩序的问题。

(老井)

郭店楚简国际学术研讨会论文集

武汉大学中国文化研究院编执行主编郭齐勇

湖北人民出版社 2000年5月出版 1156千字

1999年10月15日－18日,在武汉大学召开了由武汉大学中国文化研究院、美国哈佛燕京学社、国际儒学联合会、中国哲学史学会、湖北省哲学史学会联合主办的"郭店楚简国际学术研讨会"。该论文集是这次研讨会的成果汇编,并以《人文论丛》特辑的形式出版。除几位海外学者的英文论文没有授权研讨会发表外,所编辑的大部分论文都经过作者作了修改,即便没有修改的论文也得到作者首肯后照原样发表,同时还将会后几位青年学者的稿件纳入了该论文集。

该论文集共编辑论文79篇。论文前有郭齐勇撰写的编者弁言,论文后附有"郭店楚简国际学术研讨会会议手册"、"郭店楚简国际学术研讨会"综述、郭店楚简研究文献目录。任继愈为该论文集题写书名,饶宗颐、肖萐父分别题诗。

胡治洪撰写的"学脉探源儒道合 人文成化古今谐——'郭店楚简国际学术研讨会'综述",基本反映了这次国际学术研讨会所讨论的问题和该论文集大部分作者所阐述的重要学术观点。

根据"综述",这次研讨会研讨的问题包括七个方面:"一、关于形制分类","二、关于字句篇章释义","三、关于文本比较","四、关于学派归属","五、关于思想内涵","六、关于文化史意义","七、关于墓葬时代和墓主身份"。其中收入该论文集的论文对儒简"学派归属"的看法:李景林考察了《成之闻之》、《尊德义》、《性自命出》、《六德》的德目形式与思想内容,认为这四篇是郭店儒家简的核心部分,应属于思孟学派。台湾清华大学杨儒宾探讨了《性自命出》、《尊德义》、《语丛一》诸篇,认为郭店儒简出于子思学派。王博则认为将儒简断定为子思或子思氏之儒的作品是一件"很危险"的事情。对儒简"思想内涵"的看法:香港中文大学饶宗颐研究了《五行》篇中关于"金声玉振"的解说,认为与《孟子·万章下》的用意大有出入。庞朴根据《五行》、《六德》中包含着"五行"(仁义礼智圣)、"四行"(仁义礼智)、"六德"(圣智仁义忠信)三套德目分别对应于成圣、尽孝、为君三个层面的道德准则等,认为郭店儒简提供了完整系统的儒家道德学说。李存山梳理了简本《五行》、《中庸》、《孟子》、帛书《五行》的思想脉络,指出简本的特色是近乎曲折地论证了"圣智"尤其是"圣"的重要性,而《孟子》和帛书强调"仁义礼智"而削弱"圣智"的地位,由此可见思孟学派的思想变化。台湾辅仁大学郭梨华认为《五行》中提出的仁义礼智"四行",开启了孟子的"性善论"。刘乐贤认为《六德》中把血缘宗族关系看得重于社会政治关系,这正是儒家由家而国、家国同构主张的体现,当为以后三纲说的滥觞。徐少华认为《六德》中"传"、"职"、"德"皆以"六"为制并互相对应,与先秦文献和汉代子书中大量存在的以"六"为制的范畴相似,其主要思想大多上承孔门而加以系统发挥,并为汉儒的有关思想和立论提供了更加完整系统的资源和依据。郭齐勇考察了《性自命出》、《五行》等篇的身心和性情关系论说,认为《性自命出》将人之"一心"区分为无定志的血气情感之心、有定志的道德意志之心和介乎二者之间的思虑之心,其中意志之心起主导作用。强调郭店儒简关于心与思的表述、关于志与气关系的讨论、关于礼乐教化促使形身与心灵互证的思想,都可以在《孟子》、《荀子》及《管子》四篇中得到印证。东方朔以先秦心性论为背景,探讨了《性自命出》中性、心、情诸范畴的特定内涵及其相互关系,认为它蕴含着开启以后诸性论的可能性。丁四新从《穷达以时》、《唐虞之道》诸篇勾稽出郭店儒简中天人既相通又相分、个人既顺天又自为、修养成德既系于时世又在乎德才的辩证互补思想。彭林根据《五行》、《成之闻之》、《尊德义》、《六德》及《语丛》诸篇关于礼容的记载,认为郭简把礼容的缘起、意义等问题置于道德伦理体系大背景之下来认识和阐发,对于今人认识先秦礼学的思想面貌具有重要作用。美国哈佛大学程一凡认为郭店儒简思想来龙的大宗之一应是墨学,其去脉之首冲则是孟子。美国哈佛大学Susan Weld(罗凤鸣)认为,从郭店楚简可以看出系统的法律制度在古代中国已存在,她进而讨论了人性、社会控制方法、法官、罪犯及犯罪预防的关系。

对于郭店简的"文化史意义",李学勤认为可以从中看到战国中期至秦汉间学术文化由百家争鸣经焚书打击到重新繁荣的变迁过程,认识先秦时期以诗、书、礼、乐为基本内容和普遍教材的教育情况,还可发现儒学和孔子在当时社会的地位之高以及阴阳数术之学的兴起及其与各家思想的融合等。胡治洪认为郭店楚简所含世不经见的内容,对于学界形成的楚文化与中原文化分流对立的强势观点提出了挑战。张正明认为,楚人的传统学术始终是巫学,郭店楚简的面世表明楚国在学术上不存在门户之见。台湾大学陈昭瑛认为,楚文化具有高度的主体性及其巫文化传统，郭店儒简透出重性、重身的特点，这可能反映出当时楚国儒者尝试结合儒学与楚文化的一种努力。

（老井）

国际儒学研究（第9辑）

国际儒学联合会　编

国际文化出版公司2000年6月出版　300千字

该书采用以书代刊的形式出版，共选辑儒学研究论文21篇。

论文的内容分为四类。一是“儒学的现代性”，包括《儒教伦理的现代可用性》（[韩国]尹丝淳撰）、《儒学与全球伦理：两翼的复兴》（[美国]成中英撰）、《孔子“通才”教育观对今天素质教育的启发》（尹世玮撰）、《中国和合生死智慧与终极关切》（张立文撰）4篇论文。二是“儒学与宗教”，包括《后现代宗教状况与儒教》（[韩国]金圣基撰）、《21世纪的佛教》（[日本]镰田茂雄撰）、《日本对中国法华经疏的研究》（[日本]管野博史撰）3篇论文。三是“儒学和儒学史”，包括《论孔子对周礼的维新》（方尔加撰）、《葛瑞汉对中国思想史研究的贡献》（张海晏撰）、《儒学方法论》（[泰国]郑彝元撰）、《简析刘蕺山晚年对阳明心学的辩难》（姚才刚撰）、《试析暮年王夫之的刘琨情结》（徐麟撰）、《从冯友兰的哲学观看中国哲学史研究》（王路撰）、《关于19世纪末年变法维新思想（戊戌维新）的成熟与儒家深层文化意义的追问》（王健撰）、《康有为哲学思想探析》（李明友撰）《〈人心与人生〉和梁漱溟的人心论》（陈来撰），以及有关研究《大学》的英文论文1篇，凡10篇。四是“儒商与企业文化建设”，包括《东亚管理模式为国有企业的迅速发展注入生机与活力》（福建惠泉啤酒集团股份有限公司撰）、《传统加开拓，建设具有现代企业管理特色的企业文化》（福建福日集团公司撰）。《儒商精神是建构企业文化的根基与沃土》（福州抗生素集团有限公司王行昭、张智聪撰）、《儒家文化与企业文化的结合及其在21世纪中国的主导地位》（彭燕韩撰）4篇论文。本书末附有两个“书评”。

（老井）

儒学与21世纪中国
——建构、发展“当代新儒学”

祝瑞开　主编

学林出版社2000年12月出版　432千字

该书是“儒学面向当代和21世纪国际学术研讨会”的论文汇编。共收入论文47篇。所收论文涉及儒学的内容、基本特征、历史地位和作用，以及当代新儒家、儒学与21世纪等问题。同时，也收录了有关中西文化比较、儒学与诸子学及宗教等方面的论文，有祝瑞开撰写的序，论文后有附录等。

该书所收论文内容有：儒学的更新发展和现代启示（刘宝才、韩星），中国的社会转型与文化传统（于传勤），儒学的不断创新和自我改造（祝瑞开），华夏文明发展历程和未来前景（韩星），儒家自我与现代社会（施忠连、[韩国]金京玉），以儒学精神成就当代利他者（[泰]克尔蒂·本差），孔子道德人格学说的主要范畴及现代启示（汤勤福），孔子的义利观与当代的文化建设（夏乃儒），从智慧层面透视先秦儒家思想的精神价值（施炎平），《易》文化与中国人文精神（罗帜），儒家人文精神的美育品格与化育之道（冯立勇），“有教无类”与现代教育（[香港]李雄溪），华夏文化与人类未来的生态伦理（黄明同），现代中国究竟需要什么样的道德伦理（刘卫平），《论语》及其对提高全民素质的社会意义（来可泓），“家本位”思想对中国社会发展的影响（张一兵），儒家伦理与21世纪企业管理（[香港]李锦招），儒商精神与市场经济的本土化（朱义棣），金融风暴后东南亚儒家伦理的再探讨（贺圣达），儒家思想对科技发展的积极影响（周瀚光），儒家方法论（[泰]郑彝元），中国传统思维笼统说辨（吾敬东），“天人合一”即“天人和谐”吗？（刘学智），为生民立命和“天人合一”哲学（祝瑞开），从儒道对时间的看法论《易传》“时中”一概念之意义（[台湾]唐亦男），论孟子的

“君臣观”(王世舜),社会转型与《诗经》的诠释问题([香港]李家树),梁漱溟思想形成的发生学探讨(李道湘),梁漱溟对儒家“圣贤”人格说的现代重构(刘长林),冯友兰的近代中西文化观(阎虹钰),从多元文化的视点论新儒学的当代相干性([台湾]吴有能),从知识儒学到生命儒学([香港]颜国伟),程颐:新儒家道的本体解释学([美国]黄勇),儒家形神论的近现代研究及其与现代心智哲学的关系(李似珍),近代基督教传教士对于中国传统文化的态度(顾为民),关于中国道德主义神圣思想与西方个人主义观念的思考([德国]托马斯·齐默尔),论梁漱溟的“实践乌托邦主义”([美国]凯瑟琳·林琪),现代多元文化中的“平面化”问题([香港]袁尚华),全球化与中西美学的对话(陆杨),中港颜色词语与华夏文化([香港]谢耀基),浅议李约瑟的中国文化观(王钱国忠),从《尚书》英译看东西文化的差异([香港]陈远止),域外汉籍文献系统与东亚文化的交流(邹振环),先秦时期道家政治学说略论(陈谷嘉),宫观与华夏文化的传承(刘仲宇),用孔子的方法研究孔子([香港]汤恩佳),近现代文化转型中的儒家思潮原因(贺圣迪)。

(王兴彬)

孔子与世界——1990—1999孔子学术会堂讲学录

曲阜市人民政府　编

齐鲁书社 2000 年 9 月出版　220 千字

该书是孔子学术会堂十年讲学录的结集。学术会堂设在孔府一古香古色的厅堂内,距孔子当年讲学的杏坛一箭之遥。每年逢孔子诞辰前夕,孔子文化节当日,即九月二十六日,设堂讲学。每次讲学,邀请两位学者,不限国别,没有报酬,只在学堂壁上为讲学人悬一肖像瓷盘以资纪念。这种象征性的答谢,仅相当于当年孔子讲学的“束脩”而已。从 1990 年 9 月 26 日到 1999 年 9 月 26 日的十次讲学活动,已有 20 位学者登台,此次结集出版的就是这 20 位学者的讲学录。

讲学录的结集,以登台讲学的 20 位学者讲学时间的先后为序。孔子学术会堂首席主持苗枫林作序,书末有附录一:孔子学术会堂章程、附录二:孔子学术会堂记。

登台讲学的 20 位学者是:杨向奎、袁晓园、[美]陈香梅、蒋孔阳、李学勤、张岂之、张立文、钱逊、牟钟鉴、葛荣晋、苗枫林、叶朗、丁冠之、赵宗正、罗国杰、季羡林、周继旨、阎韬、[韩]赵骏河、李金山。他们先后讲述了:孔子思想与中国传统文明,汉字与孔子学术,孔子其人,孔子的美学思想,孔子与《春秋》,孔子及儒家思想与现代文明,孔子精髓与现代文明,中国传统道德精神,儒家人性论的综合考察与新人性论构想,儒家智慧与造就现代儒商,孔子的人才观及其历史影响,儒家美学对当代的启示,对儒家伦理学说的几点认识,大程在儒学中的地位,孔子与儒家思想,天人合一新解,关于儒学的历史地位与未来前途的展望,顺应潮流:儒家思想的重要原则,孔子思想和仁,哲学家孔子与孔子哲学等 20 个专题。

苗枫林在序中提出,孔子在古代社会发出的关于人的社会行为规范的言论,关于哲学思辨的言论,关于教育与学习的言论,以至关于人与大自然和谐相处的言论,等等,我们能够从中找出有借鉴价值的东西吗?正是抱着这样一个目的,十年间在孔子学术会堂讲述了上述 20 个专题。

(老井)

纪念孔子诞辰 2550 周年国际学术讨论会论文集

国际儒学联合会　编

国际文化出版公司 2000 年 6 月出版　1380 千字

1999 年 10 月 7 日至 12 日,国际儒学联合会在北京举行了纪念孔子诞辰 2550 周年国际学术讨论会,共收到论文 160 余篇。其中部分是用英文写作的,部分只有提要没有全文。因中文稿与英文稿分别编辑出版,现在出版的这一部分是会议论文的中文部分，其中也包括从英文稿译出的中文稿，而不包括只有提要而无论文全文的部分。

论文集分上、中、下三册，凡116篇。

上册编辑论文32篇，包括两个专题。第一个专题“儒学与21世纪的和平与发展”，收集论文15篇。内容论及孔子智慧与21世纪（蔡仁厚），儒学思想与世界和平（蔡茂松），儒学在21世纪人类社会和平发展中的价值（赵吉惠），儒学在世纪之交的回顾与展望（汤恩佳），儒家哲学在21世纪的展望与回顾（[俄]费奥克基斯托夫），儒家的真精神是超时空的（周桂钿），儒学与21世纪世界文明的发展（万本根、蔡方鹿），儒学与21世纪人类社会的和平与发展（钱耕森），儒学与21世纪人类社会的和平及展望（[日]昌平黉、田久孝翁），孔子“和”的哲学与21世纪的和平与发展（陈增辉），孔子“和而不同”思想对建立21世纪世界新秩序的启示（许抗生），儒家和谐文化与21世纪和平发展（曹德本），道统与易经（[泰]郑彝元），《周易》与21世纪（唐明邦），儒学的超时空价值（孔祥祺）等问题。第二个专题“关于当代儒学发展的思考”，收集论文17篇。内容论及儒学发展前景（李锦全），儒学面临的挑战（崔大华），儒者的现代转型（严正），儒学世俗化的现代意义（蒋保国），儒学与世纪之交的文化思索（刘宗贤），儒学人文精神与文明对话（[美]杜维明），全球伦理与21世纪儒学的发展（[美]成中英），儒学在全球多元文化格局中的定位问题（景海峰），未来儒学的定位（徐远和），儒学的历史地位、结构特征与未来前途（周继旨），儒学在21世纪中国的生存形态（李维武），儒学与西方文化的交流、互补、创新与世界和平（贾顺先、贾海宁），弘扬儒家的仁爱通和之学（牟钟鉴），现代新儒学的内在向度（李翔海），后现代宗教状况与儒教（[韩]金圣基），如何使《论语》的哲理在当代社会起作用（李伟泰），“全球化”大潮中的孔子（郑家栋）等问题。

中册编辑论文45篇，包括五个专题。第一个专题“儒学与当代政治”，收集论文11篇。论及乌托邦主义与孔子思想的精神价值（[美]墨子刻），传统文化与文化传统（丁宁和），儒家絜矩之道的现代价值（吴长庚），儒学与现代民主（陈寒鸣），先秦儒家政治学说及其现代价值（陈谷嘉、曾佳晖），儒家礼治思想的合理因素与现代价值（白奚），儒家对中国古代廉政学说的理论贡献（黄钊），儒家团结、统一、和平的优良传统（田广清、张志光），儒家法律思想的现实意义（崔永东），清代儒学中的隐逸思想（郑吉雄），从《十七条宪法》看早期日本儒学与中国儒学之不同（徐晓凤）等问题。第二个专题“儒学与当代道德和精神文明建设”，收集论文16篇。论及儒学思想与可普遍化伦理（沈青松），儒学的价值观对现代社会的意义（唐亦男），东亚儒学核心价值观及其现代意义（郭齐勇），礼与普遍伦理的关系（林素英），《论语》的道德哲学及时代价值的诠释（刘示范），儒家伦理道德境界论及其现代沉思（郑晓江），儒家孝道观的形成与演变（张践），儒家孝道的再认识（彭林），儒家“孝”文化的意义梳理及其现代价值（丁原明），儒学思想中的刚健之德与新世纪理想的人格特质（胡楚生），论儒学的人文信仰（朱汉民），儒学的人文精神及其现代意义（洪修平），儒学与精神文明建设（钟肇鹏），儒学与我国未来文化（陈正夫），文化复兴与中华民族应走的方向（邓立先），孔子从道思想与传统人文精神的当代价值（李宗桂）等问题。第三个专题“儒学与当代教育”，收集论文7篇。论及儒学在未来教育的位置（范鹏），儒家的教育思想传统与未来教育（郭齐家），儒家主要教育理念的现代价值（王殿卿），儒学家庭教育观与素质教育（张树人），孔子教育理念与现代化转化（景庆勋），台湾地区中国文教科书中与《四书》有关的教材探究（董金裕），儒学与当代家庭（詹海云）等问题。第四个专题“儒学与当代经济”，收集论文8篇。论及儒学与亚洲金融危机（姜林祥、唐明贵），由“金融危机”论“东亚意识”（李甦平），儒家和谐观与东亚经济的兴衰（黎红雷），义利诠释中的串项现象（杨泽波），儒家道德观与市场经济的冲突与契合（邵汉明），孔子学说与市场经济（蒙培元），儒家思想与当代经济（陈启智），儒家“无为而治”思想与企业管理（葛荣晋）等问题。第五个专题,“儒学与生态环境”,收集论文3篇。论及儒家生态学基本观念的现代阐释(胡伟希),中国古代天人关系的讨论对人类的启示(刘鄂培)、儒家生态观及其现代意义(吴光)等问题。

下册编辑论文39篇,包括两个专题。第一个专题“儒学思想与儒家史”,收集论文34篇。论及儒家形上学的特质及其文化意义(李景林),儒学价值理想的追求(张立文),儒学与德性伦理(杨国荣),孔子从德性主体讲道德的理性与实现([新加坡]苏新鋈),中国历史上的“善”观念(何怀宏),孔子和柏拉图如何看儿子指控父亲([德]欧文·维克多),儒家人生智慧(姜国柱),一个佛教革新者对儒学的看法(李明友),易学中的物极则反说(郑万耕),变化气质与儒家的工夫(杨儒宾),《论语》之路([俄]陈开科),孔夫子之路([俄]列·谢·贝列罗莫夫),关于孔夫子的时间观和历史哲学之研究([韩]南明镇),孟子的良知说与道德潜意识(刘文英),荀墨逻辑比较(孙中原),《礼记》的礼治思想和道德规范(王凤贤),《中庸》索隐(方尔加),两汉易学的形成、源流及其特征(林忠军),颜之推及其《颜氏家训》的儒学观(李中华),张载笔下的“孔子之梦”([法]费飏),朱熹之“小学”教育理念(冯达文),朱熹、武夷文化与现代社会(高令印),陆九渊心学一解(萧萐父),南宋学术界争鸣风气的盛衰及其对我们的启示(张义德),文明的冲突与明代儒学的反思([新加坡]李焯然),陈确的“非未来性”儒学思想([日]马渊昌也),龚自珍对公羊学说的革命性改造(陈其泰),严复与儒学(王中江),海外儒学应以浙江学派思想论断为依归([新加坡]庄右铭),儒学的王道与天主教的爱(黎建球),儒家仁爱与佛教慈悲之比较(李书有),维塔利·鲁宾的儒学研究([以色列]希伯莱大学伊琳那·爻伯尔),中国历代释奠仪礼之历史考察([韩]赵骏河),“六经”次序探源(廖名春)等问题。第二个专题“郭店楚简研究”,收集论文5篇。论及楚简《缁衣》与先秦礼学(邢文),“使由使知”解(庞朴),郭店楚墓竹简辨疑两题(吕绍纲),对尧舜禅让意义的认识(钱逊),晚出的“子曰”及其与孔氏家学的关系(王葆玹)等问题。

(老井)

儒学研究机构、团体简介

中国孔子基金会

中国孔子基金会是由政府拨款作为启动资金支持的、依法接受和管理海内外各类自愿捐赠的、非营利性的学术社团基金组织。其宗旨是：通过募集基金，组织或支持国内及海外学习、研究、传播和弘扬孔子、儒家思想精华与中国优秀传统文化的学术活动，为建设有中国特色的社会主义精神文明服务，为增进海内外华人团结、实现祖国统一服务，为促进各国文化交流、加强国际友谊、维护世界和平与发展服务。1984 年 9 月，在谷牧的指导下，经中央批准，于山东曲阜市宣告成立，并举行了第一届理事会，推举谷牧任名誉会长，匡亚明任会长。其后，开展了一系列的工作。1996 年 8 月，由北京转回济南，受到中共山东省委、山东省政府的高度重视，给予了包括“安家落户”在内的多方面的支持，不但批准建立了专门办事机构——秘书处，而且拨付 500 万元巨资注入基金。1999 年 10 月，在中共中央、国务院和中共山东省委和山东省政府的关怀和指导下，经过充分的酝酿、筹备，在济南市召开了第三届理事会。现任主要领导成员为：谷牧任名誉会长，韩喜凯任会长，陈光林任常务副会长，张树骅任秘书长。

中国孔子基金会自成立以来，在组织和推动孔子、儒学及中国传统思想文化研究方面做了大量的工作。(1)围绕孔子、儒学研究的热点，举办了一系列学术会议，特别是 1989、1994、1999 三年，适逢孔子诞辰 2540、2545、2550 周年，分别在北京和山东举行了大规模的纪念活动和国际学术会议，产生了广泛的影响。(2)组织编辑出版了一批孔子、儒学研究方面的著作，又于 1997 年决定出版《中国孔子基金会文库》，争取每年出版 10 本左右高水平的专著，推向社会。(3)编辑出版了专业性学术期刊《孔子研究》，并于 2000 年由季刊改为双月刊。该刊一直受到学术界和出版界的好评。(4)赞助和支持了国内部分学术机构、学术团体的建立及其工作活动，尤其是于 1994 年发起和筹建了国际儒学联合会，为加强国际间学术文化的交流与合作，共同推动儒学研究和人类文明的进步做出了贡献。(5)积极组织进行了海内外学术交往活动，同各国各地的学术机构、团体及广大专家学者建立了密切的合作和交流关系。(6)加强了基金的募集和管理工作，2000 年与华夏银行济南分行联合发行了“华夏孔子认同卡”，并开始着手筹建中国孔子文化产业投资基金。

今后，中国孔子基金会将继续开拓基金来源，重点抓好中国孔子文化产业投资基金；继续加强学术上的组织和交流工作；认真抓好《文库》出版工作，同时组织撰写一批高质量的普及性读物；定期出版《中国儒学年鉴》；积极筹建龙口儒家文化研究院；争取创办中国儒家文化出版社和通俗普及性期刊《大众儒学》；利用新的传媒形式，加强同世界各国汉学界的联系，扩大中国孔子基金会在世界的影响。

通讯地址：山东省济南市济大路 17 号
中国孔子基金会
邮政编码：250002
电话(传真)：0531-2720991

国际儒学联合会

国际儒学联合会(INTERNATIONAL CONFUCIAN ASSOCIATION)，是由中国、韩国、日本、美国、德国、新加坡、越南等国家和中国香港、台湾地区与儒学研究有关的学术团体和个人发起成立的国际学术联合组织。永久会址设于北京。其宗旨是：研究儒学思想，继承儒学精华，发扬儒学精神，以促进人类之自由平等、和平发展与繁荣。

国际儒学联合会于 1994 年 10 月由中国孔子基金会发起，正式宣布成立，并组成第一届理事会，推举李光耀为名誉理事长，谷牧为会长，崔根德为理事长，宫达非为常务副会长。其执行机构于 1995 年 3 月组建，下设学术委员会、编辑出版委员会、联络委员会、秘书处。学术委员会下设两个研究中心：当代儒学研究中心和国际简帛研究中心。执行机构在常务副会长领导下开展工作，对会长负责，并向理事长汇报。1999年10月，在北京举行了第二届会员大会和第二届理事会第一次会议，产生了新的理事会和新的领导成员。现任主要领导成员为：名誉理事长李光耀(新加坡)，会长谷牧(中国)，理事长唐裕(印度尼西亚)，常务副会长杨波(中国)。

国际儒学联合会成立以来，主要开展了以下几方面工作：

(1) 参与筹备或主办儒学研讨会议。五年来，主办或参与主办大中小型学术会议数十次。1999年10月，与中国孔子基金会合作，在北京、曲阜成功举行了“纪念孔子诞辰2550周年暨国际儒学联合会第二届会员大会”。海内外专家学者200余人与会。会议期间，全国政协主席李瑞环接见了部分与会学者。

(2) 编印《国际儒学联合会简报》，报道各国各地区儒学研究及与儒学有关的动态情况，每年4期。到目前为止，已印出19期。除中国大陆外，发往海外97家大学图书馆、汉学研究机构。

(3) 编辑出版《国际儒学研究》集刊，向全球300余位学者赠送。1995年10月至1999年9月，共编辑出版了8辑，收世界各地学者的文章163篇，236万字。这8辑基本上反映了20世纪与21世纪之交的儒学研究状况及水平。

(4) 提出研究和宣传儒学的系统构思。1995年冬，学术委员会设计了儒学研究的十大课题，以期弘扬儒学精华，促进人类道德的改善和社会生活的健康发展。十大课题及其阐释在《简报》发表后，引起学者们的广泛注意，并为某些机构采纳列入自己的工作或研究计划。

(5) 策划、组织、编写儒学论著。编纂出版专题性的儒学研究文集：《儒学与世界和平及社会和谐》、《儒学与道德建设》、《儒学与工商文明》，每本约30万字。又与中华书局合作，推出了《文史知识》“纪念孔子诞辰2550周年”专号。

(6) 积极组织儒学新资料研究。1998年5月《郭店楚墓竹简》出版后，为推动对这批著作的研究，学术委员会于1998年5月至8月间，先后召开了4次座谈或讨论会议，并与《中国哲学》编委会合作，组织出版了两辑郭店楚简研究专号，共60万字。

(7) 接待来访学者，安排学术交流。5年来，国际儒学联合会先后接待了约200余人次来自世界各地的学者，还特别邀请部分学者来北京访问和讲学、作学术讲演。

(8) 积极资助与儒学相关的学术活动。国际儒学联合会尽管经费有限，但还是力所能及地积极支持与儒学有关的学术活动。包括支持召开儒学会议，出版儒学书籍及儒学的普及宣传工作。

国际儒学联合会的经费来源，除由中央政府拨付基金人民币1000万元外，主要依靠海内外民间的捐赠。

通讯地址：北京市西城区旧鼓楼大街小石桥胡同
甲24号国际儒学联合会秘书处
邮政编码：100009
电话：(86－10)64064092 传真：(86－10)64049420
电子邮箱：ica@public.ease.cn.net

附：国际儒学联合会“国际简帛研究中心”和“当代儒学研究中心”

为了推动儒学研究走向深入，国际儒学联合会于2000年创办了“国际简帛研究中心”和“当代儒学研究中心”，并宣布正式开展活动。

“国际简帛研究中心”宗旨和任务是：联络世界汉学学者，有效利用出土的竹简和帛书文献，组织简帛研究讨论，建立研究成果资料库，交流研究信息，资助研究成果出版，赞助有关考古发掘，以期推动儒学及其他古代学术研究进入一个新时代。近期内以开展郭店楚墓竹简的研究为主，出版《国际简帛研究通讯》，并开办网站，网址为：WWW.BambooSILK.org。

“当代儒学研究中心”的宗旨和任务是：广泛联系世界各地各界关心儒学现实性研究与普及工作的人士，开展儒学在当代中国与世界的发展与应用的研究，深入开发儒家文化资源，为解决当代各种社会危机、精神危机和生态危机，提供具有东方特色的智慧和思想营养。主要研究专题有：儒学与国际政治、儒学与道德建设、儒学与市场经济、儒学与当代教育、儒学与现代家庭、儒学与人生信仰、儒学与环境保护及可持续发展、儒学与民族关系、儒学与全球多元文化、儒学与社会主义、儒学的现代转型与未来定位等。近期以青少年道德教育与儒商文化为两个突出的研究方向。活动方式有：组织各种研讨会，资助研究成果出版，举办人才培训活动，进行社会实地调查、试验与推广。

以上两个研究中心的办事机构，均设在国际儒学联合会总部

中华孔子学会

中华孔子学会，是以研究孔子、儒家学说和中华传统文化为宗旨的全国性民间学术团体，于 1985 年 6 月在北京成立。其前身是中国老年历史学会中华孔子研究所。成立前后曾得到著名学者 周谷城、冯友兰、梁漱溟、张申府、贺麟、陈岱荪、任继愈、季羡林、赵光贤、白寿彝、邓广铭等，以及中国社会科学院、北京大学、清华大学、山东大学、曲阜市文物管理委员会等的大力支持。现任会长张岱年，秘书长羊涤生。学会设学术委员会、编辑委员会、基金管理委员会、外联委员会、宣传资料中心、艺术委员会、办公室，以及某些专题研究中心和分支机构。

该学会拥有近千名会员，自成立以来，坚持实事求是的科学态度，贯彻“双百”方针，采取“文化综合创新”的方法，积极推动孔子、儒学和中华传统文化的研究与传播工作。先后举办了大中型学术研讨会 20 余次，国际学术研讨会 7 次。如：1989 年在北京举办了“纪念孔子诞辰 2540 年国际学术研讨会”；1992 年在四川德阳举办了“儒学及其现代意义国际学术研讨会”；1995 年在北京平谷举办了“儒家思想与市场经济国际学术研讨会”；1998 年在河南夏邑主办了“儒商现象与现代市场经济国际学术研讨会”；1999 年在山东济宁主办了“儒商与 21 世纪暨纪念孔子诞辰 2550 年国际学术研讨会”，等等。这些会议在推动孔子、儒学研究，加强对外文化学术交流，促进当地两个文明建设等方面，起到了积极作用，取得了良好的社会效果。尤其是 1994 年以来，该学会致力于儒学与现代市场经济以及“儒商”研究的学术活动，由于这些研究不仅具有理论意义，而且富有实践性和现实意义，因而吸引了相当数量的企业家，其中包括来自中国银行、联想集团、清华紫光集团、青岛海尔集团、北京同仁堂等企业的代表参与学术活动。今后，还将进一步把有关儒商问题研究、孔子儒家思想基础研究、新时期民族文化多元发展研究、中外文化比较研究，作为研究的重点。

该学会已公开出版了《孔子研究文集》、《传统文化综合与创新》、《儒学与现代化》、《儒学与市场经济》、《马克思主义与儒学》等论文集和专著；合作编辑出版了“中华文化教育丛书”、“中华孔子学会丛书”，以及大型工具书《国学通览》、《中华地域文化集成》。此外，还编辑出版过《会刊》、《通讯》、《中国思想与文化》等内部交流期刊。

该学会十多年来，接待了众多的海内外专家学者，与数十个国家和地区的学术界建立了广泛联系，进行了学术交流。这些活动不仅弘扬了中华传统文化的优秀成果，促进了学术繁荣，也增进了同国外、海外专家学者和人民之间的相互了解、友谊与合作。今后，中华孔子学会继续热忱欢迎对中华文化乐尽其力的海内外的各界朋友和研究机构、学术团体与其建立联系，加强合作，携手共进，为弘扬中华文化，为推进人类的和平与进步事业做出新的贡献。

通讯地址：北京东城区国子监街 15 号中华孔子学会
邮政编码：100007
电话(传真)：010—64021077

中国哲学史学会

中国哲学史学会，是由从事中国哲学研究和教学工作的专家学者自愿组成的、全国性、非

营利性的学术团体。会址设在北京。其主要业务范围是:主办《中国哲学史》季刊,以便及时反映中国哲学研究的新成果;参与或组织有关中国哲学、思想和文化的会议,以推动人文社会科学研究的深入发展;积极开展中外学术交流,推动中国哲学走向世界;依法接受和管理海内外各类自愿捐资,以保证《中国哲学史》季刊的出版和学术活动的开展。1979 年成立,首届主要领导人为:名誉会长侯外庐,会长张岱年,秘书长衷尔钜。现任主要领导人为:名誉会长张岱年,会长任继愈,常务副会长方立天、方克立,秘书长宋志明。学会下设中国现代哲学史研究、易学研究两个专业委员会。学会会员遍布全国各省市。

中国哲学史学会一向把关于孔子、关于儒学、关于传统思想文化的研究作为自己的重要任务,多年来为推进这些方面的研究作了大量的组织工作。1979 年 10 月,在太原举行了关于中国哲学史方法论问题的学术研讨会,发出“使中国哲学史研究科学化”的号召,极大地调动了广大中国哲学史研究者的积极性。1981 年 10 月,在杭州召开了以宋明理学为主题的国际学术研讨会,讨论的主要问题有:1.宋明理学对中国后期封建社会在政治、文化方面的影响;2.宋明理学在中国哲学史上的地位、意义;3.对宋明理学的伦理思想的评价;4.宋明理学的派别如何划分及其相互之间的关系。这次会议之后,改变了以往儒学研究中的沉闷学风,使这方面的研究越来越活跃。该学会还与中国孔子基金会、国际儒学联合会、国际中国哲学学会等学术团体连袂组织多次纪念孔子、研讨儒学的学术活动和学术会议,均收到了很好的效果。

该学会成员承担过国家社会科学研究基金、教育部以及各省(自治区)、市大量的科研任务,为繁荣学术研究事业付出了大量的劳动。如方克立、李锦全教授主持的国家重点项目“现代新儒家研究”,课题组成员大部分都是中国哲学史学会的成员。据不完全统计,课题组近年来发表论文达百篇,出版著作数十部,圆满地完成了这项研究任务。

中国哲学史学会的工作得到主管部门、国内外学术团体以及有识之士的大力支持,为学会开展活动提供了必要的条件。今后,中国哲学史学会将继续加强学术研究的组织和交流工作,办好《中国哲学史》季刊,积极开展关于孔子、儒学以及传统思想文化的研究,为社会主义精神文明建设做出更大的贡献。

通讯地址:北京建国门内大街 5 号中国社会科学院哲学所中国哲学史学会
邮政编码:100732
电话:(010)65137744-2270(宋志明)

中国实学研究会

中国实学研究会,成立于 1992 年 10 月,是具有独立法人资格的、非营利性的全国性学术团体。其宗旨是:以“实事求是”的理论为指导,团结、组织海内外热心中国传统文化的专家学者,对中国和亚太地区的实学思想及其相关的问题进行历史的、全面的、系统的研究,发扬实学的优秀传统和学术民主精神,繁荣东方实学研究,促进海内外学术交流,为振兴民族精神,建设有中国特色的社会主义现代化国家,推动东亚经济的发展作出积极的贡献。现任会长为葛荣晋,秘书长为张践。

实学是中国古代的一种以“实事求是”为宗旨,以“经世致用”为主要内容的思想学说。中国古代的实学家,提倡以“实心”、“实理”办“实事”,反对照搬书本,空谈“玄理”,不务实际。中国实学充满了“兴利除弊”的改革精神,并成为中国古代思想向近代思想转化的中介和桥梁。古代的实学观念虽然已经成为历史,但它的元典精神仍深深扎根于中国人的文化心理结构之中,是我们实事求是地研究社会发展状况,推进对外开放和改革事业的锐利思想武器。毛泽东、邓小平等人提倡的“实事求是”理论,与古代实学有着紧密的联系。

中国实学研究会的主要业务范围包括:组织有关学者开展实学方面的研究;召集国际、国内有关的学术研讨会;传播与推广优秀的中国传统文化知识;举办有关实学的各种讲习班,并提供咨询服务;出版有关实学的著作、刊物、资料;开展与社会各界的学术联谊活动;参与实学研究的国际学术活动;在条件成熟的情况下,创办经济实体;开展与中国传统文化研究、传播有关的其他活动。

中国实学研究会自1992年成立以来,与韩国、日本的实学研究会以及国内外其他学术研究团体建立了广泛的联系,每两年一次,已分别在中国、韩国、日本等国举行了5次国际实学研讨会。此外,还与国内其他学术团体一起,举办过6次大型的国际、国内的学术会议及多次小型学术会议,出版了《明清实学思潮史》、《中国实学思想史》等研究实学的专著20余部。又多次组织国内学者赴台湾、香港等地讲学和参加学术会议。

中国实学研究会现有顾问9人,理事66人,会员遍布于全国各主要省、市的高等学校和学术研究机构。今后,中国实学研究会将与国际、国内的专家学者和其他研究机构或学术团体建立广泛的学术联系,共同开展与实学及中国传统文化研究有关的各类活动。

通讯地址:北京中国人民大学哲学系(葛荣晋)
中国人民大学成人高等教育学院(张践)
邮政编码:100872
电话:010-62512384(葛荣晋)
电话:010-62512667(张践)

复旦大学孔子研究所

复旦大学孔子研究所,于1998年成立,是由复旦大学哲学系自筹资金、不占编制的学术研究团体。其宗旨是:通过对孔子以及儒家思想的研究,继承和发扬优秀的传统思想文化,为建设社会主义精神文明服务。所长为潘富恩,副所长为徐洪兴。

该所自成立以来,主要开展了以下工作:(1)主办了两次小型的学术研讨会,一次是2000年8月,与台湾的“人文展望学会”合作举办了“谭嗣同的仁学与新世纪之人文思维学术研讨会”;一次是2000年11月,与日本九州大学合作举办了“纪念朱舜水诞辰400周年学术研讨会”。地点均在复旦大学。(2)赞助并合办了两次儒学研讨会,一次是1998年12月在上海大学举行的“儒学与21世纪学术研讨会”;一次是2000年10月在江西铅山县举行的“纪念朱子诞辰870周年国际学术讨论会”。(3)编辑出版了一部论文集《孔子思想研究》(上海古籍出版社1999年出版)。

该所今后努力的方向是,注重研究孔子和儒家的哲学思想,尤其是宋明新儒学的研究。拟通过几年的时间,组织力量,撰写一部多卷本的《宋明新儒学史》,改变以往学术界仅局限于对宋明时期理学的研究,而对宋明时期其他儒家学派则往往一笔带过的不足;改变以往对宋明理学的研究仅局限于对程朱、陆王的研究,而对理学中的其他思想家研究较少的不足。

通讯地址:上海市邯郸路22号 复旦大学哲学系
复旦大学孔子研究所 联系人:潘富恩
邮政编码:200433
电话:021-65642731
传真:021-65642732

西北大学中国思想文化研究所

西北大学中国思想文化研究所,致力于中国思想史的综合研究,包括:中国思想通史,中国儒学史(含宋明理学史),中国近现代思想学术史,先秦思想史,秦汉思想史,中国思想的现代价值,等等。该所现有教授8人,副教授6人,其中,博士8人,博士后2人。1981年获硕士学位授予权,1984年获博士学位授予权,1995年获准设立博士后流动站;又于1988年被评为国家级重点学科,1997年被列为国家“211”重点学科建设项目。该所创建于1950年,首任负责人和现任所长均为张岂之。

该所十分重视教学和科研工作。在教学方面,迄今已培养出硕士生24人,博士生21人;

目前在读的硕士生有11人,博士生有16人。并且面向海内外招收硕士、博士研究生、留学生和进修生。在科研方面,近年来,承担了省部级以上科研项目达16项。先后出版了《中国思想史》(建国以来第一部由国家教委审定的高等学校统编教材)、《宋明理学史》(上下卷)、《中国儒学思想史》、《近代伦理思想的变迁》、《中国近代史学学术史》、《老子与中华文明》、《中国传统文化》、《中华人文精神》等十几部有影响的学术著作,获得多项省部级以上科研和教学成果奖。此外,还编辑出版《中国思想史论集》(年刊)和《华夏文化》(季刊)。目前在张岂之的主持下,正在进行《中国思想学术史》多卷本、《西部开发与人文学术研究》丛书、中国近现代学术思想文化等重点项目研究。

在开展学术活动和学术交流方面,1989年举办了"传统文化与现代化国际学术讨论会";1992、1993年分别举办了两次全国性老子思想研讨会;1999年举办了"中国思想史学科建设讨论会";2000年举办了"中国思想学术史编撰样稿讨论会"。近十余年来,赴英、美、日、德等国访问、讲学达30余人次,接受外国硕士留学生4人,多次接受外国学者的访问。

该所今后将进一步把祖国优秀思想文化与人文素质教育相结合,投入实践中去;开拓宗教思想史、环境思想史等前沿方向;加强中国思想史的理论总结和方法论建设,开展前沿性、创新性、多样化、个性化的中国思想史各方向的研究;走多学科相结合的综合研究道路,将思想史与社会史、哲学史、学术史、文化史、科技史的研究有机融合;面向世界,面向现代化,加强中西思想与文化比较研究,关注着中国现代化建设的现实课题,弘扬民族精神,开发中国思想文化的现代价值;建设长期稳定精锐的中国思想史研究和教学队伍,为西部开发和中国现代化建设培养更多的高级人才。

通讯地址:陕西西安市太白北路1号
西北大学 中国思想文化研究所
邮政编码:710069
电话:029—8302982 8302849

陕西师范大学
中国思想文化研究所

陕西师范大学中国思想文化研究所,于1992年5月宣告成立,系陕西师范大学研究中国传统思想文化的跨学科的研究机构,以研究儒学、关学、三秦文化、中国思想史为主要方向。现有教授4位,副教授5位,讲师3位。其经常性的活动和任务是:第一,组织与主持课题研究;第二,组织与主持学术研讨会;第三,组织与主持开展校内外、国内外学术交流。首任与现任所长赵吉惠。

该所自成立以来,组织了多次学术研讨会,组织撰写与出版了多种研究著作。1992年召开了"三秦文化研讨会",就三秦文化的历史定位、秦文化的思想内涵、三秦文化的历史断限、三秦文化的精华与糟粕等问题深入地开展了讨论。会后组织撰写了《三秦文化史》一书。1995年与台湾辅仁大学合作组织召开了"传统伦理与现代化学术研讨会",海峡两岸学者就中国传统伦理的批判与继承、创造性转化、中国传统文化与现代化的关系等问题交换了看法。1999年12月主持召开了西安地区学者"研究郭店楚简"学术座谈会,就楚简本《老子》与流传本《老子》(主要是王弼本)、帛书本《老子》的异同、郭店楚简的断代、郭店楚简的文献学价值、郭店楚简与儒学研究的新开展、郭店楚简与儒家价值论研究、郭店楚简与经学研究、郭店楚简与道家学说的深化等问题,深入交换了研究心得与研究成果,会后在《孔子研究》等期刊上做了综述报道,在社会产生了影响。

该所还接受国内外的访问学者,有的以中国思想史、文化史、哲学史的专题研究为方向,有的以关学、三秦文化为主要研究方向,有的以中韩哲学比较研究为主要研究方向。

今后的主要研究课题是:张载思想的文献资料发掘与整理研究,关学思想史的研究,三秦文化史(包括断代史与通史)研究,张载关学与明清实学思潮关系的研究,三秦文化与西部大开发的文化战略研究，三秦文化与中国传统文化关系的研究等等。该所还注意对中青年教师的培养与支持，进一步建设老、中、青三结合的教学科研队伍。

通讯地址：西安市陕西师范大学
中国思想文化研究所
邮政编码：710062
电话：029—5308747

黑龙江大学中国思想文化史研究所

黑龙江大学中国思想文化史研究所，是由黑龙江大学哲学系、历史系部分教师组成的非独立的研究机构。其宗旨是：将黑龙江大学从事中国思想文化史教学与研究的学者组织起来，通过彼此切磋交流，合作攻关，在承担教学任务的同时，进行学术研究，完成科研课题，并与国内外有关高等学校、学术团体建立联系，进行必要的学术交流与合作。1990 年成立，现有研究人员 10 人，首任及现任所长为张锡勤。

该所的主要研究方向是：中国伦理思想史、中国近现代哲学及思想文化、先秦诸子学术、明清学术文化。近十年来，取得的比较重要的研究成果有：《中国近代思想史》、《中国伦理思想通史》、《中国传统道德举要》、《再铸民族魂——中国伦理文化的诠释与重建》、《天·人·命运：人类命运的哲学阐述及当代审视》、《台湾新士林哲学研究》、《中国近代的文化革命》、《戊戌思潮论稿》、《李斯传》、《文史通义译注》等。目前承担的主要研究课题有：中国近代思想文化史、中国哲学的现代化、中国近代哲学与古代哲学的比较研究、清代学术思潮及学派研究、19 世纪中国史学变革、台湾新儒家与新士林哲学比较研究等。

在对外交流方面，曾与韩国、日本一些大学进行了学术交流活动，并接待过韩国、日本、加拿大等国学者的来访。

该所今后将争取更多的研究课题和经费支持，加强对儒学以及中国道德变迁史的研究，加强与海内外专家学者和学术团体的联系与交流。

通讯地址：黑龙江哈尔滨市南岗区学府路 74 号
黑龙江大学哲学与公共管理学院
中国思想文化史研究所 联系人：张锡勤
邮政编码：150080
电话：0451－6608615

洛阳大学东方文化研究院

洛阳大学东方文化研究院，是一个集科研、教学、对外交流为一体的学术研究机构。其宗旨是：依循河洛文化，进而中原文化，进而华夏文化，进而东方文化的架构，对中国传统文化进行挖掘、研究，并加以创造性的转化，以为建设当代中国的精神文明服务。1997 年 12 月成立，院长为郭齐家。首批聘任的研究员，以及来自中国社会科学院、北京大学、清华大学、北京师范大学、南京大学、河南大学、郑州大学、香港孔教学院等的特约研究员，共计 24 人。

该院成立之初，因为地处伊洛，得研究二程理学的地利优势，经各方专家审定，确立了一些有河洛文化特色的研究课题，如：三代文化、汉文学、二程理学、东方儒学、《周易》学、东方养生等。1998 年 7 月，在洛阳大学，与韩国程朱学会共同举办了“程朱思想学术研讨会”；1999 年 7 月，又与嵩县人民政府、韩国程朱学会共同举办了《程易》发表 900 周年纪念活动，并在二程故里树立了刻有《程易——序》全文和韩国著名学者崔根德先生撰写的纪念碑铭文，之后，在洛阳大学学术报告厅举行了《程易》学术研讨会。2000 年参与主办了“20 世纪疑古思潮学术研讨会”。此外，1999 年还汇集了几次国际学术会议收到的论文，编辑出版了《程朱思想新论》一书。

该院积极开展与海内外专家学者和学术团体、研究机构的合作与交流工作。香港孔教学院院长汤恩佳博士出任名誉院长。1999 年，汤

恩佳博士捐资20万元在洛阳大学新校区树立了一尊高达6米的孔子大铜像,并表示今后将全力支持该院筹建儒圣园,为二程等儒学名家造像的设想。

21世纪是不同文化交流对话的世纪。为了让更多的国外人士了解中国传统文化,该院准备同北京东方道德研究所、西北大学唐代文学国际研究中心、曲阜师范大学孔子文化学院联合,在世界范围内招收东方文化研修生。同时,进一步加强学术研究和交流工作,出成果,出人才,努力使该院越办越好。

通讯地址:河南洛阳市洛龙区大学路1号
洛阳大学东方文化研究院
邮政编码:471023
电话:5620238
传真:5620200
E-mail:lddfy@371.net

曲阜师范大学孔子文化学院

孔子文化学院是曲阜师范大学设立的一个专门从事孔子、儒学、传统思想文化研究、教学和国际文化交流的学术机构。由该校的孔子研究室(1979)、孔子研究所(1983)发展而来。孔子文化学院现设有孔子思想研究室、儒学研究室、齐鲁文化研究室、比较文化研究室、文献情报研究室、《儒学研究动态》编辑部。藏书4万余册。并拥有山东省省级重点学科——专门史(思想史)及其硕士学位授予点;另外,山东省儒学研究基地亦设于该院。现任院长苗润田。

孔子文化学院拥有一支年龄结构、知识结构合理的学术梯队。现有教授、研究员6人,副教授、副研究员8人,其中:博士2人,硕士11人。校内其他院系中20多位从事儒学与传统思想文化研究的专家学者也在该院兼职。杜维明、远藤哲也、崔根德、方克立、李学勤、刘蔚华、楼宇烈、葛荣晋、牟钟鉴、张立文等30多位国内外知名学者任该院兼职教授。自1986年以来,该院发表了2000余篇学术论文,出版了《中国儒学史》(七卷本)、《稷下学史》、《孔子思想与当代社会》、《孔门弟子研究》、《鲁国史》等一批高水平的学术专著。另外,在研究资料的搜集、整理方面,也取得了可喜的成绩,编纂出版了《孔子资料汇编》、《孔子弟子资料汇编》两部大型文献资料集。先后获国家、省部级奖励50余项,承担国家、省部级科研课题100余项。

孔子文化学院先后承办过多次大型国际或国内孔子、儒学、传统文化学术研讨会。1983年参与发起召开了“曲阜孔子学术讨论会”;1988年主办了“青年学者孔子、儒学、传统文化讨论会”;1989年参与主办了“孔子、儒学与当代社会学术讨论会”;1995年参与主办了“21世纪社会伦理道德国际学术讨论会”;2000年参与发起召开了“孔子与苏格拉底哲学报告会”。这些学术会议的召开,促进了孔子、儒学研究的开展,加深了中外文化的交流和相互了解,扩大了中国文化的影响。另外,该院积极开展对外学术文化交流,自成立以来,已接待了数十个国家和地区的专家学者,并多次为外国留学生和修学团授课讲学;该院学者也多次应邀出席了在美国、德国、日本、新加坡等国家,以及中国香港、台湾地区举行的国际性学术会议。

近年来,曲阜师范大学对孔子、儒学研究给予了高度重视,列为“十五”规划的重点,进一步加大了资金投入,不断调整、充实、加强科研队伍,为孔子文化学院的发展创造了良好的条件。该院将以此为契机,按照省和学校的要求,争取各方面的支持,努力把孔子文化学院建设成高水平的儒学研究中心、信息资料中心和人才培养基地,以高质量、高品位的研究成果,为学术的发展与进步,做出更大的贡献。

通讯地址:山东曲阜市曲阜师范大学孔子文化学院
邮政编码:273165　　联系人:苗润田
电话:0537—4455357

山东社会科学院儒学研究所

山东社会科学院儒学研究所,于1986年2

月19日成立。设有两个研究室:儒家经济和管理研究室、儒家哲学和伦理研究室。科研方向以研究儒家文化为主,兼及中国传统文化的其他研究。现有研究人员10名,其中研究员3人,副研究员3人,副译审1人,助理研究员2人,馆员1人。首任所长赵宗正,现任所长陈启智。

该所自成立以来,积极参与学术活动,承担了国家社会科学重点研究课题4项,省社会科学重点研究课题多项,组织撰写、出版了《中国儒家学术思想史》(刘蔚华、赵宗正主编)、《儒学大辞典》(赵宗正主编)、《两汉哲学初探》(于首奎著)、《庄子导读》(谢祥皓著)、《亚圣智慧——孟子新论》(王其俊著)、《中国儒学》(谢祥皓、刘宗贤合著)、《陆王心学研究》(刘宗贤著)等20余种专著,在国内外重要学术期刊上发表了大量有影响的专题研究论文。许多论文及其观点被引用、转摘、介绍,产生了广泛的影响,不少专著在山东省社会科学评奖活动中获得了奖项。

在学术活动方面,该所积极参与主办各种学术会议。1986年,参与主办了"中西文化讲习研讨会",对中国传统文化与西方文化思想进行了热烈的讨论;同年,在山东淄博,联合发起召开了首次"全国管子学术讨论会"。1987年,参与主办了"孔孟荀学术异同讨论会"。1988年,参与主办了"第二次孟子学术讨论会"。1989年,参与主办了"纪念孔子诞辰2540周年学术讨论会";同年,联合主办了"管子与齐文化国际学术讨论会"。1990年,在山东临沂市,参与主办了"全国首届荀子学术研讨会"。1991年,参与主办了"儒家伦理与社会主义精神文明研讨会"。1992年,在山东淄博市,参与主办了"海峡两岸齐文化学术讨论会"。1993年,主办了"首届中韩儒学研讨会",与韩国安东大学退溪学研究所签订了所级友好关系及双边学术交流协议,会议论文刊发于韩国安东大学《退溪学》。1995年,联合主办了"鲁文化与儒学学术研讨会"。1996年,主办了"第二届中韩儒学研讨会",会议论文刊发于韩国安东大学《退溪学》;同年,在山东淄博市,参与主办了"春秋经传国际学术研讨会"。1999年,在山东济宁市,参与主办了"儒商与21世纪国际学术研究会"。2000年8月,在山东省青岛市,参与主办了"儒家传统与人权民主思想国际学术研讨会"。此外,该所主要研究人员以其在儒学研究中的突出成绩,多次应邀出国参加儒学研究方面的国际性学术会议,在参与及推动国际儒学研究中占有一定的地位,发挥了应有的作用。

该所还接受培养国际交流学者,并有多名研究生在该所攻读博士后课程。该所还与国内外多家学术机构、团体建立了学术交流关系,如美国哈佛大学燕京学社、新加坡大学、韩国退溪学会、韩国孟子学会、台湾孔孟学会等。

通讯地址:山东省济南市舜耕路56号
邮政编码:250002
电话:0531—2704627　2704582
传真:0531—2973044

四川社会科学院
中华儒学研究中心

四川社会科学院中华儒学研究中心,是在成都恩威集团公司的支持和赞助下,于1993年11月成立。其宗旨是:团结海内外一切从事儒学研究的专家、学者和社会热心人士,为弘扬儒学优秀文化传统做贡献。该"中心"在理事会的领导下工作,四川社会科学院万本根副院长任理事长;陈德述研究员任"中心"主任,蔡方鹿研究员任常务副主任。

该"中心"每年都要召开一次年会,先后召开了"中华儒学与现代管理"、"和合思想及其现实意义"、"孔子思想与当代社会"等学术研讨会。参与了《中华文化论坛》、《中华文化研究通讯》的创办、组稿、编辑等方面的工作。还与崇州市人民政府联合举办了纪念孔子诞辰2550周年的"孔子文化节"。

该"中心"自成立以来,组织省内外专家学者,撰写出版了两套儒学研究大型丛书。一套是由陈德述、蔡方鹿任主编的普及型丛书"中华儒学文化系列",共九种:《华夏圣学——儒学与中国文化》、《内圣外王——儒学人生哲理》、《智慧之光——儒学思维艺术》、《儒言治世——儒学治国之术》、《尽善尽美——儒学艺术精神》、《学海之舟——儒学治学方法》、《盛德大业——儒学与企业管理》、《和谐天下——儒学与现代公关》、《天人合一——儒学与生态环境》。这套丛书不但取得了很好的社会效益,也有很好的经济效益。另一套丛书是由陈德述主编的“中华儒学文化与现代管理艺术丛书”,共七种:《以人为本——儒学爱民与现代管理的核心》、《仁者无敌——儒学修身与现代管理者素质》、《道之以德——儒学德治与现代管理的道德性》、《哲人圣智——儒学智慧与现代管理谋略》、《知人善任——儒学尚贤与现代管理用人之道》、《心有灵犀——儒学传播谋略与现代沟通》、《惠入安民——儒学事功与现代管理绩效》。这是第一套论述儒学与现代管理的大型丛书,出版后得到各方好评。

该“中心”与香港、台湾,以及日本、韩国、新加坡、马来西亚、美国、加拿大和欧洲一些国家,有着广泛的学术联系和交往。

该“中心”今后将在已有成绩的基础上,团结更多的专家学者、儒学爱好者和热心弘扬传统文化的人们,在儒学的普及、儒学的人本管理、儒学的现代意义和它的普适性等方面,进行更为深入的研究,力图取得更多的研究成果,为弘扬优秀传统文化做出新的贡献。

通讯地址:成都市四川社会科学院
中华儒学研究中心
邮政编码:610071

北京东方道德研究所

北京东方道德研究所,是1994年11月经北京市政府批准创办的具有法人资格的专门学术研究机构。其宗旨是:弘道明德,即普及和弘扬中华民族的优秀传统文化,对青少年进行中华民族优秀传统道德教育,以提升国民的思想道德素质,为社会精神文明建设服务。它既研究传统文化与现代化的关系,研究东方优秀传统道德教育,研究东方道德与人类其他文明的关系;也组织、研究各类道德教育的实验,组织实施对大、中、小学德育工作者进行业余培训;还积极开展国内外相关的学术交流,招收了3届日本进修生,学习中国传统文化。该所现有专职研究人员7人,其中教授2人,博士3人;兼职研究人员20余人。现任所长为王殿卿。

该所自成立以来,已出版了《中华伦理》、《中华传统美德》、《儒家伦理与公民道德》、《大众道德》丛书等各类学术著作和教材20余部,发表了“北京东方道德研究所向青少年普及中华美德教育实验”等120余篇论文和报告,创办了所刊《东方道德研究》并出版至第5期。目前正在承担和已完成的省部级以上课题达10余项。先后以“儒家伦理与公民道德”、“东方伦理与青少年思想道德”、“公民与道德”为主题,在北京主办了3次国际学术研讨会;又围绕“中华民族优秀道德传统”、“中华伦理与大众道德”、“大学中华文化与伦理教育实验用书内容体系”等主题,分别在北京、成都、山东招远等地举办了10次国内学术研讨会。

北京东方道德研究所十分重视道德教育实验和职工培训等普及活动。建所6年来,先后在北京、黑龙江、山东、南京、成都、重庆、深圳等7省市的教育实验基地和北京大学、清华大学等20余所大学,对25万大中小学生进行了中华传统美德教育实验;并对600多名大中小学教师进行了“中华传统美德教育实验”和“传统美德与21世纪道德教育”的培训。此外,还在北京对上万名企业员工进行了传统道德和职业道德(包括商业道德、企业道德等)的培训。以上活动均收到了良好效果,产生了广泛的影响,受到了各界人士的好评。最近,该所又开展了农村道德文化状况的实地调查,正在编写《当代中国农村道德之光》。

该所与海内外诸多学术机构建立了广泛的交流和合作关系,其成员多次应邀到国内外高等学校和学术研究机构讲学或出席重要学术会议。今后,该所将继续加强与海内外的学术交流,拓展学术研究与教育实验的空间,提高学术研究的水平，增强普及中国与东方优秀道德教育的实效性，为当代中国的道德建设做出应有的贡献。

通讯地址：北京市朝阳区望京中环南路4号
北京东方道德研究所
联系人：王殿卿
邮政编码：100102
电话：010－64373817　64362083

岳麓书院

岳麓书院是我国古代四大书院之一，也是中国历史上著名的高等学府和学术研究中心，位于湖南省长沙市岳麓山。1988年由国务院公布为全国重点文物保护单位。现为湖南大学人文教育基地和国学研究基地，历任负责人为杨慎初、陈谷嘉，现任负责人为朱汉民。

岳麓书院创建于北宋开宝九年（公元976年），历经宋元明清一千余年而长盛不衰，有“惟楚有材，于斯为盛”之称。仅是清代，就培养了王船山、陶澍、魏源、曾国藩、左宗棠、胡林翼、曾国荃、刘长佑、唐才常、杨昌济等著名历史人物。青年毛泽东、蔡和森、邓中夏等均曾求学于此，并从事革命活动。近现代以来，岳麓书院改制为湖南高等学堂，后又改为高等师范学校、工业专门学校、湖南大学等。

1949年建国以后，岳麓书院一直受到国家保护。80年代初，正式决定由湖南大学主持修复、管理岳麓书院。湖南大学一边修复岳麓书院的古建筑，一边恢复岳麓书院的学术和教育功能。

十几年来，岳麓书院已经在儒学史、宋明理学史、中国书院史、湘学史、中国传统文化研究诸多领域形成了特色，取得了相应的研究成果。到目前为止，出版的学术专著、古籍整理、论文专辑近百部；在海内外学术期刊发表研究论文500多篇。1986、1993、1994、1996年联合海内外高校和学术团体发起召开了“儒家教育理念与人类文明”、“中国传统文化与现代化”、“东西文化与大学教育”等国际学术会议4次、全国性学术会议多次。岳麓书院还从事教学工作，现有专门史（中国思想史）、中国古代史硕士学位授予点两个，迄今已招收硕士研究生11届，也招收海外留学生。

岳麓书院的学术、教育事业的恢复和发展，得到了海内外学术界同行的关注和赞誉，他们在各个方面均给予了极大的支持。海内外许多著名专家学者纷纷来此讲学传道，促进了岳麓书院的学术发展。党和国家领导人也给予了极大的关怀，胡耀邦、江泽民、李鹏、朱镕基、李瑞环、乔石、李岚清等数十位党和国家领导人相继到此视察，并对岳麓书院的文物修复、学术教育功能的恢复给予了高度评价。

在新世纪，岳麓书院将进一步推进对中国传统思想文化的学术研究和教育事业的发展；将进一步提高学科建设的层次，培养更多的高层次学术研究人才；进一步拓宽、加深关于中国传统思想文化的研究，取得更多的高水平的研究成果；进一步加强与海内外的高等学校、学术团体、研究机构的交流与合作。总之，岳麓书院将恢复它在历史上作为中国南方的学术中心、教育中心地位，为中国学术文化的发展再创辉煌。

通讯地址：湖南长沙市湖南大学岳麓书院
联系人：朱汉民
邮政编码：410082
电话：0731－8822316　传真：0731－8829394
E－mail：zhuhm@mail.hunu.edu.cn

中国文化书院

中国文化书院（International Academy for Chinese Culture）是由我国已故知名学者冯友兰与北京大学哲学系张岱年、朱伯昆、汤一介等共同发起，联合了北京大学、中国社会科学院、中国人民大学、北京师范大学、清华大学、首都师范大学等单位及台、港和海外的数十位著名教授、学者一道创建的一个民间的学术研究和教学机构，于1984年10月在北京成立。其宗旨是：通过对中国传统文化的研究和教学活动，继承和阐扬中国的优秀文化遗产；通过对海外文化的介绍、研究以及国际性学术交流活动，提高对中国传统文化的研究水平，并促进中国文化的现代化。书院是民间团体，以培养从事研究中国传统文化、哲学、历史、文学等的中外青年学者为主要目标；在书院所组织的各项活动中，遵循百家争鸣的原则，学者们完全自由地根据其个人立场进行学术研讨和教学。书院是自立团体，书院经费全部通过办学和接受个人及团体资助等方式自筹。书院的最高领导机构是由书院导师推举产生的院务委员会，负责主要院务的决策及人事任免事宜。现任院务委员会主席季羡林，副主席谢龙、王守常。院务委员会下设执行委员会，负责处理日常工作；设学术委员会，负责书院学术研究、交流及教学活动的规划与实施，现任主席庞朴，副主席李中华、魏常海。书院还设有绿色文化分院、跨文化研究院、企业文化研究院、中国文化书院杭州分院等机构。中国文化书院名誉院长张岱年，院长汤一介，副院长梁从诚、李中华、林娅和陈越光，秘书长苑天舒，院长助理胡仲平。中国文化书院设理事会，现任理事长孙文化，副理事长汤一介、孙长江。

中国文化书院成立以来，围绕中国传统文化这一主题，开展过多种研讨和教学活动。教学方面，自1985至1989年间，举办过“中国传统文化”、“中外文化比较”、“文化与科学”、“文化与未来”等短期讲习班、进修班共20多期；1987至1989年，举办了两年制的“中外文化比较研究”函授班。此外，还和其他部门或单位合作，举办过多期有关经济管理、行政管理、环境保护、.法制教育等中、短期专业性培训班，都取得了很好的效果。学术交流方面，十几年来举办了多次较大规模的国际学术会议。各次会议在学术界都产生了很大影响。书院还曾邀请过许多位台港及海外的著名学者如王晓波、胡秋原、魏斐德、巴姆、饶宗颐、金忠烈、钱致榕等到书院举行小型座谈会、讲演会，进行学术交流。书院是大陆最早与台湾学术界建立交流关系的机构之一。出版方面，由书院编辑的《中国文化书院文库》，其“论著类”、“讲演录类”、“资料类”及书院函授班教材等百余种已经出版，由书院举办的历次学术会议的论文集也正在陆续编辑出版。由书院咨询研究中心编辑的《中国学导报》共出版了10期，由书院与新华出版社合作出版的《神州文化集成丛书》(100种)也已陆续问世。书院还制作了《梁漱溟》、《冯友兰》、《季羡林》、《张岱年》等几部关于导师学术生活的录像资料片。

通讯地址：北京大学中国哲学与
文化研究所中国文化书院
邮政编码：100871
电话：86－10－62757416　86－10－62753125
联系人：谢龙　王守常
网址：http://WWW.iafcc.com

武夷山朱熹研究中心

武夷山朱熹研究中心，是由各地潜心研究朱熹的专家学者自愿组成的学术团体。其宗旨是：励志改革，反思传统，深入开展朱熹研究；立足武夷，面向世界，促进中外文化交流；力求使学术为当前改革开放和两个文明建设服务。主要任务是：一、广泛联络各地有志于朱熹研究的人士，深入开展朱熹、闽学(朱子学)和中国传统思想文化研究，振奋民族精神，促进中华文明的复兴；二、积极加强与各地朱熹研究机构与团体之间的联系与协作，增进友谊，共同进行地方史料的发掘整理；三、举办若干服务性项目，为国内外从事朱熹研究的专家学者来武夷山和闽北各地进行学术研究考察提供方便；四、吁请社会各界，为闽学故乡文化宝藏的开发和朱子遗址的修复提供支持和赞助。该中心于1988年6月在武夷山市宣告成立，并设立了专门办事机构——秘书处。首任理事长为刘钦锐，秘书长为杨青。现任理事长为李川，秘书长为张品端。

该中心自成立以来，在搜集资料、促进遗址修复、加强海内外联谊、深入开展朱熹研究等方面做了大量工作。1. 1990年在武夷山名胜风景区建立了朱熹纪念馆，迄今为止已接待参观者达三百多万人次。2. 举办了一系列规模不等的朱子学术研讨会，其中以1990年、1997年、2000年举办的三次纪念朱熹活动和国际学术会议最有影响；通过举办学术会议，结识了新朋友，增进了海内外专家学者和朱子后裔对闽北朱子故里的了解。3. 已编辑出版了《闽学研究丛书》8册和《朱子研究》17期，受到了学术界的好评。4. 赞助大陆学者出版有关朱熹研究的专著5本，达160余万字。5. 十年来，筹集资金500多万元(主要是海外朱子后裔捐资)，修复了武夷山市朱子故居紫阳楼、建阳市考亭书院文公祠，并整修朱子墓等十多处遗址，为开辟以武夷山为中心的朱子文化旅游线做了基础性工作。6. 积极开展海峡两岸及中外文化学术交流和联谊活动，目前已与美国、加拿大、德国、俄国、荷兰、日本、韩国、泰国、马来西亚、菲律宾、新加坡、缅甸等国，以及港澳台的一些高等学校、科研机构和朱氏宗亲组织建立了联系，提高了武夷山在海内外的知名度，密切了与海外华人、国际友人的交往，扩大了朱子学在世界的影响。

今后，该中心将继续开展学术研究与交流活动，尽快与武夷山名胜风景区管委会共同修复朱熹创办的武夷精舍，作为朱熹研究中心的一个基地；创办朱子图书馆(含朱氏族谱展馆)，为海内外朱子学研究专家学者和朱子后裔提供资料咨询服务；继续筹集资金，逐步修复朱子文化遗迹，开辟朱子文化旅游线；加强与海内外文化学术界的联系，扩大武夷山朱熹研究中心的影响。

通讯地址：福建建阳市黄花山路18号
武夷山朱熹研究中心　联系人：张品端
邮政编码：354200
电话(传真)：0599－5823404

河北省儒学研究会

河北省儒学研究会，于1997年成立，其宗旨是：组织各方面力量，研究儒家思想和中国传统文化，取其精华予以继承和发扬光大；研究孔子的教育思想，并赋予其现代意义，使其能够在当代中小学教育实践中发挥积极作用；研究传统道德教育，通过对传统道德的批判继承，更好地为建设有中国特色的社会主义精神文明服务。会长为冯忠汉。

该会自成立以来，曾专题研究了“儒家思想与社会主义现代化建设”、“中小学的传统道德教育”等课题，召开过两次大型学术研讨会。许多会员先后参加了在北京、曲阜、河南以及香港等地举行的孔子、儒学研讨会。为了培养人才，在实践中发扬孔子、儒家思想的优良传统，会长冯忠汉投资创立了“中华孔德教育集团”。该集团包括两所“孔德幼稚园”，一所“中华孔德小学”，一所初中，一所职业高中，以及私立“孔德教育科学研究所”。冯忠汉还编写了教材“孔德教诲录”，亲自给孔德所属学校的师生开“人生哲理”课。

该会会员吸收了教育、哲学、历史、心理、伦理、马克思主义等各方面的研究人才，还有大批实际教育工作者，其办会的特点是，走出书斋，走出会堂，紧密联系实际，寻求社会实效，在实践过程中研究，在研究过程中不忘实践。今后仍将坚持走与社会实践相结合的道路。

通讯地址：石家庄市河北师范大学老干部处
联系人：冯忠汉
邮政编码：050016
电话：6049941—86339

山东孔子学会

山东孔子学会，成立于1986年12月，是由山东省内从事孔子、儒学、中国传统思想文化研究与教学的专家学者组成的群众性学术团体。其宗旨是：以马克思主义、毛泽东思想为指导，批判继承中国古代文化遗产，为建设有中国特色的社会主义服务；提倡以马克思主义的立场、观点和方法进行学术研究，但也不排斥用其他观点和方法进行研究所取得的成果;积极贯彻"双百"方针,发扬学术民主,提倡不同观点相互争鸣,但要求会员之间相互尊重,相互团结,切磋琢磨,互相交流。该会现设有:孔子教育思想专业委员会、孔子文艺思想专业委员会、孟荀专业委员会、经学专业委员会、宋明理学专业委员会。首任及现任会长刘蔚华,秘书长赵宗正。

山东孔子学会自成立以后,在推动山东省孔子、儒学及中国传统思想文化研究方面,做出了重要的贡献,取得了丰硕的成果。

1987年12月,在济南市召开了"孔孟荀学术异同讨论会",会后由山东大学出版社出版了论文集《孔孟荀比较研究》。1988年10月,在山东邹城市召开了"第二次孟子学术讨论会",会后由山东大学出版社出版了论文集《孟子思想研究》。1989年9月,在济南市召开了"纪念孔子诞辰2540周年学术讨论会",同年10月又与淄博社会科学联合会联合主办了"《管子》与齐文化学术讨论会"。1990年10月,在山东省临沂市召开了"全国首届荀子学术研讨会"。1991年8月,在山东威海市召开了"儒家伦理与社会主义精神文明研讨会",并举行了第二届理事会的换届选举工作,会后由天津人民出版社出版了论文集《儒家伦理与社会主义精神文明》。1992年在山东省淄博市与淄博社会科学联合会合作举办了"海峡两岸齐文化学术讨论会"。1995年在济南市主办了"鲁文化与儒学学术研讨会",会后由山东友谊出版社出版了论文集《鲁文化与儒学》。1996年在山东省淄博市与淄博社会科学联合会共同主办了"春秋经传国际学术研讨会"。今后该会仍将在省委、省府领导下,在积极开展孔子、儒学和中国传统文化研究中,努力结合山东的特点,服务于党政的中心工作,为建设山东文化大省作出贡献。

本会秘书处设在山东社会科学院儒学研究所。

通讯地址:山东省济南市舜耕路56号
邮政编码:250002
电话:0531—2704627　2704582
传真:0531—2973044

湖南省孔子学会

湖南省孔子学会,于1990年成立,其宗旨是:贯彻"古为今用"、"百花齐放,百家争鸣"的方针,团结和组织全省有志于孔子及儒家文化研究的各方面人士,为弘扬以儒家为代表的中华民族优秀传统文化,繁荣学术,建设社会主义精神文明,振奋民族精神,促进现代化建设和祖国统一大业而努力。首任和现任会长为唐凯麟,秘书长为易法建。

该会自成立以来,在组织和推动湖南全省孔子、儒学和中国传统文化研究方面做了大量工作。(1)围绕孔子、儒学研究的热点,先后主持召开了五次学术讨论会,其中有两次产生了很大的影响:一次是1994年在湖南岳阳市召开的"儒家文化与当代世界文化走向国际学术讨论会",一次是1999年在湖南张家界召开的"儒商精神与21世纪中国及东南亚经济的发展国际学术讨论会"。(2)发动、组织、指导会员深入开展对以儒家为代表的传统文化的研究,至目前为止,该会会员共出版了各种学术专著近50部,其中影响较大的有:《走向近代的先声——中国早期启蒙伦理思想研究》(唐凯麟)、《从旧道德到新道德》(唐凯麟)、《论语·孟子研究》(谭承耕)、《先秦民本思想》(游唤民)、《孔子思想及其现代意义》(游唤民)、《王船山范畴研究》(王兴国)、《中外儒学比较研究》(张怀承)、《湖湘学派源流》(陈谷嘉)、《湖湘学派与岳麓书院》(陈谷嘉、朱汉民)等等;发表研究论文640余篇,有16项研究成果获得省部级以上奖励。(3)加强了与海内外的学术文化交流,近几年会员应邀参加各类学术会议达110人次,还有不少会员远赴日本、香港等地访问或出席学术会议;并先后接待过世界孔子学会、香港孔教学院等来访的儒学代表团;又分别为岳阳市孔庙、岳麓书院文庙争取到价值12万元的孔子铜像各一座。

该会今后将在已有成绩的基础上,继续大力加强学术研究和交流工作。积极创造条件,争取在长沙市建立一所孔子大学,作为培养儒学研究人才基地；拟由会长唐凯麟教授招收海外儒学研究方面的硕士、博士留学生；拟组织会员撰写一系列儒学研究丛书；加强与企业界的联系，吸收企业家中的一些儒学爱好者与研究者参加学会并发挥其作用，着重研究儒家文化在现代企业发展中的地位与作用，使儒学与企业紧密结合，让企业成为弘扬以儒家为代表的优秀传统文化的载体；充分运用现代科技手段，加强对外学术交流，扩大影响，凡学会重要学术活动及取得重要学术成果，首先在网站上发布，予以介绍；通过各种渠道，向海内外筹集孔子研究基金，为学术活动和研究工作提供经费支持。

通讯地址：长沙市湖南师范大学伦理学研究所
湖南孔子学会　联系人：易法建
邮政编码：410081
电话：0731－8872593

广西儒学学会

广西儒学学会，是具有法人资格的群众性学术团体，以研究、弘扬祖国的优秀传统文化，特别是儒学思想精华为宗旨，主要业务范围是：研究中国文化思想史，特别是儒家学派创始人孔子的哲学思想、教育思想、道德观念、社会理想等；研究孟子、荀子、董仲舒、朱熹、王阳明、陈宏谋、梁漱溟等的哲学思想和教育思想及其社会实践；进行古代文化典籍的研究和整理；重点研究传统儒学与现代化的关系，中华优秀传统文化对建构社会主义精神文明的作用；举行有关传统文化的研究活动。该会1995年在桂林市成立，会长为马勇，第一副会长为莫珍英（法人代表），秘书长为朱方刚。

该会自成立以来，在团结、发动、组织会员积极开展儒学研究，挖掘祖国优秀思想文化遗产，弘扬儒家思想精华，为促进社会主义“两个文明”建设服务方面做了大量工作。1996年参与主办了“纪念陈宏谋诞辰300周年暨学术讨论会”，同时举办了“陈宏谋诞辰300周年纪念展览”，并于会后组织出版了《陈宏谋家书》、《陈宏谋研究论文集》；1997年参与承办了“‘97中国桂林《诗经》国际学术讨论会”；1998年参与发起召开了“纪念梁漱溟先生诞辰一百零五周年暨学术讨论会”，会后出版了《梁漱溟先生纪念文集》；1999年参与主办了全国汉语方言国际会议，和“‘99中国桂林朱子学研讨会”。此外，还分别于1996、1997、2000年召开了三次会员代表大会。该会还积极推动会员开展学术研究，据不完全统计，该会会员已在报刊上发表学术论文千余篇，出版专著44部。

在新世纪，广西儒学学会拟开展以下重大课题的研究：儒学与21世纪的和平与发展的关系；当代儒学的价值、作用及其发展走向；儒学与当代政治的关系；儒学与重构现代伦理的关系；儒学与21世纪素质教育的关系；儒学与生态环境、经济发展的关系，等等。在做好这些研究的同时，要加强对外联系，与海内外专家学者一道进行学术交流，增进友谊。三百年前，广西出了一位岭南儒宗——陈宏谋，三百年后，又有了现代新儒家的代表人物——梁漱溟。今天，广西也要拥有一批在儒学研究方面卓有成就的学者，从而使八桂儒学在全国、全世界儒学研究领域占有一席之地。

通讯地址：广西桂林市榕湖北路15号
桂林图书馆榕湖分馆广西儒学学会
联系人：朱方刚
邮政编码：541001
电话：0773—2806486

贵州王阳明研究会

贵州王阳明研究会，于1994年成立，其宗旨是：以马克思主义、毛泽东思想为指导，坚持“双百”方针，继承和弘扬中华民族优秀传统文化，对我国古代著名的哲学家、教育家王阳明及其在贵州的活动和影响进行研究，坚持“古为今用，批判继承”的态度，为促进改革开放和社会主义精神文明建设服务。会长为王晓昕，秘书长为李友学。

该会自成立以来,积极开展多种学术活动,先后于1994、1995、1998年,围绕王阳明在贵阳修文(龙场)悟道、成道、传道,独立主持召开了三次学术研讨会,并于会后出版了《王阳明与贵州》、《王学之思——纪念王阳明"龙场悟道"490周年论文集》两书。1996年参与发起召开了"中国贵州国际王阳明学术讨论会",并提交了论文集《王阳明与贵州》和《阳明学研究丛书》四册,以及学术论文11篇;1999年参与组织召开了"中国贵阳'99阳明文化节王阳明学术讨论会",提交学术论文25篇,并于会后负责将此次会议收到的50余篇中外专家学者的论文筛选、整理成《王学之路》一书出版;1995年与台湾黔滇川中华文化考察团一起在贵阳阳明祠举行了王阳明研究座谈会。

该会会员利用多种形式研究王阳明,并取得了累累硕果。近几年,出版了由吴雁南主编的《阳明学研究丛书》四卷(分别为:《阳明学与近世中国》、《王阳明与贵州文化》、《王阳明在黔诗文注释》、《孙应鳌文集》),以及王晓昕撰写的《东西形而上摭论》、郭长智撰写的《王学圣地话王学——贵阳王阳明文化》等学术专著;另外,袁仁琮创作了长篇历史小说《王阳明》,陈泽凯创作了大型京剧剧本《龙岗悟道》,卢永康主持整理出版了《王阳明谪黔遗迹图集》。1998年该会还与中央电视台联合制作了专题片《中国古代思想家——王阳明》。

今后,该会将进一步加强王学研究,在继续深化王阳明在黔活动研究的同时,更要加强对王学整体和对王阳明一生的基础研究和专题研究,加强对阳明后学的研究,要采取走出去和请进来相结合的方式,加强王学研究的对外学术考察和交流,协助政府继续办好每2—3年举办一次的阳明文化节,使研究工作和学术活动更上一层楼,为改革开放中的贵阳的两个文明建设做出新的更大的贡献。

通讯地址:贵州贵阳市中山西路46号
贵阳市社会科学联合会贵阳王阳明研究会
联系人:李友学
邮政编码:550003
电话:0851-5283355

云南孔子学术研究会

云南孔子学术研究会,是具有独立法人资格、非营利性的社会学术团体。其宗旨是:坚持实事求是,坚持理论联系实际和"双百"方针,广泛团结海内外华人、华侨和一切有志于孔学研究的同仁,多角度、多层次地开展孔子学术研究,取其精华,弃其糟粕,弘扬中华民族优秀传统文化和优良传统道德,提高中华民族思想文化素质,为社会主义两个文明建设服务,为增进民族团结,实现祖国统一大业服务。1993年成立,刘树生任名誉会长,赵廷光任会长,刘西芳任常务副会长,李万春任秘书长。

该会自成立以来,在中共云南省委、省政府、省人大、省政协的关怀和支持下,从1994到2000年,先后以"传统文化与现代道德建设"、"传统文化与现实社会"、"传统文化与现代经济"、"孔子的历史地位与现代价值"等为主题,共举行了7次研讨会,其中有5次是海峡两岸联合召开的。每一次研讨会后,都将会议收到的论文编辑为《孔学研究》出版,迄今已出版了6辑(第7辑正在编辑中),共收论文300余篇,计200多万字,受到了学术界的好评。此外,还与建水县共同组织了由香港孔教学院院长汤恩佳博士捐赠建水文庙孔子铜圣像的揭幕典礼。

该会今后将一如既往,不断加强学术研究,加强与海内外专家学者和学术团体的联系,努力创造条件,继续开展多种形式的学术交流活动,并继续把论文集《孔学研究》办好。

通讯地址:云南昆明市翠湖南路94号
(云南省政协内)云南孔子研究会
联系人:李万春
邮政编码:650031
电话:0871-5179159
传真:0871-5518643

甘肃中国传统文化研究会

甘肃中国传统文化研究会，是由热爱中华民族优秀文化，热心中国当代文化建设的专家、学者和其他社会人士，自发组织并得到政府支持的，依法接受企业自愿捐赠的省级学术社团组织。其宗旨是：团结各界人士，致力于发掘、研究和弘扬中国优秀传统文化，加强学术交流，广泛联系海内外有关学术团体和友好人士，为促进祖国的和平统一，促进甘肃的文化、经济发展服务。1993年于兰州成立，首届及现任会长为武守志。

该会自成立以来，在组织和推动中国传统文化研究，促进甘肃精神文明建设方面，做了大量的卓有成效的工作。

首先，在社会各界大力支持和研究会同仁的共同努力下，于1998年创办并出版发行了会刊《国学论衡》(以书代刊)。该会还不定期出版《研究会通讯》，沟通会员之间及与各界的联系。

其次，组织了各种类型的学术研讨和交流活动。1999年该会与香港国际儒商联合会、香港孔教学院在兰州大学联合召开了“纪念孔子诞辰2550周年暨21世纪的儒学、儒教与儒商”学术研讨会。为了更好地开展工作，该会增设了学术委员会，负责领导、组织会员的学习和研究；增设宣传、普及委员会，面向社会和高校做传统文化的宣传普及工作。为了活跃会员的学术活动，该会还组织举办了丝绸之路学术研讨旅游活动，到甘肃著名的人文景点去学习体验传统文化的博大精深，用丰富多彩的形式弘扬优秀传统文化。

该会还广泛联系海内外学术团体，积极参与学术文化交流活动，多次派人参加在北京、山东、河南、香港等地举行的学术研讨会。并且，经由该会联系，香港孔教学院院长汤恩佳博士于1998年3月、1999年6月、2000年8月分别为武威文庙、兰州五泉公园、嘉峪关孔子园林、敦煌孔子公园捐赠孔子行教铜像各一座。

在新的历史条件下，中国传统文化正经历着“回归中国”和“走向世界”的路程。该会将一如既往，继续组织学术研讨，开办学术讲座；继续做好会刊《国学论衡》第二辑的编辑出版工作；利用新的传媒形式，申办该会网址；大力发展与省外的学术交流，广泛联系海内外学术团体和友好人士，为塑造甘肃学术界的良好形象，为促进甘肃的文化、经济发展服务。

通讯地址：甘肃兰州市兰州大学24楼412
甘肃中国传统文化研究会
联系人：杨子彬
邮政编码：730000
电话：0931－8614337

陕西省哲学会·关学与实学专业委员会

陕西省哲学会·关学与实学专业委员会(简称陕西省关学与实学研究会)系中国实学会陕西省分会，为陕西省研究中国传统文化、儒学、关学、实学多学科的群众性学术团体。1999年9月宣告成立，首任会长赵吉惠，副会长主要有刘学智、林乐昌、陈学凯、何炳武等，秘书长石军，秘书处设陕西师范大学政治经济学院。

关学为北宋哲学家张载首创，以研究、传播儒学、实学、关中理学为宗旨，坚持“经世致用”、“实学实践”、“明体实用”的学风，创造性发展了中国古代“气本论”哲学思想，与周敦颐的“学”、程颢、程颐的“洛学”一起奠基了宋明理学。近十余年中国学术界兴起研究“实学”的思潮之后，许多学者特别是陕西学者，把对于张载关学的研究推进到一个新的历史阶段。把关学研究与实学研究联系起来，认为张载关学奠定了中国北宋以后逐渐发展起来的实学思潮的思想基础，关学、实学都是中国古代传统儒学发展的特殊的、重要的理论形态。

陕西省关学与实学研究会自成立以来开展了许多学术组织工作与学术交流工作。每年都召开中小型学术研讨会与学术交流会。1999年9月陕西省哲学会与中国社会科学院哲学研究所、陕西省眉县政府、陕西省社会科学院合作组织召开了“张载关学与实学国际研讨会”。会后出版了《张载关学与实学》论文集(西安地图出版社)。反映了学术界关于“张载关学”研究的新水平。本次会议开拓了研究“关学”与“实学”研究的新视野、新领域,提出和讨论了许多新问题。2000 年 7 月陕西省关学与实学研究会与陕西省传统文化研究院合作召开了“关中三李与西北大开发的文化战略研讨会”,对关中三李的学术思想与西部大开发的文化战略等问题做了深入探讨,推动了关学研究。

今后主要以整理发掘关学、三秦文化文献资料,关学与三秦文化的专人研究、个案研究,组织与支持地方性三秦文化的个案研究,三秦文化与西部大开发的文化战略等问题的研究为主要研究课题。

通讯地址:西安·陕西师范大学政经学院刘学智
邮政编码:710062
电话:029－5300931

吉林市孔子研究会

吉林市孔子研究会,是 1997 年于该市文庙成立的民间学术团体,其宗旨是:以马克思主义、毛泽东思想、邓小平理论为指导,以实事求是的科学态度研究孔子及儒家学说;贯彻“百花齐放,百家争鸣”的方针,解放思想,不断提高研究水平;继承孔子及儒家学说的精华,弘扬祖国优秀传统文化,振奋民族精神,为建设有中国特色的社会主义精神文明和物质文明服务。主要任务是:(1)建立吉林市研究儒家文化的资料情报中心,搜集、整理有关图书文献资料,及时了解和收存国内外有关学术情报和研究成果;(2)组织各种形式的学术研讨会、报告会、纪念会等,加强与国内外的学术文化交流活动;(3)编辑出版有关研究成果,提供学术咨询服务;(4)对吉林市青少年学生进行传统美德教育,树立良好的道德规范,推动吉林市精神文明建设;(5)促进对吉林市文庙的保护和利用。永远名誉会长为汤恩佳,会长为王昱文,秘书长为翟立伟。

该会自成立以来,在研究、宣传和弘扬优秀文化传统方面做了大量工作。从 1997 年以来连续四年每年召开一次学术研讨会;又因为吉林市文庙建于 1736 年,是东北地区建立最早、规模最大的孔庙,具有象征意义和典型意义,该会与吉林市文庙博物馆密切配合,于 1998 年承办召开了“中国孔庙保护协会第四届年会”;又于 1997、1998、1999 连续三年在吉林市文庙举办了孔子文化周活动,进行了大型祭孔乐舞表演,受到了社会各界的好评。此外,还组织学术骨干,或在当地报纸开辟专栏,连续撰文介绍孔子、孔庙及儒学;或在电台举办系列讲座;或深入中小学进行巡回演讲。

吉林市孔子研究会今后将进一步加强自身建设,自觉围绕其章程规定的宗旨、任务开展工作,积极为吉林市的精神文明建设做出更大的贡献。

通讯地址:吉林省吉林市昌邑区南昌路 2 号
吉林市文庙博物馆吉林市孔子研究会
联系人:翟立伟
邮政编码:132001
电话:0432－2459630

儒学论著索引

论文目录

综论部分

儒学的再生是否可能:论儒学的当代命运/唐凯麟,曹刚//社会科学辑刊 2000.1

儒学的人文精神/张立文//光明日报 2000.2.22

儒学世俗化的现代意义/蒋国保//孔子研究 2000.1

古典儒学中的道、学、政/(美)杜维明//开放时代 2000.1

面对西方挑战的儒家文化/郭学治//学术论坛 2000.1

儒家文化的历史处境/张树武,王确//社会科学战线 2000.1

儒家生态学基本观念的现代阐释:从"人与自然"的关系看/胡伟希//孔子研究 2000.1

从"新民"到"四有新人"之塑造看儒学在中国文化重构中的作用/杜艳华//吉林大学社会科学学报 2000.2

试论儒学与现代人权意识/陈寒鸣//上饶师专学报 2000.1

儒学与中国的现代化/闫红燕//理论观察 2000.2

儒学的近代分化/胡传胜//学海 2000.2

莱布尼茨与中国:兼及"儒学"与欧洲启蒙时期/陈乐民//开放时代 2000.5

"理性经纪人"机制的缺失与儒学道德理性在经济活动中的作用/高晨阳//理论学刊 2000.1

传统儒学和社会主义市场经济/胡涌//河南社会科学 2000.1

弘扬儒学精神,促进经济发展/汤恩佳//人民日报(海外版) 2000.6.6

儒学精华与现代企业文化建设/李小琴,温珍奎//江西社会科学 2000.5

儒学人本理念在管理中的应用/立文辉,卢喜辉//辽宁师大学报 2000.6

儒家思想与现代企业管理/王赞源//烟台大学学报 2000.1

儒学的和谐思想与现代精神文明建设/周道华//理论学刊 2000.1

和谐伦理思想与企业文化创新/段淳林//广西大学学报 2000.4

儒家哲学与现代企业经营管理理念的建构/崔晓文//北京科技大学学报 2000.5

儒学的社会作用和价值新论/曾天雄//广东社会科学 2000.1

中庸之道及其现代价值/李俊奎//山西高等学校社会科学学报 2000.5

儒学与民主建设/宋志明,刘成有//甘肃社会科学 2000.4

儒学与现代民主/陈寒鸣//国际儒学研究 第十辑

世纪之交儒学评价范式及立场的检讨/唐凯麟,曹刚//湖南农业大学学报(社科版) 2000.1

传统儒学与当代全球文明:访杜维明先生/余秉颐,卢找律//学术月刊 2000.6

传统文化与精神文明建设/陈国庆,蔡礼强//西北大学学报 2000.1

社会发展与儒学命运:对儒家文化的新审视/傅治平//云梦学刊 2000.4

论儒学对中国古代数学教育思想的影响/傅海伦//教育史研究 2000.2

知识经济与儒家文化/唐昌黎//齐鲁学刊 2000.6

济南大学学报 2000.1
中国古代儒学知识分子的结构与功能/(美)杜维明//开放时代 2000.3
关于"民可使由之不可使知之"的释读/盖莉//孔子研究 2000.3
论儒家"致中和"的思维方式/程梅花,邹林//孔子研究 2000.3
儒道·儒教·儒者:我之儒学观/黄克剑//东南学术 2000.3
儒学的德性价值论/黄玉顺//四川大学学报 2000.4
从礼的常与变看仁心之不安不忍/蔡仁厚//南昌大学学报(人文社科版)2000.2
儒文化逻辑结构批判/张利玲,朱兴文//江西社会科学 2000.5
谈韩非对儒家学说的吸收与改造/赵玉洁//河北大学学报(哲社版)2000.3
儒家文化与世纪之交的学校道德教育改革定位/易连云//西南师范大学学报 2000.1
中国传统礼仪教育及其现代价值/张良才//齐鲁学刊 2000.4
道德与政治之间:古典儒学的德治思想及其历史境遇/夏志前//学海 2000.4
"为政以德"精义及现代价值/王巧玲//四川大学学报 2000.5
儒家礼治思想的合理因素与现代价值/白奚//哲学研究 2000.2
追求德性的升华——儒家"成人"论/胡发贵//学海 2000.4
论儒家精神与现代文明/樊广义//理论导刊 2000.9
儒家文明论纲/刘文英//孔子研究 2000.4
儒学面临的挑战/崔大华//孔子研究 2000.1
儒家柔性管理与东亚经济发展/葛荣晋//中国文化研究 2000 秋
东亚现代化中的儒家文化及其发展前景/马福云//国外社会科学 2000.4
东亚儒学核心价值观及其现代意义/郭齐勇//孔子研究 2000.3
东亚伦理精神与社会现代化研究/刘照蓉,邓华新//兰州学刊 2000.4
东亚金融危机之后反思"儒教假说"/陆玉林//中国青年政治学院学报 2000.4
从个人、企业、社会层面看儒家文化对东亚经济发展的影响/刘林平//岭南学刊 2000.2
面对西方挑战的儒家文化/郭学治//学术论坛 2000.1
儒家经济思想及其特点/陈启智//孔子研究 2000.6
冲突、契合、互补优化——论儒家伦理与现代市场经济/唐凯麟,罗能生//孔子研究 2000.2
儒家性品级说的开端/黄开国//哲学研究 2000.4
卦气溯源/刘大钧//中国社会科学 2000.5
儒家人本主义与现代企业文化建设/俞荣根,李剑//重庆邮电学院学报(社科版)2000.4
儒家民族观点的形成与发展/吴贤哲//西南民族学院学报(社科版)2000.9
"天人合一论"对人类未来发展的意义/蒙培元//齐鲁学刊 2000.1
略论"天人合一"思想与生态文明/欧初//中华文化论坛 2000.3
从中国传统哲学中的"天人合一论"寻觅"自然与人的和谐"/林俊义/自然辩证法研究 2000.9
"天人相分"对"天人合一"的内含与超越/张传开,吴先伍//淮北煤师院学报(哲社版)2000.1
天人合一:中国传统文化的人文精神及其当代价值/王春林//广西师院学报(哲社版)2000.3
"天人合一"即"天人和谐"?——解读儒家"天人合一"观念的一个误区/刘学智//陕西师范大学学报(哲社版)2000.2
圣人之学的探索/艾智,罗安宪//哲学研究 2000.6
东南亚儒商经营模式及理念初探——兼谈儒商的界定/潘亚暾//河南商业高等专科学校学报 2000.1
儒商与中国商人的理想人格/朱金瑞//河南商业高等专科学校学报 2000.1
儒家思想与现代儒商/葛荣晋,屈桂英//洛阳大学学报 2000.3
儒商精神与市场经济的本土化/朱义禄//船山学刊 2000.2
儒商精神与现代市场经济/刘兴邦//船山学刊 2000.3

论儒商的内涵及其发展/周俊敏//湖南商学院学报 2000.5
现代儒商及其基本特征/万本根,陈德述//理论月刊 2000.8
知识经济呼唤儒商/罗庆山//学术论坛 2000.2
创造 21 世纪的人类命运:全球化经济发展与儒学及儒商的定位/成中英//孔子研究 2000.2
儒商精神与 21 世纪/宋玮明//船山学刊 2000.2
儒商精神与 21 世纪/汤恩佳//船山学刊 2000.2
深入探讨儒商精神,促进现代经济发展/王兴国//中国文化研究 2000.3
从西方儒学研究的新趋向前瞻 21 世纪的儒学/彭国翔//孔子研究 2000.3
儒家哲学在 21 世纪的展望与地位/(俄)费奥克基斯托夫//文史知识 2000.1
儒学在 21 世纪给人们的启迪/钱耕森//学术界 2000.2
21 世纪:儒学的地位及儒学研究的发展/刘宗贤//中国文化研究 2000.3
儒教资本主义与日本的成功/陶一桃//特区经济 2000.5
展望 21 世纪儒学应当正视的两个问题/李翔海//北京社会科学 2000.1
儒学社会:中国传统社会的社会学分析框架/陈劲松//浙江学刊 2000.1
略论儒家解释学/宋志明//北京大学学报 2000.2
以人文涵盖科学——现代新儒家文化观及其偏颇/孟建伟//自然辩证法研究 2000.7
儒学的人文精神/张立文//光明日报 2000.2.22
论儒学的人文精神及其现代意义/洪修平//中国社会科学 2000.6
儒家人文精神的宗教涵义/杜维明//哲学动态 2000.5
现代化、全球化与中国人文精神的当代建构/赵行良//广东社会科学 2000.4
道南一脉的格物思想及其内在冲突/何俊//哲学门 2000 第 1 卷,第 2 册
中国马克思主义哲学中的中西文化关系/李鹏程//哲学动态 2000.9
运用马克思主义来看待儒学/张岱年//光明日报 2000.7.11
后现代主义·多元文化·中国新儒学热/崔少元//中国文化研究 2000.3
儒学在全球多元化格局中的定位问题/景海峰//文化研究 2000.2
儒学的回顾与展望/汤恩佳//中国文化研究 2000.3
从亨廷顿“文明意识”论孔学前景/陈启云//船山学刊 2000.1

先秦部分

论先秦儒家的国家关系伦理思想/王易则//河北学刊 2000.1
略论先秦儒家消费思想/骆祚炎,任健//中州学刊 2000.5
先秦儒家生态伦理思想浅探/李会钦,郭长华//洛阳工学院学报(社科版) 2000.2
先秦儒家仁爱学说略论/杨春梅//齐鲁学刊 2000.5
先秦儒家的生死观/姜国柱//中国文化研究 2000.春
先秦礼乐文明与孔孟道德理想主义/杨海文//中山大学学报 2000.3
《周易》思想体系探微/姜国柱//中国社会科学院研究生院学报 2000.5
《周易》的人生哲学与儒道两家的艺术显现/于雪棠//北方论丛 2000.1
“易”的世界观和思维模式/王霆钧//周易研究 2000.1
周易阴阳符号与二进制算术符号比较/孟华//周易研究 2000.2
卫理贤(R. Wilhelm)德译《易经》“吉凶”概念之探讨/邬昆如//周易研究 2000.2
《易经》卦爻符号的性能初探/辛介夫//陕西师范大学学报 2000.2
论儒家思想的发展与《易传》的关系/罗新慧//河北学刊 2000.2
《易传》“人文化成”的价值理想/王新春,刘光本//山东大学学报(社科版) 2000.4
从帛书《易传》析述孔子晚年的学术思想/邓立光//周易研究 2000.3
《易传》太和观的历史积淀与现代意义/罗移山

//西北师大学报(社科版) 2000.6
《易图明辨》与儒道之辨/郑吉雄//周易研究 2000.4
论易学史研究在易佛关系问题上的两个疏忽——兼谈太虚大师的易学思想/陈坚//周易研究 2000.2
易简·变易·不易——易之三义哲学刍议/刘彬//理论学刊 2000.3
天·地·人——谈《易传》的生态哲学/蒙培元//周易研究 2000.1
从"正品年份"时代变化规律论孔子作《春秋》/乔国良//学海 2000.4
论六经并称的时代兼及疑古说的方法论问题/廖名春//孔子研究 2000.1
《诗经》所反映的民族精神及其与儒道思想渊源之关系/王国良//学术界 2000.2
礼乐制度中的《诗经》文化本质——《〈诗经〉三〈颂〉与先秦礼乐文化的演变》导论/姚小鸥//中州学刊 2000.3
中国的《诗经》和马来西亚的班顿/卢燕丽//北京大学学报(社科版) 2000.1
20世纪《诗经》研究史略/檀作文//天中学刊 2000.1
21世纪诗经学展望/夏传才//淮阴师范学院学报(社科版) 2000.2
传统诗经学对《诗经》的文化还原/杨子怡//西北师大学报(社科版) 2000.4
21世纪《诗经》研究展望/徐志啸//河北师范大学学报(社科版) 2000.3
先秦诸子论孔子与孔子的圣化/李冬君//南开学报 2000.1
孔子语"不患寡而患不均"新论:兼谈孔子的爱国言论/黄武强//学术论坛 2000.1
漫谈孔子学说与市场经济/蒙培元//北京社会科学 2000.1
试论孔子理想人格理论对国民素质教育的作用/郭祖仪//云南师范大学学报 2000.2
试析孔子"仁义"学说中的"贵和"思想/郭自先//武汉教育学院学报 2000.1
"仁"字古文考辩/白奚//中国哲学史 2000.3
仁政:先秦儒家政治伦理的核心及其借鉴价值/龙静云//道德与文明 2000.3
谈仁学中的哲学基本问题/洪磊,刘俊杰//聊城师范学院学报(社科版) 2000.4
孟子的"仁政"学说/李奥烈//云南师范大学学报(社科版) 2000.6
仁心·仁术·仁智——儒家仁学价值简论/田耕滋//汉中师范学院学报 2000.5
孔子仁论新诠/杨普罗//河北学刊 2000.2
孔子仁与礼的管理学诠释/张增田//孔子研究 2000.4
试论孔子的仁礼相成思想及人性观/杨春梅//烟台大学学报 2000.4
孔子"仁"德浅识/吴德义//道德与文明 2000.5
从孔子"生平的开端"看其"仁学"思想的实践本质/邹元江//孔子研究 2000.5
孔子仁学的主体性/王国良//社会科学战线 2000.6
孔子学说中的民本主义精华/胡显中//中国文化研究 2000.春
孔子"五罪"质疑/降大任//社会科学战线 2000.2
孔子学说与先秦"显学"的关系/雷会生//辽宁大学学报(哲社版) 2000.3
浅议孔子的隐退思想/章沧授//中国文化研究 2000.春
孔子"为政观"片论:读《论语》札记/陈频//文史杂志 2000.2
孔子的经济伦理思想初探/温冠英,朱林//江西社会科学 2000.3
孔子哲学的语言之维/晋荣东//华东师范大学学报 2000.2
孔子的修辞观/池昌海//浙江大学学报 2000.1
孔子生辰揭谜质疑/白平//山西大学学报 2000.3
"以田赋"及孔子的道德考量/朱代湘//孔子研究 2000.1
论孔子的德政学说及其现实价值/李会钦//锦州师范学院学报(哲社版) 2000.2
孔子从道思想与传统人文精神的当代价值/李宗桂//中国哲学史 2000.2
试论孔子的情商思想/薛永武//孔子研究 2000.4
孔子的美学思想/蒋孔阳//学术月刊 2000.6
文野之辨——孔子关于文艺的基本思想辨证/李旭//孔子研究 2000.1
多元统一 中和至美——谈孔子的审美标准/邓承奇,高伟杰//刘鲁学刊 2000.1
孔子美学的潜体系/邓承奇//孔子研究 2000.1

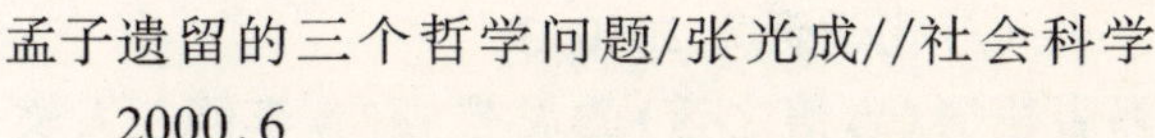

孟子遗留的三个哲学问题/张光成//社会科学 2000.6

谈孟子的贵民思想/田兆阳//光明日报 2000.7.4

孟子"夫妇有别"论小议:兼与金景芳先生商榷/刘文刚//历史研究 2000.3

孟子仁政思想的诠释/(韩)赵源一//船山学刊 2000.2

孟子学问之道发微/邓新文//江海学刊 2000.2

试论孟子的修身学说及其现实价值/李会钦//江西社会科学 2000.2

孟子的家庭伦理思想初探/梅良勇,张方玉//徐州师范大学学报 2000.1

"仁且智"与孟子的理想人格论/杨海文//孔子研究 2000.4

孟子周游列国年代考/刘培桂//孔子研究 2000.4

荀子人性论的诠释/赵源一//学术研究 2000.2

荀子性恶论中的哲学蕴涵及积极意义/王俊杰//黑龙江社会科学 2000.1

论解蔽——关于荀子与海德格尔的一个比较/汪世锦//江汉论坛 2000.4

荀子与儒墨道法名诸家/王启发//中国史研究 2000.3

荀子的家庭伦理思想研究/梅良勇,张方玉//道德与文明 2000.4

荀子批判诸子及儒家之学术检讨/马育良//管子学刊 2000.2

从荀子的人性论看腐败/邱国成//云南行政学院学报 2000.2

荀子科技思想述评/赵蓓//船山学刊 2000.3

荀子的安民观论议/朱松美//东岳论丛 2000.5

《荀子》与《诗》考论/赵伯雄//南开学报 2000.2

论荀子的"知能"思想/郝明朝//文史哲 2000.6

荀子思想的社会学阐释/郭晓东//复旦学报 2000.6

从"内在超越"的角度看孟子与荀子的人性论分歧/李晓春//华东师范大学学报 2000.6

子思作《孝经》说新论/彭林//中国哲学史 2000.3

《孝经》的家庭伦理思想研究/梅良勇,张方玉//学海 2000.5

儒家孝文化及其影响/曾振宇//理论学刊 2000.1

论中国传统文化中的"孝"/何磊//云南师范大学学报(社科版) 2000.1

试论"孝"观念的产生与发展——兼谈"孝"的现实意义/侯希文//西藏民族学院学报 2000.2

"孝"的历史嬗变及其现代价值/谢宝耿//探索与争鸣 2000.3

孝德的起源及其与宗法、政治的关系/陈筱芳//西南民族学院学报(社科版) 2000.9

"中"、"中庸"、"中和"平议/雷庆翼//孔子研究 2000.3

"礼运大同"三题/裴传永//东岳论丛 2000.5

中庸:实现社会和谐的正确思想方法/田广清//孔子研究 2000.3

论《中庸》的"中"与"和"《大学》的"格物"与"致知"/金景芳//学术月刊 2000.6

古代"中和"观及其现实意义/王冬//天津师范大学学报 2000.2

论儒家"至中和"的思维方式/程梅花,邹林//孔子研究 2000.3

简论《大学》三纲八目的人生图式/林贵榛//道德与文明 2000.2

《大学问》来历说考异/方旭东//哲学门 2000 第 1 卷,第 2 册

"中庸"辩正——王夫之的中庸观/章启辉//湖南大学学报(社科版) 2000.2

显学缘何不热——为 20 世纪"中庸学"之落后把脉/陈科华//社会科学家 2000.2

中英文化对比的一个话题:妥协与中庸/何世健//深圳大学学报(社科版) 2000.2

中庸之为"至德"的意涵浅析/陈科华//广西师范大学学报(社科版) 2000.1

中庸辨正/温荣利//集美大学学报(社科版) 2000.1

孔子"中庸"思维方法的管理学意蕴探析/常建坤//经济问题 2000.1

略论古希腊和先秦中庸思想的现代价值/杨茹//中国矿业大学学报(社科版) 2000.3

试读《中庸》/叶秀山//中国哲学史 2000.3

中庸儒"道"复兴与史学观念的转变/江湄//河北学刊 2000.3

中庸与三分/庞朴//文史哲 2000.4

《乐记》之"和"论/刘顺利//天津师大学报(社科版) 2000.4

《性自命出》篇心性论大不同于《中庸》说/张茂泽//人文杂志 2000.3

郭店儒家简中的"圣"与"圣人"的观念/晏昌贵

秦汉部分

2000.2
儒道互补仲长统/孟祥才//烟台大学学报 2000.1
试论王逸《楚辞章句》“经学”阐释的思想文化特征/王德华//中州学刊 2000.3
《毛诗诂训传》解释重言说/赵伯义//河北师范大学学报 2000.3
《春秋繁露》与儒学臣道观的形成/范学辉,项扬//西南师范大学学报 2000.1
“春秋决狱”新探/吕志兴//西南师范大学学报 2000.5
“春秋决狱”佚文评析/周少元,汪汉卿//安徽大学学报 2000.2
论《白虎通》中“天”的混沌性与三纲六纪/季乃礼//齐鲁学刊 2000.3
论儒家思想与汉代辞赋/苏瑞隆//文史哲 2000.5
略论汉代名士气节/陈建林//孔子研究 2000.5
董仲舒:早期中古文明的导师/刘孟骧//广州师院学报(社科版) 2000.2
董仲舒治国方略简论/李森//殷都学刊 2000.1
董仲舒的《天人三策》是班固的伪作/孙景坛//南京社会科学 2000.10
论董仲舒的天人观/熊开发//海南师范学院学报(人文社科版) 2000.1
浅析董仲舒的政治和文化主张/王玉强//黑龙江教育学院学报 2000.1
董仲舒对儒家教育传统的承前启后作用/罗林//湖北民族学院学报(哲社版) 2000.2
董仲舒政治哲学阐析/赖美琴//复旦学报 2000.6
董仲舒的名性论探析/黄开国//天府新论 2000.5
董仲舒的法哲学思想/庆明//烟台大学学报 2000.1
“法天而行”:董仲舒天论新识/曾振宇//孔子研究 2000.5
略论扬雄对汉代易学发展的贡献/张涛//河南大学学报(社科版) 2000.1
王充易学思想简论/张涛//东北师大学报(哲社版) 2000.5
郑玄易学杂论/刘玉建//湖湘论坛 2000.5

魏晋南北朝部分

北朝郊祀、宗庙制度的儒学化/刘惠琴//西北大学学报(哲社版) 2000.1
魏晋经学探略/汤其领//徐州师范大学学报 2000.3
魏晋时期儒家人格的玄学化历程/李建中//华中师范大学学报(人文社科版) 2000.4
南北朝礼学盛因探析/陆建华,夏当英//孔子研究 2000.3
嵇阮派玄学的“越名任心”论/黄应全//中国哲学史 2000.1
论南朝诗学对“吟咏情性”说的改造/归青//齐鲁学刊 2000.3
六朝《诗》说揽胜/邹然//江西师范大学学报 2000.1
魏晋玄学对魏晋美学的影响/秦卫明//天津师范大学学报 2000.5
理性的超越与感性的冲动:魏晋玄学与自然审美意识关系论/刘敏//四川师范大学学报 2000.2
引儒入道:寇谦之对北方天师道的改造/刘惠琴//敦煌学辑刊 2000.1

隋唐五代部分

唐代的礼治/张作理//东岳论丛 2000.2
唐代忠孝问题探讨——以官僚士大夫阶层为中心/朱海//武汉大学学报(社科版) 2000.3
略论唐太宗“礼法合一,依礼制法”的法制思想/许敏,钱家先//广西教育学院学报 2000.2
李觏与荀子礼论的异同//赵军政,张斌,赖井洋//汉中师范学院学报 2000.1
论韩愈的道统观及宋儒对他的超越/何俊//孔子研究 2000.2
韩愈崇儒反佛思想论析/马兰州//天津外国语学院学报 2000.2
唐代丧服改制述论/赵澜//福建师范大学学报

2000.1
唐代封禅活动特点述评/方百寿//华侨大学学报 2000.1
盛唐经学的窘境——论开、元文化特点与经学发展关系/查屏球//中国文化研究 2000.3
中唐儒"道"复兴与史学观念的转变/江湄//河北学刊 2000.3
中唐新《春秋》学对柳宗元与永贞改革集团的影响/寇养厚//东岳论丛 2000.2
陶渊明诗文中的儒佛道思想/金周淳//赣南师范学院学报 2000.2
科举考试与独尊儒术封建文化的互动关系/朱效梅,郑国民//齐鲁学刊 2000.3

宋元明清部分

论宋代"浙学"与理学关系的演变/陈国灿//孔子研究 2000.2
论宋元老学中的儒道合流思想/刘固盛//华中师范大学学报(人文社科版) 2000.1
宋代理学贞节观及其影响/舒红霞//西北大学学报(哲社版) 2000.1
宋代理学名儒与四川易学/粟品孝//中国文化论坛 2000.8
宋明理学的人格美育思想及其现代意义/潘立勇//文艺研究 2000.1
论北宋理学义理之学的特点/肖永明//学术论坛 2000.2
关于宋代理学理欲、义利争论的几个问题/季乃礼//湖南大学学报(社科版) 2000.1
简析宋明理学的发展特点/高建立//洛阳大学学报 2000.1
宋元明清儒家学派的类型/蔡德贵//孔子研究 2000.4
北宋理学诸子的经世追求/肖永明//湖湘论坛 2000.2
宋明理学对儒学精神的发展及其局限/吴培显,刘长欣//石油大学学报(社科版) 2000.3
论宋明理学的形成及其历史必然性/许总//齐鲁学刊 2000.5
明初理学向心学的演变/李霞//江淮论坛 2000.6
论宋学禁欲取向的根源及其在思想史上的结果——从韩、李异同说起/杨立华//中国哲学史 2000.2
儒佛之辩与宋明理学/张立文//中国哲学史 2000.2
儒、佛以心性论为中心的互动互补/方立天//中国哲学史 2000.2
论儒学对西夏社会的影响/刘建丽//西北师大学报(社科版) 2000.3
金代理学发展初探/魏崇武//历史研究 2000.3
中州文士对元代儒学的贡献/叶爱欣//殷都学刊 2000.2
元初东平府学的兴盛及其原因/常大群//齐鲁学刊 2000.6
儒学在土家族地区的传播/宋祖红//湖北民族学院学报(社科版) 2000.3
论华严禅在佛学和理学之间的中介作用/董群//中国哲学史 2000.2
见礼见性与穷理尽性——传统儒学、佛学(华严禅)与理学/向世陵//中国哲学史 2000.2
理学之术的"实学"精神/朱汉民//湖南大学学报(社科版) 2000.2
荆公新学的两个发展阶段及其理论特点/肖永明//湖南大学学报 2000.1
王雱——一个早慧的才华四溢的思想家/漆侠//中国史研究 2000.4
邵雍易学数哲学探微/(韩)赵源一//周易研究 2000.1
天人统一于一心——论邵雍儒道兼综的哲学境界/王竞芬//孔子研究 2000.6
周敦颐《太极图》易学发微/林忠军//孔子研究 2000.1
周敦颐《通书》、《太极图说》关系考——兼论周敦颐的本体论思想/徐洪兴//中国哲学史 2000.4
张载哲学思想与现代自然科学/杨建飞//西安电子科技大学学报(社科版) 2000.3
张载对儒家人性论的重构/林乐昌//哲学研究 2000.5
太虚非气:张载"太虚"与"气"之关系新说/汤勤

福//南开学报(社科版) 2000.3
张载的实学思想及其宗教观/张践//江汉论坛 2000.1
张载关学与实学研究的新视角、新拓展/赵吉惠//人文杂志 2000.1
关学的独尊儒术特征/蔡德贵//陕西师范大学学报 2000.2
张载研究的视角与方法/丁为祥//陕西师范大学学报 2000.2
论张载之学是易学:与龚杰先生商榷/王利民//周易研究 2000.1
张载《易说》简论/高建立,李之鉴//齐鲁学刊 2000.1
张载气学的实学精神/向世陵//河北学刊 2000.2
胡宏的道德工夫论/蒋九愚//湖湘论坛 2000.1
胡宏的经世致用思想/方国根//湖湘论坛 2000.4
论人心人性与历史的本质——从朱熹与陈同甫的论战看社会历史存在的心性论基础/司马云杰//北京行政学院学报 2000.4
朱熹穷"理"三清山:兼论《读书有感》诗的哲理内涵/郑闰,张兵//复旦学报 2000.1
朱喜《四书》解释方法论/周光庆//孔子研究 2000.6
朱熹《四书》次序考论/郭齐//四川大学学报 2000.6
朱子社仓之法及其影响/吴定安//江西社会科学 2000.12
论朱熹关于中庸的语义辩证/陈赟//中州学刊 2000.5
朱熹心理解释方法论/周光庆//华中师范大学学报(哲社版) 2000.2
朱喜与周易本义/李申//光明日报 2000.4.18
朱熹思想对道教的影响/孔令宏/孔子研究 2000.5
道教对朱熹思想的深刻影响/郭齐//中国道教 2000.1
程朱理学渊源考/刘伯山//探索与争鸣 2000.3
对程颐和苏轼争论的哲学分析/何江南//四川大学学报(哲社版) 2000.1
程朱理学与爱国主义/杨青//中华文化论坛 2000.2
嵩阳书院与二程理学/安国楼//郑州大学学报(社科版) 2000.5
二程与朱熹的主敬思想/金仁权,崔昌海//东疆学刊 2000.1
心与理——程朱理学悲剧命运的个案透视/薛富山//孔子研究 2000.2
程颐天理论之建构及与佛学之关联/何静//浙江学刊 2000.3
陆九渊心学的两个根本观念/杨柱才//江西社会科学 2000.5
乾道、淳熙年间朝野对理学的批判/范立舟//暨南学报(哲社版) 2000.4
略论宋代儒学及其与现代东亚文明的关系/杨翰卿//开封大学学报 2000.2
重理性、融外学,求创新:略谈张载实学思想的基本特征/鲁子平//理论导刊 2000.3
论元初"以儒治国"思想的形成与发展/薛柏成//松辽学刊 2000.5
中州文士对元代儒学的贡献/叶爱欣//殷都学刊 2000.2
明代云南府州县儒学考论/陈庆江//学术探索 2000.5
中韩古代家规礼法对女性约束之比较——以明清与古代朝鲜时期为例/臧健//北京大学学报(社科版) 2000.3
论陈献章心学思想的理论意蕴和特色/方国根//孔子研究 2000.2
王阳明"知行合一"说与中华民族伦理精神/周松柏//贵州师范大学学报(社科版) 2000.2
王阳明"知行合一"与《南赣乡约》/程鹏飞//贵州文史丛刊 2000.3
阳明心学与汤显祖的言情说/左东岭//文艺研究 2000.3
王阳明与黄梨洲/曹国庆//江西社会科学 2000.1
论王阳明与贵州少数民族/王路平//孔子研究 2000.6
王阳明思想中"言语"与"心"的内涵/(日)柴田笃著;陈玮芬译//浙江学刊 2000.5
王阳明的良知本体论/肖鹰/浙江学刊 2000.5
王阳明思想资料的新发现/张立文//中国哲学史 2000.3

王阳明实践道德思想及其借鉴意义/孙宏,张新生//贵州师范大学学报(社科版) 2000.2
阳明"心学"与明代《诗经》研究/刘毓庆//齐鲁学刊 2000.5
意义世界的非理性主义建构——浅论王阳明的"心外无物"/何善蒙//社会科学 2000.5
为圣人祛魅——王阳明圣人阐释的"非神话化"特征/方旭东//中国哲学史 2000.2
以良知为圣——心学视野中的圣人/方旭东//孔子研究 2000.2
本体与工夫:从王阳明到黄宗羲/杨国荣//浙江学刊 2000.5
儒家价值信念的彰显:论王畿哲学对老庄思想的批判性吸收/付小莉//四川大学学报 2000.1
论东林对阳明学的纠弹/何俊//浙江大学学报 2000.4
湛若水心学思想的理论特色——兼论湛若水与陈献章、王阳明心学的异同/方国根//哲学研究 2000.10
论晚明"异端"思想的社会化/吴琦//华中师范大学学报 2000.4
李贽的史学思想/任冠文//南开学报(社科版) 2000.1
李贽与王阳明——中国传统文化思想新变的启蒙者/张建业//首都师范大学学报(社科版) 2000.1
顺性、自适与真诚——论李贽对心学理论的改造与超越/左东岭//首都师范大学学报(社科版) 2000.1
李贽的悲剧结局/任继愈//首都师范大学学报(社科版) 2000.4
李贽思想片论/张立文//首都师范大学学报(社科版) 2000.4
略谈李贽的反封建思想/苏双碧//首都师范大学学报(社科版) 2000.4
李贽《明灯道古录》的产生及其价值/张建业//首都师范大学学报(社科版) 2000.1
《万历十五年》对李贽著作的误读/潘叔明,许苏民//东南学术 2000.5
李贽与儒学关系略论/霍松//安徽史学 2000.4
吕楠与理学/朱晓红//西北大学学报 2000.2
刘宗周与晚明儒学/陈寒鸣//中华文化论坛 2000.3
论刘宗周的自我观/傅小凡//厦门大学学报(哲社版) 2000.2
论刘宗周的唯意志论——兼论阳明心学的终结/朱义禄//东方论坛 2000.3
论孙奇逢的学术思想/孙聚友//齐鲁学刊 2000.1
论焦循《孟子正义》的易学诠释/陈居渊//孔子研究 2000.1
王船山的社会图式论/余明光//船山学刊 2000.1
王船山"天人合一"思想与"因机设教"教学原则/肖时义//船山学刊 2000.1
17世纪中国哲学的空谷绝响——王船山哲学论要/李振纲//河北大学学报 2000.1
王阳明与黄梨洲/曹国庆//江西社会科学 2000.1
试析王夫之道德学说的理论贡献/黄钊//中华文化论坛 2000.2
论王夫之"乾坤并建"的宇宙生成发展说/吴乃恭//孔子研究 2000.4
论王夫之对张载气本论的继承和发展/曾翠萍,刘兴豪//湖南大学学报(社科版) 2000.3
试论王夫之的人文精神/郭瑞林//船山学刊 2000.1
王夫之历史政治思想略论/陈宪猷//船山学刊 2000.2
论易学对王夫之史学思想的影响/王记录//河南师范大学学报(社科版) 2000.5
王夫之易学中的实有思想与清初务实学风/汪学群//周易研究 2000.3
论王夫之的尊君和重民思想/李润和//东岳论丛 2000.6
"中庸"辩正:王夫之的中庸观/章启辉//湖南大学学报(社科版) 2000.2
论顾炎武的经学思想/魏长宝//孔子研究 2000.4
顾炎武"明道救世"的礼学思想/林存阳//中国社会科学院研究生院学报 2000.3
论顾炎武治学方法的儒家精神与哲学意蕴/戚福康//社会科学战线 2000.6
论顾炎武的"教化"思想/周可真//中国社会科学院研究生院学报 2000.6

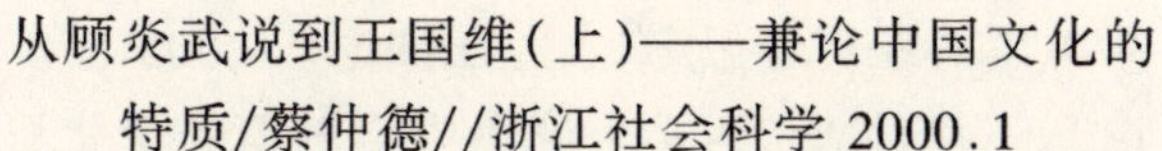

从顾炎武说到王国维(上)——兼论中国文化的特质/蔡仲德//浙江社会科学 2000.1

从顾炎武说到王国维(下)——兼论中国文化的特质/蔡仲德//浙江社会科学 2000.2

顾炎武与乾嘉学派/魏长宝//江汉论坛 2000.3

卢梭与黄宗羲法治思想初探——《社会契约论》与《明夷待访录》之比较/龚飒//船山学刊 2000.1

从《明夷待访录》看黄宗羲政治思想/张志海//晋阳学刊 2000.5

黄宗羲《孟子师说》述论/王雪梅//四川师范学院学报(哲社版) 2000.4

评孙奇逢"天理中未尝无人欲"思想的理论意义/李之鉴//平原大学学报 2000.1

论刘蕺山的无善无恶思想/王瑞昌//孔子研究 2000.6

论刘蕺山对王学的修正/姚才刚//武汉大学学报(人文社科版) 2000.6

李二曲调和朱子与陆王的方法/王昌伟//孔子研究 2000.6

李二曲心性实学发微/朱康有//晋阳学刊 2000.4

李二曲安身立命思想述评/谢扬举//中国哲学史 2000.1

李二曲的经世观念与讲学实践/林乐昌//中国哲学史 2000.1

中国古代人学思想的总结与终结——戴震人学思想研究/黄正泉//船山学刊 2000.1

戴震与中国早期启蒙思想/陈寒鸣//中国社会科学院研究生院学报 2000.5

以"心知"为人性善立说——戴震"知即善"性善说的理性论特点/胡贤鑫//江汉论坛 2000.10

在合理性与可欲性之间:儒家思想中善的观念——以戴震为中心的考察/陈赟//孔子研究 2000.6

"意见"与"理义"——戴震认识论中的两个问题/胡贤鑫//中国哲学史 2000.4

阮元的经解/余新华//文史哲 2000.1

高拱的实学思想及其实践价值/岳天雷//中州学刊 2000.5

清乾嘉后期扬州三儒学术发微/祁龙威//扬州大学学报(社科版) 2000.2

近现代部分

清末经学的解体和儒学形态的现代转换/景海峰//孔子研究/2000.3

传统"官学"在晚清的没落/董丛林//河北学刊 2000.1

晚清经世实学对中国早期现代化的推动/周积明//天津社会科学 2000.3

清末陕西的中体西用思潮/赵瑛//唐都学刊 2000.2

晚清士风与义利观的变动/李长莉//河北学刊 2000.1

晚清文化保守思潮述论/喻大华//天津社会科学 2000.1

论刘逢禄春秋公羊学的特色/申屠炉明//南京大学学报(哲学版) 2000.2

龚自珍论:亦"开风气"亦"为师"/何晓明//湖北大学学报(哲社版) 2000.6

论曾国藩的家教术/梁景和//孔子研究 2000.2

简评曾国藩经世致用思想/韩立君//辽宁师范大学学报 2000.1

曾国藩人格诠释/郭江娟//洛阳师专学报 2000.1

试论曾国藩的转移社会风气之道/马啸//贵州大学学报 2000.2

张之洞在晚清儒学没落进程中的卫道活动/喻大华//南开学报 2000.1

张之洞与晚清"新学"/王先明//社会科学研究 2000.4

《〈张之洞家书〉辨伪》/秦进才//历史研究 2000.2

廖平与晚清今文经学/马增强//华夏文化 2000.2

再论康有为与今文经学/汤志钧//历史研究 2000.6

康有为维新变法思想的早期文本/陈江//学术月刊 2000.7

康有为的孔子观与今文经学的终结/刘学照//江苏社会科学 2000.2

康有为《上清帝第一书》新探/汤志钧//学术月

冯友兰"抽象继承法"及其引起争议原因探析/李贵仓//中州大学学报 2000.2

文化的超越与寻根——论贺麟的文化哲学体系/马庆玲//求是学刊 2000.1

贺麟先生的新儒家思想/汪子嵩//学术月刊 2000.4

儒家道德形而上学的建立——论贺麟的道德观/余洁平//安徽师范大学学报(人文社科版) 2000.2

贺麟的体用观:中国现代哲学重建之路/魏义霞//齐鲁学刊 2000.1

贺麟对中西哲学的融贯创新及其学术建国论/吴仰湘//湖南师范大学社会科学学报 2000.4

牟宗三儒学宗教论研究/苗润田//孔子研究 2000.6

至善与圆善——论牟宗三对康德三个公设的消解/殷小勇//复旦学报 2000.4

重建传统的智者牟宗三/潘德荣//北方论丛 2000.5

牟宗三的道德形上学与海德格尔的基础存在论互参/陈立胜//中山大学学报(社科版) 2000.2

"德治"能否消解政治——评徐复观对儒学德治主义的现代诠释/龙佳解//求索 2000.1

新唯物论还是新儒学:与张立文先生再商榷/李存山//学术月刊 2000.6

近现代"人生佛教"与儒学的"人本"哲学/赖永海//江苏社会科学 2000.3

近代儒佛关系史述略/立广良//学术月刊 2000.2

鱼和熊掌何以得兼——义利之辩与近代价值观变革/高瑞泉//华东师范大学学报 2000.5

"经世学"与近代"新学"的发端/王先明//社会科学战线 2000.4

经世致用与中国近代外交观念的产生/陈双燕//学术月刊 2000.1

经世理学与湘军集团的个性/陶海洋//益阳师专学报 2000.1

论传统儒学对五四时期先进知识分子接受马克思主义的影响/刘国华//孔子研究 2000.4

中西人性论的冲突:近代来华传教士与孟子性善论/胡卫清//复旦学报 2000.3

近代教会学校开设儒家经典原因初探/谭树林//晋阳学刊 2000.4

近代儒佛关系史述略/李广良//学术月刊 2000.2

试论中国近代史上的文化保守主义/胡逢祥//华东师范大学学报 2000.1

20 世纪中国儒学的贡献与进展/崔大华//中州学刊 2000.1

儒家文化与 20 世纪中国文学/罗成琰,阎真/文学评论 2000.1

传统:由"知识资源"到"学术资源"——简析 20 世纪中国文化传统的失落及其成因/章清//中国社会科学 2000.4

激情评判:"五四"激进派对儒学的态度/张清祥//南都学坛 2000.4

新文化运动儒学批判的三点反思/陈祖怀//史林 2000.2

五四反传统中孔子的命运/邓文锋//河北学刊 2000.1

陈独秀反孔教思想综论/尤小立//常熟高专学报 2000.5

回应西方:现代新儒学的境界之思/陈鹏//首都师范大学学报 2000.1

解心释神:从现代新儒家看庄子的功夫论/曹智频//安徽大学学报 2000.3

现代新儒学的转向省察/范希春//山东大学学报 2000.6

列文森与《儒教中国及其现代命运》/郑家栋//开放时代 2000.5

毛泽东与"批林批孔"若干问题考述/安建设//党的文献 2000.4

哈佛燕京的儒学研究/李明华//学海 2000.5

(郭鲁兵)

著作目录

百年新儒林——当代新儒学八大家论略
黄克剑 著 中国青年出版社 2000 年 5 月版
中国儒教史
李申 著 上海人民出版社 2000 年 2 月版
儒学南传史
何成轩 著 北京大学出版社 2000 年 5 月版
儒家传统与现代市场经济
马涛 著 复旦大学出版社 2000 年 4 月版
儒家经济伦理精华
戢斗勇 著 中国文联出版社 2000 年 12 月版
儒教中国及其现代命运
[美]列文森 著 郑大华 译 中国社会科学出版社 2000 年 5 月版
儒家革命精神源流考
(香港)刘小枫 著 上海三联书店 2000 年 10 月版
台湾儒学——起源、发展与转化
(台湾)陈昭瑛 著 正中书局 2000 年 3 月版
儒家文化的人学视野
王杰 著 中共中央党校出版社 2000 年 10 月版
儒家中庸之道研究
陈科华 著 广西师范大学出版社 2000 年 4 月版
马克思主义与儒学
张腾宵 张宪中著 中国人民大学出版社 2000 年 4 月版
儒学源流
李书有 主编 中国青年出版社 2000 年 7 月版
中国儒学文化大观
汤一介等主编 北京大学出版社 2000 年版
佛教与儒教的冲突与融合
彭自强 著 巴蜀书社 2000 年 10 月版
儒道会通与正始玄学
高晨阳 著 齐鲁书社 2000 年 1 月版
和合之境——中国哲学与 21 世纪
李振纲 方国根 著 华东师范大学出版社 2000 年 12 月版
重释传统——儒家思想的现代价值评估
唐凯麟 著 华东师范大学出版社 2000 年 12 月版
文化哲学思潮简论
洪晓楠 著 上海三联书店 2000 年 10 月版
诸子群书
阎韬 主编 中国青年出版社 2000 年 5 月版
庚辰存稿
吕绍纲 著 上海古籍出版社 2000 年 12 月版
道·学·政——论儒家知识分子
[美]杜维明 著 上海人民出版社 2000 年 10 月版
社会变革与文化传统
胡逢祥 著 上海人民出版社 2000 年 9 月版
《春秋》经传研究
赵生群 著 上海古籍出版社 2000 年 5 月版
中国礼文化
邹昌林 著 社会科学文献出版社 2000 年 5 月版
郭店楚墓竹简思想研究
丁四新 著 东方出版中心 2000 年 12 月版
郭店竹简与先秦学术思想
郭沂 著 上海教育出版社 2000 年 12 月版

易辞新诠
程石泉 著 上海古籍出版社 2000 年 9 月版
周易的新义与日用
章关键 著 华文出版社 2000 年 5 月版
20 世纪中国易学史
杨庆中 著 人民出版社 2000 年 3 月版
周易与二十一世纪
徐道一 著 广东教育出版社 2000 年 9 月版
中国当代易学文化大辞典
刘玉建 等著 中国文联出版社 2000 年 3 月版
周易外传镜诠(上下)
陈玉森 陈宪猷 撰 中华书局 2000 年 5 月版
论语通说(上下)
郑球柏 著 湖南人民出版社 2000 年 8 月版
孟子通说
郑球柏 著 湖南人民出版社 2000 年 8 月版
大学通说
郑球柏 著 湖南人民出版社 2000 年 8 月版
中庸通说
郑球柏 著 湖南人民出版社 2000 年 8 月版
孟子与中国文化
杨泽波 著 贵州人民出版社 2000 年 10 月版
《论语》、《孟子》和行政学
[韩]李文永 著 东方出版社 2000 年 12 月版
孔子与中国文化
陈卫平 郁振华 著 贵州人民出版社 2000 年 10 月版
孔子与世界——1990－1999 孔子学术会堂讲学录
曲阜市人民政府编 齐鲁书社 2000 年 6 月版
孔子思想的当代价值
陈德述 主编 巴蜀出版社 2000 年 5 月版
孔孟学说之精华
兰陵 著 新华出版社 2000 年 10 月版
从孔夫子到现象学
张祥荣 著 商务印书馆 2000 年 9 月版
孔子传
吴高飞 著 中国人事出版社 2000 年 1 月版
旷世大儒——孔子
林存光 郭沂 著 河北人民出版社 2000 年 7 月版
经验主义的孔子道德思想及其历史演变
邓思平 著 巴蜀书社 2000 年 10 月版
天下归仁——孔子谋略纵横
周正舒 编著 蓝天出版社 2000 年 4 月版
内圣外王——孟子谋略纵横
唐志龙 编著 蓝天出版社 2000 年月版
孟子现代版
徐克谦 著 上海古籍出版社 2000 年 12 月版
荀学源流
马积高 著 上海古籍出版社 2000 年 8 月版
荀悦与中古儒学
陈启云 著 高专诚 译 辽宁大学出版社 2000 年 6 月版
儒学大师董仲舒
魏文华 编著 新华出版社 2000 年 9 月版
王充与中国文化
李维武 著 贵州人民出版社 2000 年 10 月版
朱子哲学研究
陈来 著 华东师范大学出版社 2000 年 9 月版
朱熹传
郭齐 著 四川大学出版社 2000 年 6 月版
朱熹的史学思想
汤勤福 著 齐鲁书社 2000 年 1 月版
朱熹与中国文化
蔡方鹿 著 贵州人民出版社 2000 年 10 月版
朱子家礼与韩国之礼学
[韩]卢仁淑 著 人民文学出版社 2000 年 8 月版
朱熹书院门人考
方彦寿 著 华东师范大学出版社 2000 年 8 月版
王阳明与明末儒学
[日]冈田武彦 著 吴光等译 2000 年 5 月版
明代哲学史
张学智 著 北京大学出版社 2000 年 5 月版
儒释道与晚明文学思潮
周群 著 上海书店 2000 年 3 月版

焦循儒学思想与易学研究

陈居渊 著 齐鲁书社 2000 年 5 月版

宋代理学思维

赖功欧 著 百花洲文艺出版社 2000 年版

中国第一思想犯:李贽传

鄢烈山 著 时事出版社 2000 年 2 月版

宋明理学与中国文学

郭延礼 著 百花洲文艺出版社 2000 年 4 月版

善恶之上——胡宏·性学·理学

向世陵 著 中国广播电视出版社 2000 年 1 月版

王学圣地话王学

郭长智 著 贵州人民出版社 2000 年 4 月版

王学与中晚明士人心态

左东岭 著 贵州人民出版社 2000 年 10 月版

王夫之与中国文化

胡发贵 著 贵州人民出版社 2000 年 10 月版

清代社会与实学

吕元骢 葛荣晋著 香港大学出版社 2000 年 3 月版

晚清保守思想的原型——倭仁研究

李细珠 著 社会科学文献 2000 年 1 月版

晚清文化保守思想研究

喻大华 著 人民出版社 2000 年 12 月版

清代朴学与中国文学

陈居渊 著 百花洲文艺出版社 2000 年 4 月版

一代儒宗——顾亭林

葛荣晋 魏长宝 著 文津出版社 2000 年 8 月版

戴震与中国文化

许苏民 著 贵州人民出版社 2000 年 10 月版

论戴震与章学诚

余英时 著 三联书店 2000 年 6 月版

梁漱溟传

郑大华 著 人民出版社 2000 年 12 月版

论文集

阳明学研究

吴光主编 上海古籍出版社 2000 年 10 月版

儒学与 21 世纪中国——构建、发展“当代新儒学”

祝瑞开 主编 学林出版社 2000 年 12 月版

郭店简与儒学研究

姜广辉 主编 辽宁教育出版社 2000 年 1 月版

中国思想史论集

张岂之 著 广西师范大学出版社 2000 年 5 月版

文化的馈赠:汉学研究国际会议论文集·史学卷

北京大学中国文化研究中心编 北京大学出版社 2000 年 8 月版

文化的馈赠:汉学研究国际会议论文集·哲学卷

北京大学中国文化研究中心编 北京大学出版社 2000 年 8 月版

国际儒学研究 第 9 辑

国际儒学联合会编 国际文化出版公司 2000 年 6 月版

国际儒学研究 第 10 辑

国际儒学联合会编 国际文化出版公司 2000 年 6 月版

纪念孔子诞辰 2550 周年国际学术讨论会论文集

国际儒学联合会编 国际文化出版公司 2000 年 6 月版

儒教问题争论集

任继愈 主编 宗教文化出版社 2000 年 11 月版

郭店楚简国际学术研讨会论文集

武汉大学中国文化研究院编 湖北人民出版社 2000 年 5 月版

附录

附录一：儒学研究在港、澳、台及国外

香 港

一、孔教组织

香港有四大孔教组织：1909 年由刘铸伯倡办的孔圣会，1921 年由冯其焯等创立的中华圣教总会，1927 年由卢湘父等人筹办、1935 年建成堂址的孔圣堂，1930 年由陈焕章创办的孔教学院。这四大组织之间互有来往，有长期合作的经验。其中以孔教学院的知名度为最高，而且近年来与内地的来往也最为密切。

香港孔教学院的创立，经过了长期的准备。其创始人陈焕章，广东高要人，生于 1881 年，早年曾入万木草堂，受学于康有为，1904 年中进士，1905 年赴美留学。1907 年在美国创办"昌教会"，开始了他的尊孔事业。他后来虽然肄业于哥伦比亚大学，但由于 1911 年他用英文著《孔门理财学》一书，获得哲学博士学位。1911 年回国。1912 年 10 月，他与沈曾植、梁鼎芬、麦梦华等人在上海发起创立了孔教总会，其宗旨是"昌明孔教，救济社会"。张勋任名誉会长，康有为任会长，陈焕章任主任干事。1913 年 2 月，创办《孔教会杂志》，他任主编，倡导共修孔教之伟业，光大中国之声名文物，复兴中华民族。在该杂志的创刊号，即第一卷第一号上，陈焕章发表了一篇序，称"宗教者，人类不能外者也"，主张孔子是"黑帝降神，素王受命"的"中国特出教主"；孔教独以人道为重，不以神道为重，使"宗教为之一新，超越了大地诸教"。宣称孔教会"以讲习学问为体，以救济社会为用"。要"挽救人心，维持国运"，必须"大昌孔子之教，聿昭中国之光"。号召"鸿儒硕学，志士仁人，效忠素王，报恩教祖，同声响应，大力提倡"。孔教会则要"集思广益，讲德与仁，启迪先圣微言，共阐救世新义，图以标古，论以振今"。同年，孔教总会迁入北京，1914 年迁入曲阜。1914 年 9 月，孔教总会在曲阜召开了全国大会，与会者多达二三千人。1917 年 12 月，陈焕章把《北京时报》改组为《经世报》，作为孔教会的机关报，他自任主编。1923 年，他又在北京西单创办孔教大学，亲笔题写了"北平孔教大学"，并申明该校宗旨是"昌明孔教，培养通儒"。认为"孔教若不为国教，则中国必亡"。其初衷是以保存国粹来对待新的革命。袁世凯政府教育部曾在一次批文中称赞孔教会："阐明孔教，力挽狂澜，以忧时之念，为卫道之谋，苦心孤诣，殊堪嘉许。"

1930 年，因北京多事，陈焕章来到香港，与一群志同道合者在般含道 13 号创建了孔教学院，他本人被公推为院长。孔教学院一本立己立人、树木树人之旨，以弘扬圣道、匡正人心、兴学办校、培育青年为职志。

陈焕章于 1933 年病逝，朱汝珍接任院长。朱汝珍 1942 年离港，卢湘父接任。1970 年，卢湘父以 102 岁高龄辞世，黄允畋接任。1992 年黄允畋让贤，推荐汤恩佳接任。70 年来，孔教学院所做的工作集中在以下几个方面：

（一）讲学宣道

香港孔教学院自创立以来，一直坚持提倡尊孔读经，讲学弘道。院长经常亲自讲学宣道。并聘请硕彦鸿儒讲学论道，定期举办"国学讲座"、"宣道月会"。为了推广儒学，主办过《弘道年刊》,并在有关报纸上主编“孔学”双周刊和“孔教”版专刊。近年又出版《孔教学院丛书》,包括陈焕章著《孔教论》、《儒行浅解》,吴康著《孔子哲学思想》,何沛雄著《孔学五论》,汤恩佳著《孔学论集》,以及《孔学论文集》等。

1977年以来,在香港各地广树孔子圣像,借尼山日月,万流景仰,以匡正人心,重振金铎。1992年汤恩佳继任院长后,在内地各处继续广树圣像,以期扩大孔子的影响,引起世人对孔子的敬仰。他还先后向香港政府有关部门申请兴建大成广场及孔子纪念堂。并抓住大陆改革开放之机,在国内重新展开弘扬孔教的工作,捐款在内地举办孔子文化节,重新唤起国人对孔圣之仰慕及对中国传统文化之认同。

1997年,香港孔教学院与香港中文大学新亚书院等联合举办“1997庆回归暨孔子思想与21世纪国际学术研讨会”,1998年举办“孔圣诞寰球庆祝大典”,1999年举办第二次“孔圣诞庆祝大典”暨“孔子思想光辉耀寰宇国际学术研讨会”,2000年举办“孔子思想与中国统一大业国际学术研讨会”。利用这些大型学术活动,香港孔教学院宣传孔教论,扩大了孔子在国内外的影响。

(二)兴学重教

孔教学院在香港共创办了四所学校:孔教大成中学、孔教大成小学、三乐周勿槐学校、大成夜中学,容纳学生数千人,每年的办学经费超过港币7000万元。孔教学院附设各校,均以“敬教劝学”为校训。“敬教”要求教师对学生要春风化雨,乐育英才;“劝学”要求学生化民成俗,达德向善。从小学四年级开始设经训课,选讲《论语》章句:中学经训课,讲授儒学精要,由院内学者编成《经训》课本四册,其内容均取自《论语》和《礼记》等儒家经典。这些学校均能秉承孔教学院之精神,以弘扬孔道,化导人心,发扬我国固有道德文化,为社会培育有用人才为办学宗旨,全力推行德、智、体、群、美五育,以使学生有更全面的教育及健康成长。教育目标包括:让学生认识儒家思想,冀能弘扬孔道,发扬中国传统文化;引导学生养成探求知识精神,培养解决疑难、辨别是非以及适应生活等多方面的技巧;使学生能树立积极的人生观及正确的价值观,为社会作贡献;培养学生的责任感、社会意识及艺术欣赏能力;让学生有健康的生活习惯和健康的体魄。各校在学生辅导方面所做的工作主要是:由训导组专门负责维持学校的秩序及纪律,通过奖惩制度的执行,建立起良好的校风,诱发学生自律自尊,培养学生良好的操守及正确的待人处世态度;学生辅导组负责帮助学生处理成长过程出现的种种困难,建立正确的人生观及适当的生活方式;德育及公民教育组的工作,主要是让学生了解自我及认识社会,从而建立正确的道德价值观,并认识公民的权利和义务,培养一颗关怀社会的心。孔教学院还组织各校,积极推动社区的敬老扶幼活动,让学生通过表演、筹款及嘉年华会等活动,认识服务社会、热心公益事业及弘扬孔孟大同思想的重要性。

孔教学院所属各校对学生优良品德之培训尤为重视,训育宗旨以四维八德为基础,以圣贤之哲理为依归,编定德育纲目作为每周的训育重点,列举实践要点,载于学生手册之内,由教师在每周周会或早会时轮流讲述,以期学生之思想行为有所遵循,成长为品学兼优之良好公民。另外,除遵照政府教育例则、符合教育原理为准绳外,还切合实际需要,适应环境要求,配合社会发展,订立常规,以推行公民教育。

(三)汤恩佳推行儒学的工作

香港孔教学院的五任院长中,有两位在中国大陆政协中担任过或正在担任职务。一位是黄允畋,生前曾经担任过全国政协委员;另一位是汤恩佳,现任广东省政协委员。其他三位院长,虽然没有担任过此类职务,但也都有较高的政治地位。他们有一个共同点,全身心地推行儒学。近年来,汤恩佳更是竭尽全力来做这一工作。

汤恩佳推行儒学,是有鉴于儒学在现代社会可以发挥作用。他特别喜欢引用全国政协主席李瑞环在1999年10月接见参加“纪念孔子诞辰2550周年大会暨国际儒学联合会第二届会员大会”的学者时所说的几段话:“孔子是中国古代伟大的思想家、教育家,他所创建的儒家学说博大精深,包括了政治、经济、哲学、伦理、教育、艺术等方面的思想和主张,构成了中华民族传统文化的基础，对于中华民族的形成、繁衍、统一、稳定和自立于世界民族之林都起了不可替代的作用，对于人类文明的进步和发展作出了极其重大的贡献，有着超越时代、超越国界的深远影响。儒学的许多重要论著，特别是做人、处事、立国的至理名言，至今被人们广为引用。”“当前，人类社会正处在世纪之交，面临着许许多多的矛盾和问题。解决这些问题，固然首先要依靠当代人的聪明才智，但也可以从古代哲人那里寻找智慧。两千多年来的历史充分证明，儒家学说可以为我们解决人类社会面临的问题提供有益的启示。”“要结合新的时代情况赋予其新的意义，并使之有机地渗透到政治、经济、文化以及社会生活的方方面面，更好地为现实服务，真正做到古为今用。”对李瑞环的这些论述，汤恩佳感到极为振奋。

从 1992 年出任孔教学院院长以来，汤恩佳一直致力于在世界各地活动，捐赠孔子铜像、出资帮助内地筹建孔庙、资助国内的儒学研究，至今已捐赠了数千万元港币。他利用一切机会，宣传他的孔教论。

汤恩佳的孔教论，是基于这样的立场：希腊文 Religion，其含义是信仰。而孔子是万世师表，博大精深，后人尊崇之如高山仰止，在信仰上无与伦比。而数百年前从日本传入的“宗教”二字，用中文作为主导来解释，“宗”是宗师之“宗”，“教”是有教无类之“教”，是修道之为教之“教”。也就是说，儒教就是儒家的学说，儒家的教化。因此，儒教或孔教与儒学或孔学，是不矛盾的。但儒学与儒教也有细微的差别：“学”是一种知识体系，理性因素占主导地位，说理、论证是其主要方式，“学”人必须有一定的文化程度，“学”对文化程度低或文盲基本上发挥不了什么作用。而“教”是以感性因素为主导的，有纯朴的感情、虔诚的信仰、严明的纪律等因素，其中信仰是首要的。儒学有高深的四书五经，让人望而却步，而儒教则只要求有简单的信仰崇拜，便是儒教中人了。从这一立场出发，他认为中国历史上，既有儒学，也有儒教。祖先崇拜、祭祀、孔庙（在其中举行的点烛、烧香、跪拜等）、三纲五常，都是儒教的表现形式。但在“文革”中儒教受到致命的冲击，几乎遭到灭绝。这是中国文化的不幸。因此现在要恢复儒教或孔教。

汤恩佳认为，恢复孔教为宗教，对国家有百利而无一害：1. 对宣传儒教更有生命力；2. 如果单是用学术去推行，只是在教授、专家、学生等范围之内，占比重较小，普遍性不够；3. 有利于制衡外教入侵、坐大；4. 与西方各教派平起平坐；5. 更容易争取到更广大的各阶层民众，因而更能增强民族的凝聚、团结、自尊心、爱国情怀与传统的价值观；6. 亦可说孔子是先知者，因他的思想直至今天，仍为世人所用；7. 国人有信儒学的自由，也有信儒教的自由，各有各自的立场，不能否定对方。

1998 年以来，香港孔教学院每年举办一次大型的孔圣诞庆祝活动或儒学国际学术研讨会，邀请全世界有志于研究中国传统文化的学者和专家与会，商讨如何促进中国传统文化与现代化结合的重大问题。2000 年，适逢孔教学院创立七十周年，该院更配合和平统一中国的问题，举办了“孔子思想与中国统一大业”的国际学术研讨会，出席者有 350 人之多。这次会议，对于促进海峡两岸的统一具有特别重要的意义。汤恩佳在大会闭幕词中说：“要和平统一中国，我认为首先必须将孔子提倡的‘和而不同’的思想作为中华民族精神文明的轴心，使不同的文化信仰实现‘多元互补’，才能融合、贯通上述（指在国内存在的儒、释、道、伊斯兰教、天主教、基督教等思想和宗教信仰）不同的文化信仰，以利于团结各方人士，实现和加强国家、民族的团结统一，增强凝聚力。理由是全国人民的文化基础是植根于儒家文化，而孔子是儒家的宗师，集中华文化之大成，后世尊为万世师表，其有教无类、因材施教、诲人不倦的教学精神，至今仍是举世教师之表率。因此，以孔子思想来维系中国 56 个民族，当可融合彼此间的冲突，化解彼此间的矛盾，而求同存异，团结一致。一个和平大一统的中国的出现，自是指日可待。”

最近几年来，汤恩佳在每年的广东政协会上，都提出一份《关于请求将孔教、儒教正式恢复为中国人民宗教一事的提案》，详细论述了他的有关儒教的思想。对这个提案，不管有没有不同意见，汤恩佳表示，他都将坚持提出这个提案，并最终将儒家的伦理价值观恢复、推广开来。

2000 年 2 月 17～20 日，印度尼西亚孔教会举行春节庆祝活动，汤恩佳院长及其随行人员代表香港孔教学院，应邀出席庆祝活动。在17日举行的春节团拜会上，印度尼西亚总统瓦西德和汤恩佳分别发表了讲话。汤恩佳还在18、19、20日的活动中都发表了讲话。这些讲话突出了三个方面的内容：儒学与儒教的统一性、儒商问题、儒学在我国的传播和影响。他强调，儒家学说既是学说，也是宗教，是学与教的统一，奉行孝、悌、忠、信、礼、义、廉、耻等信条，力行“己所不欲，勿施于人”、“己欲立而立人，己欲达而达人”等儒家原则，提倡忠厚友善地待人，是人类东方最高智慧文明的总结和典范。他认为“儒商”与一般商人最大的区别是非常重视商业道德，不取不义之财。他们或由儒入商，或由商入儒。儒商早已有之，孔子弟子子贡是最早的儒商之一，范蠡和计然、王戎、唐甄，后来的徽商、晋商，今天香港的董建华，也都是儒商。儒商“以财发身”，是仁者，有超功利的最终目标，有对社会的崇高责任感，有救世济民的抱负和忧患意识，以天下为己任。汤恩佳说，儒家文化不靠武力，远播海外，辐射到周边国家，形成了广大的儒家文化圈。儒家文化对世界文明做出了重大贡献，21世纪将对人类做出更大的贡献。

（四）香港举行“孔子思想与中国统一大业国际学术研讨会”

由香港孔教学院主办的“孔子思想与中国统一大业国际学术研讨会”，于2000年9月22日至25日在香港举行，同时举行了“孔教学院成立70周年庆典”。23日，在香港伊丽莎白体育馆举行了“孔教学院成立70周年庆典”，香港特别行政区行政长官董建华出席，并为孔教学院题词“圣道昭章”，为孔教学院剪彩，颁发永远名誉院长证书。国家宗教局局长叶小文在贺函中称赞孔教学院“成立以来，培养人才，有教无类，弘扬孔教，研究国学，成绩斐然，功德无量。主张祖国统一，反对民族分裂，为世人所敬佩”。教育部副部长韦钰也赞扬“香港孔教学院成立70年来，为弘扬中华文化做出了成绩”。汤恩佳代表孔教学院在庆典上致辞，称“孔子文化源远流长，在长达2500年的历史长河中，一直是中华民族文化生活的最高指导原则。可以说，孔子思想已深入民心，无远弗届，对民族的团结有莫大的凝聚力”。他代表孔教学院表示要在以下几个方面努力：“一、争取国家将孔教作为宗教，儒学儒教一体化，以孔子形象和思想作为整个中华民族的精神轴心，借以增强爱国文化教育、确认民族自尊，并强化民族之团结与凝聚力；二、争取将孔圣诞辰定为公众假期，让大家重新认识孔子，思索孔子之教训，从而反省本国文化的意义；三、将孔子教义纳入小学、中学及大学课程范围，以发展德育为本之教育，作为民族精神文化的支柱；四、在香港以至内地广建孔圣纪念堂或孔教青年会等，将孔教道理融入日常生活中，让各阶层人士可以有‘以文会友，以友辅仁’的场所”。会议对此进行了讨论，提出了不同的意见。

9月24日在孔教学院何郭佩珍中学进行了学术讨论。讨论会分大会发言和小组讨论两个段落进行，共分成16个小组进行讨论。讨论会上，虽然对汤恩佳院长的孔教论有不同意见，但大家对孔教学院不遗余力地推行传统文化，都做出了肯定，形成了这样的共识：“如果能以孔子为代表的中国优秀传统文化为主导，一定可以广泛团结港、澳、台同胞，以至全世界的华人，增强中华民族的凝聚力，并促成祖国的和平统一大业”。

这次学术讨论会的参加者有海内外的专家学者共350多人，与会专家一致认为，祖国的统一大业是任何人也无法阻挡的，中华民族属于一个统一的大家庭，儒家思想和传统文化是海峡两岸共同的根脉。与会的专家学者呼吁台湾当局，要顾大体，识大局，及早回到正确的立场上，及早回到祖国的怀抱。（蔡德贵）

二、儒学研究机构

香港的儒学研究机构以新亚书院为代表。新亚书院于1949年秋天由钱穆联合唐君毅、张丕介创办，原校址设在九龙桂林街的一所中学，初名亚洲文商专科夜校，翌年由夜校改为日校，并改为今名。新亚取亚洲新生之义。该书院的宗旨由钱穆确立：上溯宋明书院的讲学精神，并旁采西欧导师制度，以人文主义教育为宗旨，沟通世界东西文化。1953年，在书院内创新亚研究所，招收研究生，以文化创新和学术研究为要务。60～70年代，张君劢、牟宗三、徐复观等港台新儒家代表人物先后到此任教，他们视此地为中国学术复兴的基地。1964 年，新亚书院与崇基书院、联合书院合并组成香港中文大学以后，新亚书院为大学一部分，但保持一定的独立性。1973 年，香港中文大学在教育体制上仿照香港大学，与新亚书院的人文主义教育理念发生矛盾，唐君毅与牟宗三先后从中文大学退休，新亚研究所被裁撤。之后，唐君毅、牟宗三和徐复观在原新亚书院校舍重建新亚研究所，又创办新亚中学，致力于基础教育，弘扬儒学。现在，香港中文大学仍设有新亚书院并设新亚研究所和哲学系，开设中国哲学史（包括一般和断代史）、先秦诸子、新儒学等课程。新亚书院现任院长为梁秉中，新亚研究所主要研究人员有刘殿爵、刘述先、李杜和王煜等人。1999 年 12 月 3 日，新亚书院举行庆祝建院 50 周年的活动，活动的一个主要内容是举办“金禧讲座”，诺贝尔物理学奖得主、香港中文大学博文讲座教授杨振宁在讲座上发表了《中国文化与科学》的演讲，强调中国传统文化是人本文化，是内学，以身心为主，提倡心明便是天理，理是一个精神，或者用王国维的说法是一个境界，不是自然规律，理一分殊是说一个理在不同的情况下，有不同的结果，求理的方法是归纳法，而西方近代自然科学所使用的方法则是推演法加归纳法。

（蔡德贵）

澳　　门

一、澳门孔教会

澳门孔教会是澳门推行儒教的机构，成立于 1909 年。澳门孔教会初创时，是为了弘扬中国传统文化和儒家的道德精神。起初，曾附属于北京孔教总会，后脱离总会而独立。独立后的澳门孔教会的宗旨是：“尊崇孔教，发扬圣德，兴学育才，增进文化。”具体的活动有：其一，兴办学校。1913 年，澳门孔教会成立小学堂，招生授课。1941 年，在原有基础上，扩大规模，开办初中。办学的目的是“使会基永固，孔道宏光”。其二，行祭孔礼。每逢农历 8 月 27 日孔子诞辰，在澳门孔教会带领下，社会各界包括华人学校，共同进行广泛的纪念活动，有时也搭建牌坊，起亭立碑。祭奠仪式上，不管是使用乐器、祭具以及祭乐，都沿用古制。其具体仪式包括：行盥洗礼、行送神礼、行奠帛初献礼、行晋祝礼、行亚献礼、行三献礼、行受胙礼、行送神礼、行望燎礼等，庄严隆重，一丝不苟。其三，宣扬孔德。为了更好地发扬孔子思想和精神，澳门孔教会在 1960 年编印了《孔教中学经选》，辑录了《论语》、《孟子》及其他儒家经典中有关仁、义、礼、智、信方面的名言计 74 条，供学生背诵朗读。又编成校歌弘扬儒家思想：“溯我孔教，早创民元，经营校宇，勋纪前贤。于孝、悌、忠、信、礼、义、廉、耻为根本，施五育以无偏，柿山（孔教学校所在地）苍翠，镜海（澳门别称）清涟，一堂弦续，其乐陶然。使从修身齐家而治国，相期同止于至善，以平天下进大同为展望，庶弘扬孔教于万年。”

二、儒家伦理的研讨与著作

2000 年，澳门中国哲学会与北京师范大学哲学系联合举办了一次“应用伦理学学术研讨会”，到会的学者有两岸四地的各高等院校的教授、副教授，提供的论文有 20 多篇。其中一些论文涉及到儒家伦理的问题。大陆学者唐凯麟提交了《孔子人口伦理思想述评》、蔡德贵提交了《儒家伦理成为普世伦理的可能性因素》，澳门学者岑庆祺提交了《孟子性有善有不善说的社会意义——暨与荀子、黑格尔的比较》。岑文一反孟子性善论的成说，主张孟子的学说应该正名为“性有善有不善说”。岑文提出，孟子主张，耳目等感官是不会思考的，就得不到理、义，而会为物欲所蒙蔽。五官与外物的引诱相交接，便会被其引导到不善。所以顺从、存养此小体，便会成为小人。心官则能思维，便能得到理义而为善。先确立大体，则小体不能夺去善性，便成为大人。此观点令与会者耳目一新。澳门学者邓思平也在会上谈了他对儒家伦理的看法。

邓思平所著《经验主义的孔子道德及其历史演变》一书，被收入《儒释道博士论文丛书》，由巴蜀书社于 2000 年 8 月出版。李锦全、唐凯麟各为该书写了一篇序言，肯定该书用经验主义心理学的方法，对孔子的道德观进行了全新的研究，是一种学术上难能可贵的创新。全书包括“导论”和“孔子道德观的产生”、“孔子道德观的内部经验来源”、“孔子道德观的外部经验来源”、“孔子道德观的实施与社会条件”、“孔子道德观演变的两种路向”、“孔子道德观的现代意义”六章内容。该书认为,孔子基于人类具有趋利避害的本性,提出对道德的要求,这是孔子全部道德立论的基础。孔子把道德行为划分为初级和高级道德两种发生模式:根据不安之情引起心理效应,作为内在说服和根据,推动初级道德行为的发生;通过学习培养道德理性,作为外在说服和根据,建立高级道德行为的动机。个人从高级道德做起,必然得到他人以初级道德的回报,最终达到利人利己的效果。孔子实行道德的目标,是使人类追求和谐互利的愿望得到合理的满足。书中集中论述了以下观点:孔子的道德主张不仅以感觉经验为立论的前提和建构依据,其实行又以物质条件为基础,道德的目标终须达到共同利益的获得,从各方面均基本符合经验主义道德观的特点。当然,在孔子的时代,在道德观分类方面,不可能出现经验主义的明确概念和定义,孔子的道德观也未能在经验主义的层面上形成完整及严密的体系,尤其在天道观上的某些表述容易引起误解。然而,无论从其产生的前提和依据,还是由达致的结果和标准来看,孔子的道德思想就是经验主义类型的道德原则在中国伦理史上的最初的体现。(邓思平、蔡德贵)

三、习俗中的儒家影响

澳门自16世纪起成为多国籍、多族裔人民生活的地方。西方人(主要是葡萄牙人)、东南亚人、日本人,以及作为人口主体的华人,除在某些特殊时期外,数百年来基本上都能和睦相处。不同国籍和族裔的人们相互通婚,互相融入对方的社会,说对方的语言,遵守对方的生活习惯,互为对方文化的载体,形成了一个在血统和文化上的混血族群。澳门的整体文化形态上也充满了混合的特点。中国人在欢度自己的节日时,也享受西方节庆的快乐。西方人在欢度自己的节庆时,也享受中国节庆的快乐。在诸多生活习惯上,东西方不同族裔的市民们早已相互模仿吸收和融合交流,使澳门具有与许多亚洲城市不同的特点。因此,在澳门,纯粹的儒学很难找到,儒学是在道德观念方面通过社会各种功能加以延续甚至强化的。澳门市民通过各类节庆活动(如春节、清明、端午、重阳等),既促进了家庭成员的亲和关系,又得以发扬儒家“慎终追远”和忠贞爱国的精神。春节和清明节是澳门官方规定的带薪假期,端午节和重阳节也是澳门的法定假期。这些节庆已经成为澳门市民生活不可缺少的部分,通过这些节日,使儒家的行为理念和价值观点,潜移默化地渗透到市民的精神世界之中。

澳门虽然是一个多元文化的城市,但其历史发展的事实证明,东西方的价值观念并非完全对立,即使西方的文化已经产生了很大的影响,也不妨碍澳门市民保持自己的传统道德。儒家在澳门的继承和发扬,说明儒家的生命力是不可低估的。

台　湾

台湾地区儒学研究与祖国大陆儒学是紧密联系的。1949年,一部分新儒家代表人物转移到台湾香港等地,创办了《民主评论》半月刊(由徐复观在香港创办)、《自由中国》半月刊(由雷震、傅斯年奉胡适之命在台湾创办)等杂志讨论儒家学说。1958年,唐君毅、牟宗三、张君劢、徐复观四人在《民主评论》和《再生》杂志发表《为中国文化敬告世界人士宣言》,表明了他们新儒家的基本文化立场。五六十年代,钱穆、方东美等人也参加了阐发新儒家观念的讨论。由此形成新儒家的第二个阶段,与在大陆早期形成的梁漱溟、熊十力、冯友兰等人为代表的第一阶段新儒学相衔接。他们的特点是用援佛入儒的方法,并引进康德的道德哲学和黑格尔的精神现象学,建立起以“良知”为价值主题的道德形上学心性学说。七八十年代,蔡仁厚、唐端正、李杜、刘述先、杜维明等人形成新儒家的第三个阶段。他们用现代西方哲学的新思潮阐释中国儒学,提倡“对话”理论,与马克思主义对话、与基督教对话、与弗洛伊德的深度心理学对话,力图通过这些对话,谋求人文价值与科技精神的平衡,发展儒家资本主义。

台湾地区的儒学研究机构繁多,各大学几

乎都有与儒学研究有关的机构，中央研究院、中华儒学青年会、孔教学院、鹅湖书院、孔孟学会、中华圣道（孔学）会是活动较多的研究机构。创办的刊物除上述提到者外，《鹅湖月刊》、《孔孟月刊》、《孔孟研究》是儒学研究的主要阵地。

（东方文）

日　本

一、儒学的社会作用

1868年，日本开始明治维新，以西欧式的富国强兵为目标，积极地学习和引进英、美、德、法的科学技术和社会思想；此前作为武士阶层的教育机关而主要传授汉学（中国古典学说）、尤其是朱子学的藩校（各藩所设的教育机关），也在幕府末期开始讲授洋学。其后，汉学被视为旧式学问。随着维新后"废藩置县"、"四民平等"等新的社会关系的形成，儒学被福泽谕吉、西周等众多的启蒙知识分子、市民思想家视为与封建制度紧密结合的学说而加以批判。

当然，现在一般认为，成熟于江户时期的日本近代儒学，通过昌平黉（幕府直接设立的教育机关）、各藩校、众多的私塾和贫民学校以及出版物等，不仅教育了武士，也教育了一般平民，为明治以后形成国民国家作了铺垫。因此，明治初期的知识分子当中，有人谋求将自己的传统修养即儒教与外来的基督教相结合，有人则摸索儒学在近代社会仍可继续存在的根据。

对文明开化的讴歌，不久即引发了自由民权运动；明治政府对此运动的高涨深感危机，立即开始对运动直接镇压，同时为了加强对学校教育的管理，于1890年发布了以德育为本的"教育敕语"。"教育敕语"试图以水户学（幕府末期部分水户藩士倡导的旨在尊皇攘夷的政治思想）的国体思想为框架复兴儒学，强调"忠孝"。这对光绪新政时期清政府发布的"钦定教育宗旨"影响甚大。

同年，日本哲学界的代表人物、东京帝国大学教授井上哲次郎（1855—1944年）诠释了"教育敕语"，同时主张要按德国哲学解释儒学，进行国民道德教育。在民间，出于反对欧化主义，也出现了重新评价东洋思想的动向。明治中期，《阳明学》杂志（铁华书院1896—1900年）发刊，兴起了复兴阳明学的运动。江户时代初期传入日本的阳明学（王学），曾经是维新志士赖以进行政治运动的实践论，其思想盛行于幕府末期。维新志士与阳明学的关系，也受到清末来日本的中国留学生的重视，从而成为变法运动和革命运动的活动家重新评价阳明学的契机。

日本资本主义黎明时期的代表人物涩泽荣一（1840年—1931年），曾经开办、培育了不少近代企业；他把儒学、士魂和资本主义相结合，称自己的事业是"论语和算盘"、"道德经济合一"、"士魂商才"；《论语》对他来讲，是"以义兴商之书"（涩泽荣一《论语讲义》1至7卷，讲谈社学术文库1977年；《论语和算盘》，国书刊行会1985年）。近年，余英时对涩泽荣一的"士魂商才"的观念深表共鸣，认为这可能成为日中两国近现代史的共同课题（余英时《中国近世宗教伦理与商人精神》之〈日文版自序〉，平凡社1988年）。

昭和战争时期，出现了一些立足于儒学协助战争的团体。安冈正笃（1898—1983年）是一个日本主义的阳明学者，他为了掀起青少年精神教化运动，自1927年开始活动，成立了国维会，集结了部分年轻官吏；其对政治、行政、经济各界领导人的影响一直持续到战后。

二、儒学的学术研究

在明治以后至战后的学术界，儒学研究是通过摆脱江户以来的传统汉学，而以近代的方法论进行的。这些方法同时也产生了东京、京都的各自学风。其方法大体有以下三种。

1．继承汉学传统，同时仿习西洋哲学史的风格，对中国哲学思想作历史考察。

明治政府的思想领袖西周（1829—1897年）发明"哲学"这一译语，是在1874年。这个译语被用于论述中国思想，标识着人们试图在固有的汉学中引进西洋哲学的方法，通过历史性考察重新建构汉学，而其滥觞则发于1883年井上哲次郎在东京帝国大学举办的东洋哲学史讲座。井上的著作尤以《日本阳明学派的哲学》、《日本古学派的哲学》、《日本朱子学派的哲学》（1900年—1905年）这三部著作最为有名。从前述他的有关国民道德的主张不难看出，他的学说成了天皇制国家的道德支柱。

最早正式刊行的中国哲学史论著，要数远藤隆吉的《中国哲学史》(1900 年)。其后，又陆续出版了一系列通史性著作，如中内义一《中国哲学史》(1903 年)、远藤隆吉《中国思想发展史》(1904 年)、高濑武次郎《中国哲学史》(1910 年)、宇野哲人《东洋哲学大纲》(1911 年)等。这些著作都并非专论儒教，但是，有关儒教的论述当然地占了大部分篇幅。其中，宇野的《东洋哲学大纲》一书虽也论及清末同时代的思想状况，但主要论述的是先秦时代的哲学；故该书后经增补自宋明理学至清末部分，以《增订〈中国哲学史讲话〉》(大同馆 1914 年，讲谈社学术文库现又再版)。谢无量的《中国哲学史》(中华书局 1916 年)一书的结构，完全基于《讲话》。

专论孔子的，有蟹江义丸的《孔子研究》(金港堂 1904 年)。该书不是把孔子当作圣人，而是作为一个历史人物加以人格化。当时的汉学者批判该书道，“圣人只可尊奉，岂可研究！”；这倒使该书大受赞誉，被认为是“独立于经学的全新的中国古典研究”。不过，其写作意图仍在于彰扬孔子的伦理观和其伟大人格，与前述井上哲次郎的国民道德的主张一脉相通。这一点，受到了山路爱山《孔子论》(民友社 1905 年)的批判。梁启超在撰述《孔子》(《饮冰室专集》第 36 册)一文时，就参照了蟹江义丸的《孔子研究》。

这些著述，一方面继承了汉学的传统，同时仿习西洋哲学的方法，因其近代风格和对儒学的合理解释，从而给予清末民国时期的中国学术界以极大的刺激和影响。

2. 高度评价清朝的考证学方法，旨在对中国思想作内在的、共鸣性的理解。

1929 年，京都成立了东方文化学院京都研究所。首任所长狩野直喜，作为京都中国学的创始人之一，发挥了指导作用。京都中国学试图摆脱江户汉学传统，在方法上重视清朝考证学。1931 年，在研究所主办的公开纪念讲演会上，狩野以《春秋公羊传与汉律》为题，亲自进行了连续四次的讲演。在此之前，狩野从 1911 年开始在京都帝国大学文学部开设了《公羊研究》等课程，其教案和《左传研究》教案，后经改编合为一册《春秋研究》(みすず[MISUZU]书房 1994 年)。另外，狩野的遗著、遗稿已经公开出版的还有《中国哲学史》(岩波书店 1953 年)、《两汉学术考》(筑摩书房 1964 年)、《魏晋学术考》(筑摩书房 1968 年)。他的学术风格特点是，精确研判文献的每一字句而决不疏漏，同时又考虑其在广博的学术史中的竟义；他主张，就研究中国而言，时代精神的最佳表现，在于解释古典的方法。他也曾在北京留学期间经历了义和团事件，与服部宇之吉共同被困于北京城中。他曾见过张之洞，也与流亡京都的罗振玉、王国维等交往颇深。

在史学方面，同样曾被称为京都中国学创始人的京都帝国大学的桑原骘藏，也以考证厚重见长，其从法制角度描述中国传统价值规范的《中国的孝道及其在法律上的表现》(1928 年)是一部名著(收于筑摩书房《桑原骘藏全集》第 3 卷；现该书讲谈社学术文库再版)。

1938 年，东方文化学院京都研究所改称东方文化研究所，由六个研究室组成。其中经学文学研究室的仓石武四郎、吉川幸次郎、平冈武夫，于 1935 年至 1941 年间共同进行了《尚书注疏》的研究，并结集出版了《尚书正义定本》(1943 年)。他们还同时校订了《毛诗注疏》(1941 年)。

1939 年，在东方文化研究所之外，又成立了京都帝国大学人文科学研究所。研究所发轫后的第一篇研究报告，是首任所长小岛祐马所作的《中国政治思想的特质》。在此报告中，小岛从社会经济方面考察了儒学，系统地论述了中国的革命思想的传统(《中国的革命思想》，弘文堂 1952 年；《中国的社会思想》，筑摩书房 1967 年)。该研究所还以《梁漱溟的村治主义乡村建设运动》(1943 年)为共同研究课题，进行了政策研究。

另外，武内义雄的《论语研究》(岩波书店 1939 年)、加藤常贤的《礼之起源与其发展》(中文馆书店 1943 年)，也是该时期的重要著作。

3. 以批判和怀疑的态度研究儒学。

无论是以近代方法继承江户汉学，提倡国民道德化，还是试图以考证学方法尝试理解中国古典的内在精神世界，其学术风格虽不相同，但都对中国的传统思想有所共鸣，而持肯定态度。但是，津田左右吉所代表的，是与上述 1、2

截然不同的立场。津田对儒学所代表的过去的中国文化持批判态度，因而被称为反儒学的启蒙主义史学者。他的著作有《儒学之实践道德》（岩波书店 1938 年）、《论语和孔子思想》（岩波书店 1946 年）等；在这些书中，他认为儒学只是中国固有的，而与日本的“国民思想”没有任何关系。对于这种研究中国的“异别化”方法，近年有重新加以评价的动向（沟口雄三的《作为方法的中国》东京大学出版会 1989 年）。

以上简述了明治时期至战后的儒学研究。下面介绍一下战后至现在的各方面儒学研究。

从研究体制看，东方文化研究所、人文科学研究所、德国文化研究所（西洋文化研究所）于 1949 年合并成为京都大学人文科学研究所。不过，旧研究所的经验被继承下来，新研究所的特点仍然是共同研究。其中，从事中国研究的是东方部；该部的共同研究中，有关经学、儒学的研究有〈周礼考工记的研究〉（贝塚茂树，1961—1964 年）、〈朱子研究〉（田中谦二，1970—1975 年）、〈朱子语类研究〉（田中谦二，1975—1976 年）、〈清代经学研究〉（尾崎雄二郎，1976—1979 年）。另外，该研究所于 1965 年附设了东洋学文献中心，该中心的主要工作是收集、编辑和发行《东洋学文献目录》。该《目录》对于查找有关儒学研究的论文非常方便。

通过上述共同研究，产生了平冈武夫的《经书的形成》（全国书房 1946 年）；该书论述了自甲骨文到尚书的形成过程。而贝塚茂树的《孔子》（岩波书店 1951 年）则从历史学家的立场指出了孔子的进步意义。战后研究方法的特点是，社会科学以及马克思主义的方法愈益明显，其代表著作是重泽俊郎的《原始儒家思想与经学》（岩波书店 1949 年）；而持实证方法者则对此啧有批判。顺言之，关于新撰通史，有东京大学中国哲学研究室编《中国思想史》（东京大学出版会 1952 年）问世。

概言之，战后的研究都自觉地努力从社会和历史的角度来理解思想；而对明代思想尤其关心，也涌现了大量的研究成果。这可以说是战后研究的一大特点。在这方面开其滥觞的是岛田虔次的《近代思想在中国的挫折》一书（筑摩书房 1949 年、改订版 1970 年）。岛田在人文科学研究所受过考证学方法的锤炼，同时又突破了该方法轻视明学的学风，而着手研究阳明学。该书对左派阳明学给予积极评价，以其充满刺激的韦伯式观点和儒学观，旨在从该派中发现近代市民社会的萌芽，从而与山下龙二、岩间一雄等展开了论争，并引发了许多探讨。岛田的研究始自明学，其后愈益由宋学向清末明初展开和深化；不过有人评论岛田说，他是“能够从儒学这一对日本人来说性质完全不同的思考体系的内部加以论述的、值得信赖的、为数不多的学者之一”。他的主要著作有：《朱子学与阳明学》（岩波书店 1967 年）、《关于新儒学——熊十力的哲学》（《五四运动研究》第 4 函第 12 分册，同朋舍 1987 年）、《对隐者的尊重》（筑摩书房 1997 年）、《中国的传统思想》（みすず[MISUZU]书房 2001 年）。另有《中国思想史研究》一书也将由京都大学学术出版会于 2001 出版。

在与佛教的关系之中探讨儒学的，或将明学作为哲学来研究的著作，有荒木见悟所著的《佛教与儒学》（平药寺书店 1963 年）和《阳明学的位相》（研文出版 1992 年）、冈田武彦著《王阳明与明末儒学》（明德出版社 1970 年）、山下龙二著《阳明学研究》（现代情报社 1971 年）等。有关宋学，楠本正继在《宋明时代儒学思想的研究》（广池学园出版部 1962 年）一书中，就心即理学进行了卓越的研究。朱子研究，则有友枝龙太郎著《朱子的思想形成》（春秋社 1969 年）；安田二郎著《中国近世思想研究》（筑摩书房 1976 年），则就朱子的理与气进行了慎密的理论探讨。近年出现的研究成果，有市川安司《朱子哲学论考》（汲古书院 1985 年）、渡边浩《近世日本社会与宋学》（东京大学出版会 1985 年）等。其中安田还曾译注和分析了清代戴震所著《孟子字义疏证》一书；而试图于明代去寻求戴震的气的哲学源流的，则是山井涌的研究，其著述有《明清思想史研究》（东京大学出版会 1980 年），和《朱子学思想——中国思想的传统与革新》（汲古书院 1990 年）。

与上述性理学研究相对照的，是正统的经学研究。这方面比较坚实的论著，有小仓芳彦《古代政治思想研究——〈左传〉研究笔记》（青木书店 1970 年）、日原利国《〈春秋公羊传〉研究》（创文社 1976 年）等。其中日原还编有《中国思想辞典》（研文出版 1984 年）。白川静的

《孔子传》(中央公论社 1972 年)则通过对甲骨文、金石文的研究,突出了儒学作为巫师的性质。有关清代考证学,也出现了近藤光男著《清代考证学研究》(研文出版 1987 年)和滨口富士雄著《清代考据学的思想史研究》(国书刊行会 1994 年)这样的著作。

就研究中国思想的方法论,以及与研究对象之间的距离等频频发表见解的,是沟口雄三。他著有《中国前近代思想的折射和发展》(东京大学出版会 1980 年)。他与户川芳郎、蜂谷邦夫共著之《儒学史》(山川出版社 1987 年),是一部比较周详的概论,并附有详细的参考文献。

进入 80 年代,人们开始热烈讨论儒学文化圈与资本主义的关系,其中有金日坤著《儒学文化圈的秩序与经济》(名古屋大学出版会 1986 年)等。这是对当时东亚经济快速增长所持有的极其时事性的关心所造成的;然而这种关心也使一般社会开始关心儒学。在这种形势下,加地伸行著《儒学是什么》(中公新书 1990 年),因其对儒学所作的大胆定义而赢得了一般读者。近年的一些儒学研究则不拘于旧有的儒学研究框架,视角比较新颖;其成果有子安宣邦著《鬼神论——儒家知识分子的理性断层》(福武书店 1992 年)、三浦国雄著《朱子与气与身体》(平凡社 1997 年)、下见隆雄著《儒学社会与母性》(研文出版 1994 年),下见隆雄著《孝与母性的构造——中国女性史的角度》(研文出版 1994 年)等。年轻学者的研究成果也颇丰硕,这其中有吉田公平的《陆象山与王阳明》(研文出版 1990 年)和《日本的阳明学》(ぺりかん[PELIKAN]社 1999 年)、小岛毅的《中国近世的礼》(东京大学出版会 1996 年)和《宋学的形成与发展》(创文社 1999 年)、木下铁也的《再读朱子——关于理解朱子学的绪论》(研文出版 1999 年)等等。最后,不久前出版的沟口雄三等编《中国思想文化辞典》(东京大学出版会 2001 年)也颇具价值。

([日]森纪子撰文 袁广泉译)

新 加 坡

一、南洋孔教会

南洋孔教会最初成立于 1918 年,是响应北京孔教总会而成立的。1913 年,在陈焕章的倡导下,北京成立孔教总会,各省、县、市及海外华侨聚居地成立分会,南洋各地也纷纷成立分会。1918 年,新加坡由中华总商会发起,联合各界成立孔教会。因当时新加坡是英国海峡殖民地政府的重要根据地,乃定名为“实得力”(Strait)孔教会。新加坡孔教会初成立之时,因主要负责人相继去世,会务几近停顿。直到 1949 年,得以重振会务,并更名为南洋孔教会。该会的主要活动是在孔圣诞时举行祭祀仪式及庆祝活动。另外,也举办孔子思想征文比赛、讲座,出版儒家思想书籍,举办文物展览等活动。近年来,该会会员逐渐减少,已不足百人,且会员年事已高,不再经常举办活动。最近几年的主要活动有:1989 年,在孔圣诞时举行庆祝会、现场书法比赛,出版《孔圣诞生 2545 周年暨南洋孔教会成立 80 周年纪念双庆特刊》。1999 年 7 月,主办儒学讲座,由新加坡国立大学教授苏新鋈博士主讲。1999、2000 两年连续举行孔圣诞庆祝会。

该会现任会长是盛碧珠女士,秘书是林义兴。

二、新加坡儒学联合会

新加坡儒学联合会是 2000 年新成立的学术团体。1994 年,在中国北京成立了国际儒学联合会,新加坡派员参加了成立大会。与会人员回国后,为了更有效地加强儒学研究及推广儒家思想,决定酝酿成立新加坡儒学联合会。2000 年 11 月 2 日,在新加坡总理公署由卫生部政务次长曾士生主持,举行了成立暨庆祝大会。大会决定建立该会的常设组织机构,选举唐裕为会长,陈荣照为第一副会长,苏新鋈为第二副会长,聘王赓武、庄右铭、盛碧珠、刘蕙霞、林徐典为顾问,并聘用了秘书、财政、学术、出版、联络等各方面的负责人。该会成立后,以集体会员的身份,申请加入国际儒学联合会。该会计划在 2001 - 2002 年间,举办一次题为“儒学与新世纪的人类社会”的国际学术研讨会,计划出版该会会讯、论文集与通俗性读物,以发扬儒家文化。

三、新加坡儒学研究会

新加坡儒学研究会是 1984 年成立的,成员多是文教界人士，其中大多数是教师。该会成员过去曾多次与新加坡国立大学东亚哲学研究所、新社、南洋学会、国立大学中文系等单位组织联办儒学讲座，出版儒学丛书2部，出版不定期刊物《儒学与你》3期，《儒家学报》1期。现准备将《儒家学报》易名为《儒家文化》，于2001年上半年出版。目前，该会有会员50多名，会长为何炳彪，副会长为林宝环女士（陈荣照夫人），秘书为何子煌。

四、孔孟圣道院

孔孟圣道院成立于1979年，其宗旨是将孔孟有关真理的教育化为济世救人的真学问，以实践孔孟之道为己任。成立之初仅有成员50名，现已发展到700多名。1999－2000年举办的主要活动有：为发扬儒家精神开办研究班，主要是开设《论语》《孝经》研究班，《论语》班每星期两次，《孝经》班每星期一次，每次上课人数在30人左右。定期探访老人院，每月组织有关人员探访老人院一次，在老人院提供打扫卫生等服务。每年年终，为老人院赠送红包礼物，并为老人表演节目。每年在孔圣诞时举行庆祝活动，并举行文艺表演。该院设主席一人，由辛明春担任，总务一人，由郑钟山担任。

五、论文选介：《〈弘扬儒学（东方太平主义）缔造21世纪和平〉宣言》

该文是新加坡孔孟研究中心杨瑞文所写，全文约2万余字。首发于韩国程朱学会编辑的《国际性理学研究》（创刊号，2000年）。文章是有感于儒学在国际范围内影响日渐扩大而写的。作者看到，东方儒家学说的研究，已经从第三期儒学开枝生叶，美国波士顿儒家、现代港台新儒家、现代中国大陆新儒学、新加坡新儒学、马来西亚新儒学，都是对第三期儒学的回应。文章认为，中国的历史，是一部人民追求和平、安居乐业的和平奋斗史，中国产生了秩序的和平主义者儒家、行动的和平主义者墨家、法自然的和平主义者道家，形成一种和平主义的文化。以美国为首的西方文化，占主导地位的文化是尖端核武器文化、波音文化、麦当劳快餐文化、麦当娜流行文化、好莱坞世俗爱情与性暴力文化。只有占10%的精英所享有的学术思想自由、言论行动自由、科技自由、出版自由的文化，才是值得赞许的文化。总之，西方文化没有给人的生活提供意义和归属感以及目标和价值观架构，人们缺乏生活目标，产生惟我独尊病态，只关心自己的外貌、职业、个人发展、健康、子女等，表面上追求的是享乐，骨子里却是恐惧、悲观、困惑、怀疑和缺乏安全感，在面临文化、经济和科技加速改变的局面时，感到不稳和无能为力，感到与国家主体特别是与政府疏离。现阶段人类文化将重组重建，包括海外华人在内的中华炎黄子孙，应该凝聚群力，汇合群英，善用经济力量，集中学术精英，创设孔子世界大学，以弘扬儒家思想。通过弘扬儒学兼容并包的和平文化，进行新的环境文化和环球教育，重新塑造新一代人类，创造新环境，人类才有前途，和平才有保障。

（东方文）

印度尼西亚

一、中华会馆

1875年，印度尼西亚华裔在东爪哇泗水创建了文庙，这是该国最大的孔庙。后来，该文庙被改称为孔夫子堂。1900年3月17日，中华会馆正式成立，潘景赫任会馆主席，陈金山任秘书。李金福作为会馆主要负责人之一，以《华人宗教》一文，阐明了会馆的宗旨是弘扬孔子的思想，认为华人的宗教存在于孔子的学说之中，孔子的学说是华人宗教的精髓，是中华文化的根本。孔教信天拜天，行善行孝，并且祭拜祖先的灵魂。为了使华人能看懂孔子和儒家的著作，会馆开办了200多所学校，以从事中文的教育工作。中文学校的宗旨是“尊孔”，学校高挂孔子像，在孔子生日和逝世纪念日，各放假一天，以举行演讲会的形式，来纪念孔子。1928年以后，会馆的主要任务，由尊孔改为加强华人的民族主义教育。

二、孔教会

印度尼西亚的孔教会，有的是从中华会馆分化出来的，如梭罗的孔教会；有的是自立团体新成立的，如泗水和三宝垄的孔教会。1923年，印度尼西亚各地孔教会的代表在梭罗举行了全国第一次代表大会,成立了孔教总会,决定把总部设在万隆。1923年12月8日出版的《孔教月报》刊登了孔教总会成立的消息和大会的报告。1938年12月5日,梭罗孔教会邀请爪哇各地的孔教会举行全爪哇孔教会联合会议,选举出孔教总会的领导机构,由张震益任总会主席,胡英恭任秘书。这次大会决定出版《木铎月报》作为孔教总会联系各地分会的刊物。孔教总会的任务,就是协调各地讲经者的工作。1942至1954年,孔教总会的活动几乎停止,华人的宗教活动分散在各地进行。1954年12月,孔教人士在梭罗召开代表会议,决定重建孔教。1955年4月,郭谢卓为首的印度尼西亚孔教联合会成立。1956、1957和1959年,孔教联合会分别召开了第一、第二和第三次全国代表大会,修改了联合会章程。1961年,在梭罗召开第四次代表大会,决定统一孔教教规,把孔教联合会改名为"孔子学说学会",学会领导人向国家宗教部请求,重新确认孔教在印度尼西亚宗教中的地位。1963年,孔子学说学会在茂物举行会议,将其组织改名为"全印度尼西亚孔教联合会"。1964年5月,在达西拉马雅举行的第五次全国代表大会上,又改名为印度尼西亚孔教联合大会,由曾绵礼任主席。同时,重建了全印度尼西亚孔教青年联合会,由苏里约·胡托莫担任主席。1965年,苏加诺总统发布命令,承认孔教为印度尼西亚六大宗教之一。1967年8月,在梭罗召开第六次全国代表大会,代总统苏哈托出席,并发表了书面讲话。会议决定将组织机构改名为印度尼西亚孔教大会,陈盛和为主席。1969年12月,在北加浪岸举行第七次代表大会,由苏里约·胡托莫任主席。1971年3月,全印度尼西亚孔教教徒工作协商会议召开,决定为争取普选的成功,向爪哇以外的地方弘扬孔教,扩大孔教的影响。12月,举行第八次全国代表大会,决定接受邀请,参加1974年准备在比利时举行的世界宗教与和平会议。1979~1980年间,孔教大会多次举办会议,开办实践印度尼西亚"建国五基"的训练班。1979年,苏哈托指示宗教部,撤消孔教作为一种宗教的法律,孔教的活动受到种种限制。1980年孔教大会主席徐才英撰文强调孔教的宗教性,认为孔教有宗教所具备的八大信条:信天;崇德;树天命;知命、修身、养心、戒欲、取中;尽孝;崇孔;敬《四书》;遵圣道。但印度尼西亚官方则坚持孔子是哲学家而不是宗教先知,印度尼西亚华人把孔子学说作一种宗教来对待的实践活动,受到严重的挑战,处于困难的境地,甚至孔教会开办的华语学校也被当局取消。到苏哈托下台后,印度尼西亚的官方政策有了重大改变,孔教会的活动得以恢复。现任孔教会会长为黄金泉。2000年2月16~20日,印度尼西亚孔教大会举行新春团拜会,瓦西德总统出席,并接受与会者香港孔教学院汤恩佳院长赠送的孔子像。孔教会在印度尼西亚社会上的地位日益恢复,孔子思想重新深入华人中间。

三、三教会

三教会是1934年在当时的荷兰属东印度建立起来的,其创始人郭德怀原是中华会馆的成员,是当地土生土长的华人作家。三教会的宗旨是统一、弘扬和实践三教——孔教、佛教和道教,把孔教的虔诚、佛教的超凡以及道教的逆来顺受,这些有一定区别的生活方式分别或者合在一起加以倡导。爪哇岛有些庙宇有孔子的塑像,如泗水的文庙,即后来的孔夫子堂,雅加达的观音堂,三宝垄的大觉寺。1945年8月印度尼西亚独立后,华人的宗教活动活跃起来,有些孔教会加入了三教会,三教会有了较大的发展。1955年,印度尼西亚已有30多个三教会组织。其总部设在雅加达,名为三教联合会,郑万安为负责人。三教联合会出版了《三种文化》的月刊,以弘扬三教,交流各地三教会的情况。这年,三教联合会举行了全国代表大会,决定成立三教男女青年会,加入青年会的还有华人以外的当地印度尼西亚人。一直到1965年,三教会的活动都是比较正常的。1967年12月6日,印度尼西亚政府颁布总统决定书,禁止华人在公共场合举行中国传统的宗教仪式、宴会和庆祝活动,当局通过官方或半官方的方式号召华人放弃孔教和道教,三教会的活动受到限制。

四、2000年印度尼西亚孔教会的活动

2000年2月17~20日,印度尼西亚孔教会举行了农历春节的一系列庆祝活动,香港孔教学院院长汤恩佳应邀出席。17日,举行春节庆祝会,瓦西德总统出席。18日工商界举行春节团拜会,19日宗教学术团体举行团拜会,20日

穆斯林团体举行活动,孔教会参加;在孔教圣堂举行春节团拜会。瓦西德总统在孔教会举行的春节庆祝会上发表了讲话,他说:“好多年来,印尼孔教徒被剥夺了其权利,现在承认其权利的最好方式,就是能参加孔教会举办的农历新年感恩会。我也是华人的后代,在此我恭祝大家新年快乐,财源广进,希望我们的印度尼西亚共和国国泰民安。”“有一个问题,孔教是不是宗教?或者是人生哲理?对我来说问题很简单,一个宗教若被其信徒所信仰,那一定是宗教。其实,宗教问题不是政府管理的事情,政府承认不承认一个宗教已经是一件糊涂的事,即使没有被国家承认,该宗教仍然活在人们的心中,而人心又滋润着宗教。”“还有一点,宗教是活在以文化为基础的人心中。有的人认为,‘文化是宗教的一部分’或‘文化高于宗教’,或者‘宗教是文化的一部分’。我认为,宗教只能在正确的文化领域里才能生存。因此,宗教与文化之间无高低之分,两者相辅相成,就像宗教与思想意识,宗教与科技,宗教与艺术及其他。因此,我反对把宗教与生活的一面对立起来。我认为宗教的出现是为了相互理解,而不是相互为仇。《古兰经》说:人为上帝所造,分男分女,后来成为各种民族,来相互理解。”“我们既要有理智,也要有灵性。两者兼有,缺一不行。宗教的存在支撑着我们的生活,但它也需要生活来滋润。”“宗教是泛人道的,人们接受宗教真理,而宗教直接与各个民族、问题和不同生活方式相接触。我希望在座的各位来宾能真正体会这一点,在欢乐的新春气氛中体会这个严肃的问题。末了,我想引用夏菲依长者的一句话:‘去吧,去会见你已远离的人,在别处,你将觉得与他们是情同手足。’希望孔教徒也是如此。”

(蔡德贵)

韩　国

一、成均馆

成均馆是韩国历史上最早的大学,也是最早推行和研究儒学的最高机构。在高丽时期创立,称为国学。李朝时期改为现名,并成为培养政府官员的惟一机构。学生包括科举生员、进士或公立学校的毕业生、功臣之子以及下级官员。该校春秋两季在校内的圣祠举行祭祀孔子和其他大儒的典礼,常年开设两门课程:儒家经典阅读和汉文写作。1910 年日本侵入以后,该校成为儒教的中心。1945 年以后,重组为成均馆大学。现在仍是韩国儒学研究的中心,每年春秋两季举行祭祀孔子的仪式,并经常举办大型儒学国际学术研讨会。

二、韩国孟子学会

韩国孟子学会成立于 1997 年,现有会员数百人。会长为赵骏河,副会长有金益洙、琴章泰、柳仁熙、郑仁在,聘请刘明钟、金忠烈、安炳周、崔根德、尹丝淳、张岱年为顾问。该会成立后,1997 年在中国山东邹城与中国方面有关单位联合召开了“第二次孟子思想学术研讨会”,会议期间有些成员到山东嘉祥参拜曾子墓和庙。1998 年在中国洛阳举行二程夫子林碑揭幕式,并与洛阳大学联合举办了“第一次韩中程朱学学术研讨会”,会员们借机到陕西参拜了张载祠堂和墓地。该会定期编辑出版《孟子研究》,已经出版第一辑(1997 年)、第二辑(1999 年),分别收录了韩国、中国、新加坡、泰国、中国香港等学者论文多篇。

三、韩国程朱学会

韩国程朱学会成立于 1998 年,现有会员近 200 人。会长为赵骏河,副会长为金益洙、柳仁熙,顾问为金忠烈、安炳周、崔根德、张岱年。该会下设韩国干事、学术理事,并聘请外国理事,主要是中国、新加坡的学者。该会的活动多与韩国孟子学会共同举行。另外,该会还于 1999 年在中国洛阳举行了“中韩《程易》900 周年纪念报告会”,在洛阳程子故里建立程子易传 900 周年纪念碑,在重庆建立程朱易传 900 周年纪念碑。2000 年该会在福建建阳建立了朱夫子碑林,并在武夷山参加了纪念朱熹逝世 800 周年的活动。该会成立了《性理学研究》编辑委员会,由赵骏河、金益洙、柳仁熙、郑仁在、琴章泰、赵南国、郑炳连、李东熙、朴洪植组成,于 2000 年出版《国际性理学研究》创刊号,收录韩国、中国、新加坡、瑞典等国家学者的论文 40 余篇。

韩国其他儒学研究机构也很多,主要有汉

城大学、釜山大学、庆熙大学、高丽大学、岭南大学、东亚大学、翰林大学、庆尚大学、中央大学以及退溪研究院等。

（东方文）

美　国

一、波士顿儒学

波士顿儒学是在美国波士顿形成的儒学研究学派，它虽然被杜维明认为是善意的玩笑，但也说明在波士顿确实有一个研究儒学的中心。其代表人物有南乐山、白诗朗等人。南乐山是波士顿大学神学院院长，他不认为儒学只是与中国特殊的历史情境相关，西方学者只能研究儒学，而不能成为儒家，宣称自己就是儒家。白诗朗认为，儒学实际上已成为一个国际性的运动，儒学将成为欧洲思想自我意识的一个方面，在太平洋和北大西洋找到新的听众。1995 年 8 月 4 日，波士顿儒学派召开了一次大型中国哲学的国际学术研讨会，会议的主题是“中国哲学作为世界哲学”，把中国哲学从世界水平上来研究。

二、哈佛燕京学社

哈佛大学是美国最负盛名的大学之一，其燕京学社位于马萨诸塞州剑桥。该学社是以研究远东问题为中心的，其儒学研究代表了美国儒学研究的最高水平。社长杜维明十分重视儒家人文主义精神，提出从儒家人文主义精神出发反思近代以来启蒙运动中的文化问题，认为西方的人权理论，仅仅提出了最低要求，“不可能从人权本身开拓出道德的价值理念”，而“在儒家的传统里有关伦理学的课题，确有很丰富的资源”。针对有关新轴心时代文明的对话，他在 2000 年多次发表演讲，强调新儒家的新使命。在 2000 年 11 月汉城举行的东亚学术会议上，他阐发了儒家人文主义的内涵和意义，认为“现代新儒家的人文主义，有助于建立相互沟通意见、协商、对话妥协的和平文化”，“将成为 21 世纪人类繁荣的灵感之根源”。

三、哥伦比亚大学

哥伦比亚大学的儒学研究主要集中在东亚语文与文化系和东亚研究所。陈荣捷作为该校的访问教授，主攻中国思想史和宋明理学，在国际学术界有重大影响。狄百瑞是重点研究儒家与自由主义、儒家与人权关系的学者，他指出，将个人主义归入西方价值，将群体主义归入亚洲价值甚至视为儒家的价值，这种说法是肤浅的标签。他详论中国儒家的个人主义或者说儒家的人格主义，分析了儒家群体主义的性质和在历史上不同形式的表现，批评“许多对于儒学及人权的论述都仅在理论层次上，都只在抽象的层面比较中西的价值观，而不从历史发展的角度来探讨价值如何由人类社会的经验中产生”。

四、夏威夷大学

夏威夷大学哲学系开设的课程有中国哲学、东亚哲学，中国哲学包括儒家哲学和宋明理学。在早年，该大学曾授予胡适第 36 个博士学位。许多中国学者在这里任过教职，如赵元任、吴经熊、冯友兰、唐君毅、柳存仁等。安乐哲是现今夏威夷大学的儒学研究专家。他主张求助于被正确理解的儒家资源，可以为一种更加切实可行的新型的美国民主指出一个可能的方向。他对儒学的宗教性的关注，成为美国儒学研究的一个新的生长点。他努力清理西方文化中心主义的影响，透过对礼的分析，提示了儒家宗教性的特征，主张这种无神论的宗教是以礼为核心的，他对宗教的独特解释是认为宗教最初的含义是“结合”，“由礼所建构的社会不仅是一个世俗的社会，也是一个宗教经验的场所”。成中英是该校儒学研究的另一位代表，在国际儒学舞台上很活跃。

五、普林斯顿大学

普林斯顿大学的余英时是美国儒学研究的另一位代表人物，他最近提出了现代儒学的“游魂说”，主张通过反思古代儒家如何通过社会和科举制度使思想有所依托，来暗示农业社会解体科举制度废除后，必须寻求新的传播方式，从而使儒家思想在现代社会里发生作用。

六、研究著作:《儒家人文精神的宗教含义》

该文发表于《哲学动态》2000年第5期,系杜维明所写《论儒学的宗教性》一书中文版的序言,由段德智翻译成中文。杜维明因受到哈佛大学老师史茀慈、史密斯、帕森斯及艾律森的影响,对儒学的宗教性进行反思,又因为受到台湾老师周文杰、牟宗三及徐复观的影响,开始走上诠释儒家传统的学术道路。在通过"君子"、"政"和"诚"三个理念对《中庸》作人文精神的全面梳理时,他相信儒家特别是孟子心学为典范的人文精神,可以从圣贤人格、信赖社群及道德形上学三方面来展现,这种"极高明而道中庸"的人文精神,正是儒家人文精神宗教性的体现。儒家在人伦日用之间体现终极关怀的价值取向,正显示出"尽心""知性"可以"知天"乃至"赞天地之化育"的信念。孔子说过:"未能事人,焉能事鬼?未知生,焉知死?"固然,未能事人,必不能事鬼;未知生,必不能知死。但既能事人、知生,则应进一步学习事鬼、知死。事人的极致不得不包括事鬼,知人的极致不得不包括知鬼。这就是儒家宗教性的表现。儒家既不排拒天道,又不意欲征服自然,体现了"与天地合其德,与日月合其明,与鬼神合其吉凶"这样的具有涵盖性和包容性的人文精神,与现代西方启蒙心态所代表的世俗的人文主义,形成鲜明的对照。

(西德基)

澳大利亚

澳大利亚的儒学研究,与中国哲学、亚洲及比较哲学相关联,而且主要集中于一些大学设立的与儒学有关的研究机构里,如:墨尔本大学侧重于亚洲传统哲学研究;新南威尔士大学侧重于中国哲学专题研究;南澳洲的阿德莱德大学侧重于中国哲学、文化和历史的研究,成立了亚洲研究中心;西澳大利亚大学侧重于亚洲比较哲学研究;塔斯马尼亚大学侧重于中国哲学研究;昆士兰省金海岸邦德大学侧重于中国文化与伦理价值研究,该校教授马丁·卢博士成立了东西方文化和经济研究中心;摩西大学侧重于亚洲哲学研究。另外,还有澳大利亚亚洲与比较哲学研究会。1992年,澳大利亚针对中国现代化召开过一次学术研讨会,会后出版了论文集《中国过去的现代化》,对中国儒学的复兴、儒学与现代化、流行的信仰与实践等问题展开了讨论。

澳大利亚儒学研究的主要代表人物,是约翰·麦克汉姆、李瑞智和黎华伦。约翰·麦克汉姆在儒学研究方面取得了许多重要成果,1996年出版了《什么是新儒学》一书,这是澳大利亚学者写的检视什么是新儒学这一问题的有代表性的著作;另外还出版了《对各种版本的徐干〈中论〉研究》(1987年)、《徐干和汉代经学研究笔记》(1990年)、《西方〈周易〉研究史概述》(1996年)、《儒学和环境》(1996年)、《〈论语〉一书的成因研究》(1996年)、《孔子的"正名"修正》(1998年)等。2000年出版了《孔子的知识概念》、《孟子解释》二书。

李瑞智和黎华伦是澳大利亚两位资深外交家,不但通晓多种文字,而且学贯东西,精通儒家的精神文化、哲学思想、政治、经济、文化及社会制度。他们对东西方文化作了比较研究,认为西方的功利主义、个人主义从高涨到日渐衰落,现在西方文化已经弊病丛生,而儒家文化则有崇高的人文主义之精髓,儒家文化将可能成为21世纪世界文化的中心。1989年初,他们二人合著出版了《儒学的复兴》一书,在西方国家颇获好评,曾多次重印,后又在新加坡出版了该书的中文版。在该书中,他们认为,儒家学说博大精深,归纳起来,主要有六大特点:(1)崇尚古代;(2)道德至上;(3)重视教育;(4)宁要人治或德治,不要法治;(5)接受多元文化的精神和哲学权威;(6)提出和推动仁、礼的独特概念。由于这些特点,儒家就和以老子为代表的道家有了区别。儒家确定了人和人、人和社会、人和国家的关系,道家则确定了"个人"和绝对的关系。道家提供了一种更为直观的、较少社会负担的、精神上更为纯粹的哲学;而儒家思想则支配着普通百姓的意识。该书还进一步将中国儒学与传播至韩国、日本、越南等并已略有不同的东方儒学作了对比分析,以具体事实阐述了日本等国经济成功的背后传统文化所起的巨大作用,指出:今日西方正在遭到精神与理性的失败,传

统的理性与价值观已被置诸脑后。西方的经济和法律传统，继续制造大批律师，他们只为个别顾客进行诉讼，使许多最有天分和训练有素的人才的头脑被个人的利益和权利所充塞，因此他们对社会的全面福利贡献极少。他们预见，在一二十年的将来，一个人如果不认识汉字，不了解儒家的基本传统观念，将如今日不懂英文和不掌握西方价值观及潮流一样不利。书中大量揭示了西方文明发展至今的诸多严重缺陷和弊端，大胆引证东方优越的儒学将如何起匡正补缺的作用，从而证明东方可以成为未来世界文化的中心。

（蔡德贵）

俄　罗　斯

当代俄罗斯的儒学研究，以索忍尼辛和嵇辽拉为代表。索忍尼辛是诺贝尔文学奖得主，其创作灵感，就是得自孔子对精神世界的重视。1948年，他在前苏联的劳改营中将老子和孔子的格言记在卡片上，从中获取心灵自我设限的力量。嵇辽拉(俄文名列·谢·贝列罗莫夫)是俄罗斯儒家研究的权威学者，有“莫斯科的孔夫子”之称。他有许多儒学研究的专著，其代表作有：《中国政治历史上的儒家和法家》(1981)、《孔子言论》(1992)、《孔夫子：生活、学说及命运》(1993，该书被俄罗斯汉学界誉为最有分量的儒学著作)、《孔夫子与〈论语〉》(1998)、《论语俄译本》(1998)。他指出，目前，俄罗斯政治家也开始重视孔子的学说及儒学在中国现代化过程中扮演的角色，开始将儒家思想融入政治决策阶层的政治文化。一般民众对儒家的思想也有进一步的了解，近年在俄罗斯境内，解释任一在儒家文化圈国家中所发生的重大事件，引述孔子学说已成为普遍现象。他认为《论语》是中国文化史上的《圣经》，建立了有价值的体系，是中国、朝鲜、韩国、日本的精神社会的根。俄罗斯不但要学习西方，而且要大力从东方特别是中国孔夫子的儒家体系中吸取营养。俄罗斯21世纪在亚太地区的战略决策是否成功，很大程度将取决于能否了解孔子学说的精髓。

（东方文）

附录二：博士论文摘要

礼宜乐和的文化理想

总字数：200千字
作者：金尚理
指导教师：潘富恩
培养单位：复旦大学
答辩时间：2000年6月25日

【内容摘要】

礼学是经学的主要内容之一，在中国历史上的大多数时代，儒家的经学著作都是那些通过读书而入仕者的必读之书，由于这一缘故，礼学所讲述的内容与历代读书人心目中对社会与人生的关怀就有了密切的关系。根据经书的记载，礼的内容极其广泛，涉及到宗教、社会制度与生活习俗、人的心性等各个方面，它被认为是儒家对三代文化的全面总结。讲到礼，就不可能不讲到乐，尽管声音之乐(Yue)与个人实践的充实感(Le)不完全是一回事，但从儒家的经书所讲述的礼乐文化系统看,乐既是礼的一个重要内容,又是与礼构成张力的相对独立的方面。对于历史上的那些读书人来说,提到三代之治,他们首先想到的必然是礼乐;而提到礼乐,他们首先想到的是人类文化的理想形态。尽管自秦汉之后,中国的社会制度与社会结构逐渐发生了很大的变化,封疆建国作为周代礼乐制度的主要内容之一逐步隐退,但礼乐文化作为士人的理想却一直盘桓在那些负有教化使命者的心中,它对于千百年来中国传统文化的绵延所产生的影响是不容低估的,中国传统文化的源头在那里,所谓文化的积淀,也是从那里起始的。、

自近代以来人们诋毁经学与訾詈礼教的原因也许一样,但既然没有取得预期的效果,也就只好回过头去重新认识它们。

礼在先秦的发展大致经历了三个阶段:作为宗教的阶段、作为群体组成方式的阶段、作为个人内外行为的阶段。但礼的早期发展过程并不是从一个阶段向另一个阶段的蜕变,而是在不断积累中向纵深扩展。这三个阶段的发展至晚周时期已基本完成,且礼的理论形态也经过自晚周至汉代儒家的制作与处理,并把它视为不易之论、归之于经书当中而对历代读书人产生影响,所以,礼的三个发展阶段所含有的内容也因之而成为礼在后来延续过程中所一直具有的三项基本内容。长期的文化熏习与现实的社会基础共同作用,使礼成为古代中国文化的基本模式。唐宋之后,儒家思想虽然在形态上有了变化,礼学有衰微之势,但礼本身却一直存在于实践领域中,尤其是以祖先崇拜为核心的家庭宗教仍然寄托着人们对终极的关怀,并决定着人们的行为取向,只不过因为哲学问题焦点的转移,从而使得家庭宗教问题在思想家的意识层面上没能占有太多的空间。

与其它民族的音乐发展历程相比较,乐在先秦时期的发展历程颇有其特殊性。一般而言,声乐与个人在实践中所获得的那份充实感本不是一回事,尽管二者之间有着密切的联系,所谓"妻子好合,如鼓琴瑟",音乐给人所带来的感受与个人的其它生活体验之间虽然具有一定的可比性,但音乐是一回事,个人的生活体验又是一回事。但古代中国的音乐在春秋以前已与宗教、政治密切相联,自春秋时期开始,儒家在继承周代礼乐制度的基础上进一步从理论上巩固乐与礼之间的这种联系,一方面,让声音之乐与个人实践的充实感合二为一,即所谓"乐(Yue)者乐(Le)也";另一方面,让乐成为礼的不可分割的一部分,运用音乐给人带来的谐调与愉悦来净化人们的道德意识、巩固人与人之间的伦理关系。中国特色的音乐理论和以此为基础而确立的礼乐文化由此得到定型。

儒家载之经书的礼乐文化理想为两千年来中国文化的发展奠定了基础;为之绘出原始色调、确立大致走向、赋予基本特点,可以说,"礼宜乐和"是中国传统文化的核心与基石。

《礼记》的礼治思想

作者:田沐臣
指导教师:刘宝才
培养单位:西北大学中国思想文化研究所
答辩时间:2000 年 6 月 12 日

【内容摘要】

礼治作为一种政治主张为先秦儒家所倡导,其主旨就是要求统治者在政治实践中,通过对礼乐制度、礼仪规范的广泛推行,充分发挥其道德约束和行为规范的社会功能,以维护社会等级秩序和国家政治的稳定,有效地治理民众。《礼记》的主题思想就是体现了这一礼治思想。

在儒家的政治理念中,圣与王合一的圣王之治才是人间最理想的统治,因此,儒家的理想是"内圣外王"。《礼记》的礼治思想就是为了实现这一理想。"内圣外王"既是礼治思想的目的,也是实现礼治的手段,是目的和手段的统一。《大学》中的"三纲领"和"八条目"对此作了概括性的表达。"明明德"的意思是要把自己内在所有的"明德"阐发出来,这就是"内圣"的功夫,而"亲民"则是推己及人,是"外王"的事业。"止于至善"讲的是理想的实现与完成。"八条目"指格物、致知、诚意、正心、修身、齐家、治国、平天下,前五项属内,是教育个人做"内圣"的功夫;后三项属外,是由己推及整个社会和政治领域,成就"外王"事业。可见,实现"内圣外王"理想的过程,就是礼治的过程。

经过对《礼记》进行仔细梳理、思考，可以看出，《礼记》的礼治思想是由四个部分构成，本论文即以这四个部分为四章来研究。

第一章《礼记》的政治法律思想，从宏观上讲述了礼治思想，标明了礼治的基本特征以及统治者如何用礼来治理民众，这是统治者自身在实现“内圣”基础上的“外王”思想。第二、三、四章从微观方面讲述，说明个人是如何达于“内圣”的。第二章《礼记》宗法思想，说明《礼记》所述的时代是在宗法社会下，交待了礼治思想的社会史背景。第三章《礼记》道德修养与教育思想，阐述在宗法社会下，治国用礼。因为礼治的基础是道德高尚的人构成的贤人群体，所以就要加强人们的道德修养，使人们向圣人的目标靠近。第四章《礼记》的天人合一思想，阐述圣人有至诚之德，因而可以与天地万物相合，奉天之命来治理民众，实现“外王”目的。全文四章的思想结合起来，就完整地表达了儒家实现“内圣外王”理想的礼治思想。

作者认为，儒家礼治的一个显著的特征，是“典范政治”。按照礼治的要求，统治者努力使自己成为社会公认的道德楷模，当权力中心与道德楷模结合在一起时，道德表率借助于统治者的权威与地位，使统治者树立极高威信，产生出强大的吸引力而使人们心悦诚服。所以，“典范政治”是一种有效的统治方式。此外，在以往学者已注意到《礼记》四时教令思想的基础上，作者更深一层地将四时教令思想与礼治思想联系起来，从而把圣人置于沟通天与人关系的位置上。这就要求人们不断地加强道德修养，向圣人的目标奋斗。圣人当然是实行礼治的有利因素，所以，“天人合一”包含有“内圣”思想，也是礼治的一个手段。

在研究方法上，作者把《礼记》的研究放入到包括《仪礼》、《周礼》在内的“三礼”及其它礼学文献构成的礼学体系中，并结合从先秦分封制到中世纪郡县制的历史大变化的背景进行研究，注重把东西方学者的各种观点综合起来进行分析，并注意将《礼记》的礼治思想与新材料郭店楚简结合起来进行研究。

程朱理学与老庄道家

总字数：170 千字
作者：张艳清
指导教师：刘文英
培养单位：南开大学哲学系
答辩时间：2000 年 6 月

【内容摘要】

儒学发展到宋代，以理学的形态出现，海内外学者称之为新儒学。理学的产生不仅改变了中国传统哲学的格局，而且以其政治、社会影响长期位居独尊。面对“儒门淡泊，收拾不往”的历史局面，理学家以儒家政治伦理思想为核心，一方面在排佛辟老的过程中复兴儒学，同时又不断参以佛老理论成果改造传统儒学。通过出入佛老、整合释道，为儒学打开了一些全新的视域，增辟了一些重要层面，从而完成对先秦学与汉唐儒学的变革与重构，使之获得了新的生命。先秦老庄道家思想是成就理学的一份重要资源，道家不仅以道教形式与儒释共存而影响儒学，更重要的是道家哲学对本源问题、本体问题及心性问题的探讨及其所形成的理论成果和思维方式，为儒学观念之更新和哲学体系的建构提供智慧和灵感的源泉。可以说，先秦道家和先秦儒家一样都是理学遥承和借以资养的源头活水。

儒道互动伴随着理学的发生、发展和演变，理学家所走过的大体相似的“出入佛老，返诸六经”的心路历程，本身就是一部儒道文化对话与交流的历史。怎样对待道家思想资源并利用它来改造和复兴儒学，这是理学家在沉思儒学命运时必须面对的一个问题。而理学以明儒学之本体为鹄的，又决定了它选择道家哲学的历史与逻辑的必然性。正因如此，儒道之争也就成为一个重要问题伴随着理学发展的全程。是“粹然孔孟传统”还是“外儒内道”，是“新儒家”还是“新道家”，这是自明清以来理学研究中一直存在争议的问题之一，它向人们展示的是理学总体定位问题上存在的歧异性和不确定性。因此，如何客观、真实地再现理学阶段儒道互动的轨迹，把握理学家于儒道之间轻重取舍的倾向与用心，以及理学在多元文化融合中所实现的创造性转化，就成为推动理学研究的一个必要环节，也是从总体上把握理学精神和特质的基本前提。基于这一思路，本文分历史的研究和逻辑的比较两个方面，从发生学的角度，分析、考察、梳理了理学与道家哲学的内在联系，阐释其间批判与认同、创造与转化的思维历程，说明新儒学之为新儒学的历史内涵。

历史地看，理学家的学思历程中都走过"泛滥出入"的阶段，这种否定之否定的辩证特点以浓缩的形式诠释着理学形成的全部奥秘。我们从理学家曲折历程中感受到的是他们对时代精神的把握，那就是创造性地阐释儒学经典，使传统儒学的伦理道德、价值理想建构在形上学本体论基础之上。因此，明儒学之本体，便成为理学的时代课题。在逻辑的比较中，本文从理气论、心性论和境界观三个方面展开。首先通过对理学重要概念、范畴、命题的发生、发展过程的梳理，展示理学对道家理论成果、思维方式的吸收与转化；其次是比较理学与道家作为两种思想体系在本体与工夫、价值取向与理想境界上的分歧。

整合创新是当今人们在反思传统文化时最关心的话题，历史为我们提供的成功的经验与失败的教训，本身也是一份宝贵的资源。

王龙溪思想研究

总字数：150 千字
作者：孟晓路
指导教师：张立文
培养单位：中国人民大学哲学系
答辩时间：2000 年 6 月

【内容摘要】

该文对王龙溪的学术作了体系性的整理与研究，共分九章。

第一章导言，介绍了王龙溪的生平，其学的脉络和归属。龙溪得阳明之心传，其学以悟良知了生死为核心，其辨志与立志论、工夫论、境界论、本体论皆围绕此核心而展开。龙溪之学在根本点上多与儒学有异而同于禅。首先，在本体论上，儒学以有为体，而龙溪以虚寂为体；其次，儒家对生死问题存而不论而龙溪认为生死是人生第一大问题；第三，儒学主经世而龙溪之学主出世。故，龙溪之学可判为内禅外儒之学。

第二章四重悟境，对境界论加以详细明晰之分疏。龙溪有《悟说》，分修证境界为四重。即解悟、证悟、彻悟、忘悟。解悟相当于凡夫对于当下道德心的肯认，乃人人能有者。证悟相当于禅宗初关，破分别二执的境界，禅秀是菩提树偈同此境界。彻悟相当于禅宗重关，破俱生我执的境界，慧能菩提本无树偈同此境界。忘悟相当于禅宗末后句、破俱生法执的境界，慧能大悟后之五个何期同此境界。接下来本文通过对阳明、万思默等人的修证经历的分析，对以上分疏作了具体落实。

第三章良知本体，则从属于上一章境界论。本章所论的良知本体实为四重悟境中的最后一重——忘悟良知。对此，龙溪主要从虚寂的一面进行发挥。

第四章四句教、四有及四无，讨论了天泉证道这个著名的王门公案。作者认为，王龙溪的四有四无，用"心意物知"诸字，所诠皆主体之见在状态，而四句教首句用"心之体"，所诠并非心之见在状态，而是其本然状态，后三句用"忘知物"，则同于龙溪，所诠属见在状态。故四有四无与四句教二者乃系言说方式不同，前者属"现象学"的言说方式，后者则是"本质论"的言说方式，本无矛盾。龙溪并非以四有四无反对四句教，而旨在以另一种言说方式揭示出四句教中本已隐含的这样两个境界而已。

第五章辨志与立志。识知之辨贯穿于龙溪的整个学术体系，故辨志首先就是识知之辨，这就是"有分别者识也，无分别者知也"。义利之辨基于识知之辨而来，依于知为义，依于识为利。狂者与乡愿则是义利两种人生态度的极端情况。

第六章三层工夫。立志后就要继之以工夫实践，龙溪依四重悟境而建立三层工夫——悟前工夫、保任工夫和忘化工夫。悟前工夫以事上之格物工夫为助行，静中之静坐工夫为正行。证悟后则继之以保任工夫，此分三个层次，第一层是静中涵养，第二层是动静一如，第三层是梦醒一如，至此百尺竿头，更进一步则得彻悟。再继之以忘化工夫，到无功用时则至四无之境。

第七章生死问题。第八章三教关系介绍并评述了龙溪关于生死问题及三教关系的看法。

第九章结论。张立文提出当今世界人类共同面临五大冲突，而所有冲突都可归因于功利主义人生态度的极端发扬。龙溪之学以依识与致知判义利，提供了义利之辨的正解，也为现代人类对治其欲望的人生、解脱其深重痛苦，指明了方向。这就是去欲以复性，离识以致知，从而彻底超越欲望，究竟转识成智。故龙溪之学虽在现代学术看来隐有泛道德化色彩与神秘主义倾向，然实为偏于分别计较的现代人生的一副对症良药。

追寻现代精神
——明清之际价值观的一种探讨

总字数：208 千字

作者：李光福

指导教师：张立文

培养单位：中国人民大学哲学系

答辩时间：2000 年 5 月 31 日

【内容摘要】

一方面在中西、古今、传统与现代之间，实际的鸿沟远不如我们想像的那样大。古中有今，今中有古；西方中有中国，中国中有西方；现代中有传统，传统中有现代。不能认为只有西方文化才能产生现代精神和现代化，而中国传统文化与之无缘。另一方面实现传统文化与现代化的结合并不单纯是在追求现代化的同时，多保留一些自己的民族风格和民族传统，而是要使现代化找到自己的民族文化之根。而要找到这种根，就必须探讨中国传统文化有无现代精神的问题。笔者基于此，选择明清之际的价值观展开探讨，以图揭示其中所蕴涵的现代精神。

在漫漫的历史长河中，人类一直把欲望视为潘多拉的魔盒，竭力压抑它，封锁它。只是在最近几个世纪，才打破对欲望的禁锢，因而才出现了经济繁荣和现代化。禁欲主义在中国有比较悠久的传统，理学的兴起进一步强化了这种取向。然而在明清之际却兴起了一股肯定人欲的思潮，欲望合理主义的价值观于是得以展开。这一价值观包含两个层面的内容：一是欲望本身的合理性，二是欲望的合理化。这时期的思想家虽也讲节欲，但与传统的节欲观不同，而具有更为积极的内涵。这是一种适应市场经济发展要求的现代价值观。

轻视功利或非功利是传统社会的特征，重视功利是现代社会的特征。中国传统文化中虽然也有一些功利主义的内容，但到明清之际才得到昂扬。明清之际盛行着两种功利主义的价值观，一种是着眼于私人利益的世俗功利价值观，一种是注重他人与社会利益的社会功利价值观。前者流行于民间，并得到开明知识分子的认同，后者则主要由开明的士人所倡导。如果说用道德淡化和掩盖利益，是传统社会的做法，那么，高扬功利主义的价值观，激活被淡化和掩盖的利益，就是走向现代化的契机。相对于传统的道义观，明清之际的这两种功利观都具有现代精神。

从世界范围来看，在前现代社会，商人、富人与私有财产都是受排斥、长期得不到尊重的。向现代经济过渡，必然伴随着重商、尊重富人和私有价值观的勃兴。明清之际就涌动着这三种经济价值观。在当时，社会上弥漫着重商的风尚，商人的自我意识觉醒，开明的士人克服了以往的偏见，积极为商人、富人与私有原则辩护，肯定和论证它们的社会价值，大力弘扬这三种经济价值观。这三种经济价值观富有现代精神。它们在明清之际的涌动，似乎正催生着现代经济时代的到来。

当今世界流行的自由、平等、民主的价值观虽然并不产生于中国，但不等于说中国传统中就没有这些东西。中国传统中自由、平等、民主意味的观念，在明清之际空前积聚，并迸发出灿烂的光芒。这时期富有现代精神的自由价值观从阳明心学中衍生，到李贽那里，得到充分的展现。这时期具有现代精神的社会平等价值观，在传统等级秩序受到猛烈冲击的背景下出现。思想家们不仅积极寻求平等的根据，而且对君民平等、君臣平等、男女平等的观念进行了具体的阐发。这时期的民主价值观在民本、权力制约、政治参与三个方面，相对于以往的民主思想都有较大的发展。黄宗羲是这时期民主思想的旗手，现代民主价值观在他的思想中有更多的体现和落实。这些都是需要我们加以珍重的民族文化遗产。

明清之际是一个科技得到长足发展的时期。这时期在科技层面产生了这样几种价值观：一种是类似于为科学而科学的、追求事物背后的根源及知识的精确化、数学化的纯粹理性价值观，另一种是强调知识的实用功能的工具理性价值观，还有一种是这两种价值观的综合。这同样是具有现代精神的价值观。即使在现在，这三种科技价值观仍然对科学技术和经济的发展发挥着积极的作用。

总的来看，明清之际的价值观有新的变化和新的内容，显示了明确的现代指向，洋溢着丰富的现代精神；并且，与同时期向现代化迈进的西方，在价值观上存在惊人的一致性。这说明现代精神具有普遍性，而不仅仅是西方的产物。

通过追寻明清之际价值观的现代精神，笔者感到中国传统文化蕴涵着丰富的现代精神，明清之际富有现代精神的价值观有利于民主的生长，中国的现代化有自己的民族文化之根。中国的现代化并不仅仅是一个向西方学习的过程，而且也应该是一个对中国传统文化中的现代精神加以弘扬和发展的过程。以儒学为主干的中国传统文化具有向现代转换的可能性。

心性之学的嬗变
——现代新儒家理想人格理论述评

总字数：120 千字

作者：闫虹珏

指导教师：杨国荣

答辩时间：2000 年 6 月 9 日

【内容摘要】

理想人格问题一直是传统儒学关注的中心问题，在儒家看来，人和一般的生物不同，伴随着自然生命成长过程的是人的社会化进程。从学习、遵循社会规范到自我教育、自我规范、自我成就，外在的价值标准内化为个体行为的自我抉择，个体的成长展开为从自在到自为到自在又自为的人格的追求过程。存在以成就理想人格为目标。近代，围绕着中国向何处去的问题，人们就如何培养现代人格问题展开了热烈的讨论。现代新儒家继承了传统儒学的思想，以心性之学为核心，吸纳现代科学和民主思想，对传统的人格理论进行了改造，就现代社会如何塑造理想人格问题提出了自己的观点。

和时代发展的趋势相关联，在不同历史时期，新儒家的人格理论呈现出不同的特点，由此形成了几个发展阶段。康有为和梁启超是现代新儒家的开先人物，康有为将孔子描述成一个锐意改革旧俗的创新家，并对先秦以后的儒学进行了激烈的批判和否决，在当时的思想界引起了轩然大波；梁启超则以他的“新民说”树立他心目中已“除心奴”的理想人格形象，积极提倡人们做一个人格独立的人。这一时期的新儒家人格理论尚处于探索求变阶段。五四前后，人生观问题成为关注中心。梁漱溟以人生的不同路向来分别概括中西文化的差异，肯定了传统人格理论的存在价值。他根据时代的要求，提出“乡村文化建设运动”的设想，希望通过普通民众的自我教育和互助，形成一种全新的精神气象，在梁氏的设想中，人格典范已具有平民化色彩，突出了人格的事功方面的特征。张君劢将科学主义作为批判的对象，从人生的形上追求角度对现代化进行反思，列举了西方现代化模式对人的自由发展所造成的负面影响，对以科学主义为指导原则的人生观所造就的人格缺陷进行了分析，对现代社会人的存在困境表示关注。三四十年代，人格理论的研究趋于系统化，逐渐注重学理的探讨，熊十力、冯友兰分别以“新唯识论”、“新理学”理论体系，将人格的讨论提升至形上的领域，此时个体的自我发展和自我成就成为新儒家的关注点。冯友兰继承了朱熹的“道问学”的传统，以“觉解”的深浅作为区分人格境界高低的标准，在人格修养中特别强调道德认知的作用；熊十力则承续王阳明“尊德性”的路数，强调价值理性的主导作用，在人格的自我成就中突出了意志的品格。通过对重视理性的宋明理学的重新阐释，人格理论开始从注重“外王”功能向凸显“内圣”转化，内圣得到了强化。五六十年代是新儒家人格理论日渐成熟时期，栖居于港台的新儒家继续在学理上进行探讨。经过两次世界大战，西方的现代化模式受到越来越多的批评和质疑，针对现代西方技治社会运行模式的缺陷和人格物化倾向加剧的问题，以心性之学为核心构建一个可以合理容纳科学和民主观念的理论体系成为这一时期新儒家人格理论的突出特征。牟宗三认为，源自先验本体的道德理性是人的生命中心和创造之源，道德理性存在于人心中，借助人的物质活动显体为用，道德理性的客观化可以表现为多种途径，科学和民主是它客观化的主要表现，生命即是在道德理性的推动下不断从内向外，再返归本性的过程。唐君毅论证了职业化的社会环境中个体如何进行道德修养的问题，徐复观则重点考察了心性之学何以未能发展出现代民主制度的缘由。通过这样的理论建构，心性之学获得了本体的意蕴，“内圣”部分在整个人格理论中被强化了，外王则处于从属的地位，只具有工具的意义，内圣开出新外王成为理想人格固定发展模式。

新儒家的人格理论源于对现代性的批判和反思，他们对以工具理性为主导的价值取向持否定的态度，对现代化的负面影响关注甚多，同时新儒家坚持对传统儒学的内圣之学重新阐释，他们始终以关注人的存在问题为中心，坚持认为现代化应该以人的自由发展和人格的健全成长为目的，人的一生就是不断的自我完善，趋近于理想的精神境界，获得健全的人格形态，新儒家的如上看法对我们在现代社会构建人的合理性的存在状态无疑具有积极的借鉴意义和深刻的启示。但是，他们的理论局限性也是显而易见的，新儒家对现代性所持的疑惧态度，使得他们由反对工具理性的泛化走向另一个极端，在处理工具理性和价值理性的关系时，将两者对立了起来。他们对历史的解释是不恰当的，忽略了人格发展的历史进程和社会实践的基础地位，结果人格发展的多重向度仍然不能成为现实，其人格理想最终还是落空了，这是他们的致思路向必然导致的结果。

传统和现代的关系一直是我们进行现代化建设必须面对的难题之一，因此，新儒家所提出的问题是相当深刻和尖锐的，值得我们加以研究和反思。毫无疑问，社会的进步和人的身心自由发展应是同步的，追求独立自由的人格不仅是自我完善的目标，也是人类从自在转向自为的关键一环，就此而言，新儒家的人格理论具有积极的借鉴意义和历史的启迪作用。

超越知识与价值的紧张：科学与玄学论战的哲学问题

总字数：270 千字
作者：黄玉顺
指导教师：蒙培元
培养单位：中国社会科学院研究生院
答辩时间：2000 年 2 月 18 日

【内容摘要】

该论文是对 1923 年“科玄论战”从纯哲学角度进行研究的专著。

论文基于这是一场中国“近代以来第一次以纯哲学的形式展开的论战”、“中国现代哲学的真正逻辑起点”的提法，认为论战的实质乃是哲学与科学的冲突，认知与意向、知识与价值、理智主义与意志主义、工具理性与目的理性、科学主义与人文主义的交锋；论战的一个突出特点，就是要把解决人生问题置于从哲学上根本解决问题的基础之上；论战提出的问题具有人类思维史意义，又是当代世界性的、真正的哲学前沿问题。

论文提出：这场争论何以至今似乎仍然遥遥没有止期？一个基本原因在于论战双方的提问方式本身。这种提问方式就是：科学与人文、知识与价值、理智与意志、认知与意向，谁是第一位的、谁是第二位的？谁是“本”、谁是“末”？谁主要、谁次要？这类似于所谓“先有蛋还是先有鸡”的问题。这种提问方式本身是理智分析、二元对立思维方式的产物，亦即恩格斯语义上的“形而上学”思维方式的产物。由此，论文提出：科学与人文、认知与意向，它们原本就是对立的吗？如其不然，它们原本是怎么样的呢？这种对立又是如何发生的？它们应该怎样在一个更高的层面上统一起来?

论文认为,科学与人文、认知与意向的二元对立,乃是理智分析的结果;表现在人类思维发展的历史进程上,它恰恰是近代西方思维方式的特征。心灵意识"未发"的"良能"乃是浑然一体的;"已发"的状态则分化为认知与意向、知识与价值的对立;真正的哲学必须超越认知与意向的二元对立,超越知识与价值的紧张,寻求两者的统一或同一。

论文认为,这种统一或同一的真正可靠的基础是"人的存在"或实践、以及作为实践的内在精神投射的浑然一体的心灵存在。认知和意向的对立,知识和价值的紧张,只有在实践基础上才能得到解决。这是因为实践本身就是一个活生生的"统一场"——认知与意向在实践中产生之际原本就是同一的;知识与价值在实践中最终也必然是统一的。

论文共分八章:

第一章专门探讨了意识形式问题(心灵的结构、意识的形式和实践的结构),作为立论的基础;这是因为作为论战核心问题的认知与意向、知识与价值的关系,首先关涉的乃是心灵的意识形式问题。

第二章细致地考察了论战的深广的思想文化背景,包括西方思想文化背景、中国思想文化背景和五四前后的思想潮流转折;尤其考察了西方理智主义传统和近代以来认知主义与意向主义的"精神分裂",中国心性主义传统和"汉学"与"宋学"的争论。

第三章详细地叙述了科玄论战的过程,将整个论战过程分为论战的缘起、论战的展开和论战的深化及其结局三大阶段;简要评述了科学派、玄学派和唯物史观派在论战中的具体表现。

第四章通过对论战中三大派使用的"人生观"概念的分析,揭示了论战各方的二元对立的思维模式、各执一端的偏执态度及其思想的混乱。

第五章分析和评价玄学派的科学观和哲学观,批评了玄学派的意志主义。

第六章分析和评价科学派的哲学观和科学观,批评了科学派的经验主义、理智主义和科学主义。

第七章分析和评价当时的唯物史观派对科学派和玄学派的态度,批评了唯物史观派在"科学"观念上的偏差,尤其是物质决定论、机械唯物论和科学主义倾向。

第八章一般地讨论"玄学"问题,着重探讨了玄学与形而上学、玄学与哲学和玄学与科学的关系问题,确认"玄学"是形而上学存在论的一种恰当称谓。

论文最后提出希望:重新认真深入研究马克思的实践论。

周代朝聘制度研究

总字数:200 千字
作者:李无未
指导教师:吕绍纲
培养单位:吉林大学古籍研究所
答辩时间:2000 年 11 月 15 日

【内容摘要】

由于以往许多学者对朝聘在周代国家制度中的地位与作用估计不足,所以,迄今未见到有人进行系统的周代朝聘制度研究。以它为课题,须花大气力探讨一些基本问题,从而初步理出头绪,揭示它的基本面貌与特点,以便使人们对周代朝聘诸问题有一个比较系统的认识,并推动这一研究向深层次迈进。

第一章论述了研究周代朝聘制度的意义、方法及材料。回顾研究历史,分析研究现状,找出存在问题。对周代朝聘研究涉及的基本问题,诸如朝聘的名称和类别、朝聘的性质等进行了说明,并提出自己的看法。

第二章探讨朝聘的产生与形成。朝聘产生于尧舜禹时期,由于这一时期出现了由原始社会向国家过渡的社会形态,即尧舜禹时代部落联合体已具有国家制度的雏形,这是朝聘产生的基础。夏代朝聘通过有限的追述文献与考古材料,仅可窥见一些基本内容:与朝聘相关职官的设置;不同朝聘形式初显,初步建立朝聘仪制。这当中朝觐场所与朝觐礼器约略显露一些面貌。透过夏与诸夷的关系了解了一些夏代朝聘的政治功能。启确立夏代朝聘制度,并使它成为国家形态下的政治制度。汤制定商代朝聘制度。商代朝聘制度的构成由朝聘形式、朝聘方式、朝聘职官设置、朝聘内容、朝聘仪制几个方面组成。其特点是:朝聘制度已具完备性;朝聘关系具非对等性、及不稳定性。本章最后探讨了商代朝聘与周代朝聘的关系;朝聘在商代政治制度中的地位;对商代朝聘制度的另一种估计,提出狭义朝聘与广义朝聘两种区别方式。

第三章西周朝聘制度,分西周朝觐制度,西周聘问制度,西周主管朝聘的职官,西周朝聘与巡守、会盟、乐舞制度的关系,西周朝聘的政治功能五节论述。

第一节西周朝觐制度。就西周朝礼、觐礼实施的范围、方式以及礼仪特点进行考证后,认为西周朝礼、觐礼存在着明显的区别性特征。第二节西周聘问制度。就西周聘问适用对象、实施方式、礼仪特点做了考察,以铜器铭文、《诗经》等材料为佐证,重点探讨了西周天子下聘之礼存在问题。聘问礼仪特点,也涉及了与朝礼、觐礼的意旨不同问题,认为西周聘礼往往以“揖让”与“酬报”模式突出“礼尚往来”意旨。第三节西周主管朝聘的职官问题。西周主管朝聘的职官有两套系统:一是王朝负责朝聘事项的职官系统,一是地方诸侯所辖主管朝聘事项职官系统。这两套职官有联系又有区别,各自特点突出。第四节西周朝聘与巡狩、会盟、乐舞制度的关系。朝聘与巡狩,主要区别在于朝聘涉及的范围比巡狩更大。从意旨上看,前者倡导“礼尚往来”,后者表现“尊天重民”;行礼方式上前者是政事与祭祀相呼应,后者重心放在政事上。朝聘与会盟,朝礼与觐礼及聘礼已成为会盟的一种程序,“会”是前提,“盟”是形式。朝聘与乐舞,乐舞的使用适应朝聘的等级制度,朝聘用乐舞要合于“时”与“德”。第五节西周朝聘的政治功能;突出了天子的至尊地位;调节了天子与诸侯的关系;调整了诸侯与诸侯之间的关系;维护了分封制体制。

第四章,春秋时期朝聘制度的衰变。重点论述了朝礼的衰变,即:诸侯对天子行朝礼“不正”致天子朝礼变异;诸侯朝礼兴盛,“霸主”成为实施朝礼的主体;诸侯对天子或诸侯之间行朝礼方式有所改变,不按规范化礼仪程序进行;朝礼之质与朝礼之仪出现分离倾向。觐礼的衰变主要表现在诸侯对“霸主”名为诸侯之间行朝礼,实为诸侯对天子行觐礼“为臣”的现象出现并大量增加。接待天子使者不按程序规定执行,诸侯不按聘期规定聘问天子。诸侯之间遣使聘问的变化,则在聘问功用色彩浓郁,“礼之敬”作用削弱,以及不遵守礼仪程序等方面。春秋朝聘的政治功能,基本一点即是朝聘与各种政治势力兴衰关系极大,“霸主”凭借朝聘,能够强化自己的政治地位,而小国、弱国诸侯则以朝聘为途径争得自身空间;朝聘已成为大国或“霸主”政治讹诈的借口。

第五章,战国时期朝聘制度的破坏。主要见于:天子朝觐礼的废弃、国“王”朝礼的形成、行朝礼方式上的变化、实施朝礼的适用对象的改变、朝礼之仪的简化与灵活、主管朝礼职官的变革。聘问制度遭到破坏,其标志是:天子聘问礼废弃,同时国君聘问天子之礼也不复存在。

“遣使聘问之礼”是战国时期朝聘制度的惟一遗存,战国时期的聘问已不同于西周春秋时期聘问:其项目单一,过程简化,方式灵活,更为重要的是聘问的性质发生了很大的变化,成为国家与国家之间遣使聘问。其内容涉及到:遣使外交决策的制订;实施遣使外交的方式及礼仪;遣使外交关涉的职官;遣使外交对战国政治关系的影响等问题。

结语:本文不但追寻了聘问被破坏的原因,也肯定了这种破坏所带来的结果,并认为秦始皇统一中国后注意古礼建设,采纳战国各国礼仪制度,由此可见,战国朝聘制度的破坏自有价值所在。

考据话语及其效应
——顾亭林与清代哲学的方向

字数:140 千字
作者:魏长宝
指导教师:葛荣晋
培养单位:中国人民大学哲学系
答辩时间:2000 年 5 月

【内容摘要】

清代学术素以考据精深垂名于世,但自近

代以来，考据学多被学者看作是一种缺少哲学意义或少有哲学意义的学术话语，以致在近现代学术语境中，清代"无哲学"或清代"少哲学"几成定论。该文结合顾亭林的个案研究，对这种观点提出了挑战。

全文共分八章。

第一章考察了考据学兴起的学术语境。考据话语勃兴于明末清初，其产生和流行乃因当时文化危机而起。从实践上看，它是明朝灭亡冲击的结果；从理论上看，它是宋明理学解体的必然产物。考据学的兴起表征着中国儒学发展的历史性转折，标志着明清之际学术话语发生了革命和转型。

第二章勾勒了考据学的基本学术范式。明清之际学术话语的转型是由于以理气心性等"大学"为中心、以"六经注我"为特点的理学范式被以名物训诂等"小学"为中心、以"我注六经"为特点的考据学范式所代替的结果。

第三、四、五章对考据学的三种学术范式进行了分别解析。考据学的中心内容是对经典进行语言分析和历史分析，并试图在此基础上对经典义理给出新的理解和解释。所以，考据学范式主要有三种：小学训诂范式，历史考据范式和经典解释范式。小学训诂范式，就是通过对经典进行文字、音韵、训诂等语言学的分析，而以训诂考证来探求经典义理，并期求由此而恢复古代的文化道德生活和社会政治统治。所以，在考据学语境中，由于语言意义的泛化，"小学"被"大学"化了。历史考据范式，就是对经典进行历史的分析，通过考史辨妄，稽古右文，以达圣人之意，以复三代之治。它倡导以史学之征实挽救经学之空疏，以经世之实学代性命之空谈。经典解释范式，就是以经典为本位，通过对经典的名物训诂、章句注疏、正讹补阙、述古阐微等，以还原儒家经典原貌，重构古代圣人本义。

第六章分析了考据学的经世理想。考据话语乃应明末理学的空疏无用之弊和明清易代之际的政治文化危机而起，它通过回归原典的考据运动，对作为官学的理学的正统地位提出了严峻挑战，并对传统儒家的社会政治学说进行了重新审视。所以，考据话语并不缺乏经世之志。

第七章探讨了考据学的理论追求。考据话语的兴起是在宋明理学走向衰微的理论背景下，儒家哲学为了走出程朱陆王关于理气心性的无尽之争所作的必然选择，这样的学术语境本身就表明了考据话语的理论意向。

第八章总结了考据学所产生的历史效应。考据话语作为清代的主流学术话语，对清代的学术方向和哲学理念产生了重大影响。从学术史上来看，考据话语开创了清代朴学专精而广博的学术规模和重音韵主实证的学术门径。从哲学史上来说，考据话语确立了清代哲学经学化的哲学取向和实学化的哲学精神。

通过上述分析，文章最后认为，清代考据学既非遁迹于故纸丛碎之中消遣神明的逃世之学，亦非沉湎于饾饤考订的株守迂阔之末技。作为一种学术话语，考据学自有其用世追求和理论意蕴，并自成一种与宋明理学大不相同的新的考据哲学。考据哲学用以经史考证为中心的"小学"话语，颠覆了宋明理学以"理气心性"为中心的所谓"大学"话语的霸权地位，成为中国古典哲学走向近现代的一个关节点，因而有其不可替代的地位和作用。

图书在版编目（CIP）数据

中国儒学年鉴. 2001 创刊号 / 陈光林主编. —北京：商务印书馆，2001
ISBN 7-100-03387-X

Ⅰ.中…　Ⅱ.陈…　Ⅲ.儒家－研究－中国－2001－年鉴　Ⅳ.B222.05-54

中国版本图书馆 CIP 数据核字（2001）第 070709 号

责任编辑　常绍民
特约编审　徐　诚

中國儒學年鑒

陈光林　主编

商務印書館 出版发行
(北京王府井大街36号　邮政编码　100710)
青岛胶南印刷厂　上海纪元印刷有限公司　制版印刷

2001 年 10 月第 1 版第 1 次印刷　　字数　450 千字
开本 889 × 1194　1/16　　印张　15.75
印数 1-3000 册　　插页　16

ISBN 7-100-03387-X/B · 512
定价：￥128.00 元　涉外价：US $ 50.00(含邮费)